はじめに

『ウルトラセブン』放送開始から50年という月日が経つ今日、その作品の魅力に迫るべく別角度からの視点で内容を追ってみた。時折出版される時世に併せた作品解説も貴重ではあるが、本来は子供から大人まで愉しめるエンターテインメント性を目指したシリーズであるはずなので、たまには肩の力を抜いた作品の見方をするのも一興ではないだろうか？　そこで本書では、思い切って読み手の立場を逆転させた「地球を侵略しようとする宇宙人のための参考書」というコンセプトでまとめてみた。

これまで、ヒーロー側を考察する内容のものが多かったが、シリーズに毎回登場する侵略者側にスポットあてたものは少なく、放送開始から半世紀を迎えた今だからこそ、あらためて作品のゲストたる宇宙人や怪獣たちの魅力を再発見していただくきっかけになれば幸いである。筆者としては、少年時代に見て楽しんだ怪獣図鑑の現代的大人版のように捉えていただけたら本望なのだが……。

また、本書の第３部には以前、月刊のムック誌『フィギュア王』に掲載された漫画、『ウルトラセブン ゴードの巻』を収録。1967年の『ウルトラセブン』放送当時にコミカライズを手がけられていた漫画界の大ベテランである一峰大二先生による描き下ろし作品で、TV未使用台本「宇宙人15＋怪獣35」をベースにTVシリーズや当時のコミカライズ版とは違う、ウルトラセブンの最後の戦いを描いた作品に仕上げられた貴重な一編となっている。

この作品は、ムック掲載時には紙面の都合でページ構成が変則的だったため、本来あるべき形式での掲載はこれが初となる。初出掲載時に担当編集をさせていただいた者としては、当時の心残りを払拭させていただくチャンスを下さった版権元、初出掲載誌編集部、そして本書の出版の機会を下さった出版社に感謝しつつ、その喜びを読者の方々に伝えられたらと思う。

『ウルトラセブン』に登場した侵略者たちの残していった数々の名作戦、迷作戦、珍作戦を見直すと共に、ウルトラセブン絶対の危機に出現した宇宙獣神ゴードの神々しい姿をご堪能あれ。

中村宏治

≪第一攻撃目標≫

TDF 地球防衛軍 (TERRESTRIAL DEFFENCE FORCE)

宇宙人たちの侵略計画を阻む組織が地球防衛軍だ!

地球防衛軍極東基地

富士山麓の地下に建設された地球防衛軍の秘密基地。ウルトラ警備隊の主力戦力であるウルトラホーク各機は、静岡県の某山中にある二子山に設営されたゲートから発進し、事件現場に急行する。地上部にはスターホテルという施設がありVIPが宿泊している。奥に見えるのは、回転式の超高感度レーダーである。

組織一覧

- 参謀本部
  - ヤマオカ長官
  - マナベ参謀
  - タケナカ参謀
  - ヤナガワ参謀
  - ボガード参謀
  - ウルトラ警備隊
    - キリヤマ隊長
    - フルハシ隊員
    - ソガ隊員
    - アマギ隊員
    - ユリ・アンヌ隊員
    - モロボシ・ダン隊員
  - 宇宙ステーションV3
    - クラタ隊長
    - イシグロ隊員
    - ヒロタ隊員
  - 戦車隊
  - MP
  - 医療班
  - 科学班
  - 一般隊員

地球防衛軍機構地域図

地球を護る精鋭たち

地球防衛軍の秘密基地では、常時300名の隊員たちが宇宙からの侵入・侵略を阻止するために活動している。そのなかでも、6名の精鋭からなるウルトラ警備隊は、最新鋭の装備を駆使し、地球防衛軍の最前線で戦う強敵である。世界トップクラスの防衛設備を持つ日本の極東の基地以外にも、ワシントン、ロンドン、モスクワ、ベルリン、シドニー、カイロといった各国の主要都市に基地が置かれ、パリにはその総合本部が設けられている。

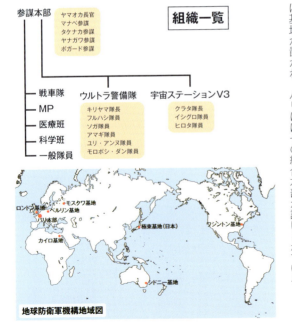

地球防衛軍兵器一覧

地上だけでなく宇宙から地中まで幅広くカバーされており、特に航空力に優れる。

宇宙

UH-002 ウルトラホーク2号

SPEC
全長 64メートル　全幅 12メートル　重量 62トン　最大飛行速度 マッハ5（宇宙では光速の2%）　乗員数 4名以上　装備 機首レーザー砲

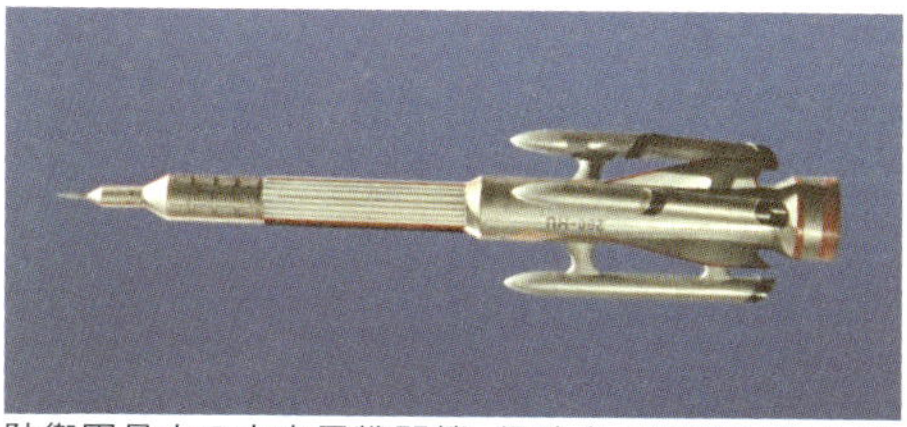

防衛軍最大の宇宙用戦闘機。侵略者の迎撃や宇宙パトロールのみならず、宇宙ステーションとの連絡用に定期的に運航されている。

航空

UH-001 ウルトラホーク1号

SPEC
全長 42メートル　全幅 20メートル　重量 74トン　最大飛行速度 マッハ4　乗員数 6名　装備 ガンカメラ、熱爆弾、マグネチック7《セブン》、武装レーザー砲、ミサイル及び大型ミサイルの搭載が可能

UH-003 ウルトラホーク3号

SPEC
全長 19.5メートル　全幅 12.5メートル　重量 25.5トン　最大飛行 マッハ3.5　乗員数 3名　装備 消火装置、輸送用コンテナ内臓、機首レーザー、ミサイル及び大型ミサイル搭載が可能。

ウルトラホーク1号（下）は地球防衛軍の主力戦闘機。最大の特長として、α号、β号、γ号の3機に分離して、敵への立体攻撃が可能。ウルトラホーク３号は偵察機だが、戦闘機としての性能も高く、マグマライザーを搭載することも可能。

陸上

PO-1 ポインター

SPEC
全長 5.3メートル　全幅 1.9メートル　重量 1,8トン　最大走行速度 365キロ/h　乗員数 6名　装備 レーザー砲、ウルトラミサイル、ニードルレーザー、光波バリヤー、煙幕

地球防衛軍特殊専用車

地中

MR-1 マグマライザー

SPEC
全長 約24メートル　全幅 11メートル　重量 180トン　最大速度 25キロ/h　装備 レーザー砲、ミサイル岩石破壊用爆弾

地底戦車・マグマライザー。ウルトラホーク３号で現場に運ばれる。

≪第二攻撃目標≫

M78星雲人

通称:ウルトラセブン
派遣番号:恒点観測員340号

侵略者の最大の敵は光の国からの使者!

SPEC
身長	ミクロ〜 40メートル
体重	3万5000トン
出身	光の国

ウルトラセブンとは

M78星雲・光の国から派遣されてきた宇宙人で、侵略者に対し地球の防衛を担う、地球侵略計画における最大の敵。身長は40メートルからミクロサイズになることまで可能。

普段は、地球に来訪した際に出逢った青年の姿(モロボシ・ダン)に変身して、ウルトラ警備隊の6番目の隊員として活動している。

敵兵力の分析

M78星雲人の超能力の数々!

≫アイスラッガー

頭部に装備された着脱式の宇宙ブーメラン。クール星人との戦闘で使用。

≫エメリウム光線

額のビームランプから放つ光線。複数の種類の光線を使い分ける。別名、ウルトラビーム。

≫ワイドショット

両腕を向かってL字型に組むポーズで放つ最強の光線技。初使用はアイロス星人との戦闘時。

アイスラッガーをはじめ、エメリウム光線や透視能力、バリヤーなど様々な武器や技を持つ。

M78星雲人・その移動力 最大移動速度…マッハ7

ウルトラセブンはジャンプはもとより空を自由に飛びまわることができる。マッハ7の移動速度以外に、テレポーテーションや惑星間宇宙航行移動が可能。

最有力攻略ポイント

変身アイテム 通称:ウルトラアイ

モロボシ・ダンから本来の姿に戻るために使用する道具。普段は制服の左ポケットに常備し、眼鏡のように着用することでウルトラセブンの姿に戻る。

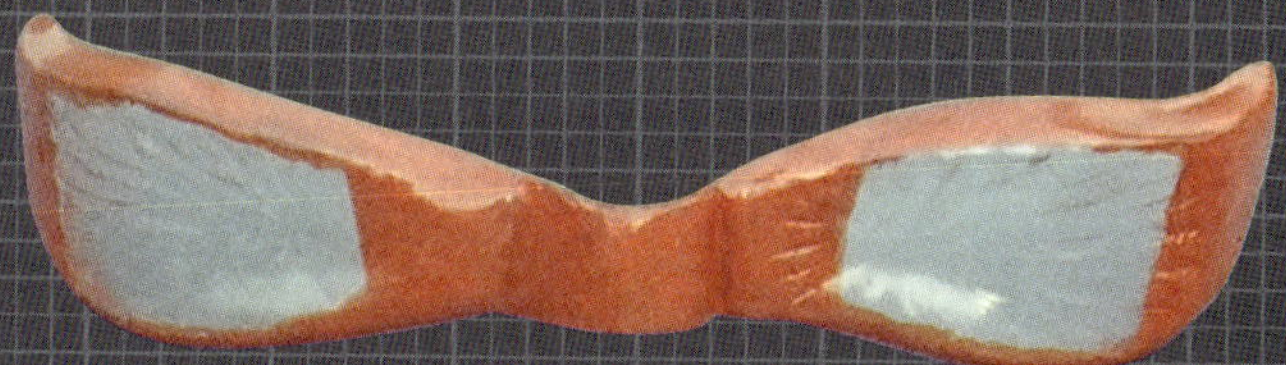

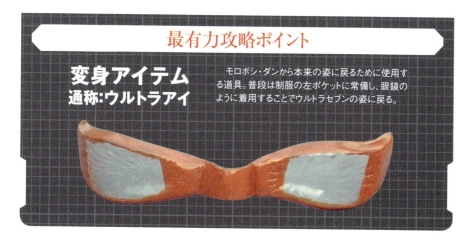

≪第三攻撃目標≫

未確認勢力

如何なる戦力を持つのか?　M78星雲人の危機に現れる神出鬼没の存在「カプセル怪獣」。

M78星雲人に味方する未解析の怪獣

地球防衛軍ならびにM78星雲人の危機的状況に忽然と出現する敵対怪獣の存在を忘れてはならない。現在、A、B、Cの3体の存在が確認され、各々特色を持った怪獣であることがわかっている。全てM78星雲内の惑星出身であることからM78星雲人が、何らかの理由により変身不可能だった場合に使用される使い魔的な怪獣と思われる。原理は不明だが、突如空間から出現することから、M78星雲人が小型化してカプセルなどで携帯しており、必要に応じて呼び出していると思われる。とりあえずの仮称としてカプセル怪獣と呼ぶ。

怪獣C

カプセル怪獣アギラ

SPEC

身長 ミクロ～45メートル
体重 0～1万2000トン
出身 M78星雲アニマル星
特徴 頭部の一本角と後頭部に赤いホーンレット状のフリルを持つ。身長の割に軽量で、俊敏な動きで対戦相手を翻弄する。思考能力は高そうだが、それを逆手に取って困惑させるのが有効か。

怪獣B

カプセル怪獣ミクラス

SPEC

身長 ミクロ～40メートル
体重 0～2万トン
出身 M78星雲バッファロー星
特徴 頭部の大きな角と強力な腕。耐久度は高く、その怪力は500万馬力とも言われる。口からは赤色の熱光線を発射することが可能。弱点は、エレキングとの戦いから電撃と思われる。

怪獣A

カプセル怪獣ウインダム

SPEC

身長 ミクロ～40メートル
体重 0～2万3000トン
出身 M78星雲メタル星
特徴 金属製のボディに電子頭脳によって活動する怪獣。額のランプから怪光線を発射することができる。弱点は額のランプと思われる。また、思考力の弱さも付け入る事が可能。

Contents

45地球侵略計画分析考

本誌の星人の作戦遂行の分析考察、作戦評価の採点はあくまで本誌の解説担当独自の推察、検証に基づくもので、作品本来の意図、円谷プロダクションの公式見解を含むものではありません。

#作戦ナンバー 01

宇宙船透明化と人質確保による侵攻作戦

宇宙狩人《ハンター》クール星人の場合

第一話	「姿なき挑戦者」 (制作第五話)	放送日	1967年10月1日
		STAFF	監督/円谷 一　脚本/金城哲夫

STORY

ある夜、検問中の警官の前で、自動車の運転手が突如消失する事件が発生した。相次ぐ人間蒸発事件から、事態を重く見た地球防衛軍司令部は、精鋭のウルトラ警備隊に調査を開始させる。周辺調査のためにポインターで出たフルハシ、ソガ両隊員は謎の青年、モロボシ・ダンに遭遇。犯人がクール星人であることを知る。防衛軍内では、京浜工業地帯を襲い降伏勧告をも迫ってきたクール星人の姿の見えない宇宙船に対して、人質を取られて対抗策を見出せずにいたが、ダンの提言により特殊噴霧装置を開発。ウルトラホーク1号に搭載して出撃し、保護色を利用した敵宇宙船の視覚化に成功すると反撃を開始した。ダンはウルトラセブンへと変身し、クール星人の宇宙船に潜入する。船内で星人をアイスラッガーの一撃で倒し、人質を救出したセブンは巨大化して宇宙船を宇宙へ搬送、エメリウム光線で粉砕した。事件解決後、防衛軍はダンの功績をたたえてウルトラ警備隊の隊員として招き入れたのだった。

名称≫クール星人
別名≫宇宙狩人(ハンター)
身長≫2メートル
体重≫75キログラム
出身地≫クール星

巨大な頭部の背面は赤系一色で、細かいディテールはない。眼球が二つに口が一つという人類に酷似した顔面構成だが、体型は昆虫類に似ている。常に浮遊しているので、着地する足を持たないのが特徴的。

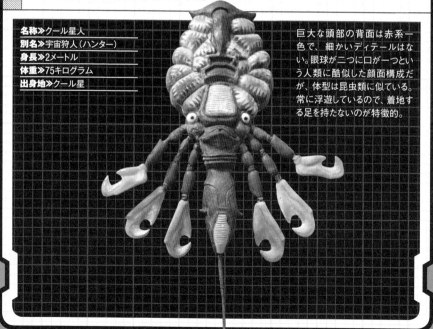

事件の発覚

人間たちの文化の中心となる大都会にて発生した人間消失事件が、この侵略計画の発覚の発端となった。それは、自動車の検問中に運転者が白熱し発光、そのまま消失するという怪現象を目撃され、人類の注目を浴びることになってしまう。

これは、クール星人が地球人類調査用に標本採取する際に起こったもので、クール星人特有の技術による誘拐作業なのだが、それを地球の報道機関がメディアで取り扱ったことで、地球防衛軍の関心を引く結果となった。

それまで、夜の公園、ホテルのロビー、大学の研究室といった場所でも同様に誘拐はしていたものの、警察の案件による事件程度としてしか見られず、クール星人の誘拐作業は粛々と行われていたのだ。

しかし、事件が大きく報道されたことにより、人間蒸発の怪現象が人類の科学とは異なる技術が使用されたことが地球防衛軍内部でも指摘され、事件調査に乗り出すきっかけとなってしまった。

作戦概要

クール星人の作戦計画は、人類を誘拐してその生態などを研究・考察することによって次なる侵略計画を推し進めるというもので、隠密行動をとり、人間標本を集めて母星に持ち帰るのが本来の目的だった。

その際、人類は人質をとられると安易に攻撃してこない思考形態があり、円盤の不可視化（透明化）と合わせれば勝算が成り立つと考えたようである。

クール星人の特性

姿は地球でいうところのダニを上下逆さまにしたような形状で、巨大な頭部と6本の手を持つ。特殊な装置あるいは重力の関係からか、常に浮遊した状態でいるのが特徴。一部の文献によると、尾のように見える足の先からは毒ガスを噴射し、目からは人間を誘拐する怪光線を放射。カギ爪のような手はクール手と呼ばれ、遠くのものを引き寄せることが可能という。ただし、知性は高くても浮遊状態のためか体の動きは鈍いとのことだ。

クール星の文化には保護色の概念があって、

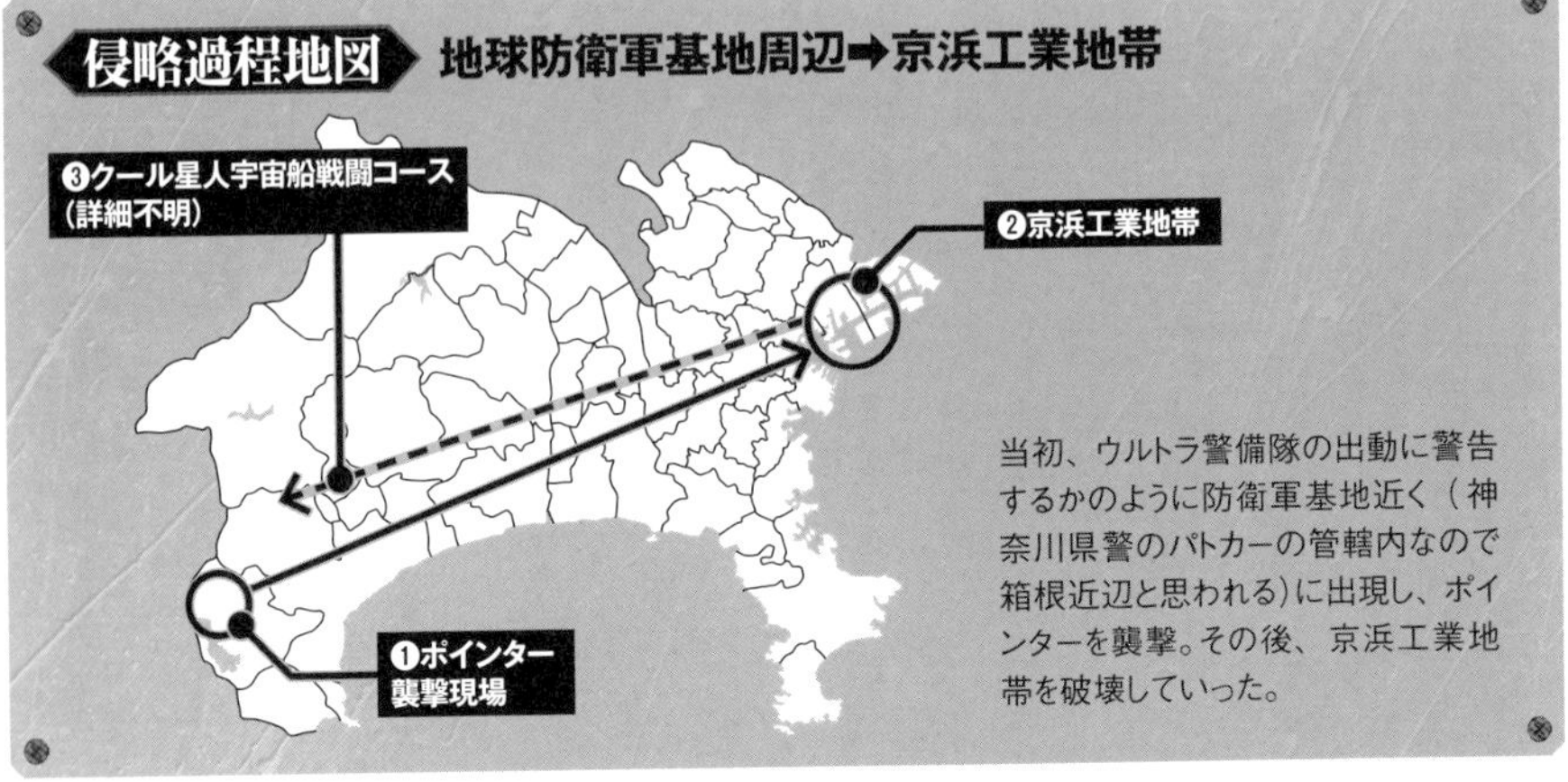
侵略過程地図　地球防衛軍基地周辺➡京浜工業地帯
❸クール星人宇宙船戦闘コース（詳細不明）
❷京浜工業地帯
❶ポインター襲撃現場
当初、ウルトラ警備隊の出動に警告するかのように防衛軍基地近く（神奈川県警のパトカーの管轄内なので箱根近辺と思われる）に出現し、ポインターを襲撃。その後、京浜工業地帯を破壊していった。

母星自体も保護色装置によって他から見えないようにされているといわれており、どうやら自分たちが他から見られるのを極端に嫌がる傾向があるのではないかと考えられる。星には色の三原色（青、赤、黄）などで彩られる植物（小さな木など）が多く繁殖し、星人の食料や住居として利用されているらしい。

だが、星自体の資源は乏しいことから侵略行為が盛んであり、そのための円盤製造技術などの科学が発達しているという。それゆえに侵略のための基本である侵攻先の技術や文化の分析能力は極めて高く、地球に対しても人類サンプル数体と円盤内から観測できる情報で、地上に昆虫という生物が生息していることはもとより、地球の文化的特性などを理解し、防衛組織の戦力を推測したのであろう。映像通信による宣戦布告を行ったことからも相手の文化に合わせた情報伝達ができる知性があることを証明している。

行動開始

「人類なんて、我々から見れば昆虫のようなもんだ」と防衛軍に挑発を行うと共に、日本の首都圏にある京浜工業地帯を襲撃。次の目標を首都である東京に定め、人類の降伏を迫る。

この時、地球防衛軍側は目視不能なクール星人の円盤を超高感度レーダーの観測にて位置を捕捉しており、ミサイルによる直接攻撃を検討したが、人質に対して攻撃するのは地球を守る使命を持つ防衛軍にとっては、かなりの要検討事項であった。

交戦

地球防衛軍は、突如ウルトラ警備隊に接触してきた謎の青年、モロボシ・ダンにより得たクール星人の情報に基づき、円盤が保護色を使っていることを知る。その対応策として、特殊噴霧装置が短時間で開発され、ウルトラホーク1号に搭載して人質救出のために出撃。クール星人の円盤の目視化に成功。分離したウルトラホーク1号のけん制攻撃を一方的に受けたクール星人の円盤は、形勢逆転を狙い渓谷に身を隠して怪光線にてウルトラホーク1号の不意をついて攻撃、その撃墜に成功する。止めを刺すべく小型攻撃円盤数機を発進させた。

不測の事態

ウルトラホーク1号粉砕のため発進した小型攻撃円盤群だったが、突如として出現したメタル星の怪獣に迎撃され、数機を損失。すぐさま、小型円盤3機による合体攻撃をかけて撃退に成功するも、さらに赤いM78星雲人が登場したため小型円盤群を回収。円盤内に潜入されてしまい、コントロール装置もM78星雲人の額から発射された破壊光線によって壊されたことで、一切の処置が不能になってしまった。円盤を操っていたクール星人自体も、何もできないまま星雲人の頭部に装着された宇宙ブーメランで、切断されて死亡。

顛末

標本用に採取していた人間も星雲人の手により解放され、円盤は巨大化した星雲人に宇宙へ運ばれて額から放射された破壊光線により、跡形もなく消し去られた。

〈宇宙船の考察〉

クール星の軍事レベルは、円盤開発の能力は長けている一方、攻撃用の頂上部から発する怪光線自体の破壊力は京浜工業地帯を壊滅するには十分ではあるものの、ウルトラホーク1号の撃墜事例から見ても地球の武器と大差はない。小型攻撃円盤も使用目的を考えるとリモートコントロールだった可能性は高いだろう。ただし、人類の知識を超えた部分としては、手の形状がカギ爪状であったのに、円盤内のコントロールパネル等のスイッチ類が人類同様の押しボタン式というのが謎めいている。

〈敗因〉

全く予期しない状況を作り出した、M78星雲人の存在と関与が最大の敗因であることは間違いないが、最も大きな間違いは、本来の目的であった人間標本採取と秘密裏の作戦遂行を最優先に考えず、人質を有したことで優位に立ち、地球側の反撃を侮った点にある。自らのカモフラージュ機能に加え、人類が同族の命を重んじる傾向にあることを調査済みだった事から、本作戦に絶対の自信を持っていた様子は見られるが、M78星雲人の知識を供与されることは計画外であったようである。とは言え、宇宙船が目視可能になったにも関わらず、地球防衛軍のウルトラホーク1号撃墜に成功しており、先のポインター襲撃に於いても反撃を受けなかった点なども念頭にあったために、地球防衛軍自体の戦力そのものが敗因に大きく繋がったとは思いづらい。

やはり最大の敗因は、調査時に判明していなかったM78星雲人の登場であり、未知の怪獣(M78星雲人が用いるカプセル怪獣)の出現や、その後に宇宙船内に侵入してきたM78星雲人の地球人救出活動が決定的となっている。しかも、本作戦を実施していたのが単独の星人であったらしいことも大きな要因の一つだろう。本来ならば、たとえ調査を目的とした地球潜入および地球人標本採取であったとしても、何かしらの不測の事態を考慮して、二名以上で行動するべきであった。何かしらの都合で単独行動しなければならないのであれば、不測の事態に直面した場合は早々に直轄の機関からの指示を仰ぐべきであったが、人類を昆虫扱いしている点からも自らの奢りが予想外であったM78星雲人介入の対処に困惑している間に敗北を喫した感は否めない。

また、調査を目的として来ているのであれば、すでに地球人の採取に成功しているので、地球防衛軍によるカモフラージュを無効化された際には即刻地球を退去して、本星に採取した地球人を持ち帰り、様々な調査報告を行うことが後々のためにも最も有意義であった事は明らかである。つまりは、今回のように作戦に失敗する可能性が出た場合は、まずは本来の目的を再認識し、何事も問題が出た場合は速やかにしかるべきところへ報告し、その後の指示を仰ぐべきなのである。

▼反省からのその後の作戦

とある情報によると、その後クール星人たちは密かに地球人の誘拐行動を続け、さらった人間たちを小型円盤監視の下に重労働させ、巨石文化のような巨大な宇宙ピラミッド建造に着手したらしい。が、それに気づいた地球防衛軍は救出のため、クール星にウルトラホーク1号を派兵する準備を整えていたという。

〈追伸〉

今回の一件により、地球に来ていたM78星雲人が地球側につく事を決定的にさせてしまったのは、その後の地球侵略のための大きな障壁となってしまい、侵略者たちのクール星への軋轢を生じさせたことであろう。

★敗因は、報・連・相の怠り!

REAR VIEW

◀巨大な頭部と6本のかぎ爪状の手を持ち、人間標本採取が当初の目的だったクール星人だが、その姿が地球の昆虫に似ていたのは皮肉的だ。

FRONT VIEW

SIDE VIEW

▼小型攻撃円盤

VEHICLE クール星人の宇宙船

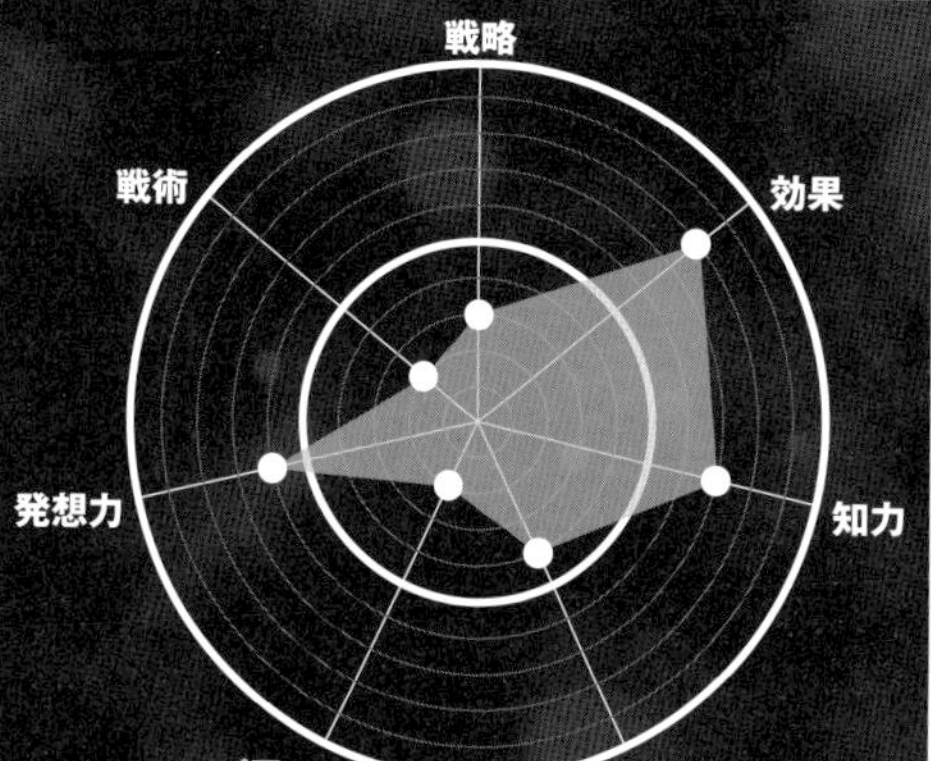

合計 各10点中 32/70点 《作戦評価》

意外にオーソドックスな作戦だが、人質という人類の道徳面を考慮した要素と保護色によるカモフラージュという効果が相乗効果を生み出し、レーダーに感知されながらも攻撃されることなく作戦を遂行したという点で評価は高い。ウルトラホーク1号にパワー負けしている点などを見ると戦術的には少々不安の残る面もあるがアンブッシュ的行動でこれを撃破しているのは、知力の高さを示しているといえる。

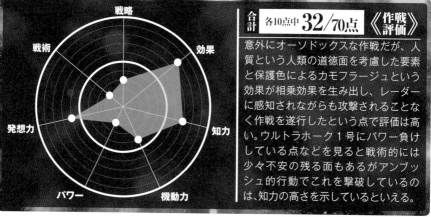

#作戦ナンバー 02

パンデミックによる同種化作戦

生物Xワイアール星人の場合

第二話「緑の恐怖」(制作第二話)

放送日 1967年10月8日

STAFF 監督/野長瀬三摩地　脚本/金城哲夫

STORY

ある夜、一つの隕石が石黒邸へ着地した。翌日、同邸に不審な郵便小包が届く。また、その日は地球防衛軍の宇宙ステーションV3から、邸宅の主である石黒隊員が、休暇のために一時帰還した日でもあった。モロボシ・ダンは、石黒を自宅へ送り届けるが、その際に庭先にある地球上に存在しないはずの金属を発見する。その夜から、石黒邸周辺ではワイアール星人が出没し、夜な夜な通行人が襲われ始め、襲われた人間は生物Xと化し、被害者はネズミ算式に増えていく一方であった。事態を危惧した人々が、外出を控えるようになるとワイアール星人はさらなる地域へ足を運ぼうとしていた。

名称≫ワイアール星人
別名≫生物X
身長≫1.8メートル〜150メートル
体重≫100キログラム〜1万3000トン
出身地≫ワイアール星

植物状の物質が絡まったような姿を持つ。地球人類の姿を転送して使用していたせいか、一見二足歩行型に見えるが、身体をほぐしてツタ状で移動することもできることから、この姿も単なる仮の形態とも考えられる。

行動開始

防衛軍隊員の石黒を捕獲したワイアール星人は、岩石状の特殊な金属カプセル内に拘禁。カプセルは隕石に見せかけて石黒邸内に誘導。連動して発信する小型の電子頭脳を、地球防衛軍の検査などをかいくぐるためか日本の郵便事業を利用し、小包として地球潜入前に石黒邸へ送り込むことに成功。姿や記憶などの情報を内部の伝送装置により送信させ、石黒の姿で無事に地球社会へ潜入したワイアール星人は潜伏を開始。夜ごとに地域住民を襲っていった。

作戦概要

ワイアール星人の侵略方法は、地球人類を同種化させていくことにあった。その計画の始まりは、地球防衛軍の宇宙ステーションV3に勤務する防衛軍隊員である石黒になりすまして地球へ潜入。夜ごとに石黒邸より近隣の住民等を襲い、同種化を進める。

事件の発覚

ワイアール星人は、西六番街八百二十一区で泥酔した一般人男性を襲撃。体液らしき液体を吐き掛けて逃亡。被害者男性は、地球防衛軍のメディカルセンターに収容されるが、その後ワイアール星人同様の姿・生物Xに変貌。翌日の晩も同種の事件が発生、通報を受け救急搬送中の救急車内で、変貌した被害者に救急隊員らが襲われ、事故を起こして大破炎上した。この事件を皮切りに、近隣では同様の未確認生物の出現、襲撃による被害者が続出。襲撃された被害者は、先の事件と同じく未知の生物と化してさらなる被害を増やしていった。地球防衛軍は、この怪物が宇宙から来たもので、人類への挑戦あるいは侵略が目的と断定し捜査を開始した。

ワイアール星人の特性

ワイアール星人は、葉脈とトゲ状の部位で覆われた植物的特徴に富む宇宙人で、身体を茎のようにほどいて、地を這って移動することができる。頭部らしき部位から麻酔液を噴出して人間を麻痺させ、襲われた人間を自分同様の生物化させる能力を持ち、巨大化も可能。全身より波状光線を放射する。その母星は、原因不明の葉緑素の降雨によって、惑星上の生物が植物化する現象に見舞われ、星人自体も植物と動物の中間的生命体へ変化したといわれる。文明レベルは、チルソナイト808という金属が産出され、電子頭脳の開発や、特殊金属の加工、地球人文化の理解などができる高度な科学技術があったことがうかがえる。一部の情報によると星人が使用する宇宙船は、チルソナイト808で製造されたごつごつとした種子の様な形状をしたものとされる。その侵略は、他星の生命体をも自ら同様の生物へとするのが目的との見解があることから、理性はさほど発達していない可能性も否定できない。

交戦

周辺地域では、相次ぐ被害に深夜の外出が控えられた。そのため人間を襲うことができなくなったワイアール星人は、犯行地域を他に移すべく石黒夫人を誘い、箱根方面への旅行と偽り移動を開始した。一方、モロボシ・ダンは石黒邸にあった隕石状の岩塊を怪しんで基地へと運び調査を開始。しかし、チルソナイト808製のカプセルである岩塊は、人類の工具では切断不可能であった。その頃、石黒邸の中から発せられる怪音を家政婦が通報、駆け付けたモロボシ・ダンらによって電子頭脳が発見されてしまう。それと同時に基地内の岩塊が崩壊し、中から本物の石黒隊員が発見された。

顛末

その頃、箱根行きの特急電車に乗車していた石黒は、その姿を維持する電送装置が破壊されたため、列車内で星人の正体を現さざるを得ない状況に至った。車内はパニック状態になり、特急電車はその場で停止。

乗客は緊急脱出し始める中、家政婦より石黒夫妻の行方を聞いたモロボシ・ダンらが到着。乗客が避難する中で星人は巨大化。モロボシ・ダンはM78星雲人の姿（地球人による呼称はウルトラセブン）変身。

ワイアール星人は全身より怪光線を放ってセブンを苦しめるも、必殺武器の宇宙ブーメラン（アイスラッガーと呼称される）によって切断され、止めの破壊光線（ウルトラセブンが額から放つもので、エメリウム光線と呼称される）で炎上、死滅した。星人が倒れた後、怪物化した被害者たちは、無事に元の姿に戻り、作戦は失敗した。

敗因

まず、地球潜入の際に下準備として、石黒を閉じ込めたカプセルや発信機つきの電子頭脳を石黒邸内に設置したまではよかったが、送迎したモロボシ・ダンが宇宙人で、チルソナイト808の存在を知っている者だったのが、最大の誤算であったといえよう。

この電子頭脳などを発見されなければ、作戦が成功した確率はかなり上がっていたものと思われる。いくら地球人類には判別できない物体だとはいえ、堂々と庭に放置したり、小型の電子頭脳を机の中程度に隠しただけだったのが、大きな敗因へとつながったといえる。やはり重要なものは、放ったままにせず人目につかないように工夫するなどの細心の注意を払う必要があったのではないか。

★情報管理を侮るな！

侵略過程地図　宇宙ステーションV3➡地球防衛軍基地➡東京都➡箱根

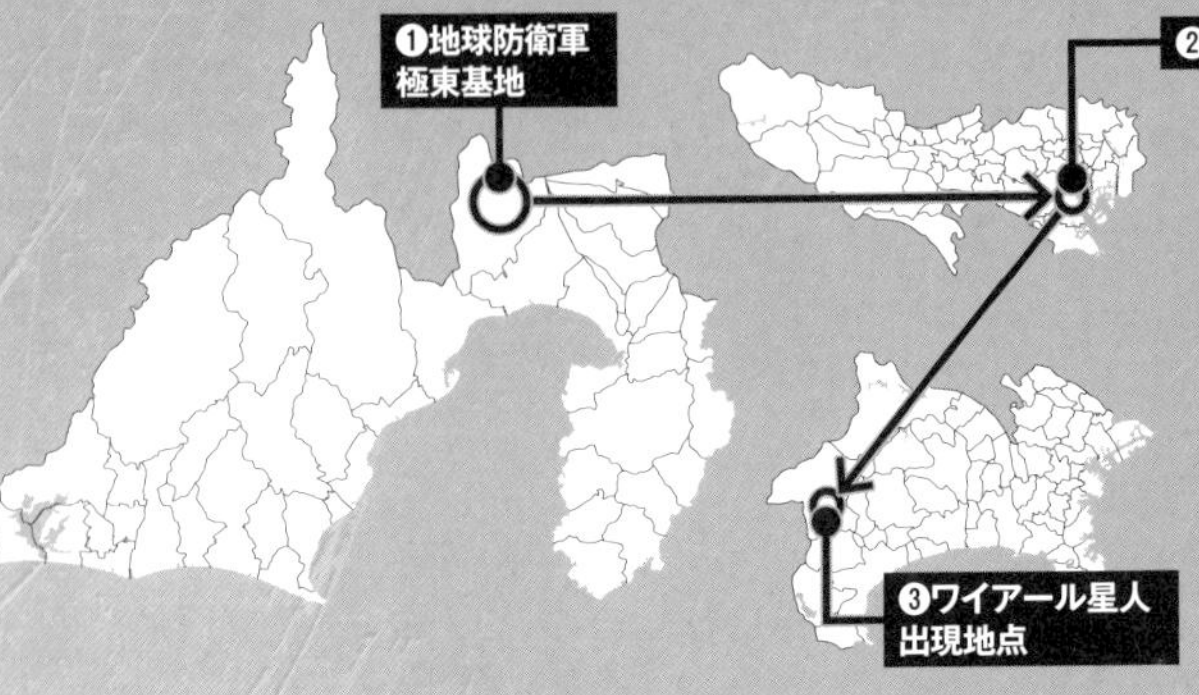

宇宙ステーションから地球へ向かう途中で、石黒隊員確保に成功した宇宙人は、その姿を利用して地球防衛軍基地から地球へ侵入。相次いで被害者を増やす。警戒の増えた都心から、行動地域を変更するため旅行と称して箱根へ向かうが、途中で正体が発覚。

▼見た目は地球のツタ状の植物にしか見えないワイアール星人。

SIDE VIEW

FRONT VIEW

▲石黒隊員としての行動を司っていた電子頭脳

REAR VIEW

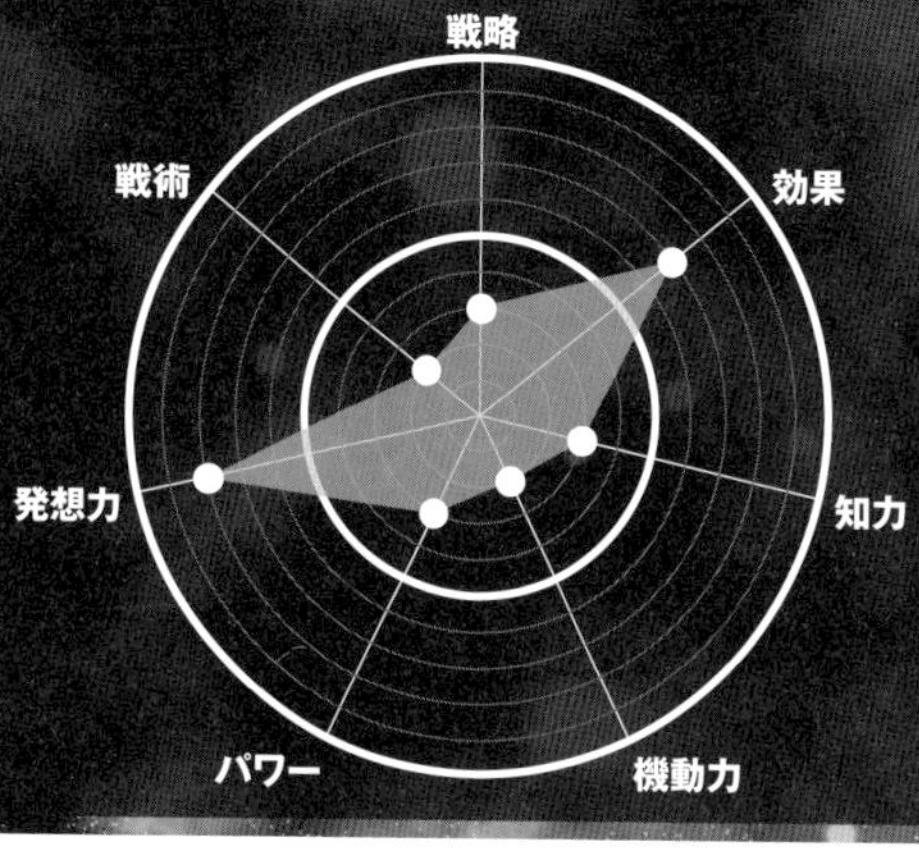

合計 各10点中 39/70点 《作戦評価》

人類の姿に化けて、モデルにした人間のデータを転送して、周囲との会話などに即対応することで、その正体が発覚するのを防ぐというアイディアは秀逸。人の目が少なくなる深夜の襲撃はまさに現代社会の盲点であり、そこに着目したのは本能的であったにしても効果は絶大であった。

#作戦ナンバー 03

美少女の好奇心からの地球侵攻作戦

変身怪人ピット星人の場合

第三話	「湖のひみつ」（制作第一話）	放送日 1967年10月15日
		STAFF 監督／野長瀬三摩地　脚本／金城哲夫

STORY

宇宙船が着陸したという通報を受けて調査に向かったダンとフルハシは、謎の少女を目撃し追跡する。そして宇宙船を発見すると中に少女が隠れていて、二人に追われて驚き逃げ込んだという。すると突然船内にガスが発生し、全員が気を失ってしまう。目が覚めたダンは、ウルトラアイが盗まれていることに気づき、犯人追跡のために船外に、フルハシと少女は、地球防衛軍基地へ帰還する。もう一人の少女が、怪獣エレキングを出現させて地球侵略を開始。ウルトラアイを失いセブンに変身できないダンは、カプセル怪獣ミクラスを出現させて迎撃に向かわせるが敗退。ウルトラホーク１号がエレキングの迎撃を開始する間に宇宙船へ突入したダンは、少女が怪獣を操っているのを目撃。格闘の最中、奪われたウルトラアイを見つけ、変身したセブンはアイスラッガーでエレキングを倒す。その頃、基地から脱出した少女は宇宙船内に戻り、もう一人の少女と合流。ピット星人の本性を現し地球脱出を図るが、空中でセブンに宇宙船を木っ端みじんに吹き飛ばされたのであった。

名称≫ピット星人
別名≫変身怪人
身長≫1.55～2メートル
体重≫60キログラム

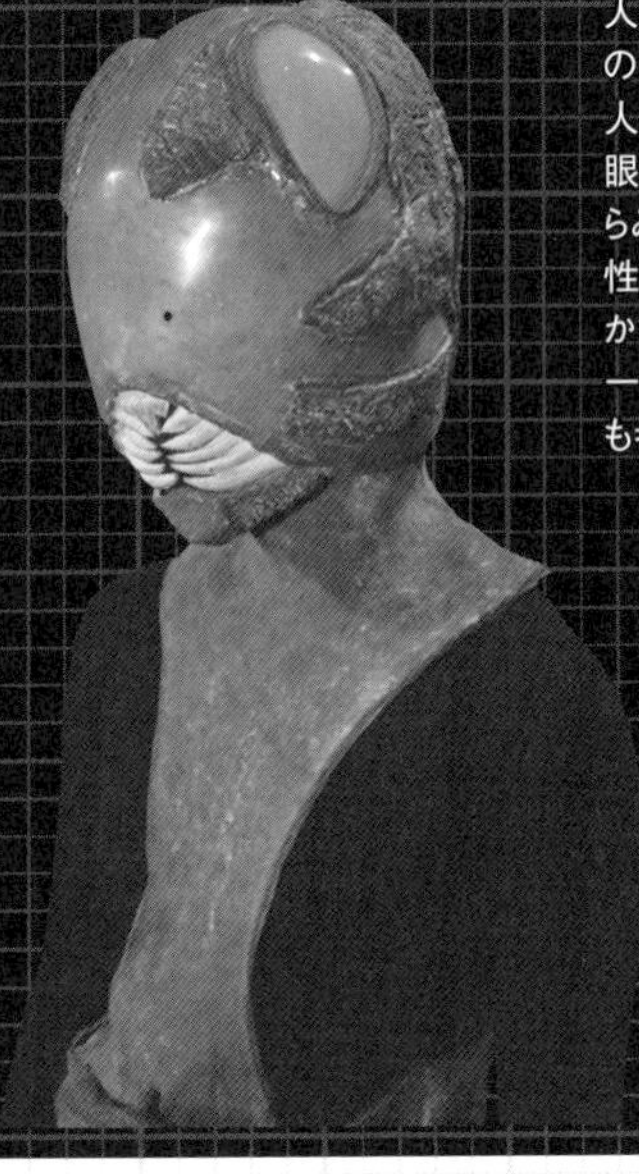

人間体、宇宙人態ともに、双子のようにほぼ同じ容姿を持つ二人。その宇宙人体の個体差は眼球の色の違いのみ。胸の膨らみなど、頭部を除き人類の女性とほぼ共通することから、もしかすると、宇宙人態というのも一種の宇宙服であった可能性も考えられるのではないか。

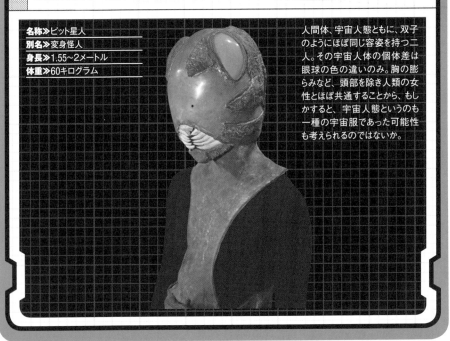

事件の発覚

宇宙船の着陸を少年に目撃されて、通報されたことで地球侵入が発覚。派遣されたウルトラ警備隊員のモロボシ・ダンとフルハシの2名により、調査が開始される。その際、たまたま吾妻湖で釣り人の釣った獲物を奪う美少女に化けたピット星人Ⓐが地球人と接触するが、その正体を知られることなく、釣られてしまったエレキング幼体の解放に成功する。

しかし、美少女体のピット星人Ⓐは、その不審な行動からウルトラ警備隊員に目をつけられて逃走。そして、隊員らは近くに着陸していた宇宙船を発見して内部調査を始めた。が、そこには先ほど逃走した美少女が潜伏しており、警備隊員らが追ってきたために、宇宙船内に逃げ込んだと偽る。するとその瞬間、船内に麻酔ガスが充満し、隊員と美少女は気を失った。

ピット星人Ⓑが現れ、朦朧とするモロボシ・ダンからウルトラアイの奪取に成功。宇宙船内で目を覚ました美少女体のピット星人Ⓐは、同じく目を覚ましたウルトラ警備隊のフルハシと共に、地球防衛軍基地へ向かった。

作戦概要

地球を綺麗な星と認識するピット星人は、人類を全滅させて手に入れようと画策。しかしそれは、宇宙怪獣エレキングを使って人間を駆逐するというもので、計画自体は、それほど深く練られたものではない可能性が高い。

ピット星人の特性

トンボを思わせる大きな目を持つ頭部が特徴で、そのスタイルは地球人の女性と大きな変わりはない。能力としては、地球人の美少女に変身するほか、文献によれば、指先から怪光線を発射することもできるそうである。

元々彼女らの母星は、女性ばかりが住まう星であり、数万持っている衛星を個別に一つずつ支配しているという。そのような文化を持つ彼女たちだからこそ、母星を離れても気に入った星を支配しようという欲求に駆られて、地球へ来たのだろう。湖も多く存在し、そこでは様々な宇宙怪獣が飼育され、使い魔としてだけではなく、食料にもなっているという。また、科学力は相当優れており、地球の情報もかなり入手していた模様。さらには地球人類が知らない、モロボシ・ダン=M78星雲人のウルトラアイの重要性をも知っていた。そしてピット星人の間では、何かしらのテレパシーのようなものが働くのか、入れ替わっていた二人の言動で周囲に矛盾を感じさせることはなかった。

行動開始

ウルトラアイの強奪に成功したピット星人Ⓑは、モロボシ・ダンの追跡をかわし、宇宙船へ帰還。コントロール装置を使って湖で育成されたエレキングの成体を出現させた。その出現を阻止するかのように謎の怪獣（カプセル怪獣ミクラスと呼称）が出現したが、エレキング自らの放電攻撃でこれを撃退。

さらに釣り人の通報によって急行したウルトラホーク1号が攻撃を仕掛けてきたが、甚大な損害を被ることなく口から発する放電光線で見事撃墜した。その上、機外へ脱したウルトラ警備隊を渓流で襲撃。応戦する隊員らを窮地へ追い込んでいった。

その頃、宇宙船内ではモロボシ・ダンにウルトラアイを奪い返される事態が発生、M78星雲人（以下、ウルトラセブン）への変身を許してしまう。

▼交戦

突如飛来したウルトラセブンの攻撃を受け、格闘戦が開始された。エレキングの放電光線も俊敏にかわされ、尾の締めつけと電撃攻撃もウルトラセブンのパワーの前にもろくも破れ、エメリウム光線で頭部のアンテナを失うと同時にアイスラッガーによる連続攻撃で各部が切断されて爆発。

▼顛末

地球防衛軍基地内からウルトラホーク2号を奪って脱出してきたピット星人Ⓐは、宇宙船近くへ着陸。船内でピット星人Ⓑと合流すると地球脱出を図った。しかし、追跡してきたウルトラセブンに、宇宙船の怪光線を浴びせるが通用せず、発せられたエメリウム光線により宇宙船ごと爆破されてしまった。

〈エレキングの考察〉

地球へ潜入する際には、輸送に便利なためか幼体の姿で運び込まれた。ピット星同様に湖で育成され、30センチ程度の幼体から約60メートルの成体へと成長するが、その期間はわずか数時間程度。頭部に生える2本のアンテナは回転しており、アンテナが稼働中は、周囲の通信電波が狂わされる特性がある。

口から放射する放電光線（エレキ光線とも呼ばれる）と長い尻尾による締めつけ、ならびに電撃が最大の武器である。さらに一説には、飛行も可能で竜のように空を飛ぶことができるともいわれる。しかし、これについては育成期間が短かったせいか、本件では確認できていない。

〈宇宙船の考察〉

人類と共通する体型を持つ宇宙人だけあって、宇宙船内の構造も人が操作しやすい配置などになっている。出入り口の扉や、TVモニターなどもあることから、基本的な生活概念は地球文化と酷似している。

白色の怪光線を放つことが可能だが、ウルトラセブンに全く通用しなかったことから、威力は不明。外壁が大気圏突入時に摩擦熱により焼けていたり、エメリウム光線攻撃をもろに受けていることから、シールド（バリア）などの類が一切ないことが推測できる。

侵略過程地図

木曽谷➡Ⓑは残留。Ⓐは地球防衛軍基地➡Ⓐは後に基地を脱出してⒷと合流

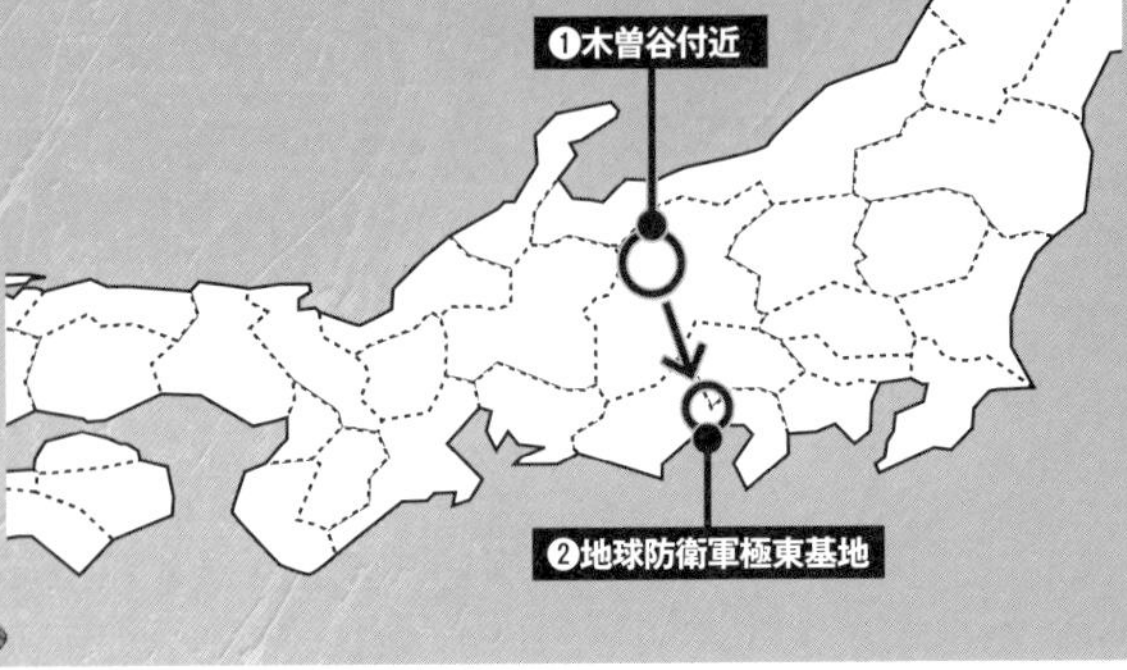

木曽谷の吾妻湖畔近隣の河原に着地した星人は、エレキング育成のために湖に幼体を放つ。事件はこの吾妻湖を中心にその周囲で展開された。一方、ピット星人ののうちの1体は、成り行きで地球防衛軍基地に収容されたが、ウルトラホーク2号で脱出して宇宙船へ舞い戻る。

〈敗因〉

この件の敗北の圧倒的要因は、あまりにも地球侵略を軽いノリで捉えていたことに尽きるのではないか。これはもしかしたら、ある種のトレンドやファッションの一環で、その入手方法をあまりにも簡単に思っていたのかも知れない。ウルトラアイの存在を知るほどの情報取得技術がありながらも、実際の地球の戦力（ウルトラセブンを含む）を安易に判断したことが今回の結果を生んだといえる。

失敗しても「また来ればいいわ」的な考え方は、他人（地球人）に触れられたくないことや、「地球の男性は可愛い子に弱い」などという身勝手な解釈をする点からも、思い込みの強い性格であったのではないかとも考えられる。

▼反省からのその後の作戦

ピット星では、この件で復讐を誓うものが現れ、母星の怪獣兵器マンモス工場でエレキングの強化改造を行っていた。といっても生態改造というよりはサイボーグないしロボット兵器的な加工をしており、工場内でカプセルに乗った星人によって外装の取り付け、手や尻尾の組み上げに従事していた。その性能は、かつてのエレキングの2倍の力を持つというが、それが最後まで仕上げられたのかどうかは不明である。

ちなみに、地球上で倒されたエレキングはその後、地中に埋まりツノの部位だけが露出して月光をエネルギー源として蘇ったという話もある。

〈追伸〉

今回の事例で、地球人類はどうあれ、ウルトラセブン＝モロボシ・ダンは、地球人タイプの美少女に心を許しやすいというのを発見したピット星人の功績を認めざるを得ない。そのことはその後、幾度かウルトラアイ強奪を目論む宇宙人が現れるが、いずれも地球人女性の姿でその任務に成功している点からも理解できるだろう。

★ウルトラセブンは異性に油断する傾向である可能性大！

VEHICLE

UNDER VIEW

TOP VIEW

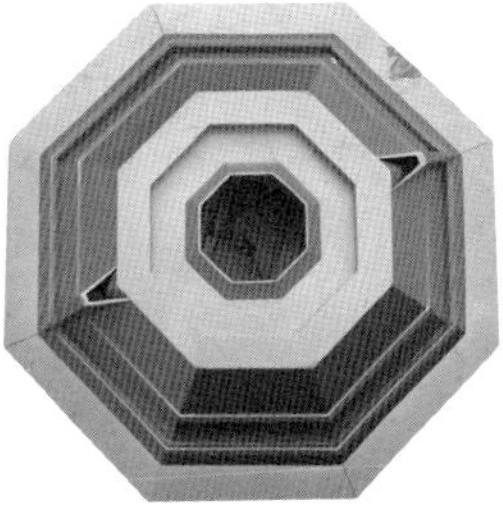

SIDE VIEW

▲ピット星人の宇宙船

▲宇宙船内の様子

名称≫エレキング

別名≫宇宙怪獣

身長≫20センチ～53メートル

体重≫500グラム～2万5000トン

手のひらには親指以外の指らしいものはなく、先端に三つの穴が空いている。同様に足先にも穴があるが、機能は謎である（後年出現した同種は、指先から光弾を発射していた）。地球上の生物で言うところの目に当たる部分は見受けられない。

SIDE VIEW

FRONT VIEW

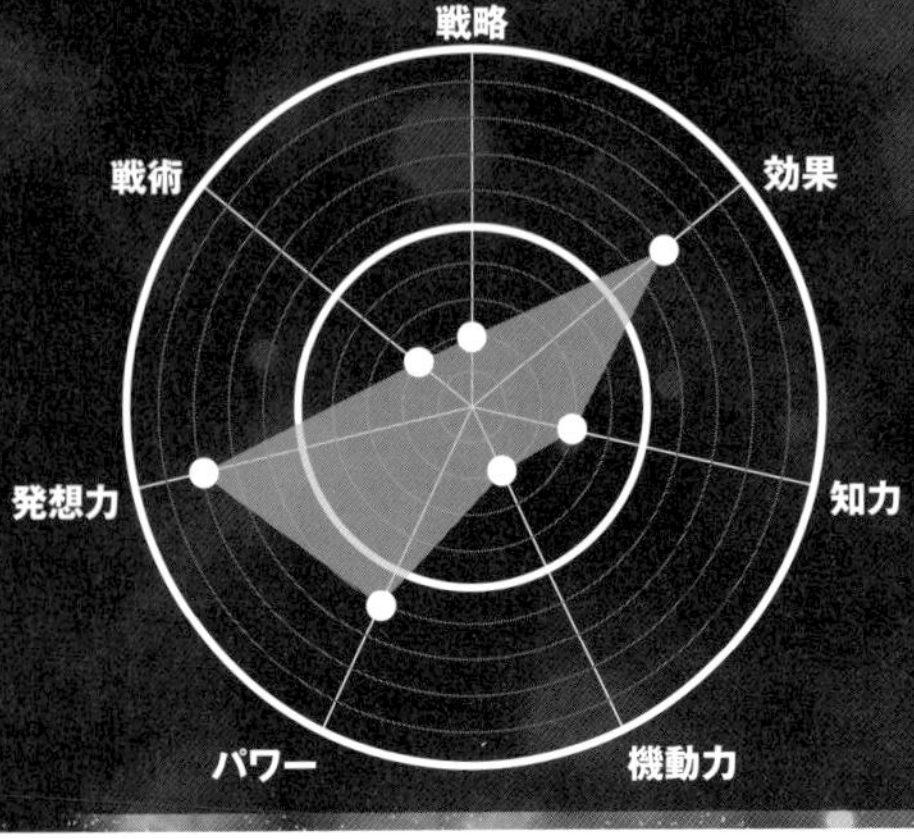

合計 各10点中 30/70点 《作戦評価》

エレキングによる侵攻の一点集中で作戦を遂行。地球人類およびウルトラセブンの存在を大きく気にしていない感がある。そのことが後にエレキングを失う要因につながり、戦略、戦術共に及第点に至らず。ただし偶然とは言え、容姿が美少女でウルトラ警備隊員とのファーストコンタクトを水着姿で行ったことが、その後の行動の優位性を高めた点は高評価を与えている。

#作戦ナンバー04

陽動作戦による防衛軍破壊工作

反重力宇宙人ゴドラ星人の場合

第四話	「マックス号応答せよ」（制作第四話）	放送日	1967年10月22日
		STAFF	監督／満田稔　脚本／山田正弘、金城哲夫

STORY

突然の極秘指令に呼び出されたウルトラ警備隊のアマギとソガは、海上で待つマックス号に乗り込む。そこにはタケナカ参謀がおり、太平洋上で謎の船舶消失事件が発生しており、その調査へ向かっているという。現場海域に到着するとマックス号は、そのまま姿を消してしまった。行方不明になったマックス号探索にウルトラホークが出動するが、発見できずにいた。唯一、宇宙へ飛んだフルハシ搭乗のウルトラホーク2号がマックス号を発見するが、フルハシは船内でゴドラ星人に拉致されてしまう。星人はフルハシに化けて基地へ潜入、時限爆弾を仕掛け原子炉を爆破しようと企む。

名称≫ゴドラ星人
別名≫反重力宇宙人
身長≫2メートル～52メートル
体重≫120キログラム～4万5000トン
出身地≫ゴドラ星

ウルトラセブンらと戦った宇宙人の基本スタイルの一種。頭頂部の目玉が特徴的で、後に共闘したとされるペガッサ星人と共通していることから、何かしらの生物学的な接点があったとも思われる。両手のゴドラガンは、当初からあったものではないとされる。

事件の発覚

1カ月前、船舶の謎の消失事件が発生。その調査に向かった艦船も相次いで消息を絶ったことから、地球防衛軍の最新鋭艦・マックス号による調査が開始された。極秘命令によってウルトラ警備隊のアマギ、ソガも乗り込むが、事件現場付近でマックス号は突如姿を消してしまう。

ウルトラ警備隊は、ウルトラホーク各機を発進させて周辺を探索するも発見には至らなかった。一方、マックス号へアマギ、ソガ両隊員を送り届けたウルトラ警備隊員モロボシ・ダンはその帰り道で、車が故障したらしく立ち往生する女性に突如襲われ、ウルトラアイが奪われてしまった。

作戦概要

地球侵略を目論むゴドラ星人たちは、反重力を用いて地球防衛軍のマックス号を洋上から宇宙空間へ移送。マックス号の消失事件に地球防衛軍の注意を向けさせている間に、工作員を防衛軍基地内に潜入させ、時限爆弾による基地破壊という陽動作戦を目論む。

ゴドラ星人の特性

頭頂部に目を持ち、人間を閉じ込めるゴドラカプセルを発生させることもでき、両手に千メートル先の敵をも倒せるというゴドラガンを装備。赤いベストを思わせる上半身の出で立ちが特徴。頭脳は明晰で、人類への変身能力も備えた策略家の上、集団による作戦行動をする。未確認ではあるが、目から催眠術をかけ、高速で走ることが可能だといわれている。一説によれば、宇宙空間の移動には独楽を逆さまにしたような形状の宇宙船を持ち、反重力光線を使って数万トンの地球艦船を宇宙空間まで持ち上げるとされる。そもそも、ゴドラ星人の母星は地表が数万度の温度でドロドロしているため生物は少なく、食糧不足が問題となっている。が、ゴドラ星人の文明は、この地熱をもとに科学技術を発展させているために、熱を利用した兵器の研究が最も進んでいるとされている。

行動開始

ゴドラ星人は、宇宙空間でマックス号を探索に来たウルトラホーク2号に乗務していた

侵略過程地図　宇宙（太平洋上空）➡地球防衛軍基地➡宇宙

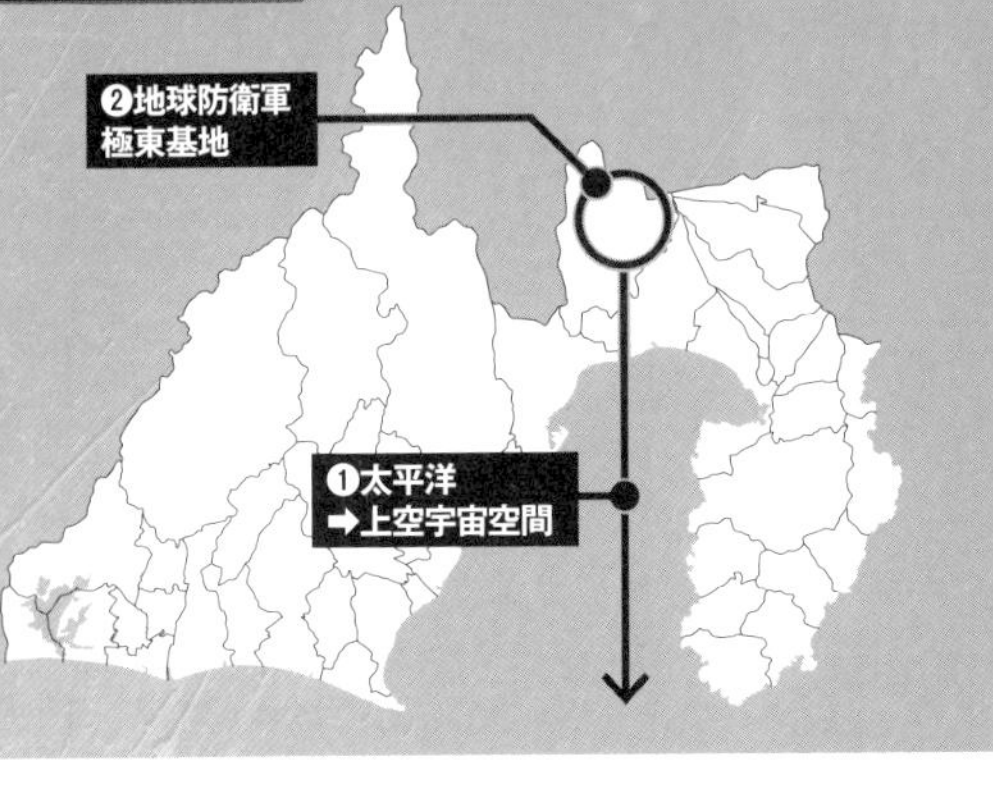

太平洋上でマックス号の強奪に成功したゴドラ星人は、それをそのまま宇宙空間に放り出し、自らの侵略計画の拠点とした。さらに先んじて地球へ潜伏していた別働隊が、モロボシ・ダンのウルトラアイ奪取、ならびに防衛軍地下に時限爆弾設置に成功。が、最後はウルトラセブンによって宇宙空間のマックス号から人質は救出された。

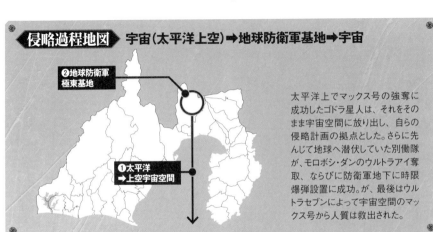

フルハシ隊員を捕獲。マックス号に乗船していた防衛軍の官僚である参謀のタケナカとウルトラ警備隊員のソガ、アマギらと共に監禁し、人質にした。そしてフルハシに化けたゴドラ星人Ⓐをウルトラホーク2号で帰還させ、容易く防衛軍内部に潜入させることに成功。地球防衛軍基地動力炉への時限爆弾の設置を行った。それを怪しんで尾行してきたモロボシ・ダンをゴドラカプセルで拘束。今度はその姿を利用して基地内部に潜伏していた。

▼交戦

マックス号内部で、人質となっていたウルトラ警備隊員らは、ゴドラ星人が語った計画の全貌を基地へ知らせるため、船内に装備してあった気象観測用ロケットで脱出を試みる。見張りのゴドラ星人を不意打ちで倒すと、そのすきに格納庫へ向かい、アマギにロケットに乗り込まれてしまうが発進寸前に、追撃に間に合ったゴドラ星人のゴドラガンの発砲によって、ロケット内のアマギを失神させるのに成功するが、マックス号よりの脱出を許してしまう。一方、防衛軍基地でゴドラカプセルに拘束していたモロボシ・ダンと、女性に変身しウルトラアイを盗んだ後、防衛軍基地内に入り込んでいたゴドラ星人Ⓑが遭遇。アンヌ隊員からの御守りとした足元に落ちていたペンダントを星人が拾い上げたところにウルトラガンを照射され、その衝撃でゴドラカプセルが消失。ゴドラ星人は姿を現して、モロボシ・ダンと交戦。モロボシ・ダンにウルトラアイを奪取されるとウルトラセブンに変身されてしまう。そこへアマギからの報告を受け急行した、ウルトラ警備隊のキリヤマ隊長らも現れてしまい爆弾を取り外されると、エメリウム光線によってゴドラ星人Ⓑは倒されてしまった。

▼顛末

地球防衛軍基地からの脱出を図るゴドラ星人Ⓐは、追跡してきたウルトラセブンと地上で巨大化して対戦。格闘戦の後、敗走するところをエメリウム光線を受けて爆発、絶命する。さらにウルトラセブンによって、宇宙空間に漂うマックス号内部から人質は救出され、基地に仕掛けた爆弾を利用してゴドラ星人の集団もろともマックス号は爆破されてしまった。

〈ゴドラ星人その後の作戦〉

ゴドラ星人は、個々の戦闘能力はそれほど高くはなく、組織的行動による戦略を好む。とある文献には、もしこの侵略計画が無事に成功していたら、超反重力光線を使って、地球上のあらゆるものを宇宙へ放棄し、征服していただろうと記載されている。また、別の資料にはウルトラホーク2号が、恐怖の怪獣星でエレキングとともにゴドラ星人に遭遇、危機一髪で脱出したとも伝えられているが真意は定かではない。その侵略の目的は自星の食糧難解決のためとも考えられるが、本事件より後の新時代において、ペガッサ星人の残党と共に地球侵略計画を画策、地球防衛軍を精神波で支配したともいわれている。

〈敗因〉

本計画遂行に支障をきたした分岐点としてはまず、ゴドラ星人の持つ性格が挙げられる。過去の出版物に弱点として、少々裁量に欠けるという旨が記されているように、マックス号の人質に軽率にも計画の概要を説明してしまったことで、ウルトラ警備隊が脱出を試みるに至り、ウルトラ警備隊の時限爆弾発見へとつなげてしまっている。やはり陽動作戦実行時には、いかなる場合でも秘匿事項の漏洩には気を使うべきであった。また、イレギュラーともいえる要素としては、ウルトラアイを所持したゴドラ星人Ⓑをモロボシ・ダンに近づけたことはあるにしても、アンヌ隊員の御守りを軽んじていたことが今回の最大の敗因といえる。もしもモロボシ・ダンが御守りのペンダントを落としていなかったら……。ゴドラカプセル脱出は不可能であり、ウルトラセブンの登場もあり得なかったのだ。やや誇張気味ではあるが、本作戦はアンヌの御守りによって阻止されたといっても過言でないかもしれない。

〈追伸〉

本作戦で要となるウルトラアイ強奪に成功した要因は、やはり女性に化けてモロボシ・ダンに接触したことであろう。彼の特性として、地球人女性に少々油断する（彼が本来的に持っている優しさが災いする）傾向があることが今回の作戦で見て取れた。

★口は災いのもと！

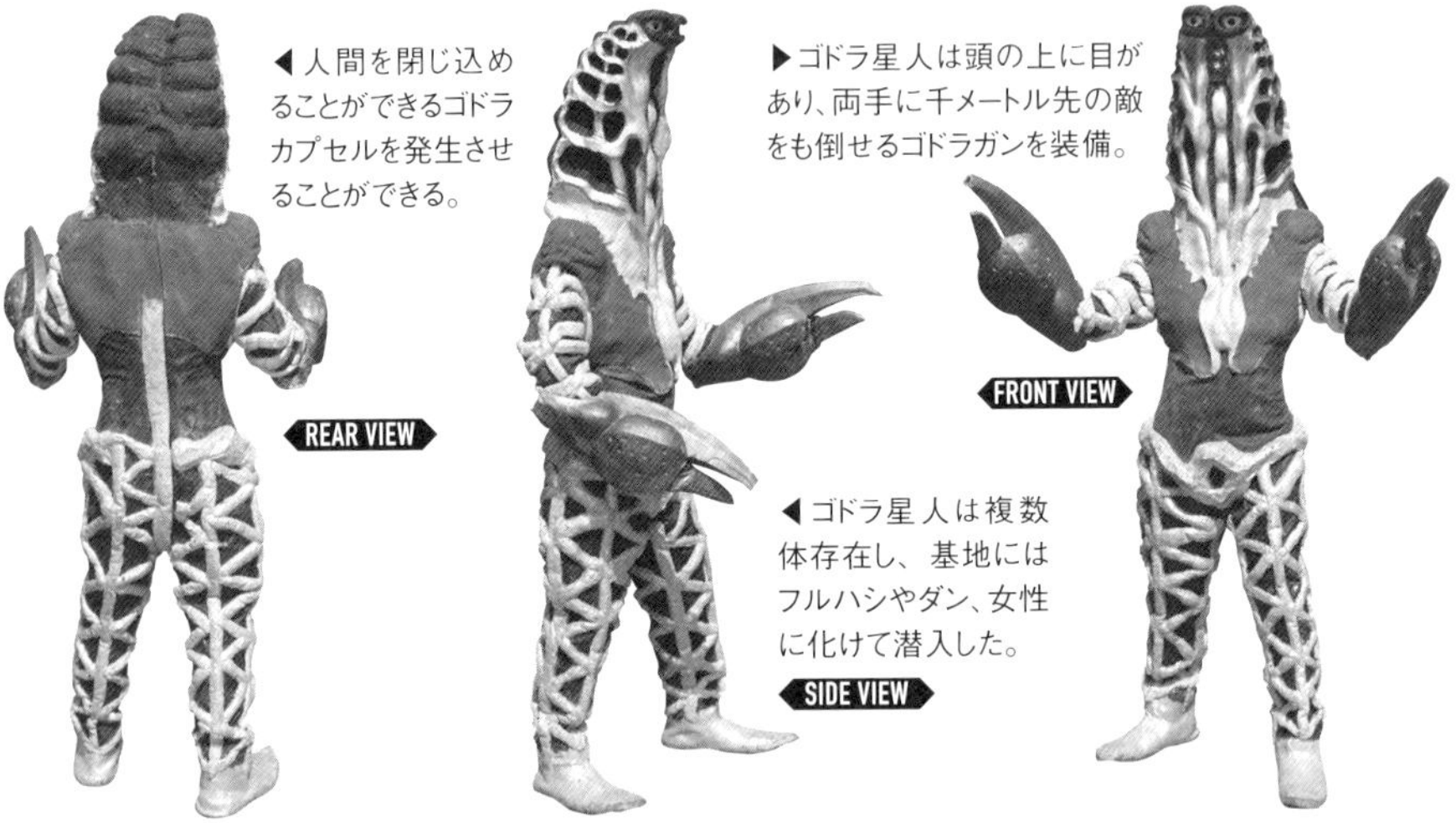

◀人間を閉じ込めることができるゴドラカプセルを発生させることができる。

▶ゴドラ星人は頭の上に目があり、両手に千メートル先の敵をも倒せるゴドラガンを装備。

◀ゴドラ星人は複数体存在し、基地にはフルハシやダン、女性に化けて潜入した。

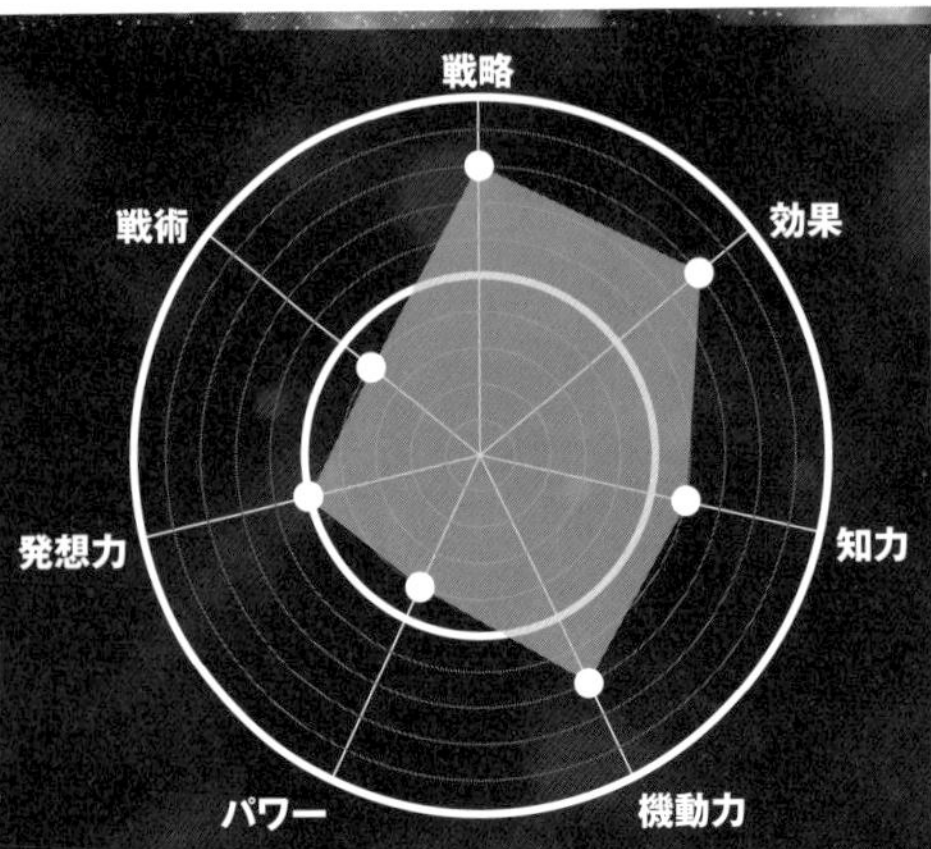

合計 各10点中 52/70点 《作戦評価》

軍事的には単純な陽動作戦の一例だが、かなり地球防衛軍が翻弄されていることから、地球人には心理的に人命優先の思考を突いた作戦はやはり効果が高いことがわかる。また、組織として各人の目的意識がはっきりしており、その達成のためには自らの命をも厭わない姿勢は評価に値する。

#作戦ナンバー 05

時間静止を可能にした遠隔操作による侵略作戦

宇宙蝦人間ビラ星人の場合

第五話	「消された時間」（製作第六話）	放送日	1967年10月29日
		STAFF	監督／円谷一　脚本／菅野明彦

STORY

地球防衛軍のレーダー性能向上のため、南極の科学センターからユシマ博士が日本に向かう途中、ビラ星人に時間を止められて、洗脳を受けてしまう。ユシマ博士は基地へ到着すると、レーダーやウルトラホークを破壊してビラ星人の侵攻を手助けさせようとしたが、モロボシ・ダンにその目的を暴かれ、ウルトラセブンによってその侵略計画が阻止された。

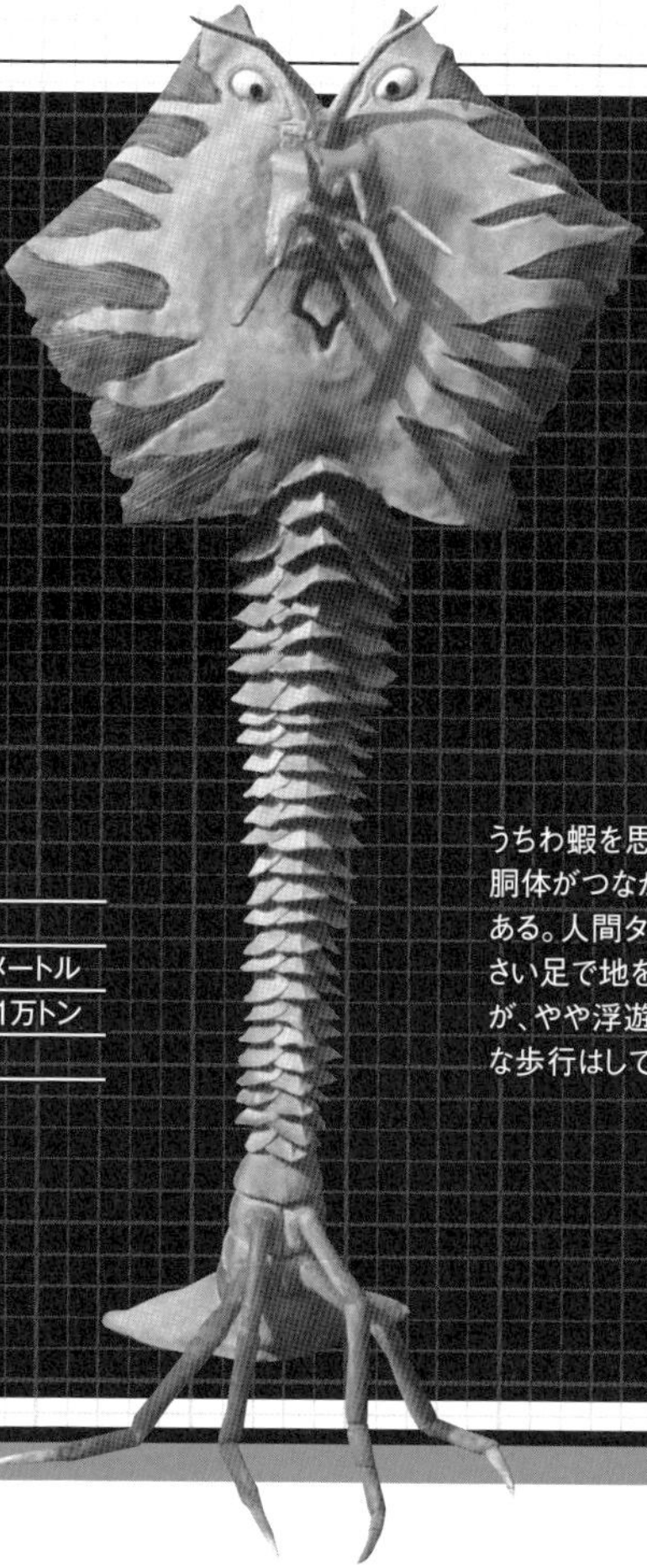

名称≫ビラ星人
別名≫宇宙蝦人間
身長≫1.8メートル～40メートル
体重≫100キログラム～1万トン
出身地≫ビラ星

うちわ蝦を思わせる頭頂部に細い胴体がつながる、長身のスタイルである。人間タイプではないため、小さい足で地を移動するように見えるが、やや浮遊感もあるので、実質的な歩行はしてないものと思われる。

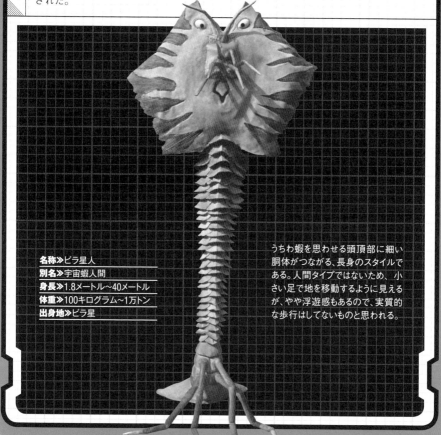

作戦概要

南極の科学センターから超遠距離レーダーを設置するために地球防衛軍極東基地へ向かう、〝地球の頭脳〟といわれるユシマ博士を、時間停止光線を使い誰にも気づかれることなく自分らの心を植え付けて警戒厳重な基地へ送り込み、防衛網の破壊を目論む。

行動開始

まず、第一歩として、ユシマ博士の開発した超遠距離レーダーの性能を4倍にするというユシマ・ダイオードを設置した際に、レーダーが故障するように工作。思惑通りにレーダーの停止に成功すると、ビラ星人はモロボシ・ダンが地球人に味方する宇宙人だとユシマ博士に吹き込み、レーダー破壊の罪をモロボシ・ダンになすりつけるように示唆。そして、ダンを宇宙人のスパイと罵ることで、隊員たちの疑心を煽る。容疑をかけられたモロボシ・ダンが、ユシマ博士の不審な行動を疑うと、機械室に閉じこもった博士がビラ星人の指示を受けているのを発見。そして博士の陰謀を暴こうとするが、事情が理解できない他の隊員たちによって制止され、モロボシ・ダンが留置所へ拘留されてしまう。ユシマ博士はビラ星人の指示に従いウルトラホーク各機の破壊工作に向かう。さらにビラ星人の宇宙船団が、レーダーが使用できないのに乗じて地球へ侵入、征服作戦を開始した。

ビラ星人の特性

エビをまっすぐに立てた様な姿を持ち、口からは毒ガスと怪光線を吐く。尻尾の先は大岩でも切り裂くといわれる。遠い宇宙から地球上の人間を操る能力を持ち、時間停止光線で捉えた対象の時間を止めることが可能。その能力からか、自らを全宇宙の征服者と嘯く。地球外にある宇宙船から地球圏内の局所へ時間停止光線を照射することや、基地内のTVやスピーカーなどに映像を転送するといった技術を持つことから、その科学力は地球人類の想像を超えるものがある。また、時間の認識を持つと共に、心という概念を持っていることから、両者の密接な関連性を解明している可能性も高い。

母星は、陸地が十分の一しかなく、ほとんどが海で覆われているといわれ、軍事国家と

侵略過程地図　南極から日本上空➡地球防衛軍基地➡京都

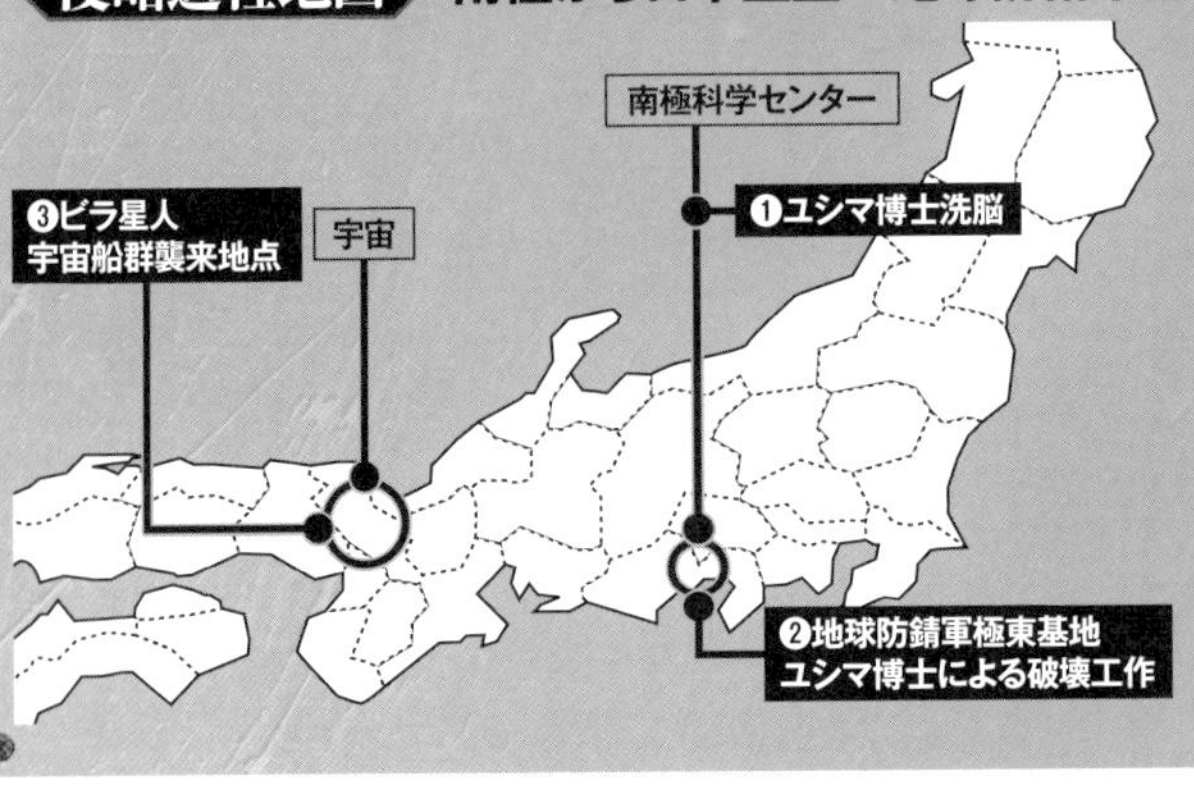

南極から日本上空の間で防衛軍航空機はビラ星人の時間停止光線を浴び、ユシマ博士を星人の手先にすることに成功。その後ユシマ博士は防衛軍基地内に潜入し、様々な破壊工作に転じる。その機に乗じて飛来したビラ星人の宇宙船群は極東基地付近の上空でウルトラホークと交戦に入った。

して発展している。そのため、生まれた時から強い軍人となり、全宇宙へ進出する様に教育されているという。主食はプランクトン。文献によると、目の下の触覚部分が弱点とする記述も見られるが詳細は不明。

交戦

謎の宇宙船団の接近を知ったウルトラ警備隊により、ウルトラホーク1号、3号が宇宙船団撃破のため出動準備を開始。その危機を拘留中のモロボシ・ダンに知られると、ウルトラセブンに変身され独房から脱出されてしまった。ウルトラホーク1号を破壊しようとするユシマ博士は阻止されて、ビラ星人の宇宙船団の迎撃にも向かわれてしまう。さらにウルトラ警備隊のウルトラホークの迎撃をも許すことに。

顛末

宇宙船団とウルトラホークの空中戦の最中、ウルトラセブンのエメリウム光線によって撃破された司令船から、巨大化したビラ星人が出現。セブンとの一騎打ちが始まる。口から吐く黄色いガスを避けられ、続けて発射された怪光線をもバリアで防ぐセブン。ウルトラセブンのアイスラッガーでビラ星人は胴体部を切断される。その上、ウルトラホークの活躍によって宇宙船団は壊滅。撃墜された宇宙船が切断されたビラ星人に墜落すると、激しく炎上し、ビラ星人の陰謀は潰え去る。防衛軍基地内では、ユシマ博士を操っていたビラ星人の心を取り除く処置が施され、作戦は失敗した。

〈ビラ星人の大宇宙船団の考察〉

ビラ星人の主力兵器である宇宙船は、球と三角の合わさった形状を持つ。船体の先端部同士を連結させることにより、集合体として大宇宙船団を形成。破壊光線を発射して敵を撃破する。しかし、発射される破壊光線は、ことごとくウルトラホークに回避されていることから、その命中精度や破壊力は不明。むしろウルトラホークの放つビーム一撃で撃破されていることから、そう耐久度は高くない様である。

〈敗因〉

相手の時間を一時的にでも停止させられる能力は、まさに無敵ともいえるものであるが、使用頻度の少なさから早々使用できるものではないようだった。しかし、この究極ともいえる能力を駆使できれば巨大化してのウルトラセブンとの直接戦闘にも優勢だった可能性は高いが、時間停止光線と思われる渾身の一撃をあっけなくバリアで防がれてしまったため、ほとんど反撃の機会もなくアイスラッガーを受けて絶命。元々、生物的に強くなかったのか敵に対して直接攻撃するのではなく、遠隔操作によって離れたところから破壊工作を行うのが主たる作戦なのだろう。やむなく戦闘に至ったとはいえ、やはり自らが得意とする戦法、戦術を駆使するようにし、遠隔操作での他者利用の限界を想定した作戦を立てるべきではなかっただろうか。

★大事なことは人任せにしない！

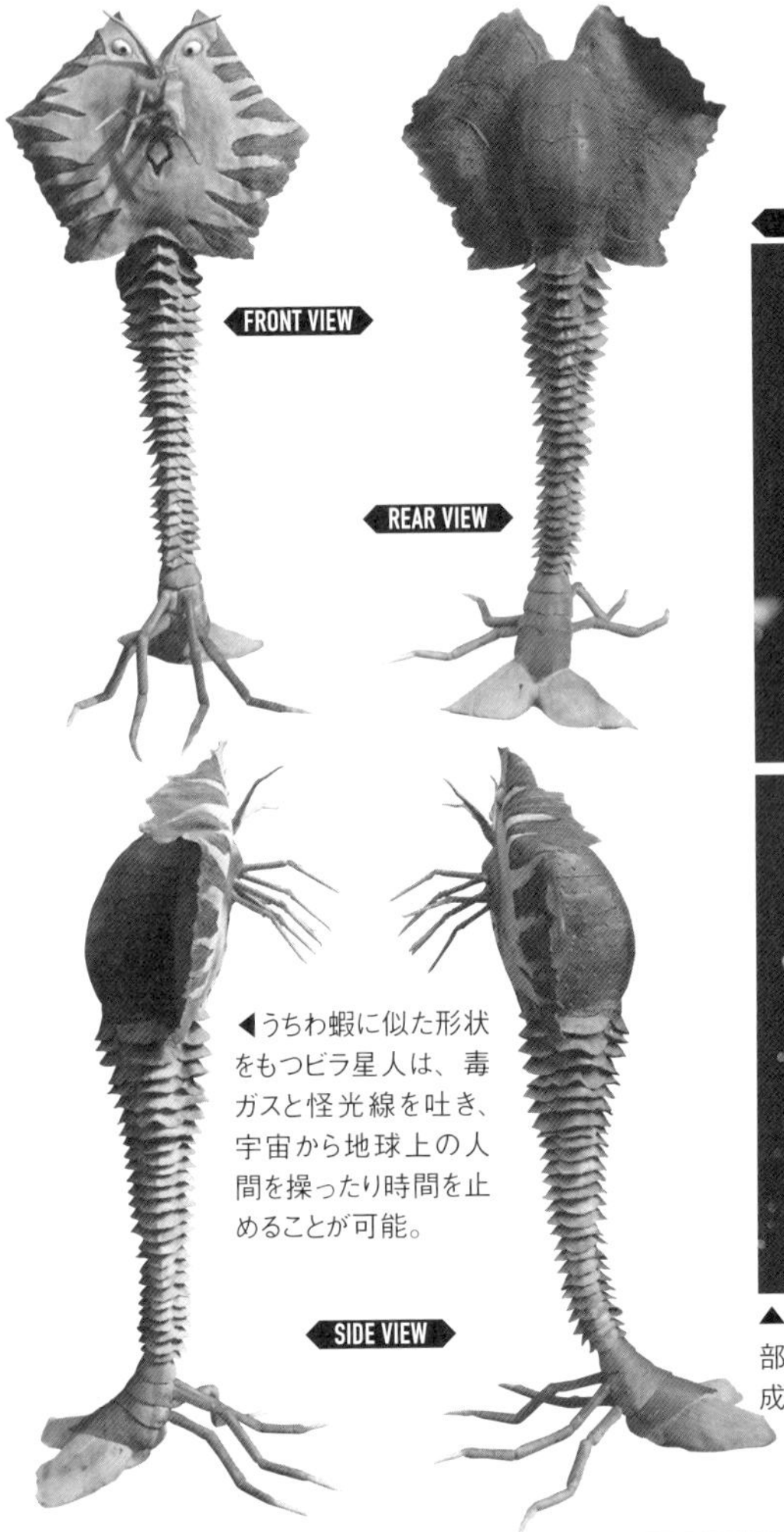

◀うちわ蝦に似た形状をもつビラ星人は、毒ガスと怪光線を吐き、宇宙から地球上の人間を操ったり時間を止めることが可能。

VEHICLE ▼ビラ星人の宇宙船

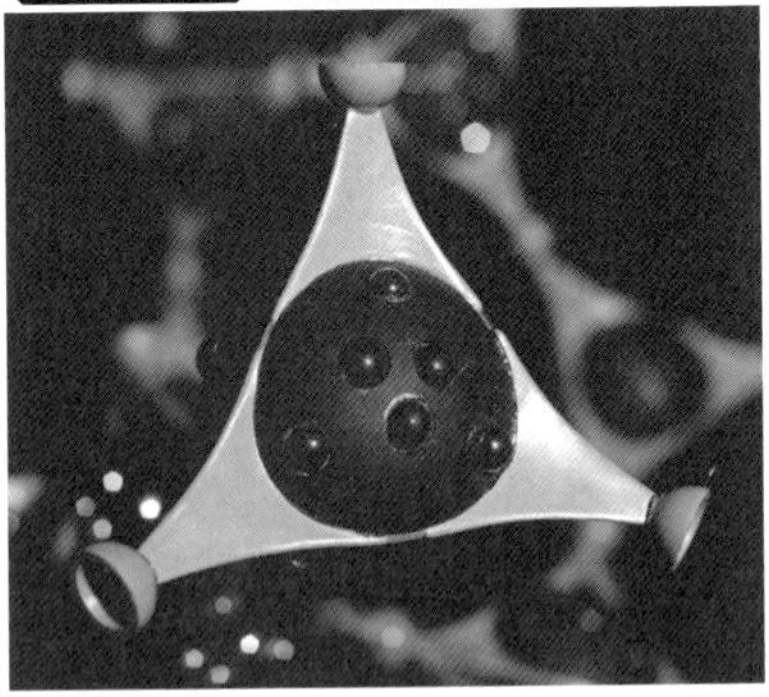

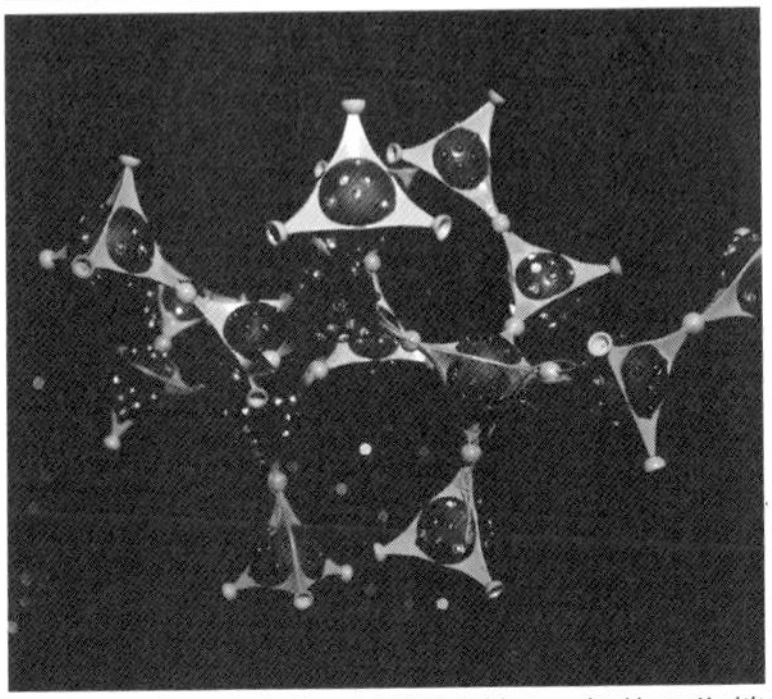

▲球と三角の合わさった形状を持ち、船体の先端部どうしを連結させ、集合体として大宇宙船団を形成し、破壊光線を発射して敵を撃破する。

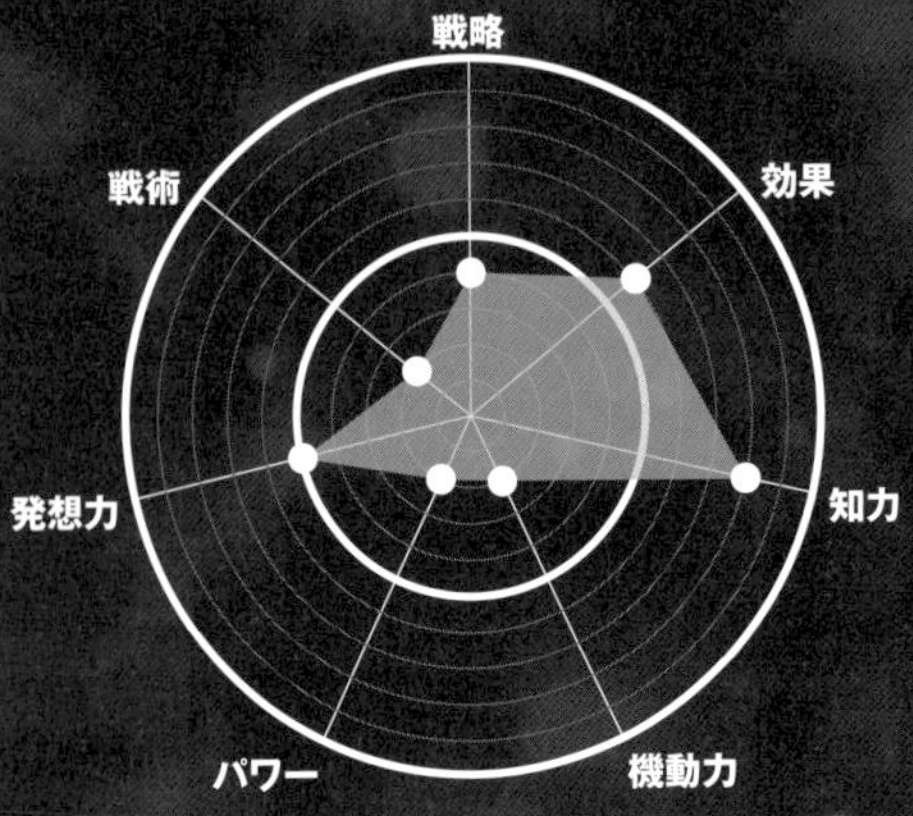

合計 各10点中 29/70点 《作戦評価》

時間を止めるという技術力は、宇宙人中でもトップクラスであることは評価に値する。しかし、本星人の心を地球人に移植しているが、作戦終了後に人類の施術によってその心なるものが取り除かれている点では、医学に関しての技術はそう高いものではないかもしれない。そういったアンバランスな技術水準が、せっかくの高い科学力を活かし切ることなく敗因へ導いたのかもしれない。

#作戦ナンバー06

侵略の意図はなく、あくまで事故回避

放浪宇宙人ペガッサ星人の場合

第六話	「ダーク·ゾーン」(制作第三話)	放送日	1967年11月5日
		STAFF	監督／満田𥙿　脚本／若槻文三

STORY

ある日、突然アンヌの部屋に謎の影に潜む宇宙人が出没する。怪我をして隠れていたという宇宙人は、アンヌとダンとの交流を深めていくが、そのころ宇宙では動力を失った宇宙都市が地球へ激突しようとしていた。宇宙人はその宇宙都市・ペガッサ市から派遣されたペガッサ星人で、何でも科学で作り出す高度な超文明を持つ者だった。ペガッサ市による地球への軌道変更が要請されるが、自ら地球の軌道を変えられない人類は、やむなくペガッサ市爆破を計画。ペガッサ市民の脱出を促そうとするが、何の返答もないまま地球衝突のタイムリミットが迫る……。

名称≫ペガッサ星人
別名≫放浪宇宙人
身長≫2メートル
体重≫120キログラム
出身地≫ペガッサ星

当初は警告か、監視のために地球防衛軍基地内に潜入したが、ペガッサ市を破壊されたと知ると、基地内を脱出。東京の街で破壊工作に及ぶが、セブンとの戦いを経て闇に消えた。

事件の発覚

小学生による謎のスパーク現象目撃の通報があったが、ウルトラホーク2号による調査では何も発見されず、ウルトラ警備隊は何かの見間違いと判断、調査を終えた。

しかし、帰還直後に防衛軍基地近くの赤経18度、赤緯マイナス9・6度の方向から怪電波をキャッチ。その後、ウルトラ警備隊アンヌ隊員が自室にて、謎の影に遭遇。モロボシ・ダン隊員が急行し、両隊員により謎の陰に潜む宇宙人の存在が確認される。

同宇宙人は、周囲に影のような空間を作り出し、その中に潜んで姿を現すことはなったが、宇宙船不時着の際に怪我を負っているので、しばらく休息させてくれるように両隊員に懇願する。隊員らは、星人の姿や状態を目視することは不可能であったが、その声色からかなりの重症であると判断、事態の把握を優先し、組織への通報を後回しにすることにしている。その正体を明かすことはなかったが、星人の話では遠い都市から来たものだとだけ説明していた。

その頃、司令室では、先の怪電波は発信源は非常に小さいにもかかわらず、かなり強力な宇宙電波であることが判明。6分20秒ごとに波長を変えて送信されていることからも、自然現象ではないと考えられた。

行動開始

宇宙を漂うペガッサ市から地球防衛軍に向けて、動力に異常をきたしたため、地球激突回避のための地球軌道変更要請を発信したペガッサ星人。しかし、その事態を重く見た地球防衛軍は直ちに警戒態勢をとる。

そのことを知ったモロボシ隊員に、自らがペガッサ星人であることを推され詳細を求められたが、その際に人類が地球の軌道変更もできないほどの未熟な科学力しかないことを知ると沈黙してしまう。モロボシ、アンヌらに、やむなくとはいえ組織へ通報され隊員らに周知の事実となる。

しかし、危険性のないことを理解した防衛軍は、沈黙を守る星人をそのまま静観。事態収拾のため、ペガッサ市を爆破する行動を開始する。ウルトラ警備隊は、ペガッサ市に避難勧告を通知したが、何の返答もないまま、都市は地球防衛軍によって爆破されてしまっ

侵略過程地図 地球防衛軍基地(アンヌの部屋)➡東京都

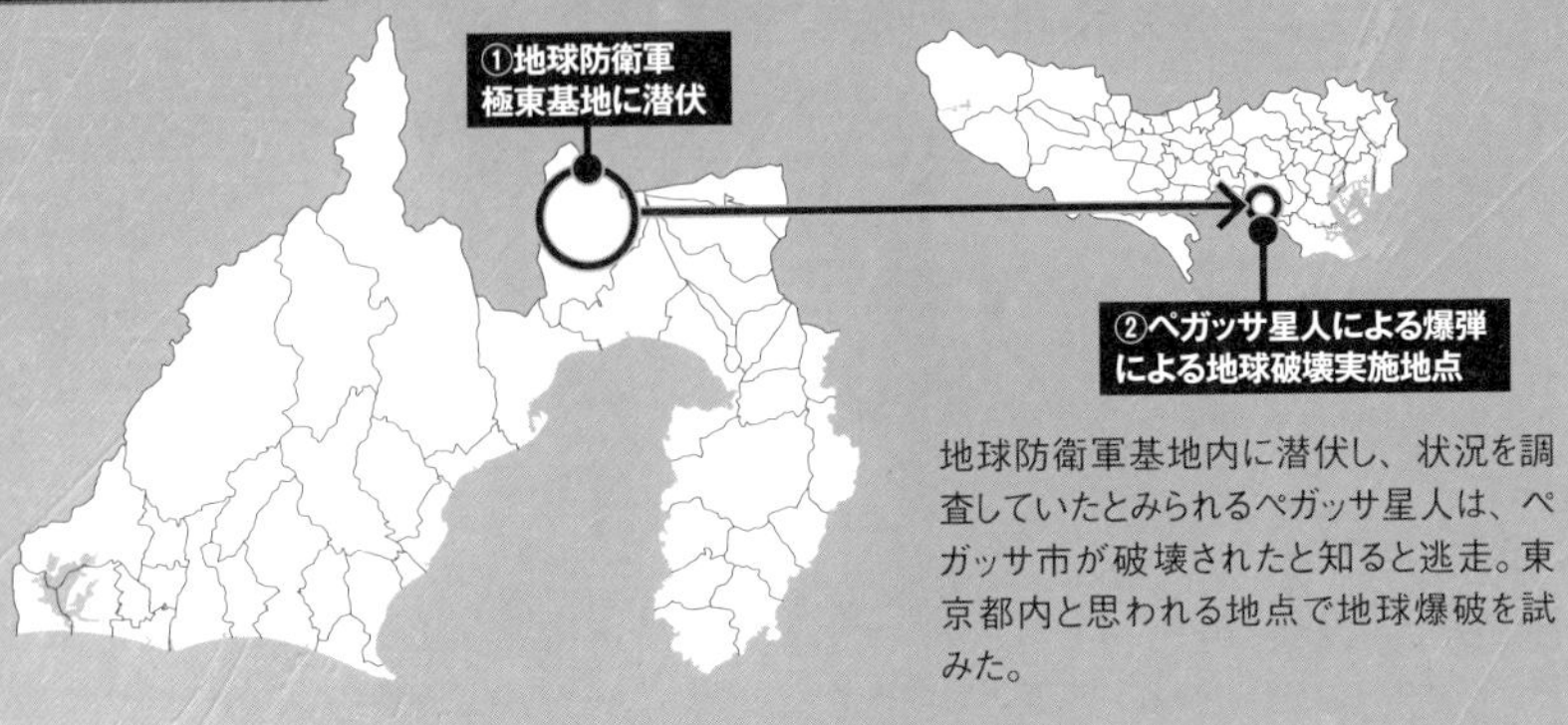

地球防衛軍基地内に潜伏し、状況を調査していたとみられるペガッサ星人は、ペガッサ市が破壊されたと知ると逃走。東京都内と思われる地点で地球爆破を試みた。

た。

ペガッサ星人の特性

ペガッサ星人から見れば、未知なる宇宙人である地球人を恐れて警戒するのが当たり前で、敵意を持たれないためか、怯えた感じでふるまっていたが、相手(この場合、アンヌとモロボシ隊員)の気さくな対応に、警戒心を解くような会話を進めている。

これは仮定ではあるが、相手が自然任せの環境に生活を委ねるような文明レベルの生命体であるとわかると、その態度を一変していることを考えると、もしかしたら高度な文明や文化を持っていることから、地球人の感情面での特性を研究しており、相手に敵対心を持たせない一種の交渉術の様なものだったのかもしれない(簡単なジョークを会話に挟むことでも地球の文化をよく理解している様である)。

また、会話の中から、事故で負傷しているが安静にしていれば治癒するような言動が見られるが、これも先の件同様、地球人を油断させるための一種の虚飾だった可能性もある(もし、怪我の件が本当だとすると、性質から憶測すれば、決して自然治癒に頼ることは考えにくく、薬品あるいは装置などで治療を行っていたと思える)。そのため、相手と打ち解けると、とても重傷だったように思えないほどの饒舌さを見せている。

ダーク・ゾーンに身を隠すのは、その態度から、ペガッサ星人の文化において一種の羞恥心の様なものがあり、相手に姿を見せるのは恥ずかしい行為なのかとも受け取れる。

そのダーク・ゾーン自体は、懐中電灯の光を反射することなく吸収。丸めた雑誌やハンガーなどで物理的接触を行おうとしたが、闇の中へ引き込まれてしまう。ダーク・ゾーンの輪郭は、星人の姿を覆う感じで形成され、手を動かす際などは、その動きに合わせて腕が伸びる方向へ合わせた形状になっている。

なお、隊員らとの会話中、のどの渇きを訴え、瓶入りの飲み物をダーク・ゾーンへ引き入れているが、溜飲する音はするものの実際に飲用したかは不明。

ちなみに、ペガッサ星人の計算によれば、わが宇宙空間には1000億もの太陽をかかえた島宇宙1762億4321万866個もあるそうだ。

ペガッサ星人の居住するペガッサ市は、星人の誇る超文明と高度な科学力によって生み出された宇宙空間都市で、円盤状のブロックがいくつもつながった形で構成されている。

各ブロックに、それぞれ工場や学校といった施設となっており、ブロック間を高速移動道路が結んでいて、宇宙都市そのものは光子ロケットによって移動するものとする資料もある。その原因は明らかではない(一説には風化作用ともいわれている)が、母星が崩壊を始めたため、科学の粋を集めて建造されたということである。ペガッサ星人の言によれば、水や空気だけではなく、あらゆるものが施設内で生産されており、自然に頼るものはないという。その物質密度は地球の8万倍。

交戦

アンヌ隊員の部屋では、ダーク・ゾーンに潜んでいたペガッサ星人が、その姿を現して地球を爆破するため、アンヌに避難するように警告する。

が、そこに現れたモロボシ隊員によって、ペガッサ市が爆破されたことを告げられると、その事を信じずに基地外へ逃亡。非常時に地球を消滅させるための爆弾を地核に撃ち込む。

作戦概要

ペガッサ星人は、動力の故障したペガッサ市が地球と激突することを回避するため送り込まれた。状況により、万が一地球が軌道変更を行わなかった場合には、衝突回避のため地球を爆破することが目的であった。

顛末

追跡してきたモロボシ隊員に爆破阻止を説得されるが、それを信じずに爆破を試みる星人に対して、モロボシ・ダンはウルトラセブンへ変身、交戦が開始される。星人は携帯した銃で攻撃したが、セブンに通用しないことを知ると、アイスラッガーの一撃を受け、闇の中へ姿を消していった。

ウルトラセブンは、地底から爆弾を宇宙へ搬送し爆破。ペガッサ星人の任務は果たされることなく終わってしまった。

〈敗因〉

元々事故による危険回避が目的のため、侵略行為は認められないが、ペガッサ市存続をかけた作戦だった。問題点としてはまず、日本語を理解し、連絡手段に用いるほど地球文化を調査していたにもかかわらず、人類が地球の軌道を変更できないことを知らなかったのが、最大の要因。

もっとも、本当は知っていながら一応の通告で通信してきただけの可能性もある（ただし、潜伏していた星人には知らされていない）。そのため、最初から地球爆破準備は整えていた。

地球からの返信を無視していた点や、地球側の一方的な爆破通告や避難勧告に何の返答もなかったのは、やはり人間が猿を見下すように、ペガッサ星人もまた人類を侮っていたためなのだろうか。が、まさかそのことで本当に壊滅することになろうとは、想定外であったはずである。

お互いに事情はあるにせよ、共に通告といった一方方向の連絡ではなく、やはりここは、相手の心情を察して手を差し伸べて、両者の妥協案を模索するのが重要であったといえるだろう。

その後の作戦

潜伏していたペガッサ星人のその後の行方は不明だが、後の時代になって、ペガッサ市の生き残りたちが、侵略派と穏健派に分かれて地球に潜伏しており、侵略派によってダーク・ゾーンを兵器化。ゴドラ星人と手を組み人類への復讐を企てる。

しかし、地球へ帰化しようと考える穏健派によって阻止されペガッサ星人は消滅している。

★おごる平家は久しからず！
相手の心情を察して
手を差し伸べ、
お互いの妥協案を
模索するのが重要

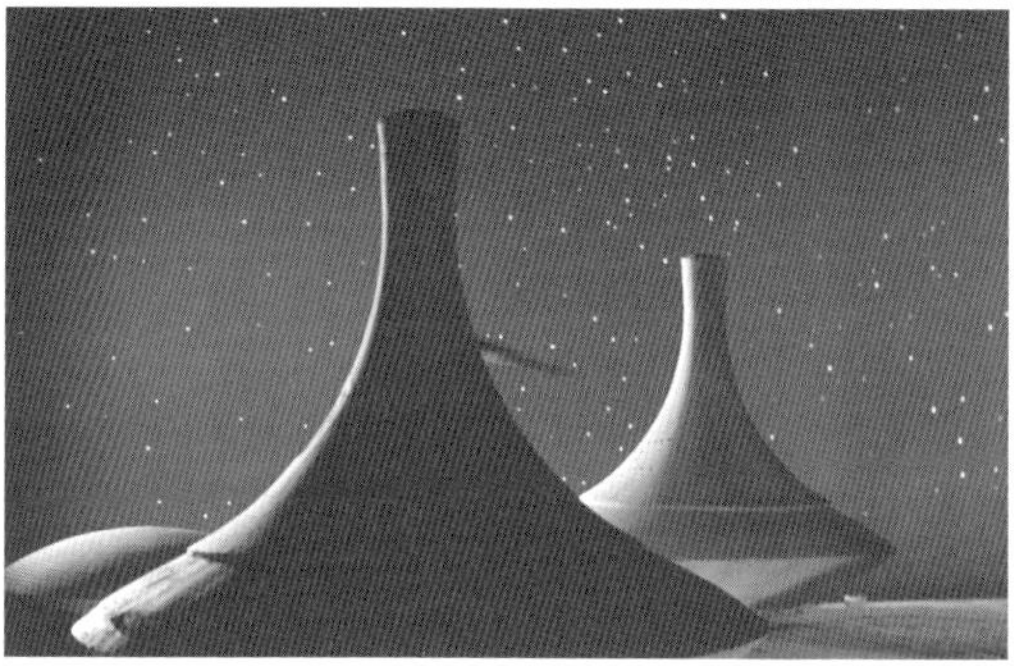

▲ペガッサ星人の宇宙都市「ペガッサ市」
星人の誇る超文明と高度な科学力によって生み出された宇宙空間都市で、円盤状のブロックがいくつもつながった形で構成されている。

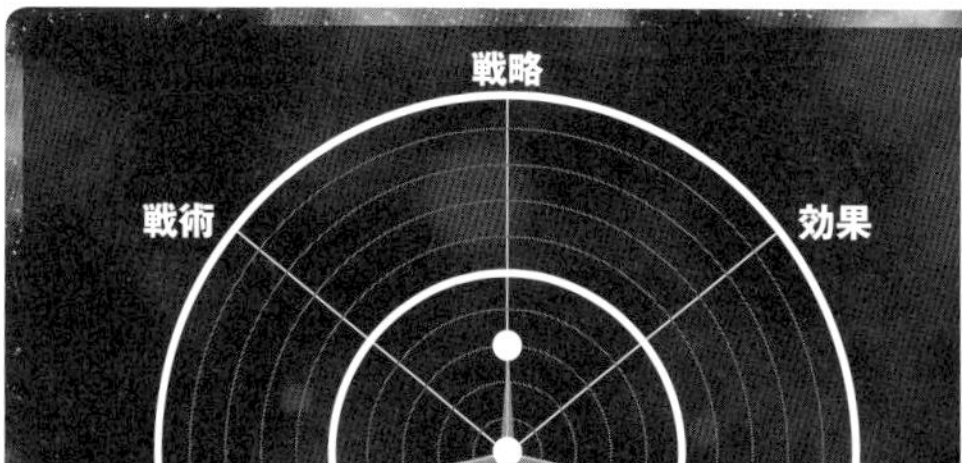

《作戦評価》 合計 各10点中 **22**/70点

基本的には侵略行為は行っていないので、作戦的評価は0とした。ただし、万が一の予防策として地球内へ爆発物を持ち込んでいる点から、戦略的評価は少なめに行った。闇に潜む点や、人類の性格を把握しているところで発想力と知力は高めと判断した。

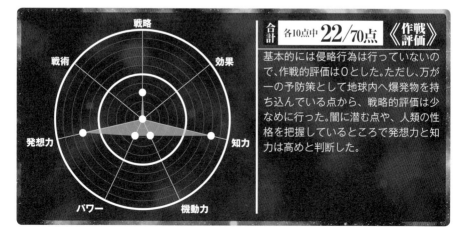

#作戦ナンバー 07

宇宙の脱走犯、地球へ逃亡作戦

火炎怪人キュラソ星人の場合

第七話	「宇宙囚人303」（制作第八話）	放送日	1967年11月12日
		STAFF	監督／鈴木俊継　脚本／金城哲夫

STORY

地球防衛軍は、宇宙から送られてくる怪電波を傍受。その解析に乗り出していた。一方、三ツ矢峠山中で、狩猟中のハンターが謎の怪物に襲われる事件が発生。その後、近くのガソリンスタンドでも犠牲者が相次いだ。通報を受けたウルトラ警備隊は、山中に犯人のものらしき小型の宇宙船を発見すると爆破。その調査に乗り出す。宇宙からの怪電波が、犯罪者303号逃亡の警告を行うキュラソ星からのものだとわかると、一連の殺人事件はキュラソ星人の犯行と断定した。逃走を図るキュラソ星人は、駆け付けたウルトラ警備隊のポインターを強奪して地球防衛軍基地へ潜入すると、ウルトラホーク1号β号で脱出を図った。

名称»キュラソ星人
別名»火炎怪人
身長»2.5メートル～43メートル
体重»250キログラム～1万トン
出身地»キュラソ星

縦長の頭部が特徴的。額には発光部分があり、それが発光すると、地球人は催眠状態になって行動を操られてしまう。

事件の発覚

三ツ矢峠を越えたガソリンスタンドで店員ならびに女性客が怪物に襲われ、ウルトラ警備隊に通報が入ったことから本事件が発覚。事件現場では、店員、客3名が襲撃されていた。給油ホースの先が何者かに噛まれていることから、ウルトラ警備隊はガソリンを目的とした犯行と推測。そこへ山中で怪物に襲われた瀕死のハンターが現れ、宇宙船の様なメカニックを発見したと伝えると息絶え、ウルトラ警備隊は伝えられた場所へ急行。そこにさらなる犠牲者1名を発見。その横には一人乗りのスペースポニー（宇宙船）が乗り捨てられていた。事態を危険視した隊員らによって地球外から来たと思われたそのスペースポニーは爆破された。

先刻、地球防衛軍の宇宙ステーションV3では、冥王星より遠い星から送られてくる極超短波が、超遠距離レーダーで確認されたため解析にかかっていた。結果、その内容がキュラソ連邦警察からの犯罪者303号が宇宙に逃亡という通信であることが判明し、犯人の素性が明らかになった。

作戦概要

キュラソ星人逃亡犯による計画は、自星での刑罰を避けるために宇宙へ逃走。単にたどり着いたと思われる地球上から再び宇宙のいずこかへ脱出することにある。

キュラソ星人の特性

人間に近い四肢を持ち、大きな頭部の額にある発光部位からのスパークで、人間を失神させ、催眠状にして操ることなどができる。口らしき部分から主食であるガソリンを飲食することや、高熱火炎を吐くことも可能。また、古い資料によるとその指先からも強力な火炎を発射したり、頭頂部の管から煙幕を吹き出す能力もあるとされている。その母星、コスモポリタス第8惑星キュラソは凶暴な者が多く、厳しい規則によって統制された文化を持つという。主食となるガソリンは貴重品であり、国家が管理し各自への配給がなされている。そのため、ガソリンの窃盗は殺人並みの重罪として扱われ、その刑罰は一生覆面を強いられる重罪らしい。そのことから、今回地球へ逃亡してきた303号の姿は、本来の星人の姿ではなく、罪人であることを示す覆面を被らされたものだった可能性も高い。

いずれにしても、犯罪者という概念や、その逃亡による危険性を逃走方面に事前に知らせていることから、キュラソ星人自体の理性は非常に高く、地球と似た道徳観があることがうかがえる。それはまた、残虐な逃亡犯を見つけ次第殺害してほしいとの願望を示すほど、迷惑行為に対して高い嫌悪感を持つ文化であるとも考えられる。スペースポニーと呼ばれる宇宙船や、ウルトラホークを操縦して逃亡している点から、地球と共通する科学を持っていることも想定される。

行動開始

事件現場周辺には3000人の警官が動員されたが、キュラソ星逃亡犯である囚人303号は、タンクローリーを襲撃し、パトロール中の警官3名を殺害してさらに逃亡。東京都内に潜伏を図る。緊急警戒警報が発令され、市民の外出が禁止される中、車庫にあったガソリンを求めて侵入した民家に立てこもったが、家族の少年によって通報されると、警戒のために現場に待機していたウルトラ警備隊のアンヌ隊員を操りポインターで逃走。地球防衛軍基地へ潜入して、整備中のウルトラホーク1号のβ号を強奪。人質のアンヌを乗せたまま発進した。

■交戦

キュラソ星人はβ号の強奪、逃避に成功したが、事態を知って追跡してきたウルトラ警備隊のウルトラホーク1号α号、γ号の強制合体により拿捕され、β号機内へモロボシ、アマギら隊員の侵入を許してしまい人質としていたアンヌを救出されてしまう。

■顛末

β号機内に残ったモロボシとの格闘中、星人の放った火炎で機内が炎上。ウルトラ警備隊はやむなく機体を切り離して投棄。モロボシ・ダンはウルトラセブンに変身すると緊急脱出。投棄されたβ号が、地上へ墜落するとキュラソ星人の身体は燃え盛る炎の中で巨大化。断末魔の様な悲痛な叫び声を挙げると、ガソリンタンクと同様の肉体に炎が引火し、大爆発を起こして死滅した。

〈敗因〉

場当たり的な逃走には限界があることを証明するかのような事例。特に計画性も持たず、その場をやり過ごすだけの行動で、組織（今回は、キュラソ連邦警察の連絡含む地球防衛軍という巨大組織）に個人レベルでの抵抗は限りなく難しいものであった。最大の敗因は、地球という組織的行動力がある文明を持つ惑星に逃避するのはリスクが高かったという点。しかし、彼らの主食となるガソリンは、原油は産出されても、ガソリンとして生成できなければならないので、ある程度の科学文明がない星では手に入らない代物である。とはいえ、「宇宙でもこの地球でも、正義は一つなんだ！」と星人の最期にモロボシ・ダンが語るように、道徳の概念が共通する星への着陸が最大の敗因である。どうせ逃げ込むならば、他の侵略者たちの様な〝科学技術は発達しているが、野蛮な文明を持つ星〟にでも降り立っていたら、あるいは違う結果が待っていたかもしれない。

★場あたり的な行動で成功するはずがない！

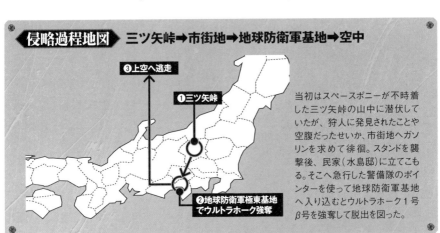

侵略過程地図　三ツ矢峠➡市街地➡地球防衛軍基地➡空中

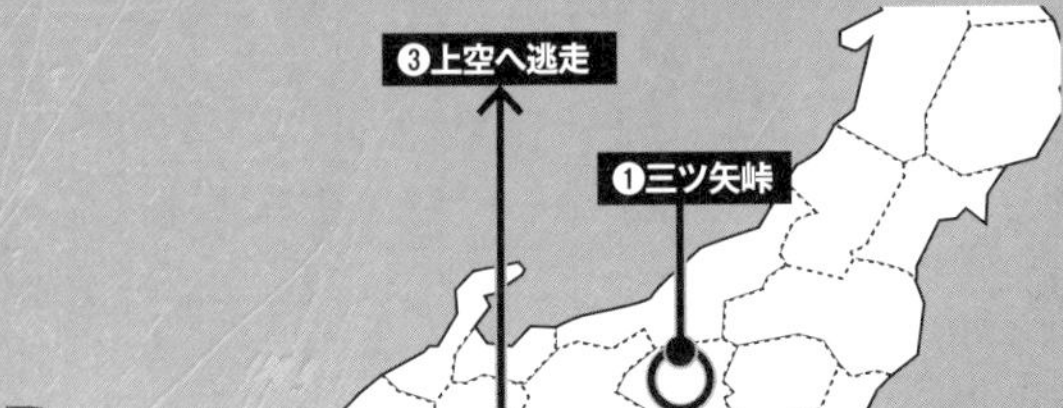

当初はスペースポニーが不時着した三ツ矢峠の山中に潜伏していたが、狩人に発見されたことや空腹だったせいか、市街地へガソリンを求めて徘徊。スタンドを襲撃後、民家（水島邸）に立てこもる。そこへ急行した警備隊のポインターを使って地球防衛軍基地へ入り込むとウルトラホーク１号β号を強奪して脱出を図った。

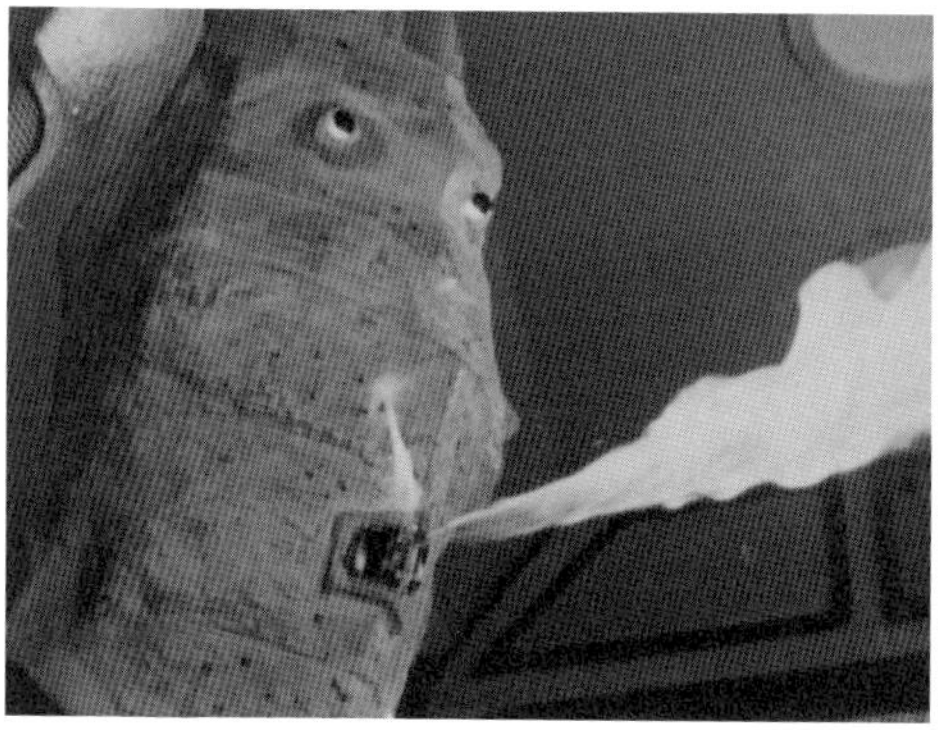

VEHICLE

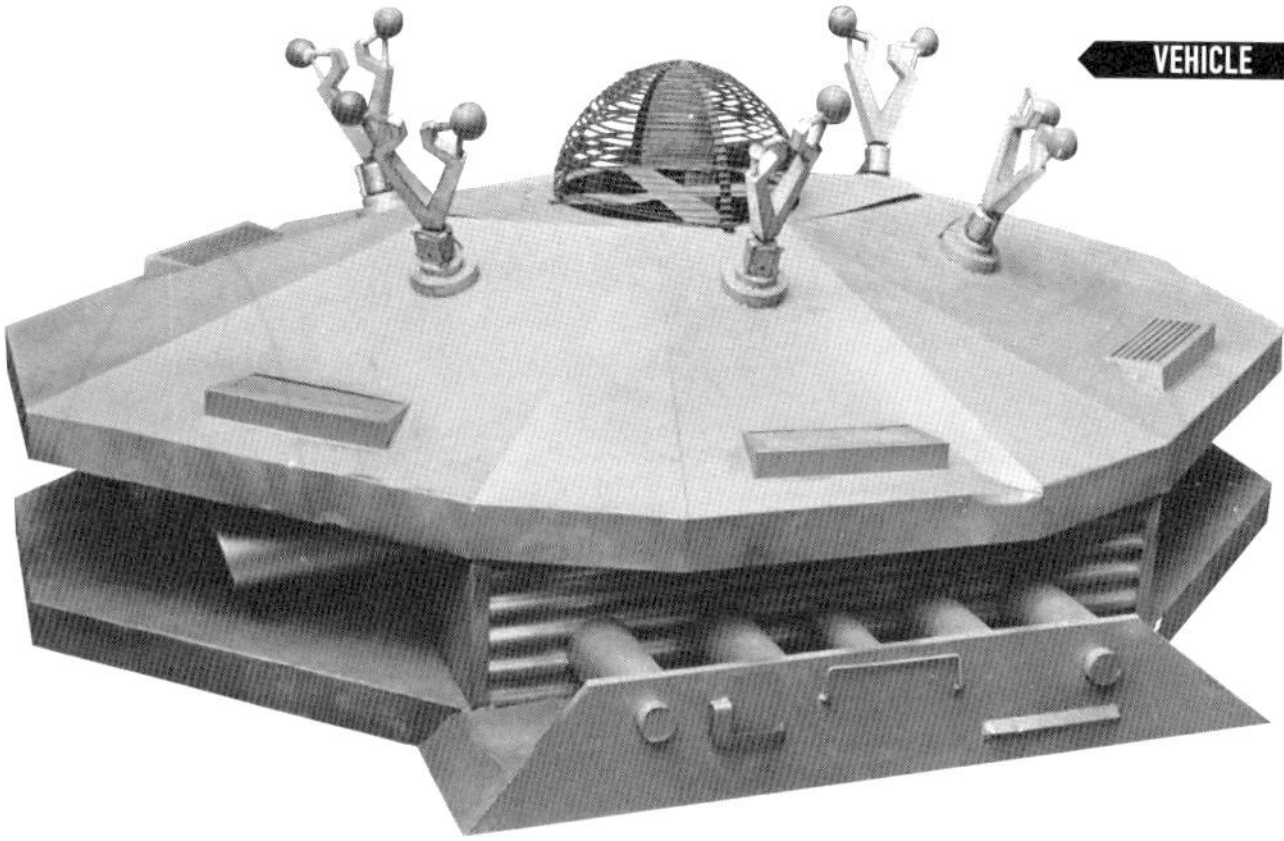

▲犯罪者303号が逃亡に使用した「スペースポニー」
地球上の金属製でないことがウルトラ警備隊員にも明らかにわかる素材でできている。その上部中央には赤いパトランプ状の発光体、その周囲を5つの回転式アンテナの様なものがある。1メートルほどの大きさの多角形の円盤を二枚重ねたような形状で、噴射口らしき部分も見受けられる。

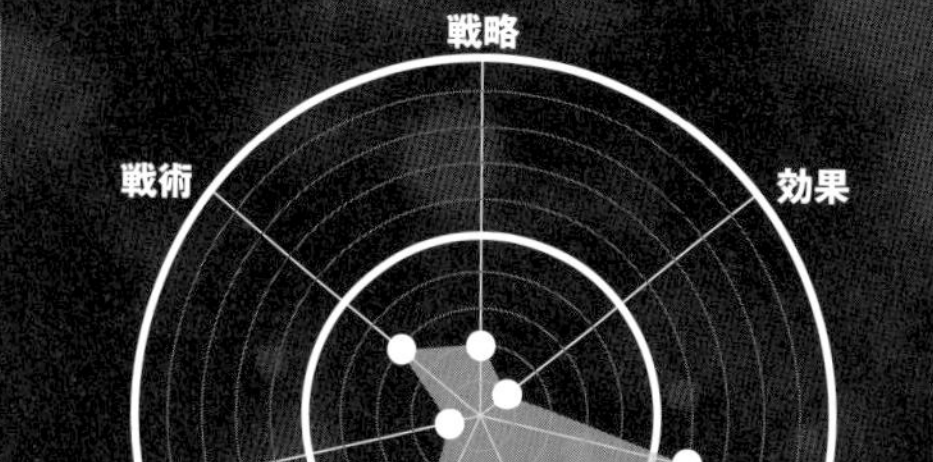

合計 各10点中 25/70点 《作戦評価》

犯罪者による単なる逃走劇であって、侵略的意図はほぼない。しかし、犯罪者ならではの、潜伏方法やガソリンの入手方法は非常に地球人の行動心理に似ている。その点で、全体を通しての行動は評価は低いものの、逃亡の際に見せた諦めることないサバイバル的反応は生命存続への執念を感じさせるものであった。

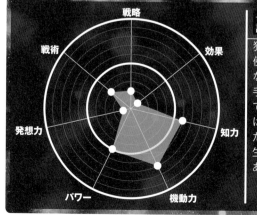

#作戦ナンバー08

信頼感喪失による人類自滅作戦

幻覚宇宙人メトロン星人の場合

第八話	「狙われた街」(制作第十話)	放送日	1967年11月19日
		STAFF	監督／実相寺昭雄　脚本／金城哲夫

STORY

各地で起こる怪事件の共通点である北川町に目をつけたダンは、調査に赴くが、そこで謎の宇宙人から関与をしないよう警告をうける。その後、基地でタバコを吸ったフルハシ、ソガが暴れだし、タバコの中から赤い結晶体が発見され、ウルトラ警備隊が本格的に行動を開始する。

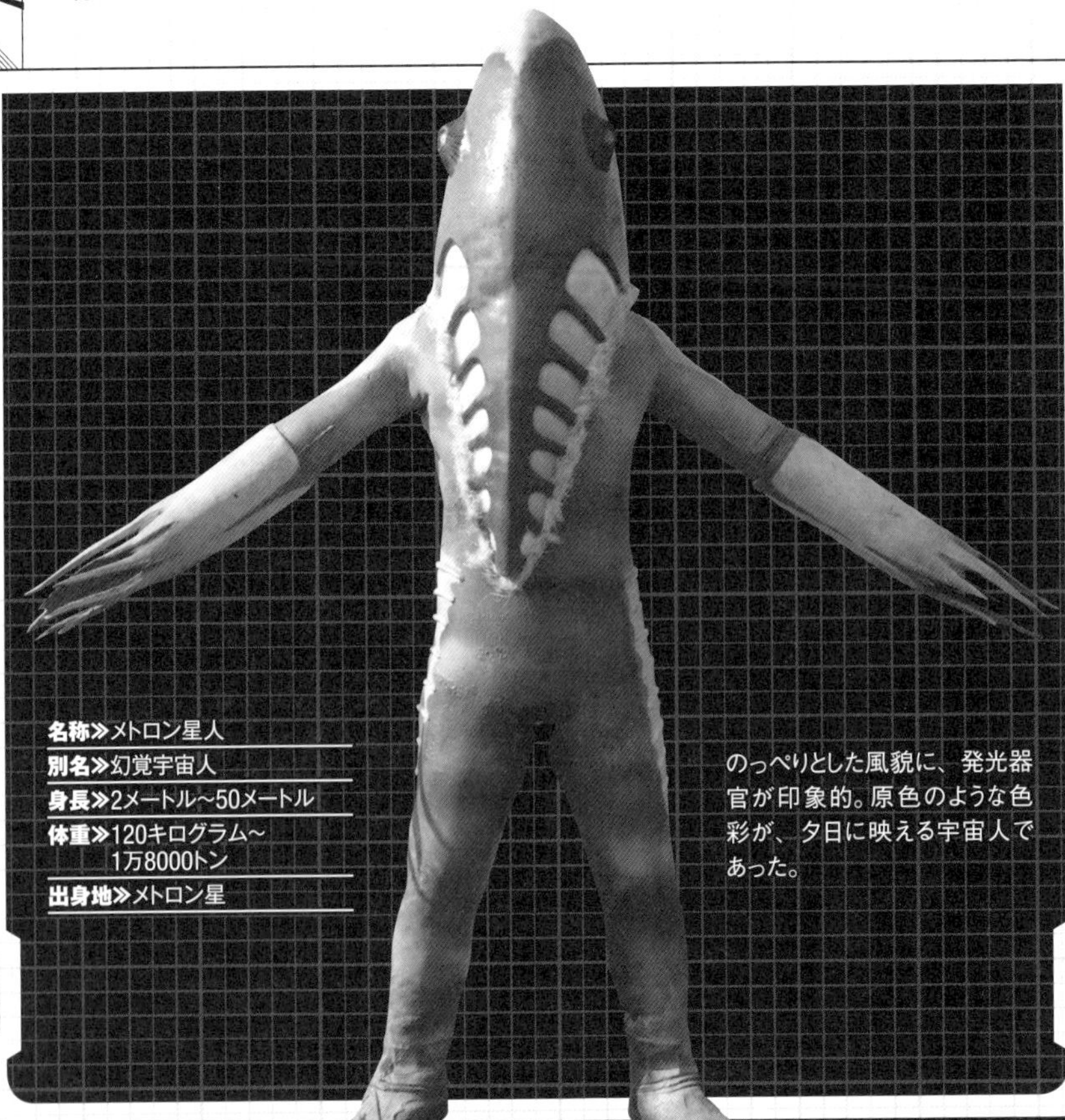

名称》メトロン星人
別名》幻覚宇宙人
身長》2メートル〜50メートル
体重》120キログラム〜1万8000トン
出身地》メトロン星

のっぺりとした風貌に、発光器官が印象的。原色のような色彩が、夕日に映える宇宙人であった。

事件の発覚

半狂乱で暴動を起こす犯罪が急増、航空機や列車の大規模事故による多数の犠牲者が増えていった。そんな中で、ウルトラ警備隊員のフルハシ、ソガが相次いで作戦室内で凶暴化。隊員らに抑えられて事態は収まるが、その原因が彼らが喫煙していた煙草にあると目をつけたモロボシ・ダンは、その中から赤い結晶体を発見する。その結晶が、ワイ星に生息する人間が強迫観念にとらわれる効力を持つ宇宙ケシの実の成分に似ているという。このことから、ウルトラ警備隊は、何者かの陰謀であることを確信する。

作戦概要

赤い結晶体の効能を利用して、人類の信頼関係を失わせ、地球人類の自滅を狙うメトロン星人。今回は、その実験として北川町に設置した煙草の自動販売機に特殊な結晶入りの煙草を仕込み、不特定多数の人間に結晶を吸引させて、理性を損なわせる実験を行うのが目的。そのため、大掛かりな作戦行動は避け、あくまでウルトラセブンの動向を阻止するのみ。

メトロン星人の特性

非常に長い顔面を持ち、その両脇に発光器官が連立するのが特徴。手先が細く割れている。飛翔能力を持ち、身体の巨大化が可能。煙草の自販機に商品を追加する際に、黒服の人間を装っていることから変身能力を持つか、あるいは何かしらの装置を使っての人間体へのカモフラージュを行っている。

その母星では、星人どうしの争いが絶えなかったことで人口は激減。地表は焼け野原になり食糧確保の問題等から、他星への侵略を開始したとされる。そうした経験からか、知的生命体どうしに猜疑心を抱かせることが攻略につながることを知っており、赤い結晶体の開発を行っているという。故に、直接的な戦闘を好まないようで、ウルトラセブンには「異星人同士の戦いは無益」と嘯き、戦いを回避する傾向にあった。

行動開始

北川町にある煙草の自動販売機に原因があると突き止められ、商品の補充時にモロボシ・ダンに追跡されるが想定内であったようで、アジトらしき古ぼけたアパート内に彼を誘い込み、彼を宇宙船に閉じ込めて宇宙へ追放しようとする。カモフラージュされたアパートが左右に割れると、内部からメトロン星人の宇宙船を出現させ、飛翔を始める。

交戦

モロボシ・ダンと共に、容疑者を追跡していたアンヌ隊員によって、宇宙船出現の目撃報告を受けたウルトラ警備隊は、ウルトラホーク1号で発進。空中を行く宇宙船を追撃する。宇宙船は二手に分離し攻撃を開始。ウルトラホーク1号の反撃を受けて1機が墜落する。この機に乗じてモロボシ・ダンはウルトラセブンになって脱出。同時に出現し、巨大化したメトロン星人と相対する。

顛末

もう1機の宇宙船は、ウルトラホーク1号によって撃破され、メトロン星人とウルトラセブンの格闘も肉弾戦を行った後、メトロン星人は逃亡を図るが、アイスラッガーによる攻撃を受け、エメリウム光線によって止めを刺された。

〈宇宙船の考察〉

メトロン星人の宇宙船は、赤とミラーシルバーのツートンカラーで、眼鏡に似た形状を持つ。中央部で二機に分離し、その先端部にフラッシュタイプの攻撃兵器を備えている。その操縦系統の詳細は不明ではあるが、一体のメトロン星人がウルトラセブンと交戦している最中にもウルトラホークと空中戦を行っていることから、それぞれに操縦機関を持っていることは容易に想像できる。そのことを考えると、もしかしたら今回の作戦は単独で行ったものではなく、複数犯によるものだったかもしれない。

また、宇宙船を収容していたアパート基地は、内部のアームによって展開し宇宙船の入出を行うと記された図版も確認でき、その内容には、テレビアンテナに見せかけた宇宙通信アンテナ、水道タンクに見せかけたコントロールタワーなどと説明されている。さらに、このような基地が各地に配備され、一斉に地球攻撃に入るとの記載もあるが事実関係は不明。図らずも地球の出版物に見せかけた他星人に対するプロパガンダ的な図版だったのかもしれない。

〈敗因〉

メトロン星人の計画を敗因に導いた可能性は、とにもかくにもウルトラセブンの存在を恐れすぎた点にあるといえよう。まだ事件の核心が判明していない時期にもかかわらず、無人のトラックでモロボシ・ダンを襲い「北川町に近づくな」という警告を与えている。それが、北川町のアパート基地にある罠へ誘導するためのものだったかどうかはわからないが、結果的に事件の真相に近づけてしまっている。いくら己の戦闘力が高くないことから、強力なウルトラセブンとの直接対決を避ける目的だったとしても、自らの懐へ誘い込むのは得策とはいえない。自らの策を弄し過ぎて、作戦の真相を発覚されるに至っており、まさに本末転倒的な結果に導いてしまった。隠密性の高い計画の際には、シンプルに作戦の隠匿を図ることに徹するべきであった。

★計画は常にシンプル・イズ・ベスト！

侵略過程地図　北川町周辺

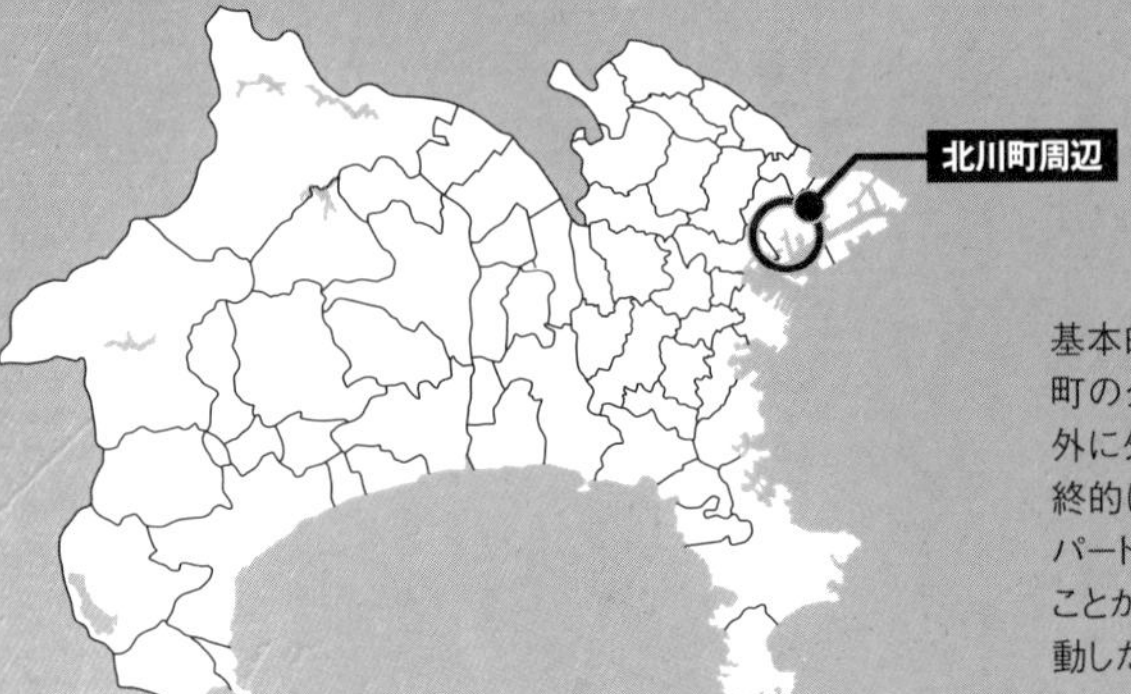

基本的にメトロン星人は、北川町のタバコ自販機への納品以外に外出をした形跡がない。最終的に巨大戦になった際も、アパート上空で迎撃を受けていることから、それほど広範囲に移動したとも思いにくい点がある。

VEHICLE

TOP VIEW

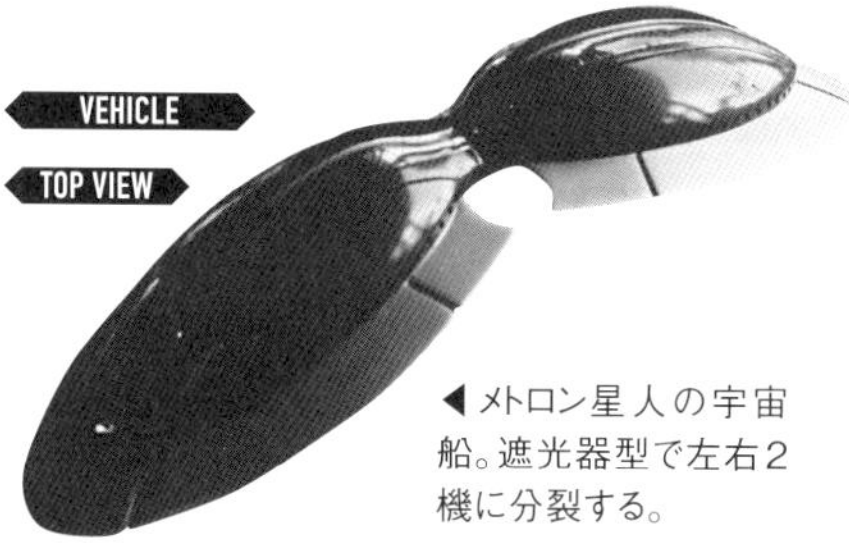

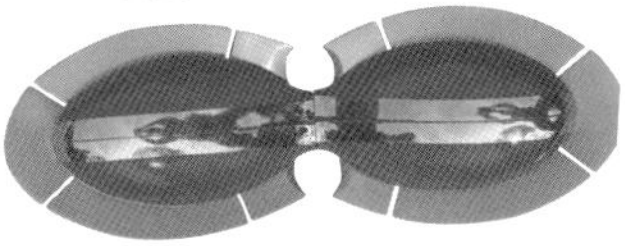

UNDER VIEW

◀メトロン星人の宇宙船。遮光器型で左右２機に分裂する。

FRONT VIEW

◀メトロン星人は、非常に長い顔面と、その両脇に発光する器官が連立しているのが、大きな特徴的だ。

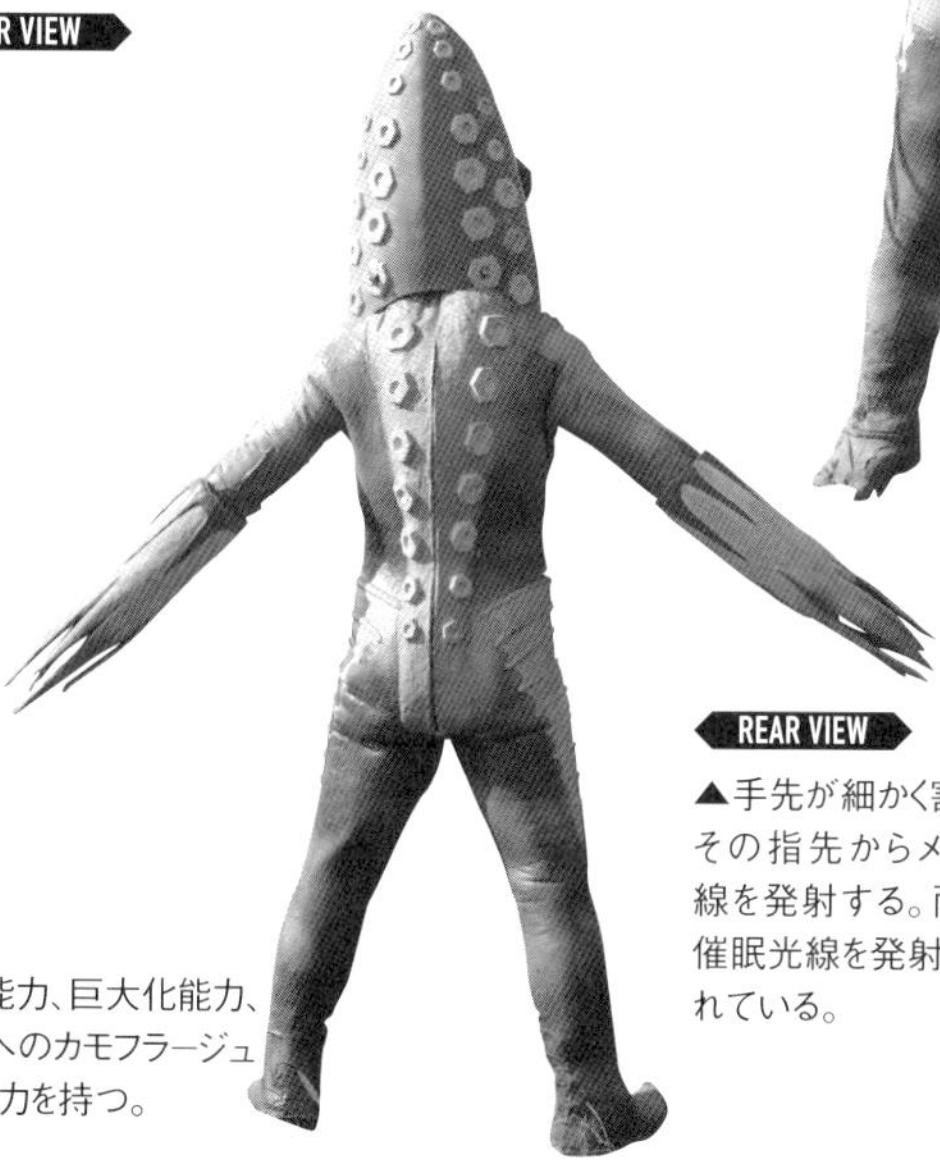

REAR VIEW

▲手先が細かく割れていて、その指先からメトロン怪光線を発射する。両眼からは催眠光線を発射すると言われている。

SIDE VIEW

▶飛翔能力、巨大化能力、人間体へのカモフラージュなどの能力を持つ。

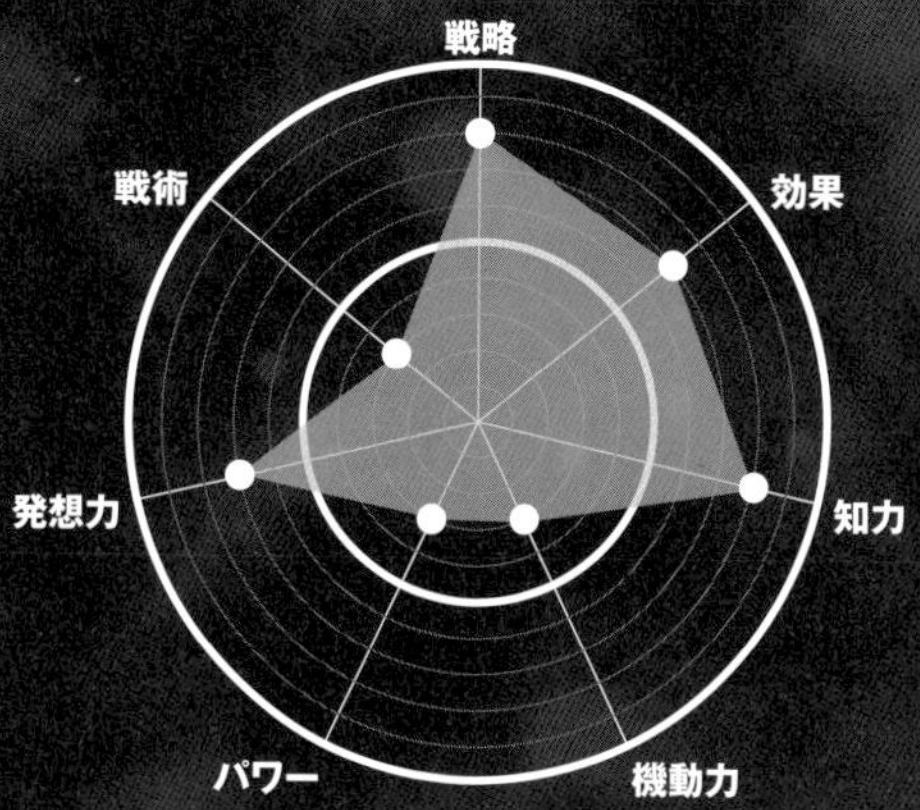

合計 各10点中 **39/70点** **《作戦評価》**

人類の猜疑心を利用して、お互いに戦わせて自滅へと追い込むというのは、戦略的には高ポイント。自らの手を汚すことなく、作戦を遂行するのは知性が高い証拠でもある。警戒心が高すぎて、策を弄し過ぎたことが裏目に出てしまった。

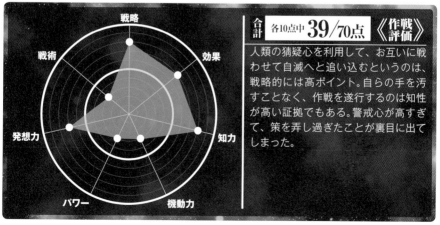

#作戦ナンバー 09

オモチャと子供を使ったチャイルド・プレイ作戦

頭脳星人チブル星人の場合

第九話	「アンドロイド0指令」（制作第十一話）	**放送日**	1967年11月26日
		STAFF	監督／満田稔　脚本／上原正三

STORY

パトロール中に現れた女性に、モロボシ・ダンと間違われてフルハシが襲われる。その犯人を捜索中に「アンドロイド0指令」という謎の計画が進行していることを発見。さらに、ウルトラ警備隊は怪しいオモチャ売りの老人に出会う。その正体を探るうちに、計画と何かしらの関連性があることに気づいたウルトラ警備隊は、調査を開始した。

名称≫チブル星人
別名≫頭脳星人
身長≫2メートル
体重≫500キログラム
出身地≫チブル星

貝殻を抽象的にしたような姿を持つ。非人間型宇宙人で、三脚状の足で立つ。頭部が非常に重いのか、身長のわりに重量があるのが特徴。

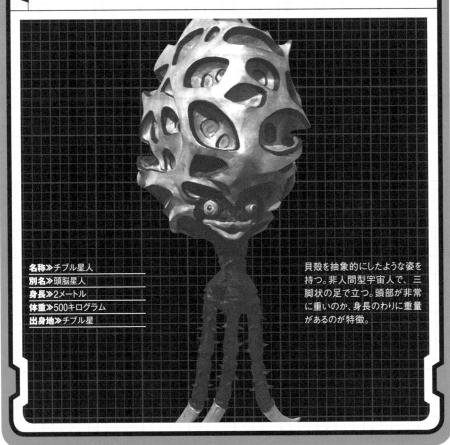

事件の発覚

ある夜、ポインターでパトロール中のフルハシ隊員は、モロボシ・ダンに間違われて謎の美女に電撃を食らい負傷。逃走した女が残したブローチの謎めいた文字から〝アンドロイド0指令〟という言葉が浮かびあがる。フルハシを襲った女を探索する中、団地内の公園で、オモチャじいさんと呼ばれるオモチャ売りの老人に遭遇。老人は、優れた性能のオモチャで近所の子供たちを魅了していた。その頃、先に回収された女のブローチが分析され、宇宙金属で製造されていることが判明。また、老人が販売していたオモチャや子供たちに配布されたワッペンも同様の材質で作られ、特殊な受信装置であることがわかった。事態を危険視したウルトラ警備隊は、その老人の徹底調査に向かった。

作戦概要

謎の金髪美女、アンドロイド・ゼロワンを使い、チブル星人は午前零時の時報と共にアンドロイド0指令と名付けた作戦発動を計画。それはオモチャに仕掛けた装置で催眠周波を子供たちに送り催眠状態にして、オモチャに見せかけた地球上のいかなる武器を超越した性能を持つ実戦用の武器を配備し、子供たちを軍隊化。大人たちが子供たちに反撃ができないまま、日本や世界を占領する作戦であった。

行動開始

まず、アンドロイド0指令発令に伴い、支障をきたす可能性のあるモロボシ・ダン＝ウルトラセブンを排除するため、調査に来たモロボシをアンドロイド・ゼロワンにM地点へ誘導させた。ソガ隊員と共に、両隊員を閉店後のデパート内に誘い込むと、老人の姿で現れて、アンドロイド0指令の概要を語るチブル星人。モロボシ・ダンを抹殺して計画を遂行しようと、売り場のオモチャたちが一斉に火を噴き始める。モロボシ、ソガ両隊員は、必死に身を潜めて攻撃を回避するがソガが負傷、窮地に追いつめられる。

交戦

防衛軍本部へ通報するも、アンドロイド・ゼロワンの追撃に絶体絶命となった。モロボシ・ダンは、やむなくソガを気絶させてウルトラセブンに変身。それを見た老人とアンドロイド・ゼロワンは逃走していく。

チブル星人の特性

異様に大きな頭部に3本の足が特徴で、宇宙一の頭脳を持つとさえいわれる。その眼球からは、妖しい光とともに催眠電波を放射し、足のトゲからは強力なしびれ液を出すともいわれる。3本の足は、鋼鉄よりも固く、逃げ足が速いとされ、1本で立ち、他の2本を腕の様にして戦うらしい。しかし、実はモロボシ・ダンがウルトラセブンに変身した段階で、部下とするアンドロイド・ゼロワンから「もうお終いです」とさえいわれるほど、戦闘能力は低い。一部文献によると、彼らの母星は、科学が発展した文明を持ち、超近代的な建物が並ぶ都市で構成され、優れた電子頭脳によって星人たちは支配されているらしい。また、星人の頭部の重量や大きさによって身分階級が決められているとも記載されている。宇宙を移動するにあたっては、内部に計器が詰まっている、外部がのっぺりした不気味な感じの宇宙船を用いるようだ。

▼顛末

ウルトラセブンの追撃で、アンドロイド・ゼロワンがエメリウム光線の一撃で倒されると、老人はチブル星人の本性を現す。果敢にもウルトラセブンに格闘戦を挑むが、何もできないまま、セブンの放ったエメリウム光線を頭部に受けて絶命、午前零時のアンドロイド0指令発動前に溶解していき、侵略作戦に終止符を打った。

〈アンドロイド・ゼロワンの考察〉

金髪美女の姿を模した人造人間で、通常はマネキンのような状態で待機している。走力は高く、ウルトラ警備隊員の足でも追いつかないほど。武器は五指からの怪光線とドアをも破る怪力。当初はモロボシ・ダンの資料がないためか、フルハシを間違えて襲撃するなど、確実性の欠ける行動を起こすが、ウルトラセブンの登場に旗色が悪いと判断し、チブル星人の敗走を促すなど状況把握能力は低くない。製作者である星人への忠誠心は高く、最後はチブル星人の盾となってセブンの一撃を受けて損壊した。

〈敗因〉

アンドロイド0指令を、1年もの時間をかけて計画したにもかかわらず、排除するべき敵、モロボシ・ダンを初手で葬れなかったことが最大の要因である。おそらく指令に絶対的な成功を確信していたため、アンドロイド・ゼロワンへモロボシ・ダンのデータ入力を怠ったために起こった失策であろう。また、アンドロイド・ゼロワンに襲われたフルハシが存命している点からも、意外に殺傷能力は低かったものとも考えられる。どの道モロボシ・ダンの殺害が難しかったことは想像に難くない。他星人同様に先手を打つつもりでモロボシ・ダン襲撃があだとなって自滅したともいえる。綿密に練った計画も一瞬の油断で無に帰してしまった。文殊も知恵のこぼれというよりは、山につまずかずして蟻塚につまずくといった具合だろうか。もっとも、その小さなミスは致命的な敗因へとつながり、他星人同様、二の舞を演じてしまうことになったようだ。

★山につまずかずして蟻塚につまずく！

侵略過程地図 東京都

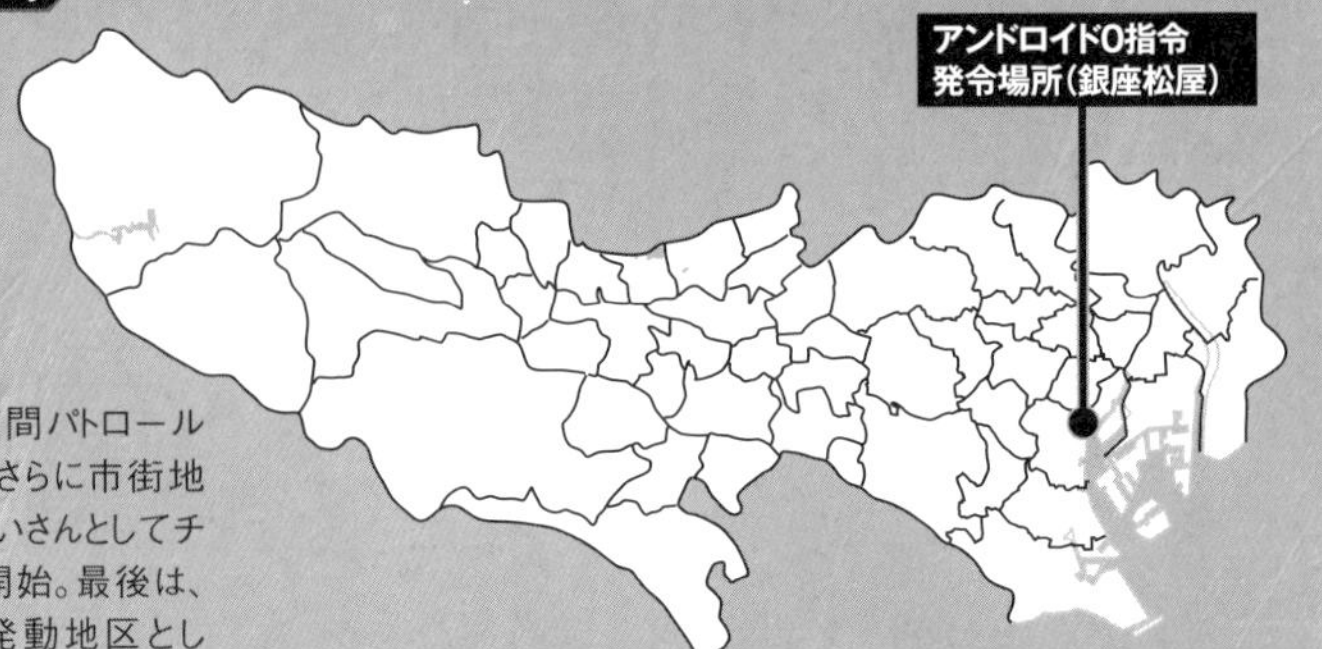

ウルトラ警備隊の夜間パトロール中にゼロワン出現。さらに市街地の団地にオモチャじいさんとしてチブル星人が行動を開始。最後は、アンドロイド0指令発動地区として、都内のデパートが使用される。

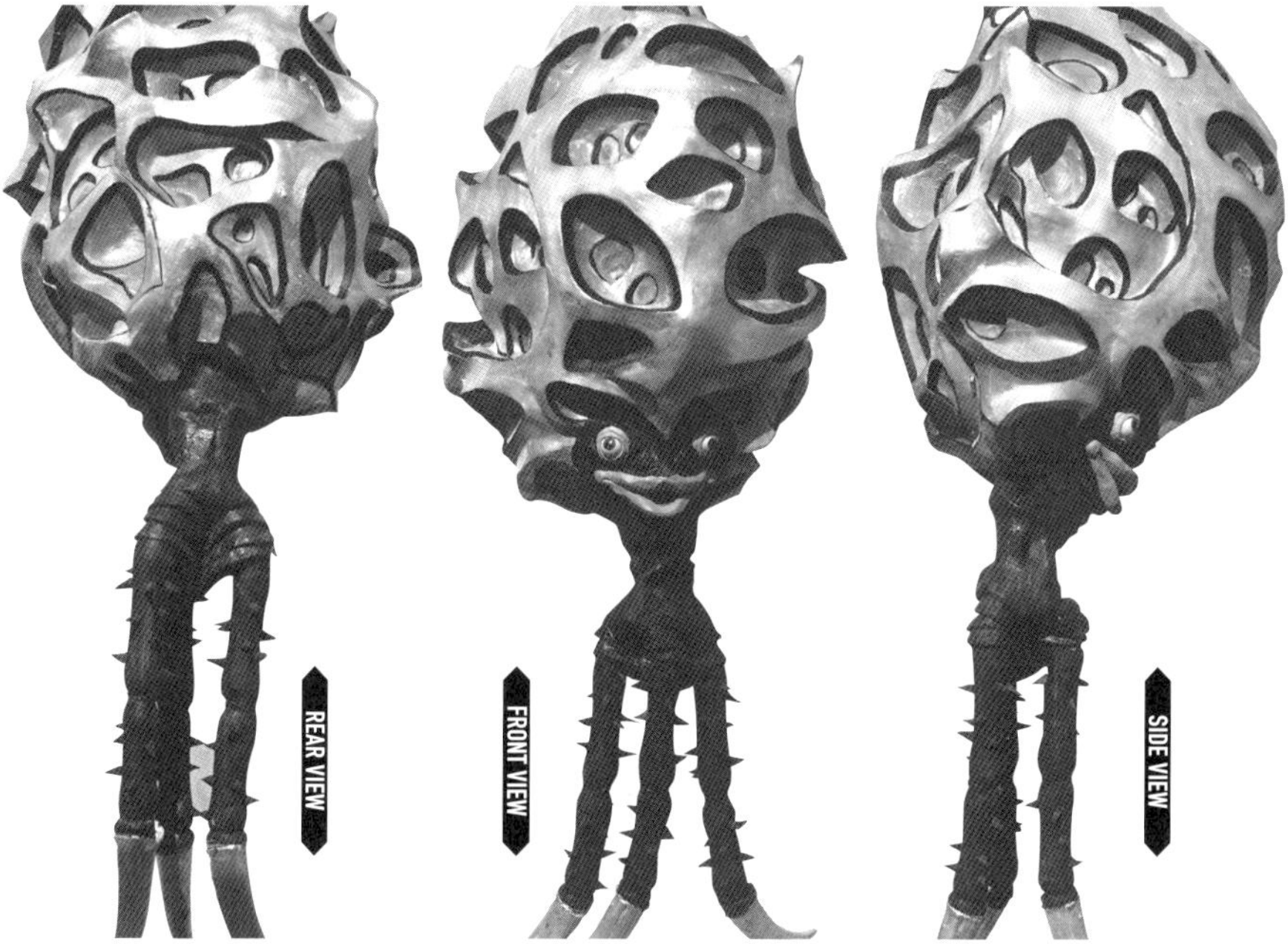

◀女性型アンドロイド・ゼロワン

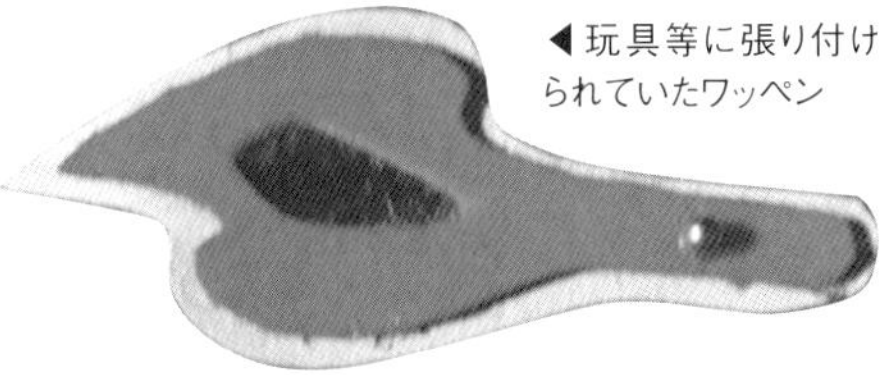

◀玩具等に張り付けられていたワッペン

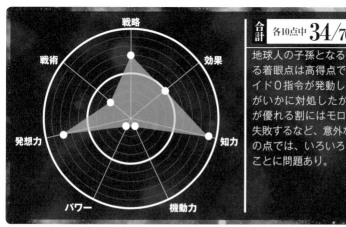

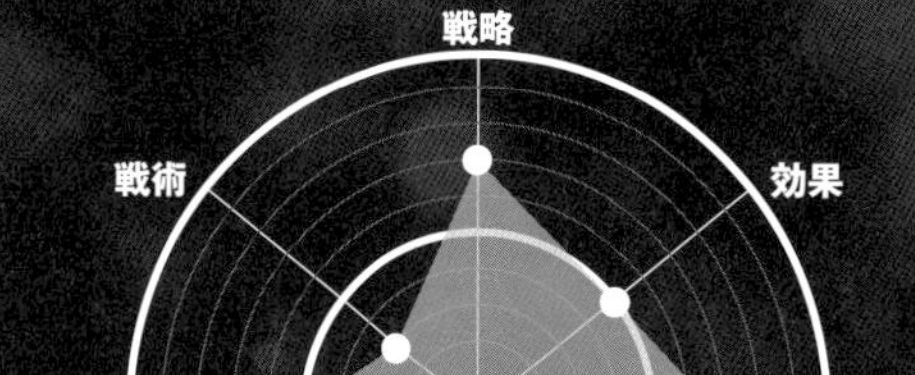

合計 各10点中 34/70点 《作戦評価》

地球人の子孫となる子供たちを利用する着眼点は高得点で、実際にアンドロイド０指令が発動したとしたら、人類がいかに対処したかが気になる。知力が優れる割にはモロボシ・ダン襲撃に失敗するなど、意外な盲点を見せる。その点では、いろいろな対処ミスが多いことに問題あり。

#作戦ナンバー 10

異次元空間からの侵略作戦

異次元宇宙人イカルス星人の場合

第十話	「怪しい隣人」(制作第7話)	放送日	1967年12月3日
		STAFF	監督／鈴木俊継　脚本／若槻文三

STORY

ある日、友人の弟アキラの見舞いに別荘を訪れたアンヌは、そこで隣人が怪しいと主張するアキラの言葉からモロボシ・ダンと共に再び別荘を訪問。するとそこでは、謎の怪現象が起こっており、ダンは謎の空間へ飛び込んでいった。ウルトラ警備隊も、その連絡から調査に乗り出そうとする。しかしその時、未確認飛行物体が、どこからともなく出現し東京を襲撃、神出鬼没の宇宙船に地球防衛軍は翻弄されていた。一方、異次元空間に入り込んだモロボシ・ダンは、そこにいた怪しい男と遭遇。その正体がイカルス星人と知る。しかし、ウルトラセブンに変身すらできないダンに危機が迫る。

名称≫イカルス星人
別名≫異次元宇宙人
身長≫2.5メートル～40メートル
体重≫300キログラム～1万8000トン
出身地≫イカルス星

魚とコウモリを合わせたような頭部が特徴的。ヒゲのような体毛を持つ宇宙人は珍しく、どことなく賢者のイメージもある。

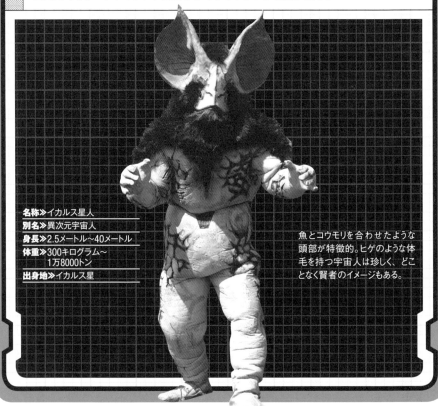

事件の発覚

　ウルトラ警備隊のアンヌ隊員が、友人であるりつ子の別荘に、その弟アキラの見舞いに行った際に、アキラが隣の住人の不可解な行動を目撃、アンヌに訴えたことから、モロボシ・ダンと共に調査に向かう。時を同じくして地球防衛軍基地でも東北約3キロという近い地点から、謎の反応をキャッチしていた。それはまさしく、アンヌらの向かったりつ子らのいる別荘地帯であった。

　別荘の窓外では、鳥が空中で静止している異常な状況が発生しており、危険を感じたモロボシ隊員は基地へ一報入れると、鳥が静止していたポイントに飛び込んでいった。ウルトラ警備隊は、それを見たアンヌ隊員からの連絡で、直ちに行動を開始する。

作戦概要

　美しい地球を入手するために、三次元の世界と四次元の世界を連結するコントロールマシンを使って、異空間に前線基地を作り、地球侵略を行う。

行動開始

　異次元空間に突入したものの、何もすることができないモロボシ・ダンをよそに、宇宙船を出動させて、東京上空に出没。怪光線を放ち工業地帯や市街地の攻撃を開始した。未確認飛行物体出現の報に、迎撃に向かうウルトラ警備隊のウルトラホーク1号を尻目に、そのまま姿を消した。

　そして、その直後に東京湾南方280キロの海域で、12万トンの大型タンカー「宝進丸」を撃沈した。さらに防衛軍基地西方42キロ地点に姿を現し、急行したウルトラホーク1号の眼前で異次元空間に退避した。

イカルス星人の特性

　2カ月ほど前から、地球防衛軍基地近くの別荘地に居を構え、異次元空間からの攻撃態勢を整え始めた第17惑星からきたイカルス星人は、人類に紛れ込むため中年男性に偽装しながら、三次元と四次元空間を行き来していた。

　その本来の姿は、耳が大きく、立派な顎鬚を備えた貫禄ある風貌をもつ。その超能力は、異次元空間への往来はもとより、全身から無数の流星弾のような光の矢＝アロー光線を発射することができる。また、一説には牛をも一撃で殺害するほどの怪力を持つとさえいわれている。知性は高く、M78星雲人の知識をもってしても理解できない異次元のコントロールマシンを開発することさえできる。星人の故郷であるイカルス星は暗く、穴倉の多い湿度の高い惑星と記されているが、その環境を打破するように優れた科学力をもって、異次元空間への行き来を可能とし、レジャーとする文化を持つようになったらしい。その技術を軍事用に転化することを思いつき、他惑星侵略を実行し始めたということだ。

　星人は人間態の時でも、全く感情を見せず、冷静な動向を見せているのは、個人主義の発達からくるコミュニケーション能力の欠如なのか、あるいは感情という概念そのものが存在しないのか不明である。

交戦

　異次元空間に帰還した際に、宇宙船でモロボシ・ダンに怪光線を浴びせたことから、異次元空間に亀裂が生じてしまい、三次元空間との連絡を可能としてしまった。そこから、星人が異次元空間から攻撃していることを地球人類に察知されてしまう。

外部との連絡をつけられることができたものの、打つ手がないモロボシ・ダンによって、コントロールマシンが破壊され、四次元空間は消滅。

三次元空間に無事に帰還したモロボシ・ダンの正体をしらないイカルス星人は、その正体を現して巨大化。モロボシ・ダンに迫る。するとモロボシ・ダンはウルトラアイを着眼し、ウルトラセブンへと変身して、イカルス星人に対峙する。

▼顛末

イカルス星人を援護する宇宙船の攻撃はセブンにかわされ、イカルス星人は直接攻撃による格闘戦に持ち込まれ、全身から放つアロー光線も命中せず。アイスラッガーの打撃に加えて、ウルトラ念力で放り投げられあえなく絶命。ウルトラホーク1号に追走された宇宙船も異次元空間に逃避できず、自星への帰還途中に宇宙空間でウルトラホーク1号ならびに2号の攻撃で撃破された。

〈四次元空間の考察〉

イカルス星人がこの三次元空間とつなげ、前哨基地を建設しようとしていた四次元空間は本来、異次元の住人ではないイカルス星人でも住むには苦しいらしい。それはM78星雲人であっても、この三次元空間に存在する生命体には共通するらしく、空間内では体の自由も徐々に利かなくなっていく。しかし、地球人類には、それすらもままならない空間なのか、モロボシの破壊活動から星人は、その正体を地球人ではないことを察している。また、空間内での物理法則や化学的反応が異なるためか、ウルトラアイを着眼しても無効、カプセル怪獣も出現することはなく、何も起こらなかった。ただし、イカルス星人が便宜上の問題か、自星宇宙船の怪光線（衝撃波）やウルトラガンといった光線兵器においては、その現象が有効となる様に設定されていた。コントロールマシンのメカニズムについては、モロボシ・ダンをもってしてもその構造は不明であった。

〈宇宙船の考察〉

頭頂の円盤中央部と外周には発光装置らしきものがあり、フラッシュと共に衝撃波の様

侵略過程地図 地球防衛軍基地東北約3kmの別荘地帯の異次元➡（異次元経由）東京の工業地帯➡（異次元経由）東京湾沖南方280km地点➡（異次元経由）地球防衛軍基地西方42km地点➡異次元空間➡地球防衛軍基地東北約3km別荘地➡宇宙

地球防衛軍基地近くの別荘地に異次元空間を作り潜伏。そこを拠点に東京や海上を襲い、ウルトラ警備隊を翻弄する。しかし、異次元空間がモロボシ・ダンに破壊されると、通常空間に出現。そのまま宇宙へ脱出を図る。

なものを発する。さらに緑色光の発光によって地上の工業地帯を破壊している。また、イカルス星人同様のアロー光線を円盤部中央下部から発射することも可能だが、宇宙船自体には異次元移動用のコントロールマシンが搭載されていないようで、異次元空間にあったコントロールマシン破壊後は、通常の空間移動で自星へ帰還するしかなかった。

〈敗因〉

地球人類の理解を超えた技術を持つゆえか、潜伏した防衛軍基地近くの別荘では意外に無警戒でコントロールマシンの調整を行っていた。アキラ少年に目撃されていたにもかかわらず、異次元における活動を認知できない人間に対してそれほど事態を重く見ることなく作業を進めている。そのために発見された空間の歪にウルトラ警備隊員が飛び込んだのも想定外だったのか、あるいは人類が潜入したところで何もできないことを知っていたのか、さして問題視していなかったのが、敗因の第一歩であった。この際、星人の想定外であった点が二点挙げられるが、その一つは飛び込んだのが地球人ではなかったこと。さらにもう一点は、追いつめられた時に、まさか自滅覚悟でコントロールマシンを破壊する行動に出ると考えなかった点にある。そのため、コントロールマシンも人類の武器であえなく破壊されてしまい、最終的には計画の失敗へとつながった。まさに〝窮鼠猫を噛む〟ということわざがあるように、追いつめられた者が、想定外の行動をとることも計算に入れられれば結果も違っていただろう。

▼反省からのその後の作戦

その後、別世界でのウルトラセブンや怪獣どうしの対決の場では、全身がやや緑がかった別個体が戦いに明け暮れている。ある意味、感情の欠落が敗因を生んだ先人を参考にしたのか、この時はかなり感情的な動きを見せる。拳法などを習得し宗教にも通じていた。さらに似たような空間で、レッドマンと呼ばれる者とも対決している。

それ以外にも現在でも、様々なウルトラ戦士たちと交戦する日々を送っている。

★〝窮鼠猫を噛む〟。余裕を持ちすぎると墓穴を掘る

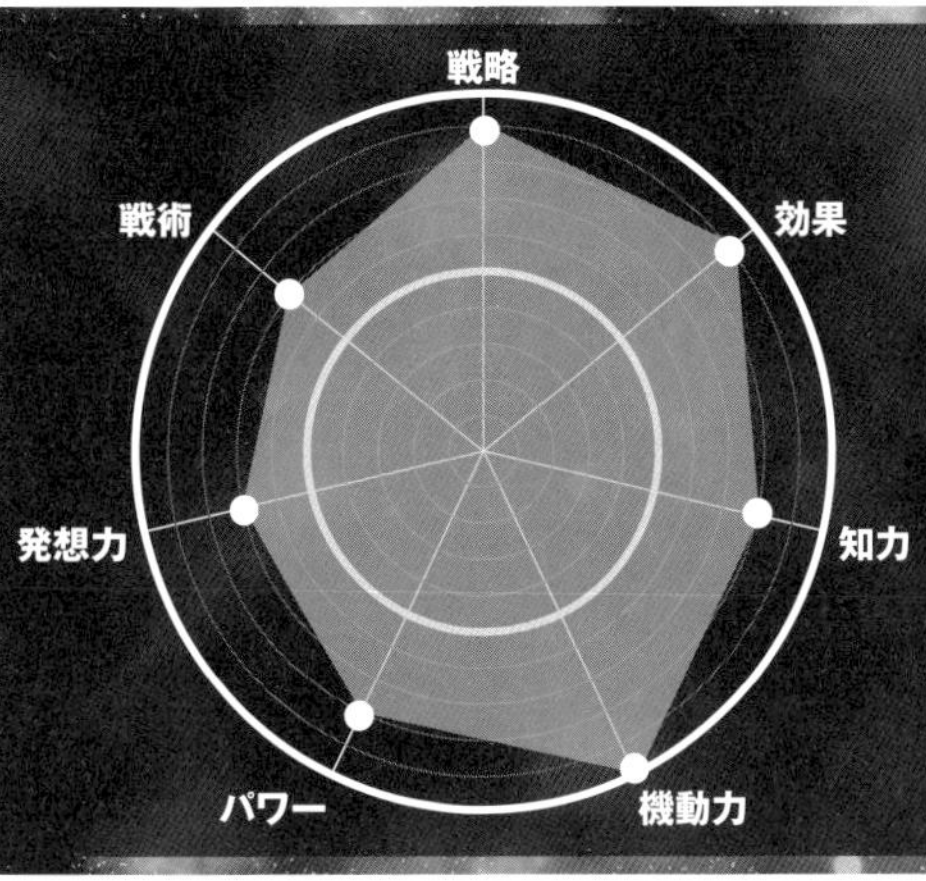

合計 各10点中 58/70点 《作戦評価》

人類やM78星雲人が立ち入ることの困難な異次元空間を作り出せた時点で、戦略的な優位性は格段に高くなった。さらにその空間を有効に利用して、瞬時に移動することができるのは、戦術的にも圧倒的有利に立つ。星人自身の攻撃力も高く、アロー交戦の破壊力は驚異的。それらを考えれば結果を除いても作戦内容的にはかなりの評価を与えていいだろう。

▲コウモリのような巨大な耳と魚のような顔にあごひげと、特徴のある姿のイカルス星人。アイスラッガーでも切断できなかった硬い皮膚を持ち、全身からアロー光線を発射する。

VEHICLE

VEHICLE　イカルス星人の宇宙船

SIDE VIEW

UNDER VIEW

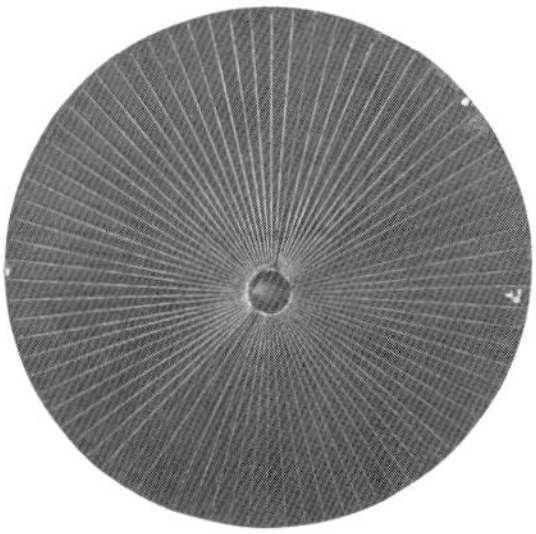

TOP VIEW

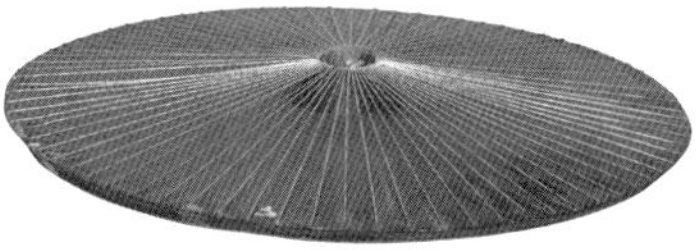

TOP VIEW

FRONT VIEW

REAR VIEW

SIDE VIEW

#作戦ナンバー11

延命のための生命収集作戦

宇宙野人ワイルド星人の場合

第十一話	「魔の山へ飛べ」（制作第十二話）	放送日	1967年12月10日
		STAFF	監督／満田穣　脚本／金城哲夫

STORY

ある雷鳴とどろく夜に、地球人に知られないまま、金色の竜が岩見山中に舞い降りた。その後、相次いで若者たちの原因不明の遭難が続く。死因のつかめぬ謎の事件にウルトラ警備隊も調査に赴くが、事件現場でモロボシ・ダンが謎の死を遂げてしまう。犯人糾明に全力を傾注するウルトラ警備隊は、山中の洞窟で犯人と遭遇。銃激戦の末、敵の装置を確保し、それが生命を吸収するためのカメラだと分析する。逃走した犯人であるワイルド星人は、自星を救うため若い命を欲していた。星人は、カメラ奪還のために追跡してきたソガ隊員を人質に、ウルトラ警備隊に生命カメラ返還を要望するが……。

名称≫ワイルド星人
別名≫宇宙野人
身長≫2.2メートル
体重≫150キログラム
出身地≫ワイルド星

全身を体毛に覆われているような姿で現れた。その様相はまるで年老いた者を見るようである。催眠術以外の能力は不明。

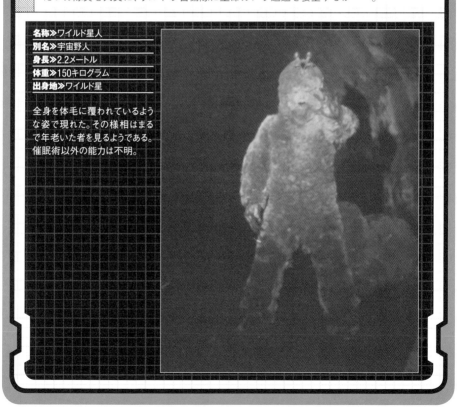

事件の発覚

岩見山での若者の遭難事件が続発。被害者は26名にも及び、単なる事故とも考えられないことや被害者すべての死因は不明。この謎の事件解明にウルトラ警備隊も乗り出す。

手がかりを求めて岩見山一帯の調査を行うモロボシ、ソガ両隊員は山中で何者かに狙われ、モロボシ・ダンはその命を失ってしまった。その弔い合戦と、犯人糾明ならびに事件解決にウルトラ警備隊は、本腰を入れて捜査を開始した。現場に落ちていた拍車から、1カ月前から行方知れずになっていた幸村の名前が浮かび上がる。が、群馬県警の連絡から、岩見山三合目付近の洞口に急行すると、同行した警官が何の前触れもなく命を奪われてしまった。

岩見山三合目洞窟に潜んでいた犯人は、次々に警官から命を吸収。犯人は正体を明かす前に、ウルトラ警備隊の一斉射撃を受ける。幸村を殺害してその姿を利用していた犯人は、謎のカメラらしき装置を置き去りにしたまま、その場から逃走した。

作戦概要

一連の犯行を行っていたワイルド星人は、生命カメラを使って若い地球人の生命を収穫。自星に持ち帰り、民族の若返りと存続を図ろうとしていた。

行動開始

ウルトラ警備隊に回収されてしまった装置が、生命カメラと解明されてしまうが、洞窟内に潜伏していたワイルド星人は、捜査を続行していたソガ隊員に事情を話し、生命カメラの返還を要求。身勝手な申し出だと断られると、ソガを催眠術で操り、生命カメラを洞窟へ持ってくる様に要請させる。人質となっているソガ救出のために現れたウルトラ警備隊から、生命を吸収したフィルムと交換に、ソガを解放するも、そのフィルムの中身が空であったことに怒り、宇宙竜ナースを呼び出す。

ワイルド星人の特性

その身体的特徴として、全身を毛で覆われ、頭部に赤い球をつけたツノを持つ。が、本来は地球人類と似た姿ともいわれ、特殊な宇宙服の姿であると説く者もいる。頭頂の角から光線を出して、人間に催眠術をかけて操ることもできる。また、一部文献には、その目からは人間を金縛りにする光線を出し、腕力は一撃で大木を粉砕するとも記されている。

無益な争いを好まない性格で、あくまで人類に察知されることなく生命を確保していくつもりだったようだが、生命を重要視する人類との感性のギャップの様なものも感じられる。また、侵略目的ではないことから、人類に対して敵意を持つこともなかった。コミュニケーション能力もあり、地球人の心情をも理解する部分も見受けられるが、是が非でも生命を自星に持ち帰る必要があったためか、その行動はやや強引であった。しかし、猜疑心をあまり持たないのか、なんなくウルトラ警備隊に騙される一面も……。

資料によるとワイルド星は何十億歳という星の年齢を持ち、草や木のない氷塊で構成された星で零下30度という寒さの厳しい気候だという。住居は氷穴内に作られており、地球のエスキモーに似た生活を送っているようだ。現在、その人口は高齢化が進み、人口の激減が著しく、このままでは民族の存続が困難になっている。そのため、生命体としての若返りを望み地球へ来た。

交戦

山頂から飛び出したナースは、ウルトラホーク1号との空中戦に突入。ウルトラホーク1号の連射ミサイルの猛攻に、身体の一部が損傷し火を噴く。それを見て油断したウルトラ警備隊の隙をついてナースは円盤化。ワイルド星人の回収を試みるが、警備隊員ソガの放った一撃が星人を貫き爆死。復讐するかのようにナースはウルトラ警備隊員たちを執拗に追撃し始める。

顛末

防衛軍基地内で復活を果たしたモロボシ・ダンはウルトラセブンに瞬時に変身、岩見山中で窮地に立ったウルトラ警備隊員らのもとへ急行。ナースは、突如出現したウルトラセブンに絡みつき圧殺を敢行するが、セブンのパワーに逆に引きちぎられ解体されてしまった。

〈生命カメラの考察〉

命を吸い取るカメラで、フレーム内の対象物に目に見えない赤外線に似た光線を発射し、対象を傷つけることなくその生命を吸収し、カメラ内部のフィルムに定着させる。吸収された生命はフィルムを媒体とした二次元空間内で生き続けている。そのことは、フィルムを投影することで確認が可能。また、生命と肉体を合成するには、同一のカメラで再び肉体を撮影することで、遺体を物質的にカメラ内部に転送。フィルム上で生命と肉体を合成、特殊な現像を施すことで、個としての生命体へと戻すことができる。

〈宇宙龍ナースの考察〉

金色の金属生命体で、ロボットであるという説もある。120メートルに及ぶ全長(150メートルとも333メートルともする古い資料も存在する)は、円盤状に巻き上がると、ワイルド星人の宇宙船としても活用できる。星人との詳しい関連性は定かではないが、文献にはワイルド星人を主人として認識している旨の記述もあり、星人が開発した機械なのか、生命体なのかは今もって不明。

侵略過程地図 岩見山周辺

ナース潜伏地点である、岩見山中周辺のみがワイルド星人の活動範囲だったと思われる。そのため、人質を使い生命カメラを持参させるなどに至っている。

その能力は、目から強力な怪光線を発射し、全身で強い力で締めつけるとある。だが、ウルトラホーク1号のミサイル攻撃で損傷していることから、その外装はそれほど強固なものではないようだ。円盤形態では、下部中央から怪光線を地上へ向け発射している。

〈敗因〉

年齢を重ねているせいか、基本的に人はよいワイルド星人だが、やはり他人の生命を欲するところに無理があった。生命カメラでのまさに盗撮は、さながら強奪にも似た窃盗行為は、むしろ相手の逆上を買う事になってしまった。地球に来た星人は気が弱く、人質をとり、カメラ奪回の交換条件を出すものの、あっさりと地球人の行動を信じ込み、騙されて人質さえも奪い返されている。単純に思考力はそれほど高くはないともいえるので、気弱であるならそっと地球に忍び込んで、発覚しないように人間が消えても不思議がらない場所で、少人数ずつ生命を確保して離脱を図るべきだった。地球人でもよくいるようだが、臆病者ほど浅はかで卑怯じみた行動をすることが多い。もしも本当に生命の枯渇を危惧して、他惑星へ派遣しなければならないのであれば、任務に堪えられる強靭な精神力が必要だったのかもしれない。

反省からのその後の作戦

地球での生命確保が失敗したためか、古い地球の文献にはワイルド星人がペダン星へ侵攻したとする情報が描かれたものがあった。宇宙竜ナースを派兵し、ペダン星を急襲。大破壊を行い、ペダン星人を滅亡へと追いやろうというものらしい。ペダン星人も次々に宇宙ロボット・キングジョーを投入してお互いの科学力をつぎ込んだ機械戦となったという。果てしなく続く戦いの決着は未掲載であった。

★作戦には強靭な精神力も必要

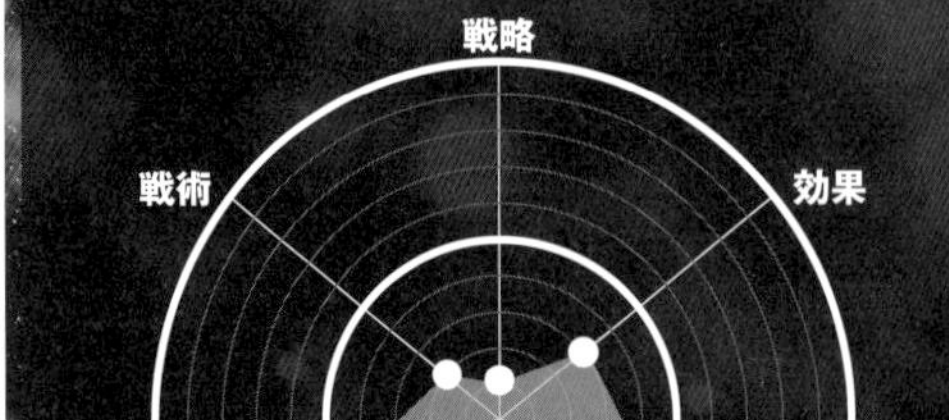

合計 各10点中 22/70点 《作戦評価》

侵略というより、生命の強奪で作戦らしい作戦があったようには思えないので、戦略は限りなく評価が低い。戦闘力も決して高くなく、しいてあげるといえば生命カメラのシステムを開発した点であろう。命の輸送という発想自体は決して悪くはなかった。

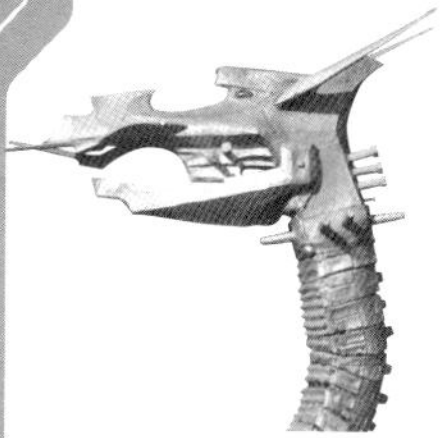

名称≫ナース
別名≫宇宙竜
身長≫120メートル
体重≫15万トン
出身地≫ワイルド星

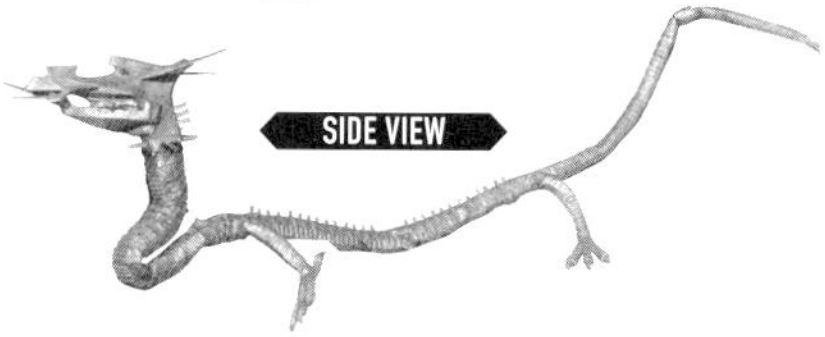
SIDE VIEW

REAR VIEW

FRONT VIEW

◀▼竜をメカニック化したようなフォルムで、同一ブロックの連なるディテールのナース。身体を丸めて円盤状の形態に変形可能。

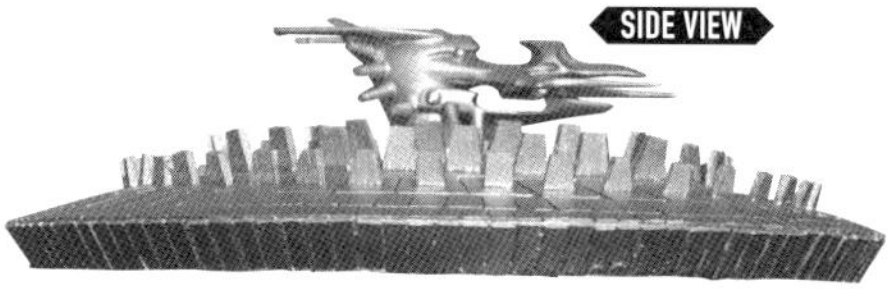
SIDE VIEW

FRONT VIEW

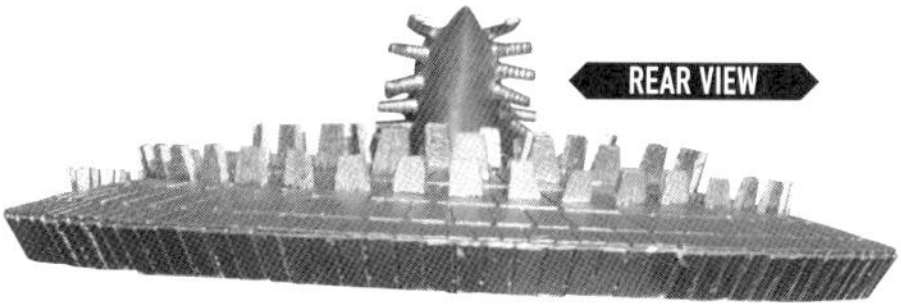
REAR VIEW

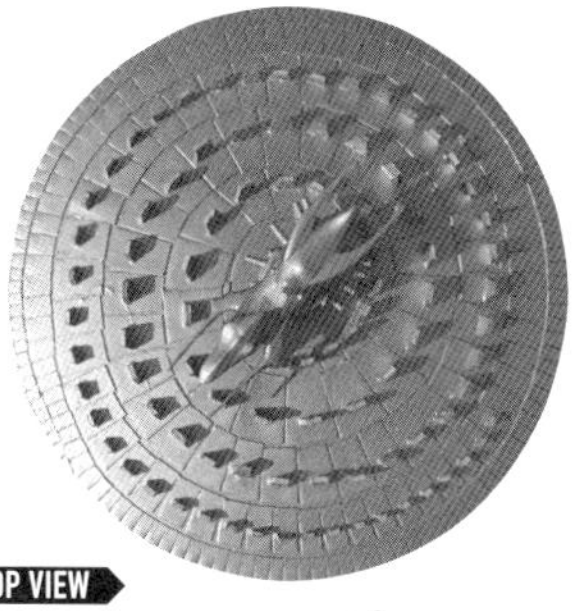
TOP VIEW

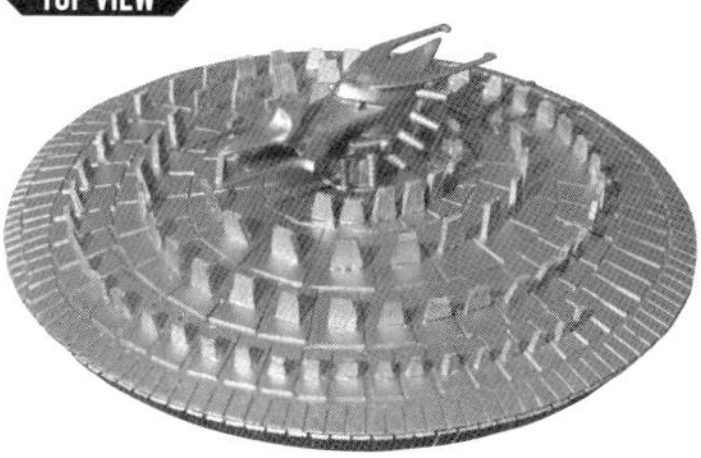

▼生命カメラ。シャッターを切ると内部のフィルムに生命体自身が写し撮られる。

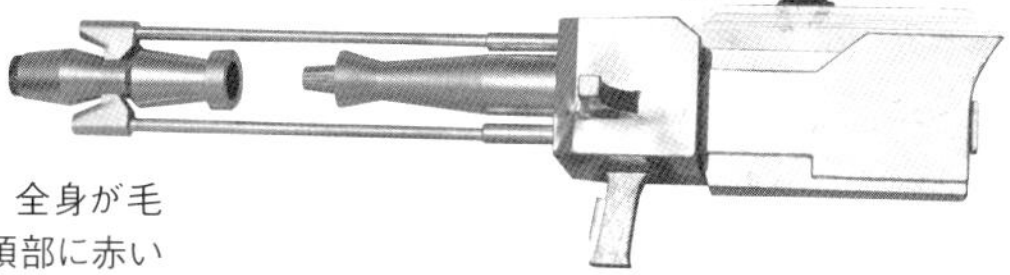

◀ワイルド星人は、全身が毛で覆われていて、頭部に赤い球が付いたツノがある。

FRONT VIEW

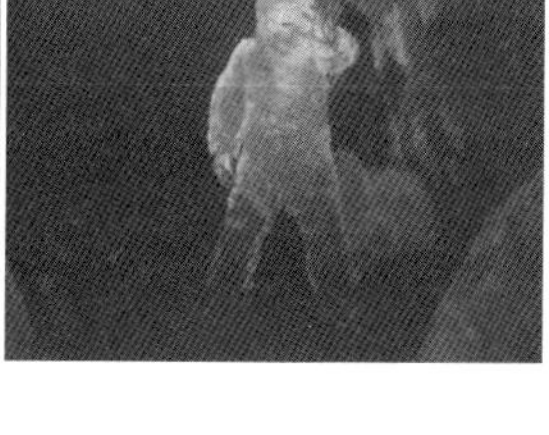

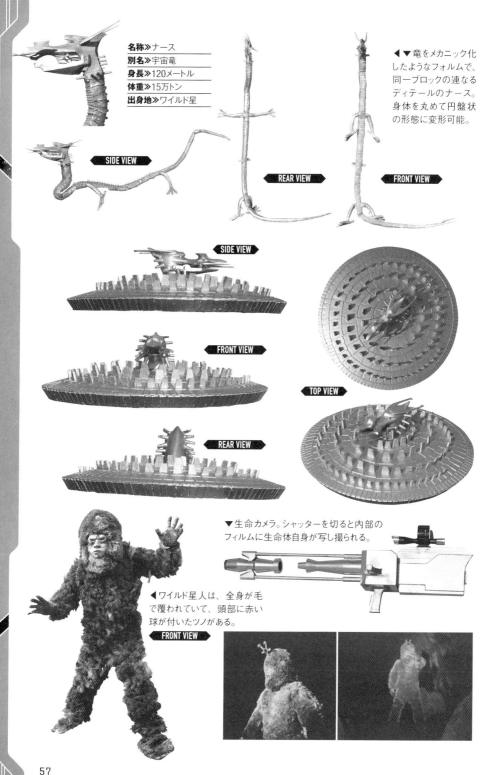

#作戦ナンバー 12

燃料奪取&地球脱出作戦

宇宙鳥人アイロス星人の場合

第十三話	「V3から来た男」(制作第十三話)	放送日	1967年12月24日
		STAFF	監督／鈴木俊継　脚本／市川森一

STORY

宇宙から飛来した謎の宇宙船迎撃に出撃した宇宙ステーションV3のクラタ隊長は、その交戦中に行方不明になる。地上へ逃走した宇宙船は燃料切れで不時着したが、それに気づかずパトロール中のウルトラホーク1号と、どうにか地球へ到着したクラタのステーションホークは、宇宙船からの不意打ちを食らい大破。クラタは自力で地球防衛軍基地へたどり着くが、ウルトラホークに搭乗していたフルハシとアマギは人質にされてしまう。燃料を欲するアイロス星人は、フルハシ、アマギの偽者を防衛軍基地へ送り込んで盗み取ろうとするが、二人を怪しんだモロボシ・ダンに倒された。そこで、ウルトラ警備隊は人質二人と交換に燃料受け渡しを申し出るが……。

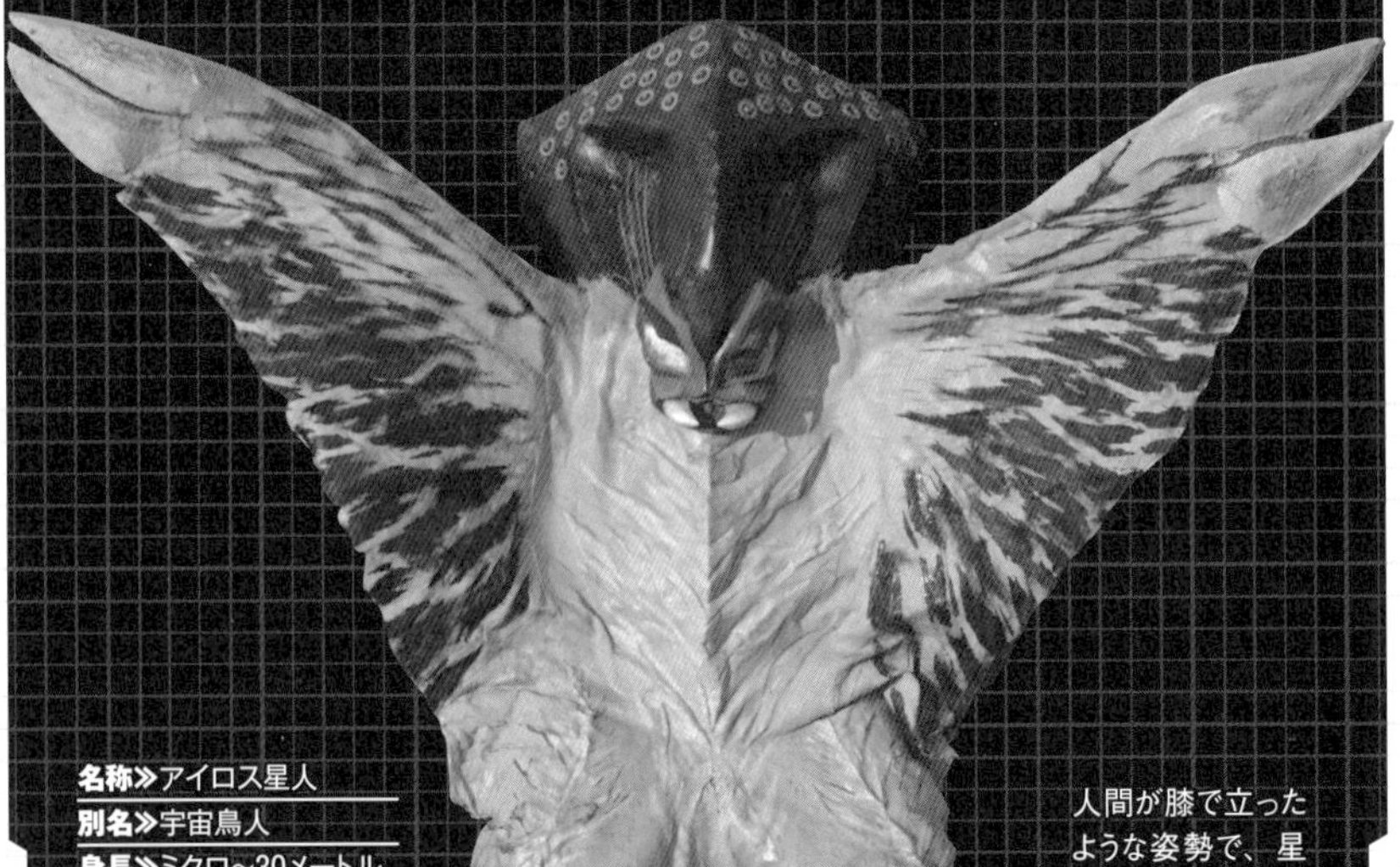

名称≫アイロス星人
別名≫宇宙鳥人
身長≫ミクロ～30メートル
体重≫0～1万3000トン
出身地≫アイロス星

人間が膝で立ったような姿勢で、星人とも星獣ともつかない不可思議な形態を持つ。

事件の発覚

地球時間24時6分、宇宙空間で地球防衛圏内に正体不明の宇宙船が侵入したことから、防衛軍の宇宙ステーションV3に配備されたステーションホーク部隊と交戦を開始。宇宙船はステーションホーク3機に追跡されるも、2機を撃破し逃亡。地球圏内に突入するが、燃料を切らしたために地上に隠れて防衛軍の追跡を逃れた。そこへ現れたパトロール中のウルトラ警備隊のウルトラホーク1号に奇襲をかけて拿捕。追走してきたステーションホークも撃破すると、ウルトラホークに搭乗していたフルハシ、アマギ両隊員の身柄を捕縛した。

作戦概要

地球への侵攻作戦に失敗し、燃料切れで秩父山中に不時着した宇宙船用の固形燃料を確保し脱出を図った。

行動開始

着陸した宇宙船内では、捕まえたフルハシ、アマギの姿をコピーして防衛軍基地内の固形燃料を奪おうと画策。ウルトラ警備隊本部へ帰還した両名を出迎えた隊員たちをよそに、燃料室に固形燃料を盗み出そうとする二人を銃撃戦で倒したモロボシ・ダンによって二人が偽者であることが発覚。ウルトラ警備隊から、本物の二人を解放する条件で固形燃料を渡す旨の打診が来たため、交渉を開始。侵略の意図はないので、時間は30分以内で宇宙船の指示に従うことを条件に承諾する。交換地点である北緯36度、東経139度の秩父盆地で燃料の到着を待つと、現れたウルトラホーク3号からパラシュートで降下してくる固形燃料を確保。燃料の補充に成功したため、人質を解放することなくそのままウルトラホーク3号を攻撃、撃墜を図る。

交戦

ウルトラホーク3号と交戦になるが、その後救援に駆け付けたウルトラホーク1号との連係攻撃を陽動するため、宇宙船本体を分離、中央上部の小型円盤で発進すると空中戦に移行。地上の本体では、カプセルを地上へ配置。配置に成功したと見ると、小型円盤はウルトラホークのミサイル攻撃をかわしながら地上の本体へ向かう。合体した宇宙船は、地上から人質救出に向かってきたウルトラ警備隊員のモロボシ、ソガと地上戦になるが、ソガを負傷させることに成功した。しかし、次の瞬間、モロボシ・ダンがウルトラセブンに変身し、まんまと人質二人を奪還されてしまう。するとセブンを乗せたまま空中へ脱出を試み、さらには地上に配したカプセルを爆破。巨大なアイロス星人を出現させる。

アイロス星人の特性

カプセルに収容されていた星人本体は、宇宙船からの光線で爆破されたことによって出現、巨大化した。翼はあるものの、鳥ともいえない生態を持つ姿で、硬度の高い翼状部分はウルトラセブンの超能力も受け付けない。下部に足らしいものはないが、移動は短距離の空中移動によって行われ、セブンの攻撃をはじき返した際には、身体全体による回転運動が行われていることから、通常の歩行などとは違う機構か、あるいは地上より浮遊している状態なのかもしれない。宇宙船内では言葉による命令を下しているため、言語を使用する知的生命であることは理解できるものの、それがどの程度のものなのかは不明。また、宇宙船内でウルトラ警備隊員の姿を利用しているが、これが星人の変身したものか、姿をコピーした何か別のものなのかも判明しないため、星人自体に変身能力があるのか断定もできない。口からはリング光線とも溶解光線ともいわれる光弾（現在はマウスショットと呼ばれる）を発射。翼で風速40メートルの強風を起こせる。さらにその空中移動速度はマッハ5にもなるという。

アイロス星人の母星は、文献によると岩山ばかりの荒れ果てた地表を持ち、星人以外の生物はほとんどいないらしい。そのため、星人たちは常に宇宙や他惑星に食料を求めて探索しており、自星には誰もいないことがままならないほどだと書かれている。さらに他の文書には、今回の一件は食料を求めて宇宙を探訪中に地球へ不時着したされるものがあるが、最初の地球領宙内に侵入した際に、ステーションホークと交戦している状況から、やはりあまり友好的な意思は感じられない。

顛末

宇宙船の中から脱出したウルトラセブンと、格闘戦になるアイロス星人であったが、その両翼でセブンを捕らえると電撃を発し、ダメージを与える。口からの光弾でさらに連続攻撃を加えるが、かわされ反撃態勢に移られる。セブンの放つエメリウム光線や、アイスラッガーを翼ではじき返すも、渾身のワイドショットの攻撃を受けて絶命。宇宙船は、ウルトラホーク2機による編隊攻撃を真上から食らって撃墜炎上した。

〈宇宙船の考察〉

アイロス星人の宇宙船は、灰皿状の青い円盤形態で頭部とも表現される上部中央部分が分離し、単独行動をすることができる。宇宙船自体の武器として、外輪部に設置された光線砲、周囲にいくつか配備された円筒状の攻撃兵器（ミサイルとも曳光弾とも見える実体弾を発射）が確認できるが、先の文献によれば頭部から吸引管が伸びて、航空機さえ吸引する能力を持つとされている。船内には、星人らしい姿はないが、人質を拘留する透明の牢などがあり、人間サイズで構成されていることから、地球人と同等の大きさの生物である可能性もある。

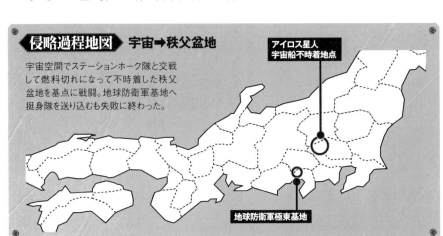

侵略過程地図　宇宙➡秩父盆地

宇宙空間でステーションホーク隊と交戦して燃料切れになって不時着した秩父盆地を基点に戦闘。地球防衛軍基地へ挺身隊を送り込むも失敗に終わった。

また、船内の一部に〝ダダ〟と呼称される怪星人の使用していた人間捕獲用カプセルに似た装置らしきものもあることから、何らかの関わり合いも想定しておくべきだろう。しかし、このカプセル状の装置は、他星人の宇宙船などでも確認できるようなので、もしかしたら宇宙で共通する流通があることさえも想像できる。

〈敗因〉

そもそも地球へ単機で正面から堂々と乗り込んでくるところに謎があるのだが、侵略目的でないとするならば、宇宙ステーションと交戦する必要はなかっただろう。また、途中で燃料切れという失態……あるいは、交戦そのものが想定外であったというのであれば、あまりに単純な行動である。

もっとも、単に燃料を盗みに入るという行動や、人質解放を手のひらを返すようにすぐに放棄する態度を見る限り、あまり配慮の行き届いた考えをする知性を持っている様に思えず、さながら人間でいうところのわがままな子供の行動理念の様に、思慮に足りないだけでなく根本的に我慢が足りない。

そのことは裏を返せば、防衛軍基地内でも論争になったが、人質を犠牲にして攻撃をかけられたら、その時点でアイロス星人は敗北していた可能性は非常に高い。たとえ巨大化して戦ったとして、ウルトラセブンの超能力すら受け付けない力があったとしても、地球人が物量で攻撃をかけてきたら果たして無事で済むかどうか……？

どちらにしても最終的にウルトラセブンに倒された際にも、一瞬のスキをついた攻撃を食らっていたので、万が一、あそこで攻撃を我慢していたらワイドショットすら防ぐことができたかもしれない。そういったことからアイロス星人の最大の敗因は、我慢が足りないことであったのかもしれない。

★何事にも我慢が必要！

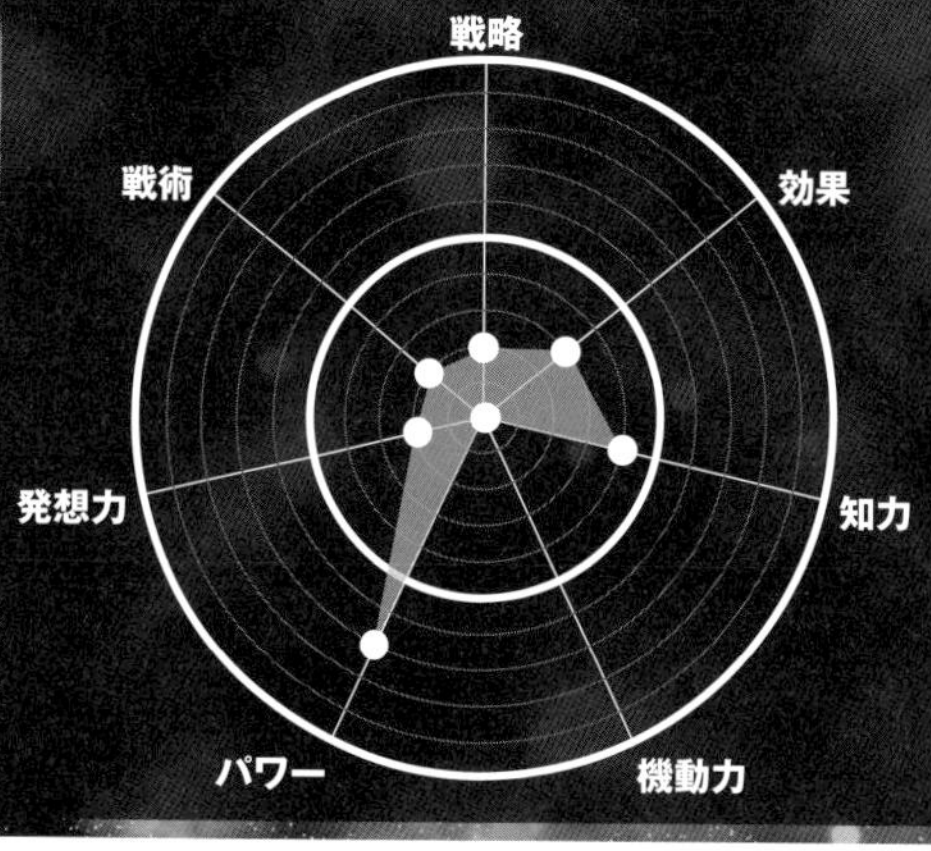

合計 各10点中 22/70点 《作戦評価》

非常に短絡的な侵略作戦で、おそらく地球防衛軍の力量すら研究せずに地球へ突入しようとしたのは明確なので、戦略的には最低ランク。戦闘力も星人自身の格闘戦能力以外は、ほぼ地球人類の武器と大差がないので、評価はあまり高くない。

REAR VIEW

SIDE VIEW

FRONT VIEW

アイロス星人は、翼状の手を
持ち、地球の鳥に似ている。

VEHICLE

アイロス星人の宇宙船
灰皿状の青い円盤形態で頭部とも表現される上部中央部分が分離し、単独行動をすることができる。

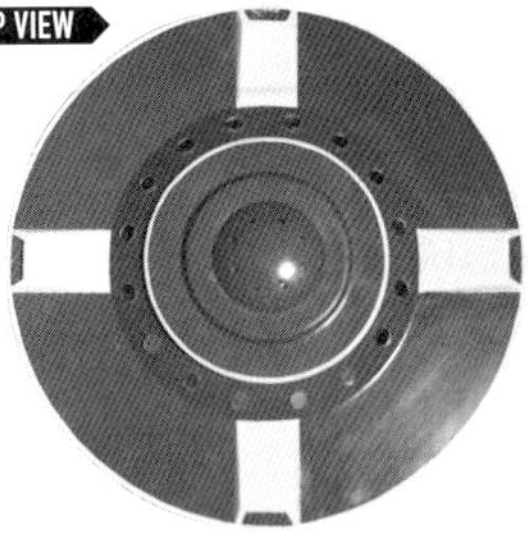

TOP VIEW

TOP VIEW

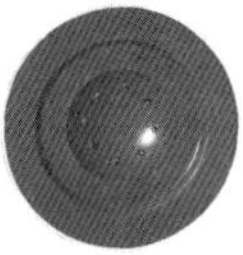

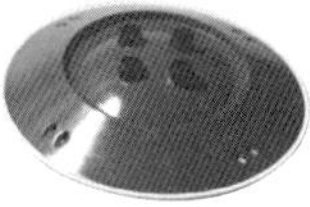

UNDER VIEW

SIDE VIEW

UNDER VIEW

TOP VIEW

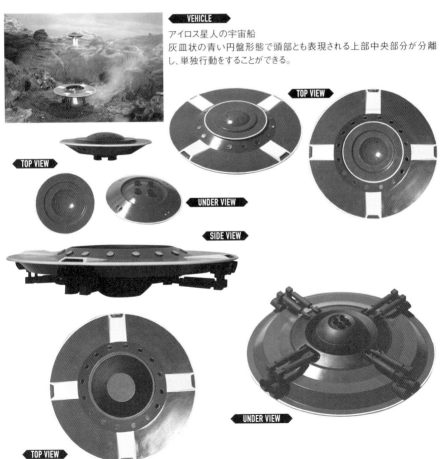

#作戦ナンバー13

話術&無敵超兵器侵略作戦

策略宇宙人ペダン星人の場合

第十四話 第十五話	「ウルトラ警備隊西へ」 (制作第十七、十八話)	放送日	1968年1月7日、1月14日
		STAFF	監督/満田穣　脚本/金城哲夫

STORY

神戸を訪れた外国人が次々に殺される事件が起きた。実はそれは、地球防衛軍が観測用に打ち上げたロケットを侵略と誤解し、報復を通告するペダン星人に対する防衛会議を行うために、秘密裏に六甲山の防衛センターに向かった各国の科学班のチーフたちであった。事態を重く受け止めた防衛軍はウルトラ警備隊に会議の警備を要請する。が、防衛センターにペダン星人の巨大ロボットが出現。ウルトラセブンは必殺技も通用しない相手に窮地に立たされる。

名称≫ペダン星人
別名≫策略星人
身長≫2メートル
体重≫50キログラム
出身地≫ペダン星

キングジョー内部で各指令を出していた人型宇宙人。その姿の詳細は不明だが、ピット星人に似た頭部と、顎についたヒゲが特徴的。

事件の発覚

神戸港で爆破されたタンカーをきっかけに、神戸では一般人に変装した各国の地球防衛科学班のチーフたちが、相次いで暗殺された。その原因は、3カ月前に地球防衛軍ワシントン基地が暗黒の星と思われたペダン星へ、観測ロケットを打ち込んだことにあるという。

そのロケットが送ってきたデータを分析すると、ペダン星には人類と同等か、それ以上の高等生命体がいることを判明する。そして10日前、ペダン星人は観測ロケットを地球人類の侵略行為と断定し、地球への報復の意を通告してきた。

緊急事態と受け取ったワシントン基地は急ぎ各国へ通達し、六甲山の防衛センターで防衛会議を開くことにした。殺された各国のチーフたちは、その会議に出席するために秘密裏に来日していたのだ。

が、すでに3人が犠牲者となり、防衛軍本部はペダン星に対して謝罪の電文を送り続けたが、返答はないままだった。そのことからこれから起こりうる危機を危惧し、地球防衛軍は是が非でも防衛会議を開催しなければならないことから、ウルトラ警備隊員のフルハシ、ソガ、モロボシを防衛会議警備のため、ペダン星に精通する女性科学者のドロシー・アンダーソンを同行させ、防衛センターへ派遣した。

作戦概要

ペダン星人は、自星への侵略を行った地球人類に対して報復を行う。地球人にペダン星が侵略される前に、地球を屈服させて脅威を排除するのが目的。

行動開始

ペダン星からの報復を前に対応策の検討を行う防衛会議を妨害するべく、海底を伝い南極からくる要人を宇宙ロボット・キングジョーを使って潜水艦アーサー号ごと殺害。現場に駆け付けたウルトラ警備隊を尻目に、キングジョーは姿を消す。

実は、ドロシー・アンダーソンはペダン星人の送り込んだ替え玉で、防衛運の動きの諜報活動を行っていたのだ。そのことを知っていた秘密諜報員のマービン・ウェップによって、ウルトラ警備隊は、その全容を知る。正体がバレたこともあり、諜報活動から直接的な攻撃に打って出るペダン星人は、防衛センターをキングジョーで急襲したが、ウルトラセブンの登場によって一時撤退を余儀なくされた。

ウルトラセブンの存在を知ったペダン星人は、神戸タワーで監視するモロボシ・ダンを誘い出し、地球がいずれ自分たちのものになるので手を組むように誘う。しかし、それに応じないモロボシ・ダンを言葉巧みに誘導し、防衛センターでの対抗兵器開発を中断させた。

交渉の交換条件として本物のドロシー・アンダーソンを危険な情報を秘めた彼女の記憶は消して解放する。そして、真意を見せるふりをして地球防衛軍を油断させ、その隙を狙って宇宙戦闘機群で一気に大規模な攻撃を行おうと作戦を発令する。

ペダン星人の特性

第八銀河系に存在するペダン星から送り込まれた、工作員の潜伏していた姿は、あくまでドロシー・アンダーソンに変装している姿のため、ペダン星人の本来の姿形は不明。

ただし、キングジョー内にいるペダン星人

は、人間型宇宙人（例えばピット星人の様な）姿で、頭部に二本の突起、耳状の部位らしきものがシルエットから見て取れる。特に超能力などの存在は確認させず、性格は非常に地球人類に似ており、個人によって異なるが、言葉とは裏腹に真意は見えない。

地球と文化も共通する部分が多く、報復措置をとっているのはあるにしても、M78星雲からきたモロボシ・ダンとお互いに理解し合う様相を見せるふりもするが、本心から行った和平交渉なのか、最初から企てられた策略なのかははっきりしないところもある（つまりそれほどペダン星人は言葉巧みなのだ）。それがダンの心を動かし、彼の優しさにつけこむほどだった。いずれにしても、地球を美しい星と認識するあたりから、非常に地球人と感性が近い宇宙人であるといえよう。

交戦

宇宙船団飛来を察知した地球防衛軍は、ペダン星人攻略のカギとなるドロシー・アンダーソンの記憶回復に必死になっていた。それと時を同じくして、ペダン星人は神戸港にキングジョーを送り込む。ウルトラホーク1号が迎撃に出動する中、モロボシ・ダンは、ウルトラセブンに変身してキングジョーに立ち向かう。が、セブンの力は通用しないまま戦闘は続けられるが、ようやくドロシー・アンダーソンの記憶が回復。キングジョーの特殊金属のボディ攻略手段を手に入れる。

顛末

ライトンR30による新爆弾を完成させたウルトラ警備隊らは、神戸港へ向かうと格闘中のキングジョーへ向け発射。その効力によりキングジョーは破壊され、ペダン星人は地球攻略を中止、内部の宇宙船で脱出せんとするも、ウルトラセブンのワイドショットにより粉砕された。ペダン星の攻撃部隊も撤退し、その計画は潰え去った。

〈キングジョーの考察〉

強固な特殊金属を使用した装甲を持つキングジョーは、格闘戦においてウルトラセブンの打撃も通用せず、さらには超能力の一切も退けるスーパーロボット。パワーは強く、セブンを片手で払いのけるほどの怪力を持ち、両眼から放つ怪光線は破壊力絶大。また、全

侵略過程地図　**神戸六甲山➡上空➡神戸港**

神戸の防衛センターの会議妨害のため、会場破壊に出現したキングジョーは、一旦空の彼方へ姿をくらますが、再び神戸港へ現れ会場施設を破壊した。

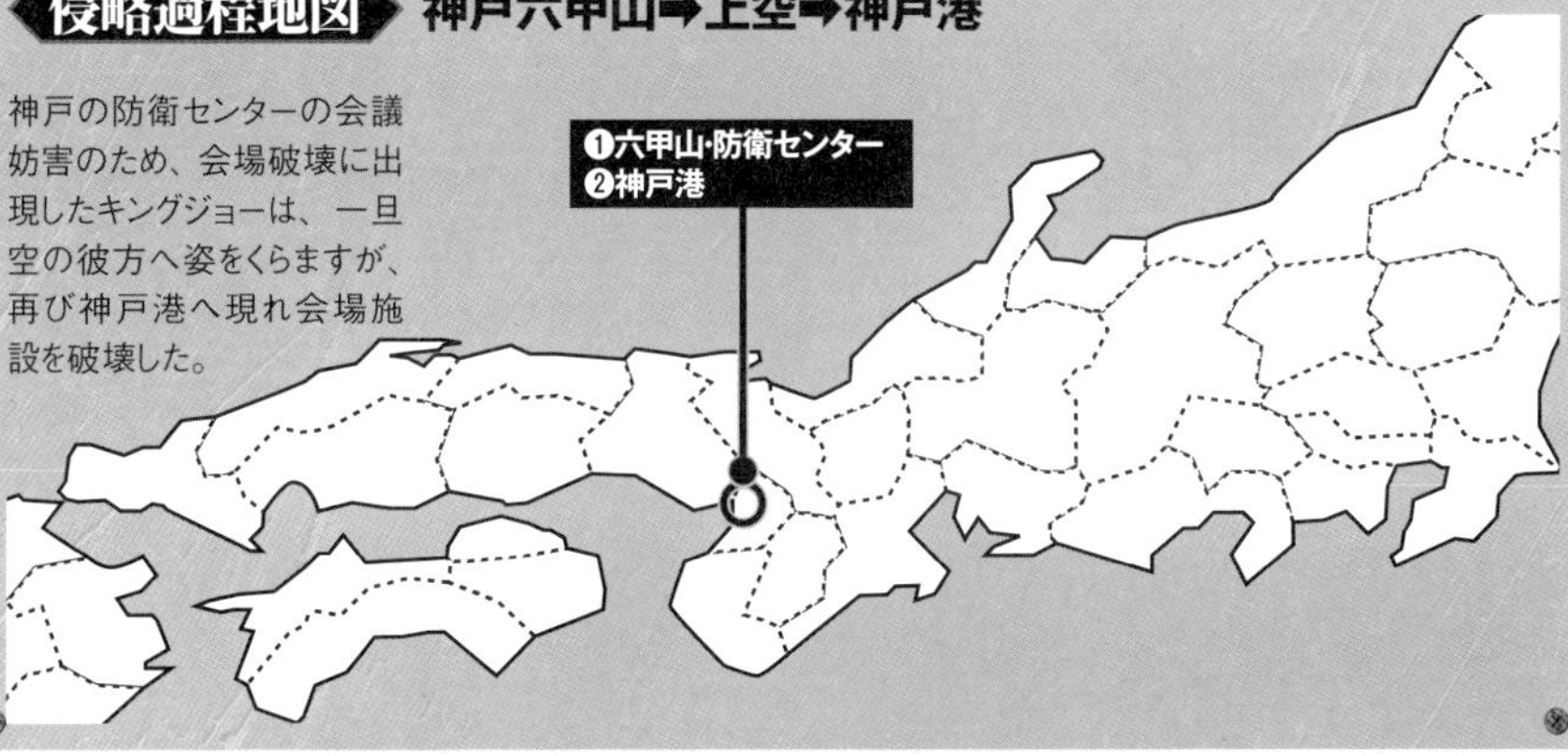

身を4機に分離、それぞれ攻撃用宇宙船として活用できる。
　その機体構造は、過去の図解資料によると、各機内部に原子力エンジンを有し、太陽電池による発電、頭部になる機体には、ペダン星人の乗る宇宙船が内蔵されており、ここから各機を電子頭脳による制御によって行っていると描かれている。さらに各機体には、熱線砲が装備されており、これによって地球防衛軍のアーサー号は撃沈されたと考えられる。
　弱点はライトンR30使用による弾丸で貫通でき、強靭な身体も一撃で破壊される。致命傷にはならないが、その重量級ボディのためか足元をすくわれると意外にもろくも倒れる。
　そのことをウルトラセブンに悟られたため、突然の敵対宇宙人の出現もあって対策を練るためか、第一次攻撃を途中で中止して撤退している。そして再度攻撃をかけてきた際には、その弱点をフォローするかのように陸上に上がることなく海上で戦闘を行い、足払いをさせないよう工夫した戦術で挑んでいる。

〈宇宙船の考察〉

　ペダン星人は宇宙戦闘機を配備しており、地球の先遣隊からの指令で発進。攻撃を敢行するため地球へ向かっている。その形は十字状の機体を何機かごとに連結させて、編隊行動をとっていた。その諸性能や武装は全くわからない。ただし、外宇宙を短時間で移動してくる航行能力があると推測される。

〈敗因〉

　キングジョーという強力な兵器を持ち、口先三寸でウルトラセブンをも手玉に取った宇宙人だけに、本来は負けることなどあり得ないはずなのだが、最大の敗因はやはりドロシー・アンダーソンの存在だろう。唯一の弱点を知りうる存在を、いくら相手を油断させるためとはいえ、簡単に戻してしまったことはいかがなものか？
　もっとも、記憶を消していたので間違いはないと思ったのだろうが、肝心なところで記憶が回復して事態は一変してしまっている。この記憶回復のメカニズムは今もって現代科学でも理解できないので、もしかしたらペダン星の優れた科学力以上の謎が人間脳に秘められているのかもしれない。いや、ドロシー・アンダーソン自体が実は執念深い性格で、一度覚えたら絶対忘れなかったのか？　いずれにしても人体の謎の恐ろしさゆえの敗北だったのかもしれない。

◆反省からのその後の作戦

　ペダン星人の直接関与はないものの、今回の一件で破壊されたはずのキングジョーが、その後民間工業によってキングジョーⅡとして改修されて再利用しようとする計画が後の時代に起きた。この際、地球防衛軍参謀の行き過ぎた思いが、複合的な要因となってキングジョーⅡを暴走させ、事件を起こしたが、ウルトラセブンの決死のアイスラッガー攻撃で撃破された。それにしてもこの件でも人間の思考が関与していたのは、因果を感じずにはいられない。

★敵の潜在能力を見誤らない！

名称≫キングジョー
別名≫宇宙ロボット
身長≫55メートル
体重≫4万8000トン
出身地≫ペダン星

宇宙ロボットらしく、その姿は人型ではあるものの、頭部などに顔の概念はなく、テトラポットを連想させるディテールが目を引く。分離時の形態が合体時と微妙に異なることから、特殊な合体分離方法がとられているようで、ペダン星人の持つ科学力の高さがうかがえる。

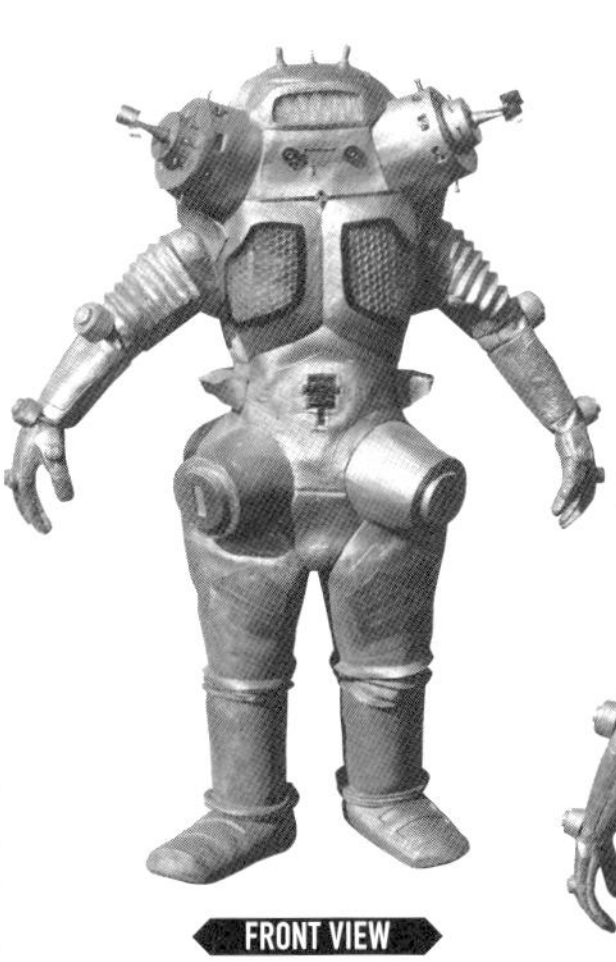

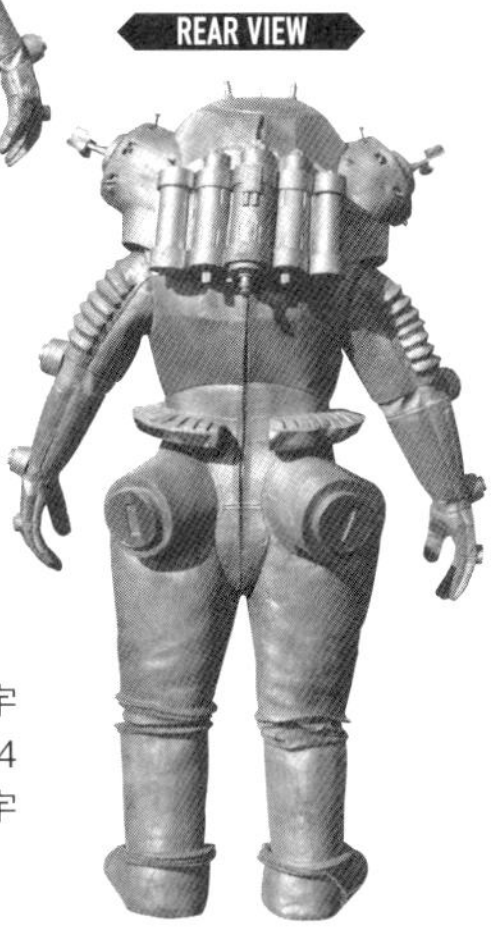

▲ペダン星人の作ったスーパー宇宙ロボット、キングジョー。全身を4機に分離でき、それぞれ攻撃用宇宙船として利用できる。

▲▶キングジョー分離形態

▼司令船内部の様子。

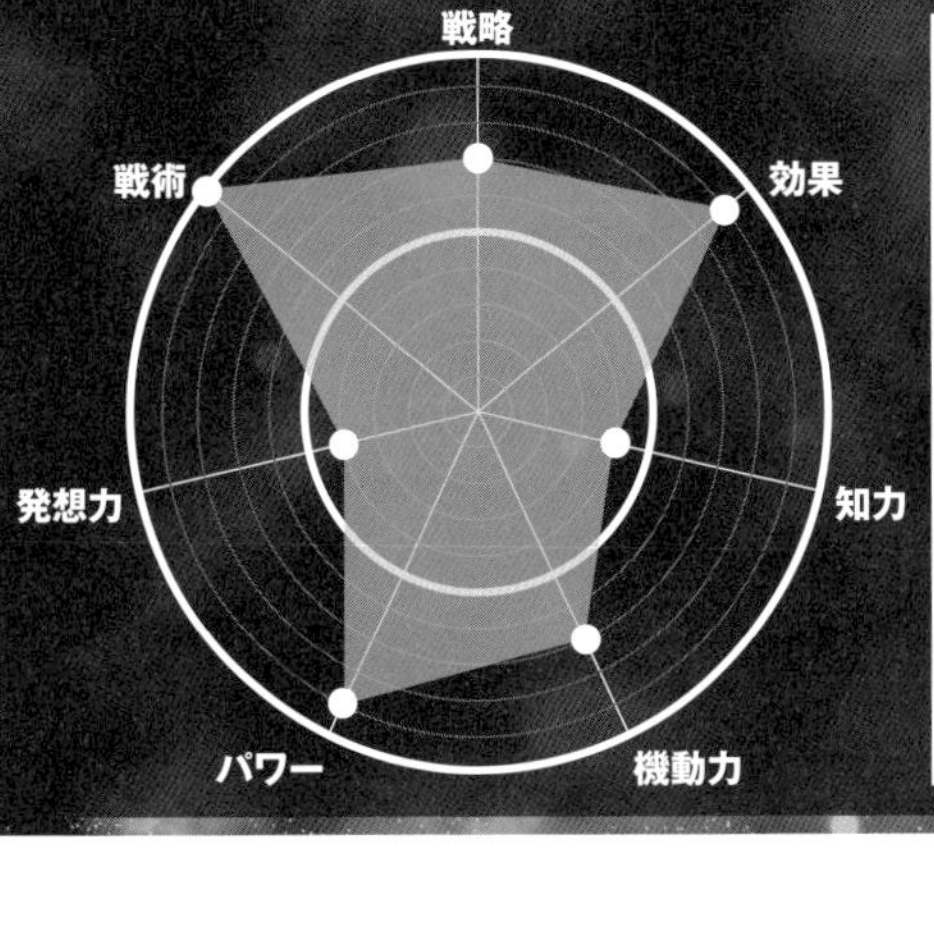

合計 各10点中 50/70点 《作戦評価》

自分たちの弱点を知る唯一の地球人を誘拐する点は戦略的に好評価。さらに地球の防衛機構を熟知しているのか、その武器が通用しない兵器の導入は最高点を出している。通常ならば、この2つの要素だけでも勝利につながるところだが、策略家のわりに最重要事項の地球人を帰しているところが凡ミスでは済まない結果となった。その点で知力は今一歩にとどまる。

#作戦ナンバー14

目には目を!侵略作戦

岩石宇宙人アンノン星人の場合

第十六話	「闇に光る目」(制作第十四話)	放送日	1968年1月21日
		STAFF	監督／鈴木俊継　脚本／藤川桂介

STORY

アンノン星調査のために打ち上げた無人宇宙船サクラ9号が、突如地球へ帰還。原因究明に乗り出したウルトラ警備隊の見守る中で地獄山に着地すると爆発してしまう。その後、山中で不思議な石を拾ったヒロシ少年はその夜、自室に響く謎の声に、拾った石と交換で、強くしてくれるという誘いに乗って石を山中へ持ち運ぶ。実は、その石は、サクラ9号を地球人の侵略と思い込んだアンノン星人の身体で、元の姿に戻るには地獄山の硫黄と熱が必要だったのだ。事件を追うウルトラ警備隊は、ヒロシ少年を追って地獄山へ向かった。

名称≫アンノン
別名≫岩石宇宙人
身長≫30メートル
体重≫15万トン
出身地≫アンノン星

石を不規則に積み重ねたような姿だが、これはあくまで活動用の身体にすぎない。その本体は目玉だけといわれる。

事件の発覚

宇宙局がアンノン星調査のために打ち上げ、その後行方不明になっていた無人宇宙船サクラ9号の発信音を地球防衛軍が傍受。すでに3カ月の間、アンノン星計画は中止されており誰も指令を出していないにもかかわらず、突如として地球への帰還コースをとりはじめたサクラ9号。不可解な現象の究明に、ウルトラ警備隊のウルトラホーク1号が落下地点へ向かう。地獄山へ姿勢制御しながらサクラ9号が降下するのを目撃するウルトラホーク1号のフルハシとソガ。報告を受けたウルトラ警備隊は、周辺地域にある宇宙局基地の万が一の事態に備え、他の警備隊は警戒のためにポインターで出動する。山中に無事着陸を果たすサクラ9号。しかし、現着したウルトラ警備隊3名の眼前で何者かの脱出の形跡もないままサクラ9号は自爆。同行したアマギ、アンヌ隊員らをよそに、周囲から謎の怪音を聞きつけるモロボシ・ダン。その直後、原因不明の頭痛に襲われるアマギとアンヌだった。

ポインターで帰投途中、少年たちが地獄山で拾ってきた石の取り合いの最中に、急な頭痛に見舞われ、苦しんでいるのを発見したモロボシは現場で不可解な目の様なものを発見。ウルトラガンでけん制攻撃を行うも効果なし。急ぎ被害を受けた少年たちを病院へ収容し、再び調査に乗り出した。

行動開始

アンノン星人は、謎の頭痛の被害を受けず、地獄山で不思議な石を持ち帰った少年ヒロシが自宅で一人でいるところ見計らい、ヒロシを一番強い子にするという交換条件を出して、自分の身体である石の返却を求める。さらに、引き続き調査を続行していたモロボシ隊員ら3名が、ヒロシに目をつけて自宅へ訪問するのを察知したため、一時的に接近を阻止。短時間ながら時間を稼いだ間に、ヒロシを自宅から逃亡させて石の回収を図る。追跡してきた捜索隊を横に見ながら、ヒロシは地獄山を目指す。アンノン星人は、元の身体に戻るためには硫黄と熱が必要で、谷底まで本体である石をヒロシに運ばせる必要があった。目的地を目指すヒロシの進路を妨害する捜索隊の大人たちを、アンノン星人は次々に超能力で倒していく。その状況にひるみ、石の搬送を

侵略過程地図　地獄山周辺➡宇宙

地獄山山頂付近に、サクラ9号で飛来。その時の事故で身体となる岩塊を紛失、近所の子供に持ち去られる。そのために移動はほとんどできず、地獄山を基点とした行動のみで、最後は本体のみが宇宙へ帰還。

放棄しようとするヒロシを説得しながら目的地へ向かわせた星人は、追跡してきたモロボシを鉄橋ごと落下させる。

作戦概要

サクラ9号爆破の際に、一緒に放出してしまった岩石状の身体を回収して、自星の平和を二度と荒らしに来ないように、地球人を破滅させる。

アンノン星人の特性

星人本体は憑依型宇宙人で、地球上では憑依したものに目玉として存在を現す。知性は、地球の調査用ロケットを侵略と受け止めるに至り、さらにはいじめられている子供の心を理解し、その欲望に便乗するある種の狡猾さも備えることから、生物としての形態は全く違うものの、その概念は地球人に限りなく近い。憑依対象としては岩石の様な無機物ばかりかと思えるが、樹木に憑依した点を考えると、その定義も正確とはいえない。他惑星活動用なのか、物質的な活動を行うために全長で1メートルもない石状の身体を携帯しており、肉体を必要とする時にその身体に憑依して活動する。さらに憑依した際に30メートルほどの大きさに巨大化している点から、この石自体が特殊な組成でできたものとも考えられる。

交戦

モロボシからの連絡を受けて、保護へ向かったアマギとアンヌに頭痛を与えて追跡を阻止。ヒロシに追いつき、妨害してきたモロボシに構うことなく、硫黄と熱が充満する谷底に無事石を投げ込ませることに成功したアンノン星人は、岩石怪獣と化して出現。先の連絡で基地より急行したウルトラホーク1号と交戦状態に入る。ミサイルの猛攻に後退しつつも目からの怪光線でウルトラホーク1号を撃墜。ウルトラ警備隊員らとの地上戦へもつれ込む。

顛末

交戦中にウルトラ警備隊のキリヤマ隊長からその目的を問われると、宇宙船打ち上げを攻撃と認識し、その報復に来たと告げる。地球人の言葉は信用に値しないため、キリヤマの説得に耳を貸さずに再び攻撃に転ずるが、そこへウルトラセブンが出現。格闘戦や超能力戦にもつれ込んだが、最後はウルトラセブンのウルトラ念力で動きを止められ、セブンの説得を受け入れて岩石の肉体を捨てて宇宙へ帰還した。

★凡ミス&戦略ミス!

〈敗因〉

今回、説得による平和的解決に及んでいるので、ある意味敗北という結果はない。しかし、当初地球へ来た目的を考えると、到着時に登場してきたサクラ9号爆破の際に、地上活動用の身体を一緒に吹き飛ばしてしまうという、かなりのミスを犯している。このミスさえなければ、もしかしたら地球壊滅に成功していかもしれない。とはいえ、目玉状での活動時でさえ、その超能力で人類に頭痛によるダメージも与えられているので、姿を見られないだけ有利な状況であることは確かなので、ヒロシ少年を都合よく行動させたように、無理をして地上活動用の身体を使わなくても、頭痛攻撃や欲深な地球人を利用して自滅へと導くような知略に徹してみてもよかったように思われる。

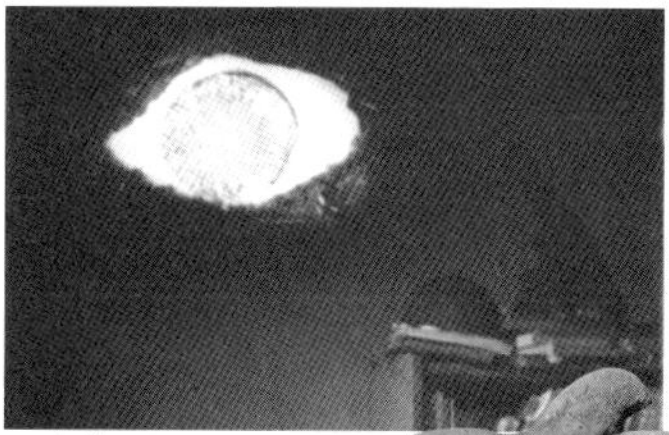

▲本体とされる目玉

アンノンは、緑に光る眼球部から怪光線、首の付け根上部より破壊弾の様なものを発して敵を攻撃する。また、体当たり攻撃を見せるが、その威力は水爆10発分もあるとする書物も存在する。

VEHICLE

宇宙局の打ち上げた無人宇宙船「サクラ9号」

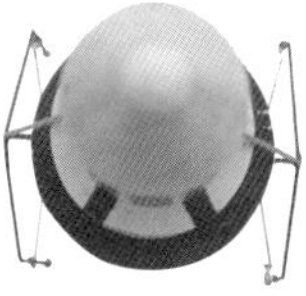

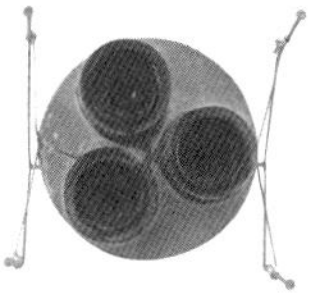

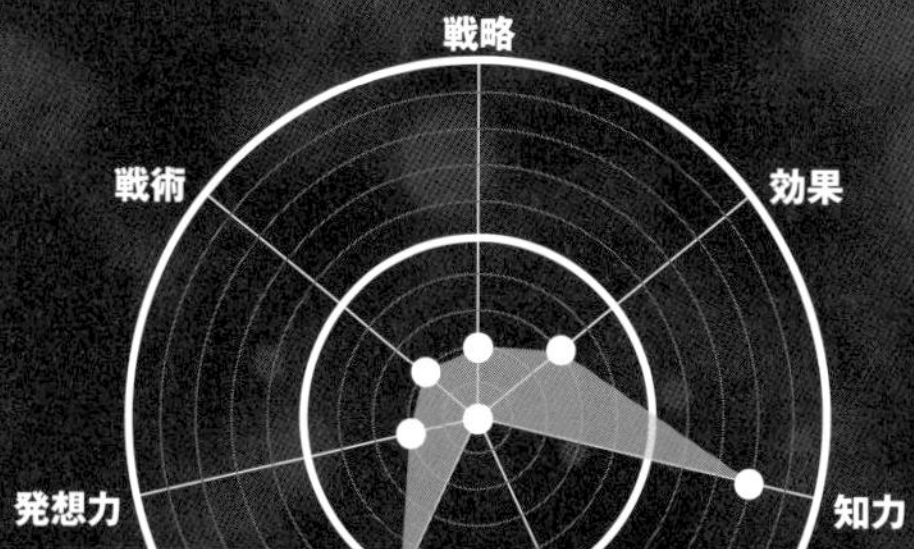

合計 各10点中22/70点 《作戦評価》

その目的は地球を破滅させることにあるようだが、それには少々力量不足の感が否めない。そもそも身体を紛失した時点で、戦略戦術的には0点といえるが、その後子供の心理を巧みに操って自体のリカバリーを図った点で微妙な数字を与えた。総合的には評価は低い。

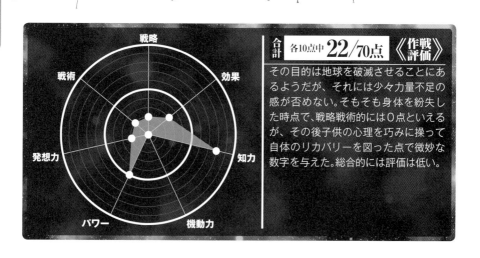

#作戦ナンバー15

謎の地底基地化作戦

製造者が正体不明の場合

第十七話	「地底GO!GO!GO!」(制作第十六話)	放送日	放送日1968年1月28日
		STAFF	監督／円谷一　脚本／上原正三

STORY

朝地炭鉱付近で謎の地震が発生し、一人の炭鉱夫が生き埋めになった。ウルトラ警備隊は、その不審な地震の原因究明と、炭鉱夫救出のために地底戦車マグマライザーを出動させた。しかし、地底に潜ったウルトラ警備隊は、そこで謎の地底都市に遭遇する。都市内で行方不明になったモロボシ・ダンの探索に加え、炭鉱夫救出のタイムリミットが迫る……。

名称≫ユートム
別名≫地底ロボット
身長≫2.8メートル
体重≫2トン
出身地≫地底都市

メカニカルな頭部が印象的。複数の個体が出現したが、それぞれパーソナルマークを胸につけているので、各個体の見分けがつく。

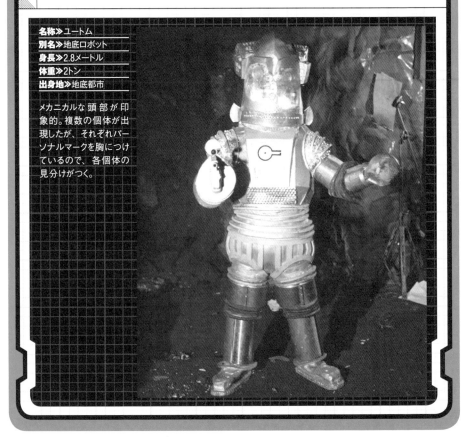

事件の発覚

朝地炭鉱で原因不明の落盤事故があり、飼い鼠を助けに行った青年・次郎が生き埋めになった。さらなる落盤の恐れから、次郎の救出は絶望的だったが、その救出と落盤の際に起きた謎のスパーク現象の原因調査をウルトラ警備隊に要請。現地に向かったキリヤマ隊長以下、隊員らは炭鉱労働者たちから要因のわからぬ発光現象をともなう事故が、すでに今年に入り3度も起こっていたことを知る。地震の計測もされていないことから落盤の謎は深まるが、さしあたって次郎の生存確認を優先するウルトラ警備隊は、空気を送り込むパイプをたたいて発する音に、彼の生存を確信する。救出のため、ウルトラ警備隊はウルトラホーク3号で空輸してきた地底戦車マグマライザーを使って、地底へ潜行を始める。1分の無駄もできない救出作戦は、一旦地底1000メートルまで潜り、平行移動しながら事故現場へ接近して救出作業を行うと共に、謎の地震源をも探りだすというものだった。順調に地底を掘り進むマグマライザーは、深度600メートルを過ぎたあたりで、花崗岩地点を爆破し通過。深度が1000メートルに達したところで、平行移動で北西に進路をとった。すると間もなく、火山帯の風穴に遭遇。

その頃、地上では次郎に空気を送り込んでいた空気口が塞がり、一刻を争う緊急事態となっていた。その知らせを受けたマグマライザーの隊員らは、その残り時間が30分程度しか時間がないこと知り、事故現場へ風穴を突進する。が、その先に特殊な岩石が前方を塞ぐ。それはレーザーなどではびくともしない強固なものであった。すると突然、車体の後部に隔壁が下がり、完全に閉じ込められてしまう。電波遮断装置があると見られ、地上との連絡がつかなくなった隊員らだったが、その非常事態にモロボシ隊員が車載してあったMS爆弾を使い、前方の岩石を爆破した。そして爆破跡にモロボシの姿を探すソガ、アマギ、アンヌの3人は、そこに謎の都市らしきものがあるのを発見する。

行動開始

謎の地震源と思われる地底都市に、連れ去られたと考えられるモロボシを探しに、都市

侵略過程地図　朝地炭鉱➡地底➡謎の地底都市

突然の地震に見舞われた炭鉱を、調査した際に偶然発見した地底都市。そこには謎の警備ロボット・ユートムが常駐していた。その場所になぜそのような施設が建設されていたのかなど一切不明だった。

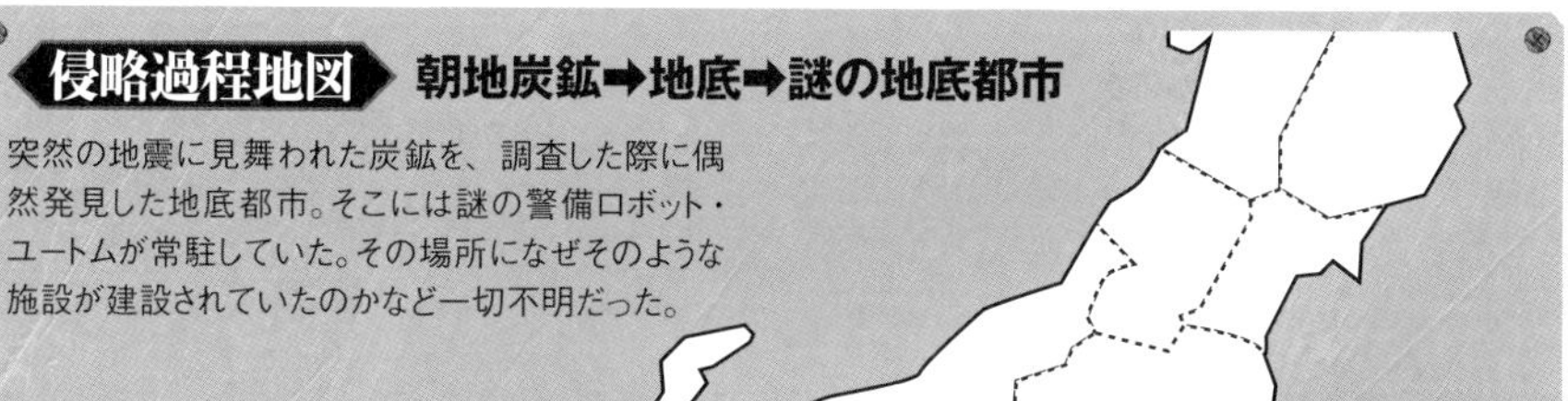

内部へ潜入するウルトラ警備隊。するとそこに人間大のロボット・ユートムが出現。侵入してきた隊員らを迎撃してきた。隊員らも携行するウルトラガンで反撃し、ロボットを打破するも、都市内部のあちこちにユートムは配備されており、行く先々で遭遇するのだった。ソガは都市爆破のために、マグマライザーにMS爆弾を取りに戻り、残った二人はモロボシの姿を求めてさらに探索に向かう。

交戦

一方、モロボシ・ダンは拉致されている円形台の上で、熱線によって焼き殺されそうになっていた。間一髪でどうにかウルトラアイを手に取り着眼、ウルトラセブンに変身すると近くの光線銃を撃ってきたユートムをワイドショットで倒し、事故現場へ急行。次郎をマグマライザーへ移送した。

顛末

地底都市では、ウルトラ警備隊がユートムの攻撃をかいくぐりながらMS爆弾を各所に設置。そこへ現れたモロボシと合流してマグマライザーで退避、地上へ脱出した。タイムリミットが来た時、謎の地底都市は大爆発を起こして崩壊していった。

作戦概要

その目的は全く不明。

〈地底都市の考察〉

すべてが謎めいた地底都市は、一体何の目的で誰がどのようにして建造したのか一切不明。そこで本件から垣間見られる各ディテールから、様々な可能性を推測してみると……。

謎の文明都市説……過去に地球先住民などが残した未来型都市の可能性。その場合、都市内部でウルトラ警備隊がMS爆弾を設置する際にわずかに見えた設備に、前述の〝ダダと呼ばれる怪生物のカプセル〟が、ここでも発見できることから、外宇宙の何者かとの関連性が考えられる。

侵略基地説……侵略宇宙人の前線基地として秘密裏に作られたもので、宇宙人が居住する前にたまたまウルトラ警備隊に発見されて爆破された可能性。地球人の盲点であり、攻撃方法もごくわずかな地底に建設することで、侵略計画をスムーズに進行できる利点に目をつけた知的星人の作ったものではないか？そのため、近接するものを捕らえるための隔壁（あるいは外部からの攻撃に対応するためも想定できる）があることや、内部に侵入した地球人に対して、ユートムは躊躇せずに銃撃を行っている点からも、敵意があり地球人あるいは、地球にいた者が作ったものとは考えにくい点もある。

地球人類建造説……常に戦争の絶えない人類が、他国の侵略に備えて作った地底基地で、その隠密性から近隣するものを排除するためにユートムを配備。しかし、この時の人類の科学力でユートムや、マグマライザーのレーザーを防ぐ物質を作るのは難しいと思われるので、これが最も可能性が低いといえるだろう。

暴走した科学説……どこかの科学者によって、実験的に作られたユートムに都市建設機能を持たせ、実験的に地球の地底に配置。自力で地底都市を作り出したユートムは、その保護のために近づくものを攻撃していた。炭鉱も、坑道が都市に接近しすぎたために、その排除のために人工的に局地的な地震を起こして潰そうとしたとするもの。

といった具合に、様々な憶測はできるが、過去に出版された貴重な資料があった。それはこの地底都市を図解したもので、これは「地底ロボットのにせ火山基地」と記されており、実は地底都市は火山の下に作られていて、火山の煙は人工的に放出させ、火口から溶岩を流して近づくものを追い払うカモフラージュ火山という。火口が宇宙船の出入り口になっており、降下した先には格納庫や修理室がある。さらに各ブロックは、司令室や病院などになっていて、長期の作戦計画に耐えられる設備があるようだ。その動力源は最下層に設備された原子力発電所であり、地底都市全体は超物質によって保護されているらしい（マグマライザーが接触したのはこの部分か？）。その上、超音波を発して人工的な地震を起こして近くの炭鉱を落盤させたと描かれている。

この図解の面白いのは、今回の一件の炭鉱事故原因を説得力あるものとしているのはもとより、そののち報告される幽霊怪人と呼ばれる侵略宇宙人が起こした史上最大の侵略計画の際に使用した秘密基地に非常によく似た構造を持っている点だ。このことから、この地底都市は、その幽霊怪人の地球事前調査や基地建設の試作だったと思うのは大袈裟だろうか……？

〈ユートムの考察〉

都市各部に配備されたロボットで、頭には内部機器が見える透明窓がある。身体の金属部分は、ウルトラ警備隊のウルトラガンの攻撃も受け付けない。胸にはそれぞれの個体を示すマーキングがされており、個別の意識で動いているとも見える行動をする。武器は右腕に装備されたマグマ＝ガンとも呼ばれる溶解銃と左腕にあるハンマーは、文献によっては200万馬力で岩石をも砕くとも、200万ボルトの大電流を放出するともされている。また、首の両付け根にも熱線銃が装備されているとも記されていた。

弱点は頭部の透明部分で、ここは唯一光線攻撃を通過させてしまう部分でもあり、文献ではここに電子頭脳があると書かれている。その電子頭脳は、地球の都市を地底から攻め滅ぼうとするようにプログラムされており、地球都市破壊だけを行うとしている様にも書かれていることから、前記の地底都市建造目的の一説に関連している。

〈敗因〉

目的そのものが不明瞭なため、勝敗のあり方を定義することは難しい。しかし、この地底都市が破壊されたことを敗北とするのであれば、その敗因は至って簡単で地球人類にその存在を発見されたことにある。それも鉱山に地震を起こさせなければ、全くその存在は知られずに済んだであろう。その地震発生の原因が、炭鉱の採掘による坑道接近の対応策として自動的に行ったものとも取れることから、すべてを自動化したために発生した敗因とも受け取れる。何にしても融通の利かないオートメーション化に、臨機応変な対応を求めるのは難しいことなのかもしれない。

★敗因は、融通の利かないオートメーション化！

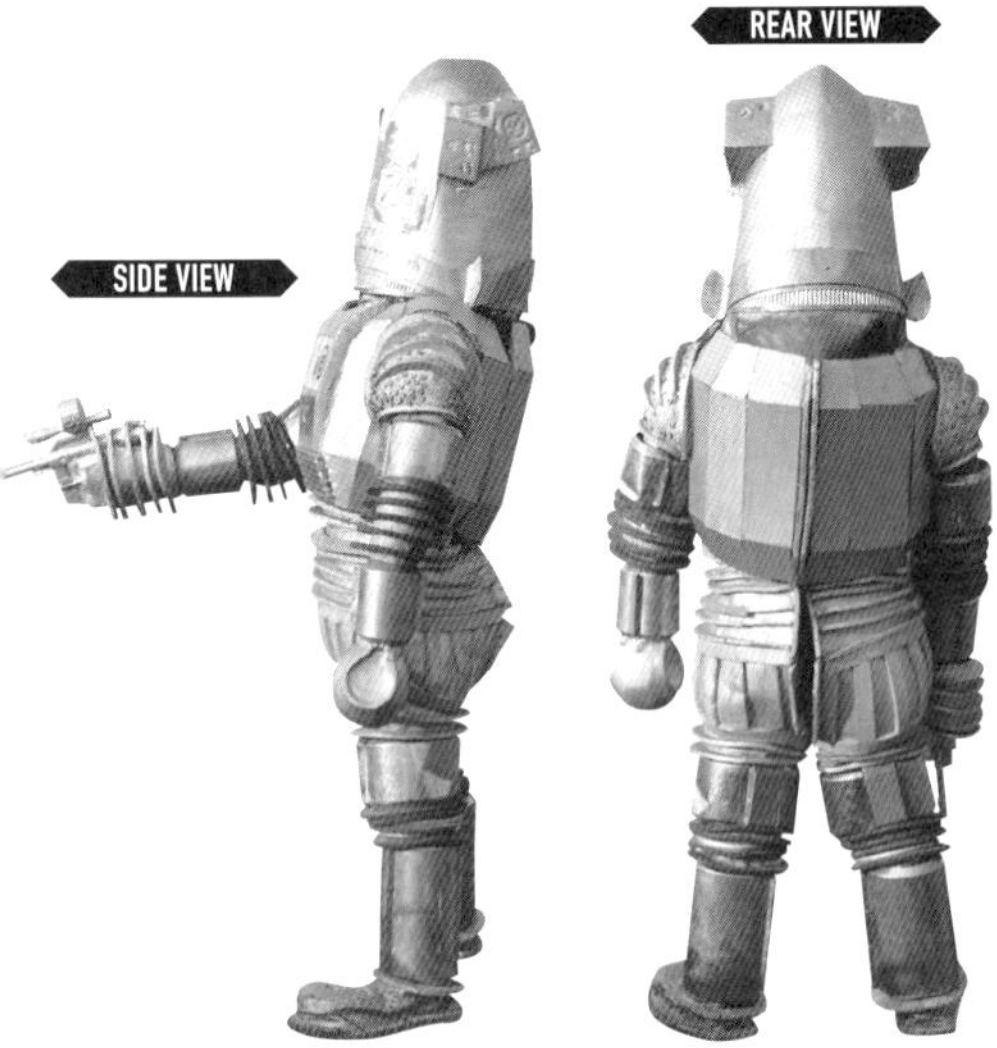

▲地底都市各部に配備されていたロボット・ユートムは右腕にマグマ＝ガン、左腕にハンマーを装着している。

▲地底都市の様子。

▲各個体に記されているパーソナルマーク。

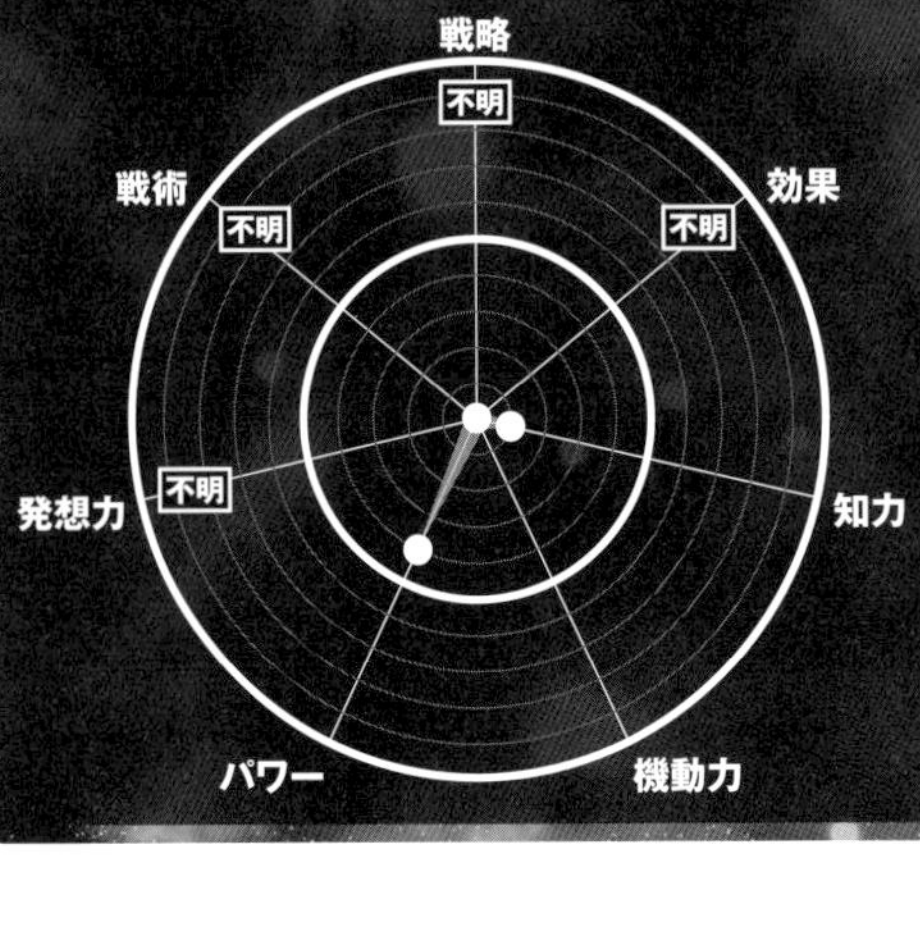

合計　各10点中 5/70点　《作戦評価》

その目的を含めて一切が謎に包まれているため、評価の対象外といえる。ただし、都市のガードシステムがかなり発達している点でパワーレベルは高い。ユートム自体も動きは緩慢なものの、モロボシ・ダンを拉致した点で知能は少なからずあると判断。

#作戦ナンバー16

疑似空間に作り出された人間捕獲作戦

音波怪人ベル星人の場合

第十八話	「空間X脱出」(制作第十五話)	放送日	1968年2月4日
		STAFF	監督／円谷一　脚本／金城哲夫

STORY

ウルトラ警備隊のスカイダイビング訓練中に、ソガとアマギが消息不明となってしまった。地球防衛軍の必至の探索にもかかわらず、両隊員の行方は杳としてわからないままだった。そのころ二人は、謎の疑似空間に囚われ、命からがらの逃避行に出ていたが、どこにも出口のない森には、脳波を狂わせるベルの音がなり響き始める……。

名称≫ベル星人
別名≫音波怪人
身長≫60メートル
体重≫1万8000トン
出身地≫ベル星

蜘蛛を基調に発達したような容姿を持つ。手足など人間型の典型的なスタイルだが、その体表はひび割れているかのようになっている。

事件の発覚

ウルトラ警備隊の月に一度の特別訓練のスカイダイビング中に、練習機から降下したソガとアマギの両隊員が行方不明になった。二人を心配した防衛軍は、空中から地上を探索するが成果はなかった。二人が消えてから約2時間後、両隊員のビデオシーバーの電波をキャッチ。アマギらとの通信が回復したが、その報告からは場所が特定できず、ただ〝霧のかかった森〟という言葉をヒントに必死の捜索が開始された。しかし、その森は依然として発見できずにいた。そこへ再びアマギからの通信で、地球上ではない特殊な空間にいるという報告に、2年前にワシントン基地に勤務していた際に一度、大気圏内に不可思議な疑似空間を作り出し、獲物を狙うベル星人が現れたことをマナベ参謀が告げると、スピーカーから聞こえてくるベル星人が発する怪音が、人間の脳を狂わせる恐ろしいものだとも語った。

作戦概要

地球の上空に疑似空間を作り出し、人間を捕獲して空間内に生息する生物の餌食にする。

行動開始

事態は急を要することがわかり、ウルトラホーク1号で空中を捜索に向かったキリヤマ隊長は、二人のビデオシーバーのビーコンを逆探知。怪しい雲を発見し、その雲の中からビーコンが出ていることを知ると雲内に突入した。内部に存在した疑似空間にウルトラホーク1号を着陸させると、グモンガの餌食になろうとしていたソガとアマギを救出していった。獲物を奪われたベル星人は、ついに正体を現して一人現場に残ったモロボシ・ダンに怪音波で迫る。モロボシ・ダンはその音に苦しみながらもウルトラセブンに変身。

ベル星人の特性

疑似空間の中で、亡霊の様にどこからともなく現れ、鈴の様な怪音を発する。まるで蜘蛛の巣にかかった獲物が弱るのを待つかのように、獲物をそっと監視し続けていた。とある資料には、星人が放つ脳波を狂わせる怪音波は、全身から発せられているとも書かれ、グモンガも意思のままに操っているともいう。

さらに、ベル星人は疑似空間に陸地を作り出す能力で、様々な形状の宇宙船を作り出して飛来するとも書かれているがその真意はわからない。同じ文献には、母星であるベル星は湿地帯が多く、沼地ばかりのため、知恵を集めて疑似空間にあったようなニセの陸地を作り出すことに成功。その大地に居住するようになったとも記されていた。星人は、その白星の環境から分類的には両生類的な性格を持っており、常に薄暗いところに生息するため、目が異常に発達しているという。故に、一部文献では、星人の弱点としてこの目が意外にもろいとの記述も見られる。

交戦

ベル星人は、テレポートしながら出現したウルトラセブンを前に、さらなる怪音波攻撃を仕掛ける。苦しみもだえるセブンを足蹴にし続けるが、一瞬の隙に足をとられて形勢が逆転して格闘戦に持ち込まれる。自らの不利を悟ったベル星人は上空へ飛翔して逃走。しかし、飛行能力に長けるウルトラセブンに徐々に追いつかれ、空中で回転スイングを食らってしまう。

顛末

空中戦の最後にセブンによるリング光線攻撃を受けたベル星人は、そのまま落下し疑似空間の底なし沼に落ちる。沼内でセブンと乱戦になり、格闘の末に沼の底に放り込まれて絶命してしまった。さらにその命の消滅に呼応するかのように、疑似空間はその存在を消していった。

〈宇宙蜘蛛グモンガの考察〉

疑似空間の地表に生息する巨大な蜘蛛状の生物グモンガ。六脚で移動し、鼻先から毒煙を噴出する。隊員たちを襲ったことから肉食生物との予測がたち、その背面の形状がベル星人の背中の甲羅状部位に非常に似ていることから、幼体と成体などといった憶測もたてられる。

〈疑似空間の考察〉

上空の雲の中にベル星人が作り出した陸地は、装置によるものなのか星人の持つ超能力で作り出されるのか、その製法は不明。

二年前に出現した時には、旅客機がこの空間に引っかかり、防衛隊員200名を動員しての捜索でも、この疑似空間は発見できなかった。霧が漂い、妙に声の響く異常な森のような環境には、昆虫の様な生物が血を求めて人間を襲ってくる。中には極彩色の底なし沼がある。また、星人自らが人間を襲うようなことはせず、あくまで空間上の生物に襲わせていることから、鳥の巣における親鳥と小鳥の様な因果関係が空間内の生態系にあるものとも思われる。

罠に囚われた二人が、上空を見上げた際に地球が見えたことから、かなりの上空に空間は存在したようだ（上空3000メートルともいわれている）。

〈敗因〉

地球人から見れば、純粋に捕食のための行為にも思えるこの行為が悪とされたようだが、ベル星人の真の意図は一切不明。おそらく2年前に航空機を捕まえた際に人類に発見されなかったことを考えると、これまでに発覚した案件以外にも消息を絶った事件にも関与していた可能性は高い。そのために油断したのか、あるいは生物の本能的な反応で疑似空間を仕掛け続けたのかわからないところだが、本件に限ってはウルトラ警備隊が所持するビデオシーバーのビーコンが、疑似空間発見の最終的な決め手となり、結果的に敗北とつながった。つまりは「神なき知恵は知恵ある悪魔を作ることになる……」という疑似空間の消滅を見届けながらキリヤマ隊長が、ベル星人をたとえた言葉からするように、疑似空間を作り出した悪魔の知恵は、神から授かった英知の前に敗れ去ったといえよう。

★神なき知恵は知恵ある悪魔を作ることになる……

侵略過程地図

上空➡疑似空間

ベル星人は、上空に謎の疑似空間を作り出して獲物がかかるのを待っているだけなので、基本的にそこから離れることはない。その空間に気づいた防衛軍は、そこにいるはずのウルトラ警備隊員の救出に出動。疑似空間内で戦闘、救出が行われた。

SIDE VIEW

FRONT VIEW

REAR VIEW

名称≫グモンガ
別名≫宇宙クモ
身長≫3メートル
体重≫20キログラム
出身地≫疑似空間

透明な甲羅を持ち、中が見えるような身体が特徴的。
鼻先の穴から毒煙を噴出する。

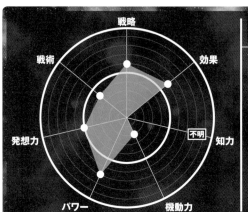

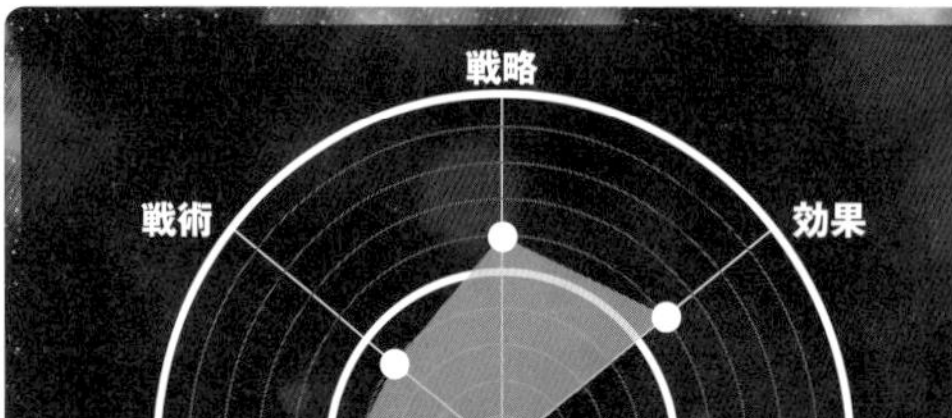

合計 各10点中 30/70点 《作戦評価》

侵略というより、単なる捕食活動の印象を受ける。そのため、疑似空間が科学的に作られたものなのかは不明だが、その効果は高め。一切のコミュニケーションをとらないことから、知性がどの程度あるのか未知数である。

#作戦ナンバー 17

防衛網転脱のための技術者拉致作戦

宇宙帝王バド星人の場合

第十九話	「プロジェクト・ブルー」（制作第十九話）	放送日	1968年2月11日
		STAFF	監督／野長瀬三摩地　脚本／南川龍

STORY

ある夜、謎の飛行物体が落下して山火事を起こした。それは地球防衛軍のプロジェクト・ブルーと呼ばれる計画により、試験的に運用されていたバリアに引っかかったバド星人の宇宙船であった。その頃、休暇のために地球へ帰還していた宮部博士が、邸宅の地下に潜んでいたバド星人に拉致監禁されてしまう。プロジェクト・ブルーの秘密を探ろうとするバド星人は、宮部夫人のグレイスに狙いを定める。その魔の手が伸びる中、警護のために訪れたウルトラ警備隊のモロボシ・ダンとアンヌの前に星人が出現する。

名称≫バド星人
別名≫宇宙帝王
身長≫2メートル～40メートル
体重≫80キログラム～5000トン
出身地≫バド星

まるで海外のSFに出てきそうな見た目を持つ宇宙人。身体はウロコに覆われているが、皮膚なのか服なのかは不明。

事件の発覚

月基地に行っているアマギから、月と地球を磁力線の網で包み込む防御バリア計画の資材に、爆薬を仕掛けている宇宙人らしきものを発見したという連絡が入ったことから、防衛計画阻止の陰謀が発覚。パトロール中のモロボシ隊員は、地上で大量の放射能を検知し基地へ報告。さらに計画の要となる宮部博士の連絡がつかないことから、ウルトラ警備隊は、その安否を確認し警護のためモロボシ、アンヌ両隊員を宮部邸へ向かわせた。

行動開始

邸内でグレイスをさらおうとバド星人Ⓐが直接姿を彼女の前に現したところ悲鳴をあげられ、警護のために来訪したウルトラ警備隊のモロボシ、アンヌらに突入されると、バド星人Ⓐはウルトラガンの射撃で絶命、炎上。グレイスの身柄はそのまま確保されてしまい、邸内の探索を開始したモロボシに対し、姿を消していたバド星人Ⓑは光線銃による奇襲攻撃を行うがあえなくかわされ、逆にウルトラガンの餌食となってしまった。

作戦概要

自分たち以外にこの宇宙に知的生命体が存在することが許せないため、地球人類を壊滅させる。だがその前に、宮部が計画しているプロジェクト・ブルーの計画書を入手してバリアの完成状態をつかみ、バド星の宇宙船の潜入を有利にする。

バド星人の特性

宮部博士の帰宅途中にローブ姿で一旦近づいたり、就寝中の宮部に近づき怯えさせる（直接さらおうと試みたとも考えられるが…）など、精神的に相手を追い込もうとする性質があるようだ。

さらに翌朝、宮部の妻・グレイスの留守を狙って、邸宅の地下に作った基地へ宮部を誘い込み拉致した後、計画の秘密を聞き出すために帰宅したグレイスを脅かすが、その際には切れているはずの電話から妻に電話をかけ驚かしたり、家の電気を消し階段に足音を流すだけではなく、無人のドアを勝手に開くなどと、ホラー映画まがいの演出で相手を恐怖させている。

また、そうした怪異現象を起こす科学力は持っているにもかかわらず、外部との連絡が取れないようにするために電話線を物理的に切断するという単純だが、効率的な工作も行う。しかし、大概のものは口を割るという自白電波を使って（特殊な訓練を受けているとも思えない）宮部から秘密を聞こうとするが効果がないなど、なかなか計略がうまくいかなかった点は惜しまれる。古い文献では、バド星人は口から強力な怪光線を出したり、分身の術が使えるなどと記載されているが、詳細はわからない。弱点を頭部のへこみとする文献もある。

交戦

バド星人Ⓑが出入り口に利用したと思われる鏡から、モロボシ・ダンが変身したウルトラセブンの基地内への潜入を許してしまったことから、バド星人Ⓒは宮部を人質に地球の脱出を図る。その際に、同室に備えてあった地球爆破のための爆弾を起動させ、時限装置を2時間後にセットすると宇宙船を発進させた。しかし、宇宙船の飛び立つところを目撃したウルトラセブンに追走され、宇宙船出入り口より侵入してきたところでウルトラセブンをドアで挟み、その手に光線銃攻撃を加える。が、形勢不利と見たウルトラセブンに巨大化されて、宇宙船はそのまま山中へ運び込まれてしまう。反撃のため、バド星人も巨大化して応戦し格闘戦に入る。星人は、近くの岩を拾っての連続投石攻撃でウルトラセブンを苦しめるも、プロレス的な跳躍からの落下攻撃に失敗し足を痛めてしまう。それから一進一退の乱打戦に突入するも、パワーで勝るウルトラセブンに対して、宇宙メリケンなるナックルダスター系の武器で、不意打ちを行うが、逆にセブンを逆上させることに……。

顛末

乱闘の中、バド星人はウルトラセブンに頭部を岩山に何度もたたきつけられ、続けてドロップ系の投げ技で地面にたたきつけられ、口から赤い血を吐いて絶命してしまった。そして、バド星人の宇宙船から宮部を助け出す際に、宮部邸の地下に地球爆破用の爆弾が設置されていることを聞いたウルトラセブンによって、再び鏡から地下基地へ侵入、爆弾を除去され宇宙の彼方へ運び去られた。

〈敗因〉

今回の地球来襲の目的として、だいぶ前、地球がまだ火の玉だった頃に太陽系に来たことがあり、冥王星にだけ生息していた知的生命体の存在を良しとしない星人は、それらを根絶やしにしたという。今度も同様の理由で地球に来たというが、裏を返せば他の生命体が自分より賢いと、宇宙の帝王を名乗るのが難しくなることを恐れての行動とも推測できる。その最大の敗因を考えると、地球壊滅を狙って潜伏していたにもかかわらず、すでに地球へ持ち込んでいた地球そのものを破壊できる爆弾まで用意していながら、あくまで侵略を前提にしていたのか、その敗因は地球の防衛網突破にこだわった点であろう。また、自らを宇宙の帝王と名乗るほどのプライドが感じられるが、理知的な戦術が見られない点から、直情的な戦いの方が向いている可能性が高く、戦略的な戦いに向いていないのかもしれない点だろうか。

★分相応の言動と行動を心がけるべき！

侵略過程地図 **宮部邸➡山岳地帯**

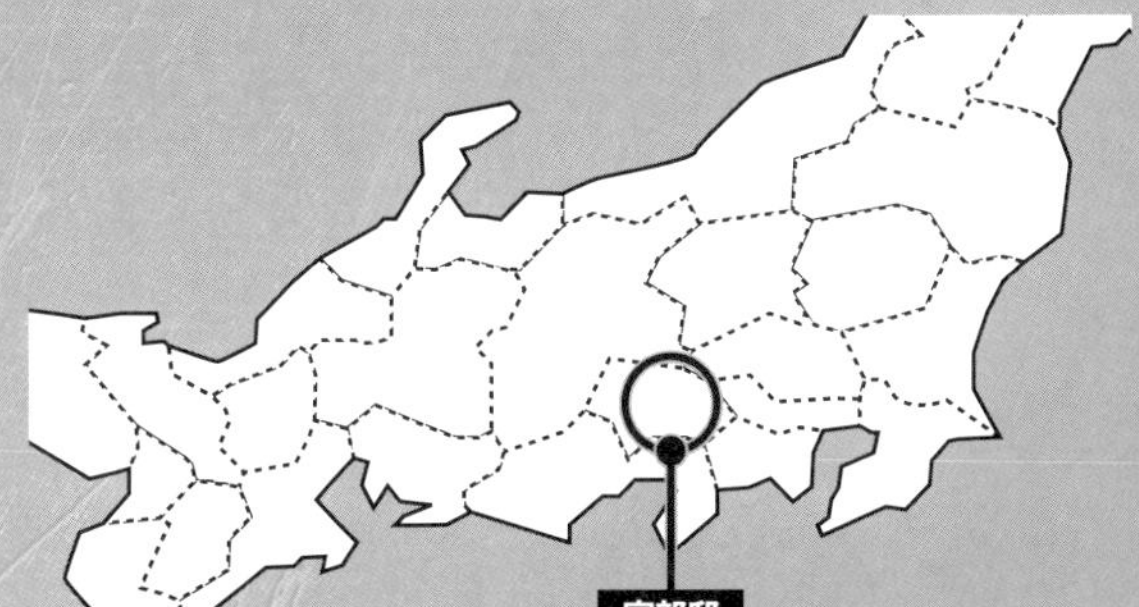

宮部邸の地下に、秘密基地を作り宮部から計画の重要機密を聞き出そうとしたが失敗。ウルトラセブンに追われたバド星人は、基地を脱出。宇宙船で山岳地帯へ突入し、星人は巨大化してウルトラセブンと交戦になる。

SIDE VIEW

バド星人は、頭部中央部分がへこみ、鼻らしき部分が陥没した特徴を持つ。

FRONT VIEW

VEHICLE

バド星人の宇宙船

古い自動車のエアフィルターを思わせる円盤型宇宙船で、宮部邸の地下に密かに隠していた。宇宙船自体の大きさは不明だが、下部にある出入り口の大きさや、巨大化したウルトラセブンが手にすることからすると、それほど大きいものではない。

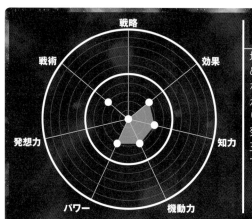

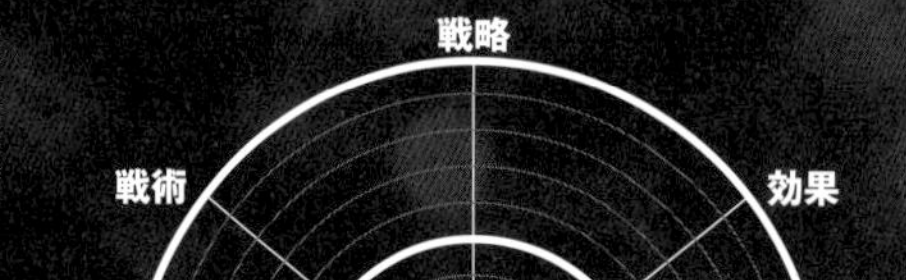

合計 各10点中 15/70点 《作戦評価》

地球を覆うバリアの秘密を聞き出すために、地球へ侵入している時点で本来ならばその目的は達成されている。しかし、あくまでその侵入方法へこだわり続けているので評価は最低ランク。発想力こそ微妙だが、自らを宇宙の帝王と名乗り切るプライドの高さは満点であった。

#作戦ナンバー 18

地球の内核物質強奪作戦

暗黒星人シャプレー星人の場合

第二十話 「地震源Xを倒せ」（制作第二十話）

放送日 1968年2月18日

STAFF 監督／野長瀬三摩地　脚本／若槻文三

STORY

国際核研究センターの岩村博士のもとを訪れていたモロボシとソガは、その剣幕に尻込みしつつ、謎の微弱地震の原因究明のため調査協力を求めていた。一方、ラリーに参加していた二人の女学生は道に迷う中、不思議な閃光と謎のうなり声を聴き、足元の不思議な鉱石を拾った。その直後大きな地震が発生し、その震源地が青沢山岳地帯であると知ったウルトラ警備隊が調査のために出動する。そこでモロボシ・ダンら警備隊員は、女学生らを見つけ近くの家屋に足を運ぶ。するとそこでは岩村と助手の榊が調査の準備を進めていた。岩村は女学生らが手にしていた鉱物が、地球の核にあるウルトニウムと知って驚愕する。

名称≫シャプレー星人

別名≫暗黒星人

身長≫1.7メートル

体重≫60キログラム

出身地≫シャプレー星

一見、ヘルメットを思わせる頭部と、その表面が無数の幾何学的な穴のディテールが特徴的。金色の服と透明素材のジャケットも印象に残る。

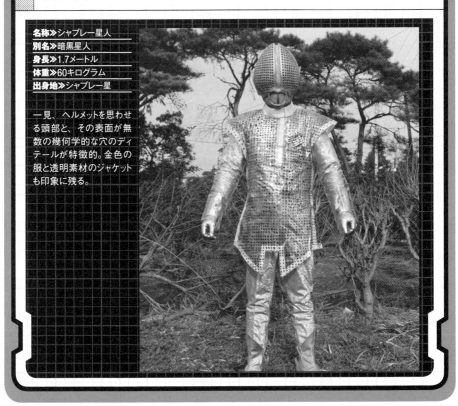

事件の発覚

人体に感じない局発性微弱地震が続いていた。地球防衛軍は、その奇妙な現象の原因究明のため、国際核研究センターの岩村博士のもとに向かう。その中、マグニチュード6・5という突如大きな局地性地震が発生し、その震源が青沢山岳地帯と知ると、ウルトラ警備隊より先に現地に向かった岩村の警護を兼ねて調査に出発する。現地に入ったモロボシ、フルハシ、アンヌ隊員らは、そこでラリーの最中に道に迷っていた女学生二人を発見。地震の前後に、謎の閃光と声らしきものを聴いたという。近くの小屋で調査の準備をしていた岩村と助手の榊は、偶然にも訪問してきたウルトラ警備隊員らと合流。女子学生が手にしていた鉱物が、地球の核を形成するウルトニウムであることに驚く。地球防衛軍はソガ、アマギ両隊員と共に、地底戦車マグマライザーを現地に送った。

マグマライザーが地底へ出発したのを見送ると、助手の榊は小屋の中でアンヌに岩村の影が化け物であることをこっそりと告げてその場を脱出する。

行動開始

小屋を抜け出す際に榊が小型の装置を落とし、たまたまそれを見ていた女学生たちに拾われてしまう。女学生らから、その装置を受け取った岩村に地球上の金属でないことを知られ、追跡してきた岩村の詰問にやむなく彼はシャプレー星人の正体を現さざるを得なかった。

作戦概要

地球の内核を形成する物質・ウルトニウムを強奪する。

シャプレー星人の特性

無数の穴の開いた金属とも有機物とも思える頭部が特徴。身体は限りなく地球人類に近い特性を持つ。岩村の助手・榊の姿になって地球に潜伏しており、特殊な金属でできた装置を左胸に装着することによって、元の姿に戻ることができる。また、催眠術が使え、人の影を化け物の影（ゴドラ星人似）に見せることができる。以下、一部文献によると、指先から焼き殺し光線なる怪光線を発射し、口からは強風を出すとも書かれている。また、母星はガス状の星で一定の形はなく、薄い雲の様だという。移動用の宇宙船は、地球のウルトニウムを搬送するための貨物室をいくつも持った巨大なもので、乗組員も多く計器類が完備されたものらしい。

交戦

シャプレー星人は、アンヌと岩村を亡き者にしようと銃を手に迫る。優位なポジション確保するため崖の上部へ移動するも、その場に駆け付けたウルトラ警備隊のソガによるウルトラガンのけん制と銃撃によって反撃の間もなく頭部を撃ち抜かれ、核怪獣ギラドラスを呼び出しながら炎上し落下していった。

地底深くから急上昇の際に巻き込み、地下の風穴にマグマライザーを落下させたギラドラスは、地上に出現すると暗雲を発生させて周囲を暗闇にし暴れまわる。一方、風穴内でマグマの流入の危機に立たされていたマグマライザー内の隊員たちが相次いで気を失っていく中、モロボシ・ダンはウルトラセブンに変身して車体を持ち地上へ現れた。ギラドラスは、ウルトラセブンに突進攻撃をかけ、その重量でセブンを苦しめる。さらに天候を操り、急激な気温の低下で一面を雪景色にし、突風でセブンの動きを止め、圧死を狙う。

顛末

窮地に追いつめたセブンに一瞬の隙に飛び退けられ、その際に放たれたアイスラッガーが首部に命中。体内から回収していたウルトニウムを放出しながら絶息した。ギラドラスが起こした暗雲も、ウルトラセブンの超能力でとり払われて地上に青空が戻る。

〈核怪獣ギラドラスの考察〉

ウルトニウム採掘用に投入された怪獣。その移動は全身を動かしてのもので、はっきりとした手足を持たない。シャプレー星人に操られているとのことだが、どのようなコミュニケーションによるものなのか一切不明。溶岩の中でも生息でき、地上の気象変化を起こし、気温を一気に下げることが可能。このことは、地球内核のウルトニウム採掘のため、地底のマントル層に突入する際の高温への対抗処置としての冷却装置の様な機能として備えていると考えられる。突進攻撃のほかに、強風を巻き起こしてウルトラセブンの動きを封じたりしたが、その風速は60メートル級との資料も存在する。また、同書には、口から強力な火を吐くことが可能ともあるが未確認。

〈敗因〉

最大の謎は、なぜ岩村博士の助手として近くにいたのか？　である。もしも、岩村のそばにいなければ、ウルトラ警備隊と遭遇することもなかったはず。そうすれば自らの正体を知られることなく作戦を実行できていたと思われる。もっとも、地球の核について調査をする必要があったため、それに精通する岩村に近づいたとも考えられなくもないが、ウルトニウム略奪に来たという目的はいつからあったのか？　不明な点も多いが、やはり最大の敗因は、ウルトラ警備隊の注意を岩村に集めようと画策したまでは良いが、岩村を甘くみていたことや、迂闊にも変身用の装置を落とした点で、自らの正体を明かすことになり、最後は射殺までされたという、なんとも残念な結末になったといえる。

★意味不明の行動が自滅を招く！

侵略過程地図　青沢山岳地帯➡国際核研究センター➡青沢山岳地帯

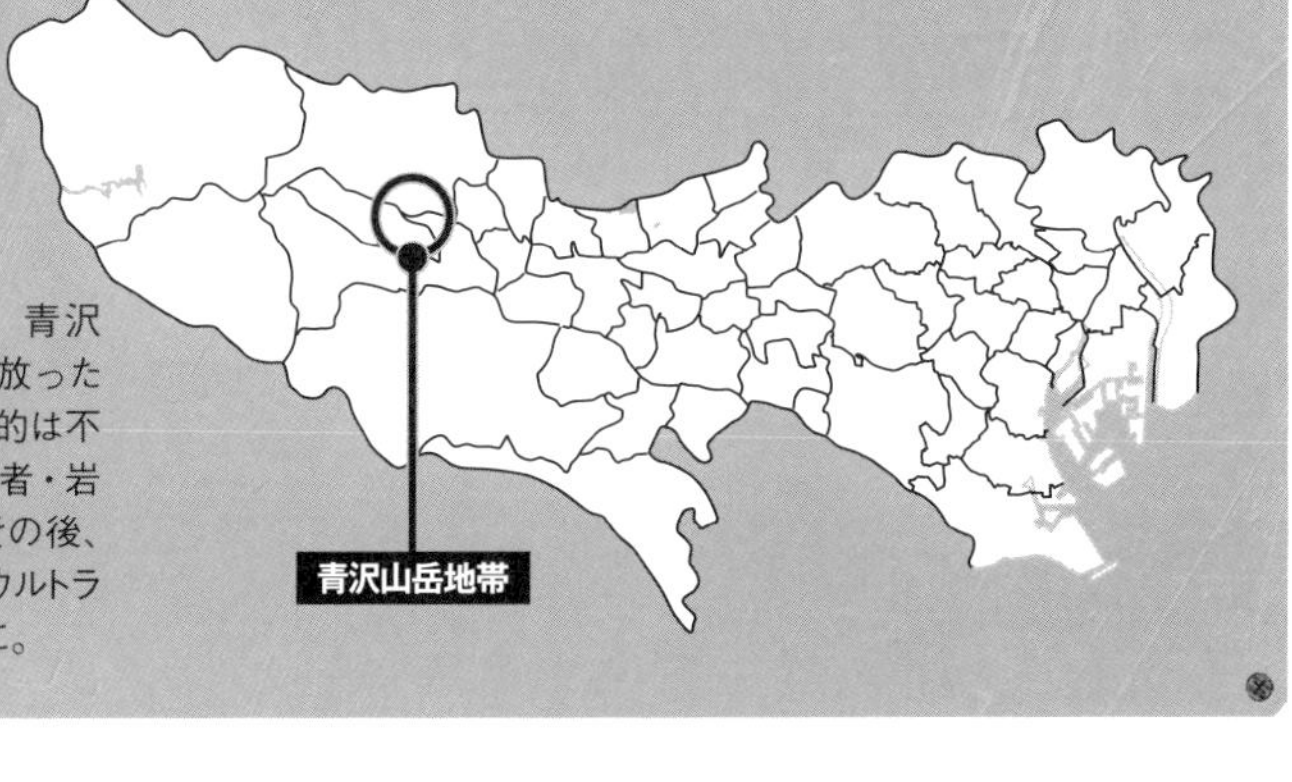

ウルトニウム強奪のため、青沢山岳地帯にギラドラスを放ったシャプレー星人は、その目的は不明だが、核研究の第一人者・岩村の助手になりすます。その後、原因究明に乗り出したウルトラ警備隊らと同行することに。

REAR VIEW

SIDE VIEW

FRONT VIEW

名称≫ギラドラス
別名≫核怪獣
身長≫65メートル
体重≫16万トン
出身地≫シャプレー星

宇宙怪獣らしく、地球の生物とは一線を画するフォルムを持つ。頭部の赤い角が独特の雰囲気を表している。ギラドラスは、体内に地核物質ウルトニウムを蓄積し、天候をコントロールできた。

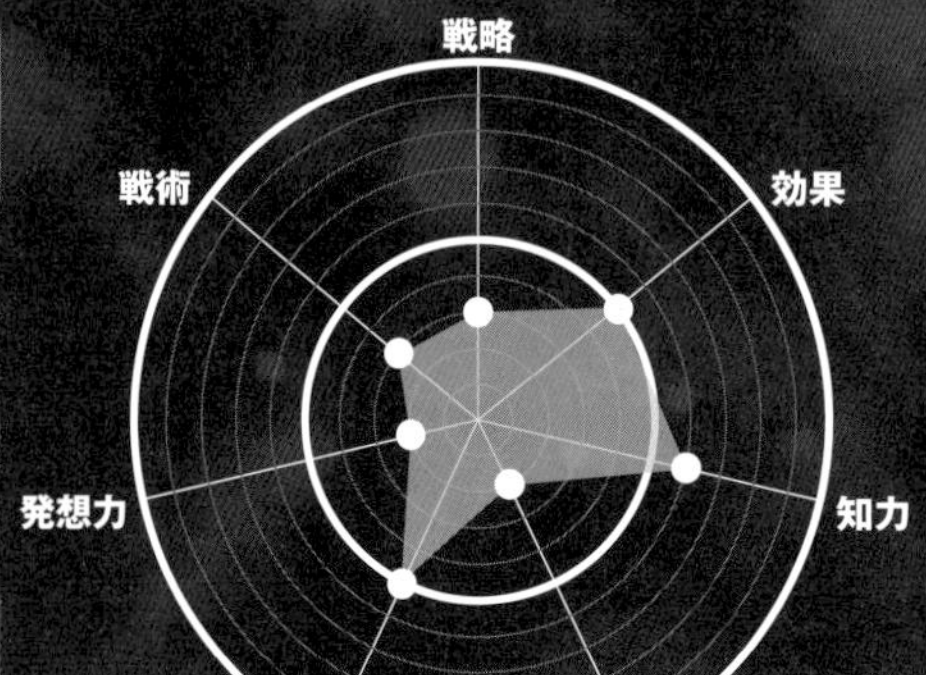

合計 各10点中 **26/70点** 《作戦評価》

ウルトニウム強奪を作戦の主とするのであれば、なぜ星人は岩村のそばについていたのか？　戦略的には一番邪魔となる人間なのに、処分するでもなく近くで監視するのみ。そのことが一体何を生み出すのかが不明なため、評価は総合して低くなっている。

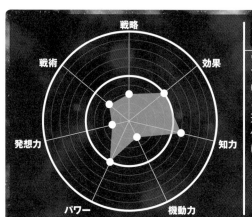

#作戦ナンバー19

時限爆弾による大規模破壊作戦

宇宙海底人ミミー星人の場合

第二十一話	「海底基地を追え」（制作第二十一話）	放送日 1968年2月25日 STAFF 監督／鈴木俊継　脚本／赤井鬼介

STORY

北九州で突如第三黒汐丸が襲われる事件が発生。船長の残した最後の「大和を見た」という言葉を頼りに、ウルトラ警備隊は一帯の捜索を行うも何の手がかりもなく、大和の残骸も行方不明。そこに現れた海底円盤にハイドランジャーのアマギが拿捕され、伊豆の下田港にはアイアンロックスが出現した。フルハシの乗るハイドランジャーも海底で捕まってしまった中、ウルトラ警備隊のアイアンロックスへの総攻撃が始まる。しかし、その鉄屑の化け物は実は爆弾ロボットだったのだ。停止してから15分後に大爆発を起こすという敵に、果たしてどう立ち向かうのか？

名称≫アイアンロックス
別名≫軍艦ロボット
身長≫80メートル
体重≫15万トン
出身地≫海底

戦艦大和を活用するという、奇抜な発想から生まれた爆弾ロボット。大和の艦橋構造部を中心に第一から第三砲塔を配置している。艦底部の構造は不明。

事件の発覚

北九州地区で夜の洋上で、第三黒汐丸が行方不明になるという事件が発生した。海上保安庁の捜索の中、南鳥島北北西113キロの地点で新たな救難信号が入る。おかしな海難事故が続くことから、地球防衛軍はウルトラ警備隊のアマギ隊員を捜索に向かわせる。アマギの乗るウルトラホーク3号が事件現場へ向かうも、その痕跡は発見できなかった。

一方、作戦室では、第三黒汐丸の船長の遺族に話を聞きに行っていたモロボシとアンヌの報告から、緊急電話が戦艦大和らしい姿を見た直後に切れたことを知る。そこへ、パリの地球防衛軍本部からの、地中海や大西洋でも船舶の行方不明事件が続いているとの連絡があり、極東海域でも厳重な警戒を行うため、ハイドランジャー2隻を哨戒任務にあたらせる。戦艦大和の沈没地点である徳之島西方32キロ地点へ1号艇のフルハシが、徳之島南方の海底調査へ向かう2号艇のアマギ。大和の残骸が消えていることに気づいたフルハシは、その直後に海中を進む宇宙船を発見するも逃してしまう。

行動開始

ミミー星人の宇宙船は、アマギの乗る2号艇に迫り奇怪な泡を放出しながら拿捕。

地球防衛軍がハイドランジャー2号艇を捜索する中、伊豆下田港に軍艦ロボット・アイアンロックスを出現させる。そして徳之島上空を捜索していたウルトラホーク1号のキリヤマ隊長はロボット出現の報に一旦帰投する。その隙にハイドランジャー1号艇も捕縛するミミー星人。アイアンロックスに海上から陸地を攻撃させるが、そこへ到着したモロボシ・ダンの操縦するウルトラホーク3号が攻撃を開始する。さらに地上からも到着したばかりのソガとアンヌが乗るポインターによってミサイル攻撃がはじめられた。激しい砲撃戦の中、アイアンロックスがウルトラホーク3号を捕え撃墜する。しかし、入れ替わる様に到着したキリヤマのウルトラホーク1号の激しい攻撃に、アイアンロックスは沈黙。しかし、それは爆弾ロボットでもある、アイアンロックスの自爆の前兆であった。パリ本部からの入電で、ウルトラ警備隊は各国に出現したアイアンアロックスは静止して15分後に大爆発を起こすと知るが、敵の本拠地もわからず、なす術がなかった。突如息を吹き返したかのように攻撃を再開するアイアンロックスが、徐々に陸地に迫る。

作戦概要

地球の海底に眠る地球人が利用しない資源を求めてきた。

アイアンロックスを防衛軍基地付近に接近させ、時限装置により大爆破。基地もろとも地球防衛軍の壊滅を図る。

交戦

海中に落下したウルトラホーク3号内で気を失っていたモロボシ・ダンは、目を覚ますとウルトラセブンに変身。アイアンロックスのもとへ急行した。すると、それを想定していたミミー星人は、アイアンロックスで総攻撃を開始。さらに手枷足枷を発射。ウルトラセブンの自由を奪った上でさらなる攻撃を加える。

ウルトラセブンに、激しい砲撃でダメージを与えていたが、セブンのローリングスパークで形勢逆転され、エメリウム光線で止めをさされ爆発。自爆を食い止められてしまった。

▼ミミー星人の特性

本件では、その姿は確認できないが、一部資料によると身長は人類の約半分ほどの大きさしかなく、大き目の頭部の額には矢印の様なディテールがあるといわれている。地球の海底に自分たちが利用できる資源や、ウルトラセブンがいることを想定したう上で作戦を立案しているので、調査能力は高い様だ。しかし、その正体などは全くの不明である。

▼顛末

アイアンロックスを失い、失敗を悟ったミミー星人は宇宙船で逃亡。その間に牽引光線を解除したため、開放されてしまったハイドランジャーが浮上。空中へ飛び去ろうとした際にハイドランジャーのミサイル攻撃で受けて撃破された。

〈軍艦ロボット・アイアンロックスの考察〉

九州沖海底に眠る戦艦大和などの残骸をミミー星人が回収して再利用したロボット。活動が停止すると、それから約15分後に内部に仕込まれた爆弾が爆発し、周囲のものを破壊する。ミミー星人によって海底に眠る船舶の残骸などを利用して作られ、各国の地球防衛軍基地に差し向けられた。

〈敗因〉

敗因というより問題は、その行動目的にある。地球の海底にある地球人が利用しない資源を奪いに来ただけならば、隠密行動にして略奪だけしていけばよかったのだが、最初から地球防衛軍破壊を目的にアイアンロックスを送り込んでいる時点で迷走ととれなくもない。結局のところ、アイアンロックスが敗れても、ハイドランジャーを解放さえしなければ、海底基地としていた宇宙船の発見はなかった可能性が高い。なんであれ、自警用にアイアンロックスを建造するにせよ、地球人に発覚するまで隠密行動に徹するべきであったといえるだろう。

★目的にあった行動を徹底する！

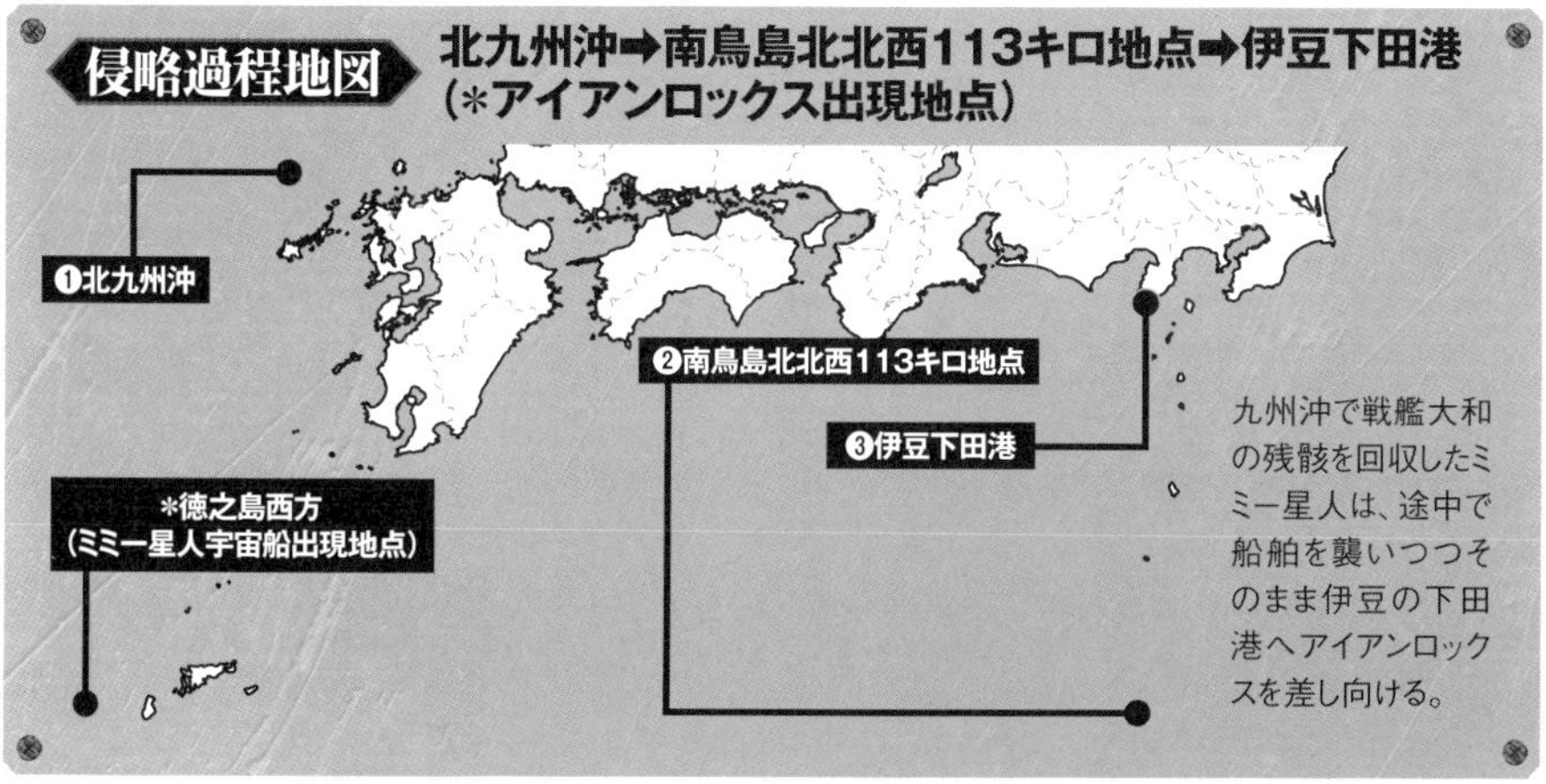

VEHICLE ミミー星人の宇宙船

白と黒のマーキングが派手な、ヒトデを連想させる星型宇宙船で、泡状の物体を放出し威嚇、牽引光線で航行中の潜水艦・ハイドランジャーを捕らえた。

SIDE VIEW

TOP VIEW

UNDER VIEW

戦艦大和の残骸を利用して作られた軍艦ロボット「アイアンロックス」。

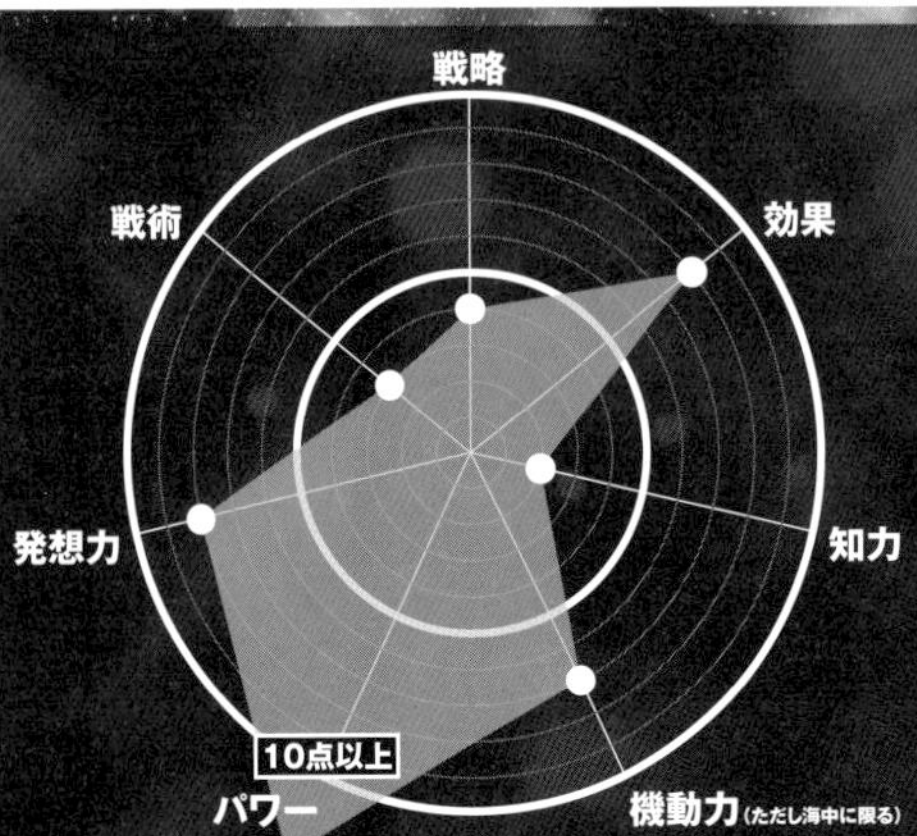

合計 各10点中 42/70点 《作戦評価》

内陸部にある地球防衛軍基地を海上から攻めるというやや無理な作戦だが、それに伴うアイアンロックスの爆破範囲があるとしたら、核兵器並みの脅威である。それを仮定にするならば、パワーは計り知れない数値になる。作戦面はいろいろとずさんなところがあるので評価は上がらない。

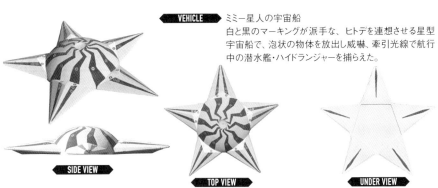

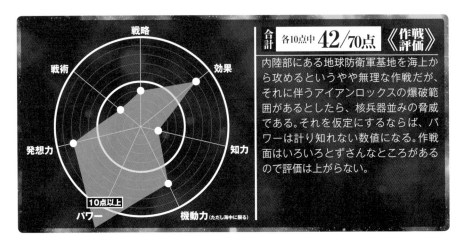

#作戦ナンバー20

地球牧場化による食糧確保作戦

宇宙怪人ブラコ星人の場合

第二十二話 「人間牧場」(制作第二十二話)	放送日 1968年3月3日 STAFF 監督／鈴木俊継　脚本／山浦弘靖

STORY

伊豆の岸辺で誕生パーティーを開いていたルリ子が襲われた。同席していたウルトラ警備隊のアンヌは、海岸に怪しい足跡を発見。その直後に円盤状の物体を目撃する。その連絡を受けたウルトラ警備隊は行動を開始するが、調査は進展しない。ところが、行方不明のルリ子が突然海岸で発見される。地球防衛軍のメディカルセンターへ収容したが、ルリ子の身体が変質。原因は腕に付着した謎の赤い胞子と思われた。そこへ侵入してきたブラコ星人により、新たにアンヌ隊員も胞子の感染者になってしまう。

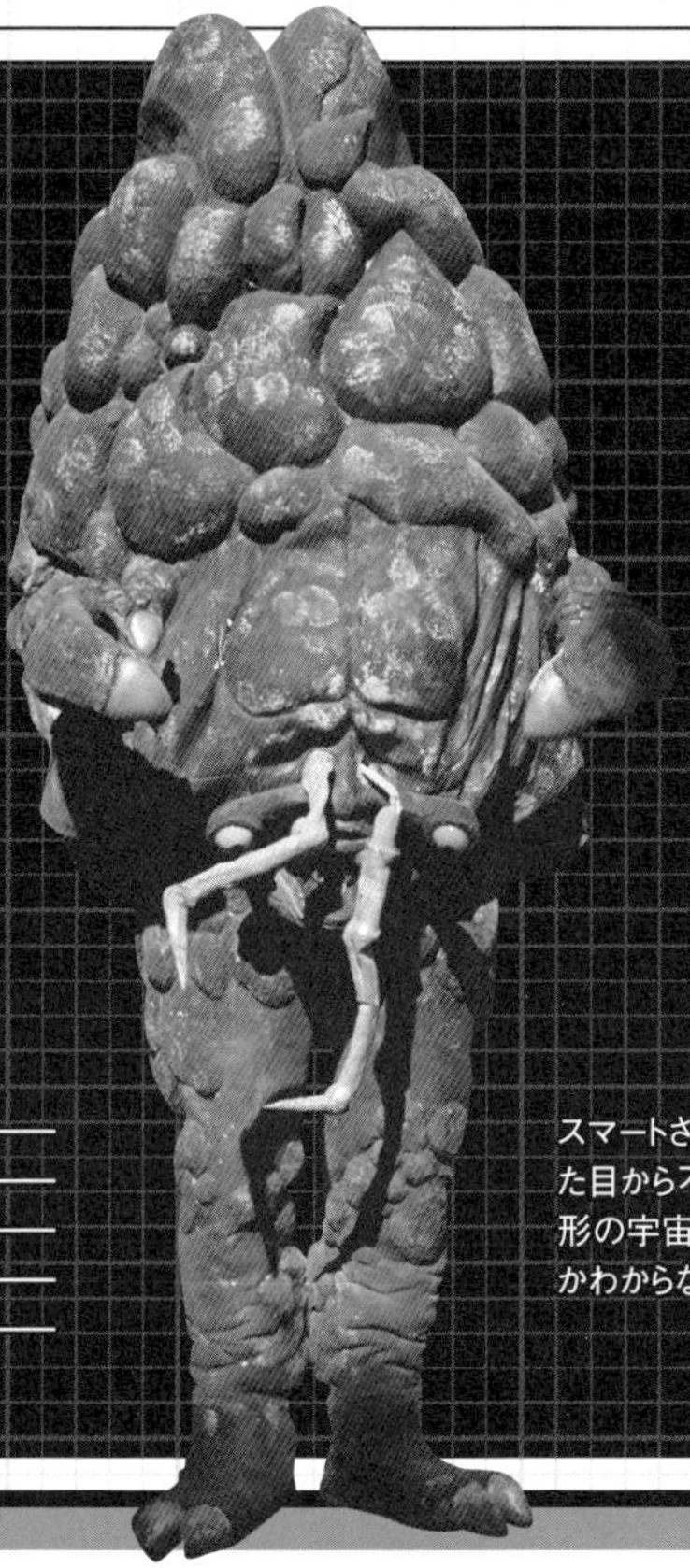

名称≫ブラコ星人
別名≫宇宙怪人
身長≫2メートル
体重≫170キログラム
出身地≫ブラコ星

スマートさのないフォルムで、見た目から不快な感じを受ける異形の宇宙人。何を考えているのかわからない怖さがある。

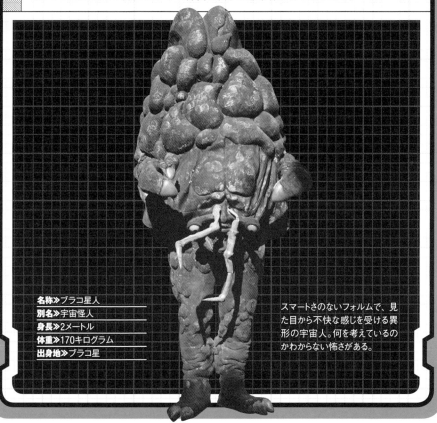

事件の発覚

伊豆入田浜で、誕生パーティーを開いていた若者たちの家屋で、飼い犬が殺害され、飼い主のルリ子が行方不明に。同席していたウルトラ警備隊のアンヌが、その現場で謎の足跡と海上の円盤を発見。現場に駆け付けたウルトラ警備隊は、発見した足跡から犯人が人間ではないと判断。調査を開始するが異常は発見されず、一旦本部へ引き返した。防衛軍本部では、海岸にあった足跡がスイスのアルプス山中の羊の放牧場、アメリカのロッキー山脈での牛の牧場、アフリカの自然動物園などでも発見され、何かしらの動物がさらわれていたことを知る。伊豆の浜辺でルリ子が発見され、警備隊らは彼女を基地のメディカルセンターへ搬送した。検査の結果、彼女の染色体が異常に減少しており、その原因が腕にある赤い胞子状の物質ではないかと推測する。その直後、ルリ子の全身が変色した。

作戦概要

食料である赤い胞子を繁殖するため、培養に適した地球人の女性に胞子を植え付けて地球を牧場化する。

行動開始

ブラコ星人はメディカルルームに潜入し、ルリ子の変色に驚くアンヌを急襲。襲いかかると胞子を植えつける。しかし、その際にアンヌが上げた悲鳴を聞きつけて現れたモロボシ隊員に格闘戦を挑まれるが、逆に強力な腕力で押さえつけて倒そうとする。が、背後から現れたキリヤマ隊長のウルトラガンによる射撃であえなく射殺されてしまった。その上、その身体は北村博士の手により解剖されてしまい、赤い胞子が胃の内容物にあったことから星人の食物と断定され、作戦の目的も突き止められてしまう。さらに、女性の染色体を主体にしたホルモンに反応して増大する赤い胞子が、放射線アルファ73に弱いという対応策まで判明してしまった。

交戦

人類にその存在が露見したためか、海中に潜んでいた宇宙船群を発進させたブラコ星人。大編隊で空中を飛行し、どこかへ向かっていった。そこを警戒中のウルトラホーク1号に発見されてしまったため、ミサイルによる先制攻撃を仕掛けるが、何なくかわされてしまい、逆に反撃のミサイル攻撃を受けて数機が撃破される。さらにミサイル攻撃の乱戦が続く中、応援に駆け付けたモロボシ・ダンの操縦するウルトラホーク3号が、宇宙船の編隊に強引に割って入ってきたので、集中砲火でこれを撃墜した。

顛末

爆発するウルトラホーク3号からウルトラセブンが出現すると、宇宙船にエメリウム光線による攻撃が仕掛けられ、数機が撃破されてしまったが、連携の取れた神出鬼没な動きで、ウルトラセブンを光線網で捉えることに成功。そのまま船団で脱出を図るも、ウルトラホーク1号の猛反撃にセブンの解放を許してしまう。セブンはそのまま宇宙へ進路を向けるが、残ったウルトラホーク1号の総攻撃によって、宇宙船団は壊滅。

その後ウルトラセブンが土星から鉱物を採取して戻ったと思われ、地球では赤い胞子が拡散することもなく、ルリ子やアンヌも無事に元に戻ってしまった。

ブラコ星人の特性

別称で催眠宇宙人ともいわれ、いくつも大きなコブに覆われたような身体で、頭部を腹部に持つ。通常は腕を体内に収容しているが、交戦時などは飛び出すように出現させる。腕力は犬をも一撃で殺すほどの怪力を持ちで、当時の資料によれば相手を金縛りにする液体（怪光線という記述もあり）を口から吐く。また、その目で見つめると相手に催眠術がかけられるともいう。母星は、その成分の関係から、遠くから見るとオレンジに見える湖が多く存在し、その湖底には宇宙船や兵器が大量に隠されているらしい。星人の性別は地球でいうところの男性ばかりが住んでおり、特性としては水中で長時間生息することができるとのことだ。

〈敗因〉

実は今回の作戦、ブラコ星人による落ち度はないと思われる。確かに、星人自身や円盤の持つ戦闘能力は、武装した地球人には劣るものの、世界各地の動物を確保する際には、その正体を気づかれていない。それどころか、本件が発覚さえしなければ、各地の動物消失事件そのものはピックアップされることなく、星人の存在そのものが明らかになることも少なかっただろう。つまり、最も繁殖に適した人類の女性を最初に襲った際に、そこにアンヌ隊員がいなかったら、単なるルリ子の失踪事件で終わった可能性は高く、その計画が発覚した頃には胞子がまき散らされて、対応策である放射線に必要な鉱物は土星にしかなく、ウルトラホーク2号をしても往復に3日間はかかる。胞子が繁殖して、被害者が絶命するまで1日もない事実から想像すると、ルリ子を中心に被害地区周辺からパンデミックを起こしていたのではないだろうか？　そう思うと、決してブラコ星人の作戦ミスとは考えにくく、敗因はずばりそこにアンヌがいたからといっても過言ではない。

★予期せぬ偶然は恐ろしい。何事も慎重に

侵略過程地図　伊豆入田浜➡地球防衛軍基地➡上空

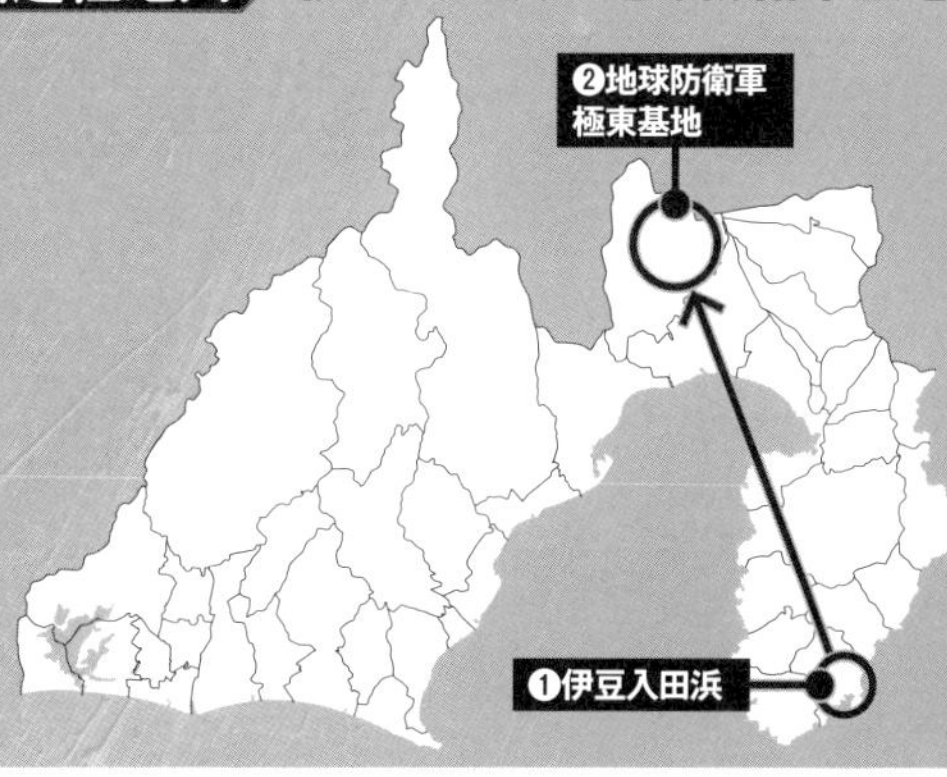

伊豆で地球人女性を襲った後、その女性が収容された地球防衛軍基地内へ潜入。その後は宇宙船の大編隊でウルトラホークと空中戦を展開。

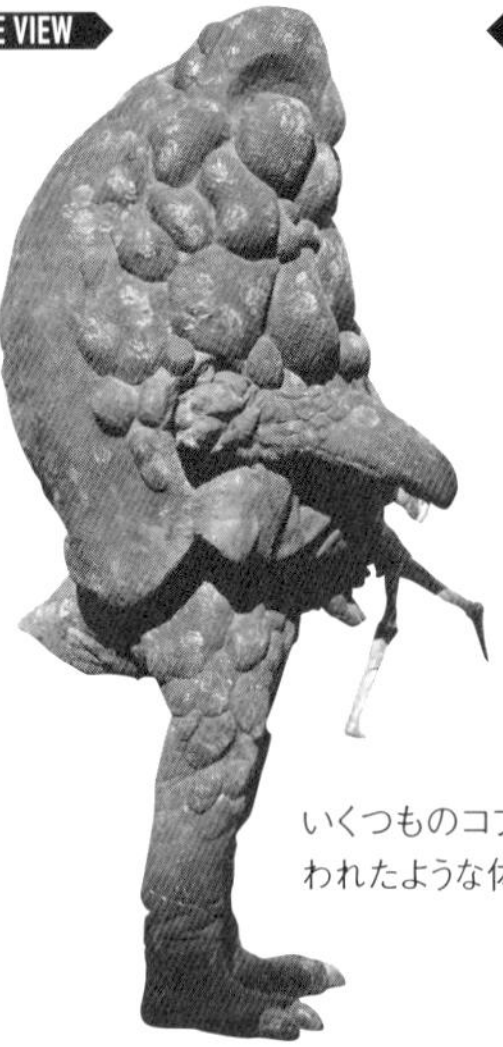

いくつものコブに覆われたような体。

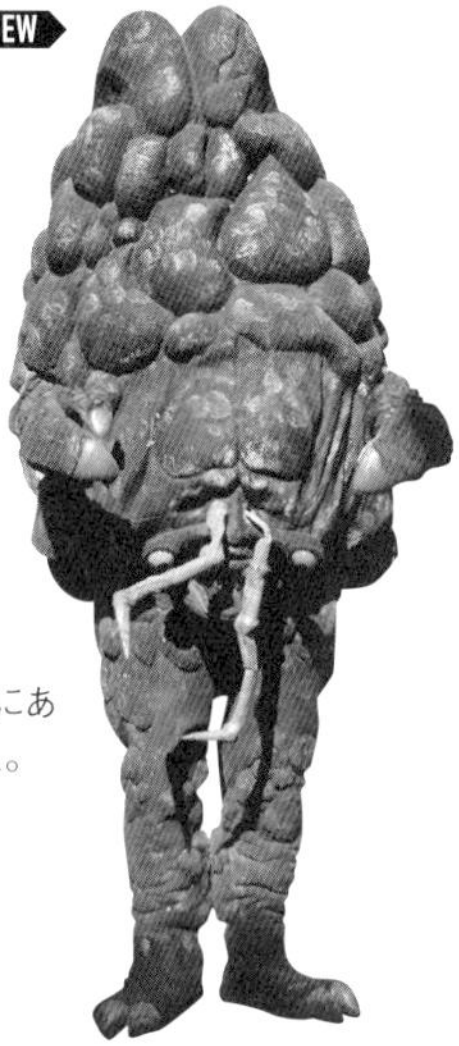

頭部は腹部にあるブラコ星人。

VEHICLE ブラコ星人の宇宙船

外観は円盤状で、その中心上部に潜望鏡の様な装置を持ち、長方形の板を重ね合わせたような形状を持つ。

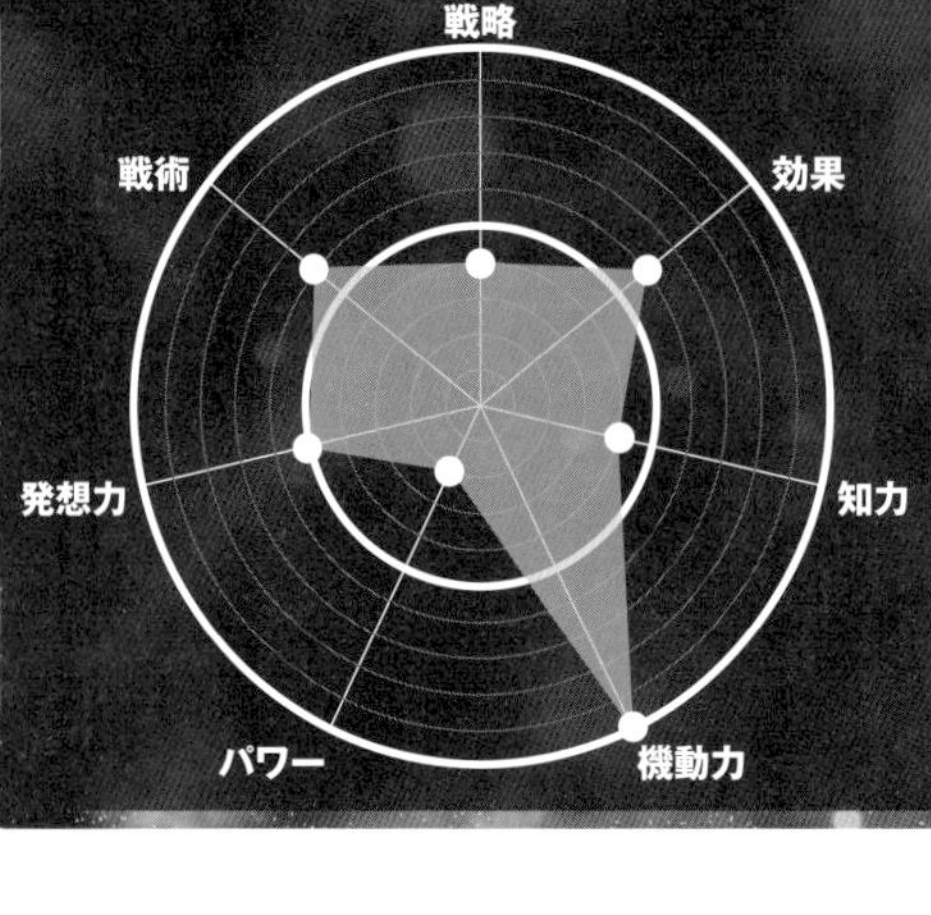

合計 各10点中 37/70点 《作戦評価》

見た目が鈍重そうに見えるが、地球防衛軍基地内に軽々と侵入している点から機動力が高評価に。また、細胞の感染による攻撃は意外に効果があったようで、戦術ならびに効果は少し高めに評価した。

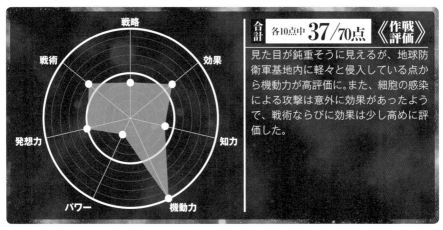

#作戦ナンバー 21

予知による作戦発覚阻止計画

宇宙ゲリラシャドー星人の場合

第二十三話	「明日を捜せ」（制作第二十三話）	放送日	1968年3月10日
		STAFF	監督／野長瀬三摩地　脚本／南川龍　上原正三

STORY

なぜかトラックに追われる男・安井。命からがら逃げ回っている時、そこへ偶然ウルトラ警備隊のポインターが通りがかり、地球防衛軍に保護される。安井は、予知能力から03（マルサン）倉庫が爆破されると告げると、ウルトラ警備隊は捜査を開始。しかし、何もないまま調査は終わる。腑に落ちないキリヤマは、さらなる調査を行うが、やはり何も発見されなかった。安井は宇宙船の飛来地点を予言するも、防衛軍の大捜索もかかわらず、その兆候を見ることはなった。安井の保護を打ち切り、帰宅させたキリヤマは、安井の「明日を捜せばいい」という言葉を受けて休暇をとり、単独調査を開始する。

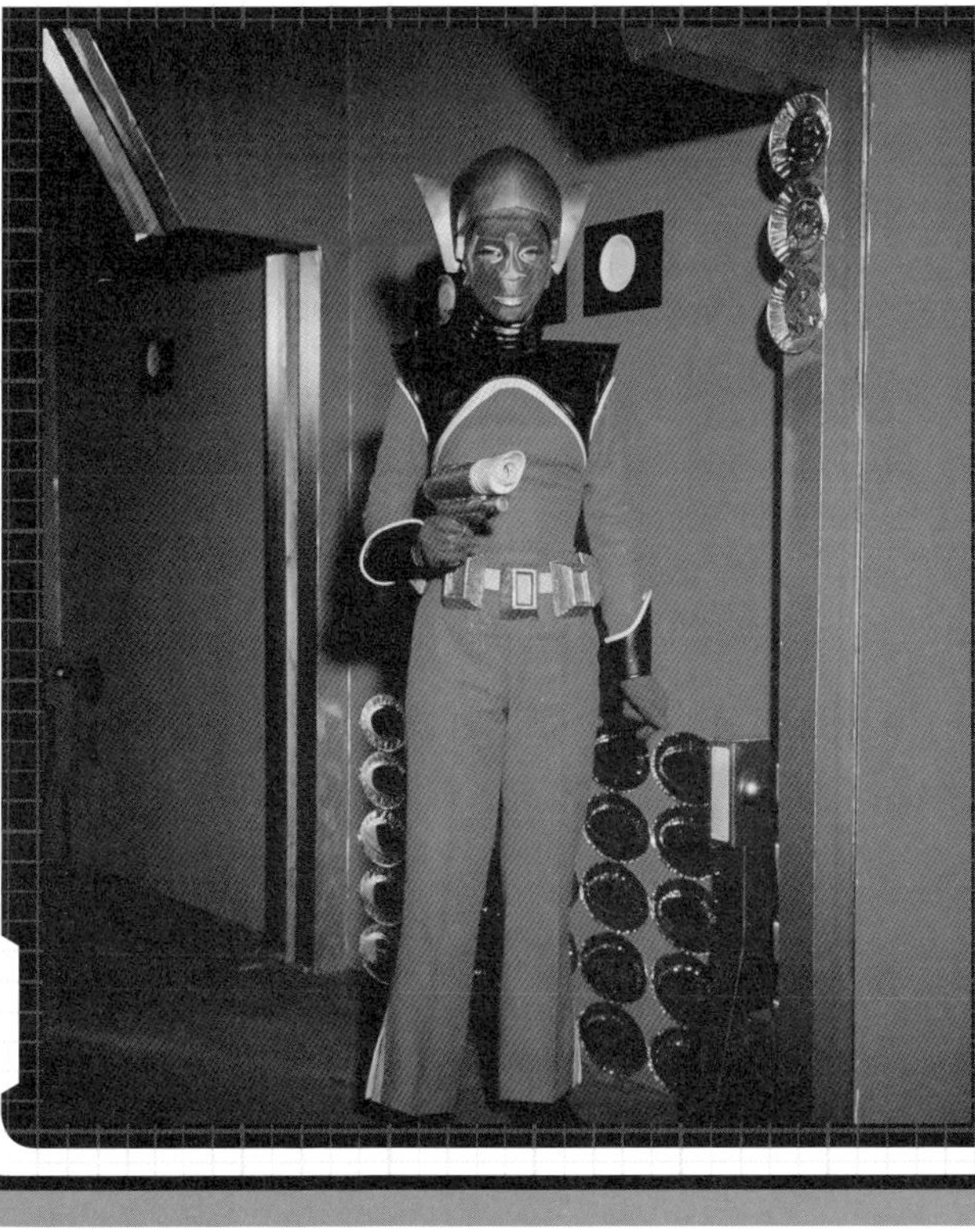

名称≫シャドー星人
別名≫宇宙ゲリラ
身長≫2メートル
体重≫70キログラム
出身地≫シャドー星

彫刻の雌型のように、顔のディテールの凹凸が逆になった顔が特徴的。顔以外、地球人と変わらぬ姿で登場することもあった。

事件の発覚

路上でトラックによる追跡を受けてひたすら逃げ回る男・安井を、偶然遭遇したウルトラ警備隊員たちが保護。命の危機を訴える安井を地球防衛軍の基地へ匿う。安井は03（マルサン）倉庫が爆破され、キリヤマ隊長が負傷するという予言を告げるが、倉庫一帯に異常はなく隊員らに一笑された。が、キリヤマだけはその予言を信じてさらなる調査を続行させた。さらに安井が富士見ヶ原に宇宙船が着陸するの予知し、ウルトラ警備隊は探索を開始するが成果はなかった。相次ぐ騒動に、防衛軍もその信憑性を疑い安井の保護を中断するが、キリヤマは休暇をとって単独で調査に赴く。

作戦概要

地球防衛軍の基地を破壊し、地球征服を狙う。が、そのことを予知し、計画の障害になりそうな地球人・安井に気づき、拿捕して陽動作戦に利用している。

シャドー星人の特性

変身宇宙人という異名も持ち、地球人に変身することができる（もっとも、地球人と全く違う顔面はそのままだったので、変身というよりは変装の域だったとも考えられる）。また、姿を透明にすることができると記述する資料もあるが、基地そのものが透明化されている点から、何らかの装置によって人間の目に映らない特殊な技術を持っていると考えるべきかもしれない。そのほかの特殊能力などは確認できないが、攻撃力としては光線銃を所持しており、銃撃を行う。科学力が発展している一方で、人類の予知能力を恐れている様子もあり、科学万能と奢ることはしないようだ。ちなみに地球へ来た星人の人数は6名（うち1名は女性と思われる）。

行動開始

地球防衛軍基地から追いやられた安井を狙い、その行く先々で人間に変装しながら安井を追いつめ、逃走のために乗り込んだタクシーの運転手に化けた星人は、安井は捕らえることに成功する。

一報、安井の予言を信じて03倉庫に来たキリヤマと、そこへ合流したモロボシをよそに、シャドー星人は計画を実行。赤い光球を落下させて倉庫を爆破。倉庫にカモフラージュしていた地球防衛軍の超兵器開発基地の壊滅に成功する。さらに、調査中のキリヤマも負傷させた。安井を意のままに操ろうと拷問装置にかけるが、なかなか思うようにいかない中、安井に計画を読み取られて、ますますその力を恐れるシャドー星人。そこへ肉眼では目視不能な秘密基地を、ウルトラ警備隊の特殊装置によって視認され、外を警戒する歩哨が倒されてしまう。

交戦

基地内部へ突入してきたウルトラ警備隊2名を衛兵が迎撃に出るが、銃撃戦の末あえなく倒されてしまった。さらに安井のもとへ近づいてきた隊員らを確認した星人のリーダー格は、宇宙船を発進させた。そのため基地は崩壊し、警備隊員2名も巻き込まれていった。

顛末

基地崩壊に巻き込んだウルトラ警備隊員の一人、モロボシ・ダンが変身したウルトラセブンに空中へ逃避中の宇宙船が叩き落とされ、危機に陥ったシャドー星人は、降伏の意を見せて油断させた。次に宇宙船が爆発したように見せかけ、猛毒怪獣ガブラを出現させた。
しかし、ガブラの応戦空しく、戦術に長けたウルトラセブンのアイスラッガーによってガブラは一瞬のうちに首を落とされて絶命。宇宙船は発見されて、ウルトラセブンが迫ってくるところに安井の解放と降伏を告げて油断を狙う。その隙に遠隔操作でガブラの首を操り、セブンの左肩に噛みつかせて毒殺を図るも、安井の言葉でその意図を知られ、セブンのハンドビームによって宇宙船が爆破され、ガブラの首も溶けおちていった。その後、皮肉なことにあれほど恐れていた安井の超能力は失われている。

〈猛毒怪獣ガブラの考察〉

一見、恐竜型の怪獣に見えるが、体表や前足などに虫の幼虫的な特徴がうかがえ、タテガミを持つ頭部の上あご部に眼球があるのが特徴的。牙の猛毒と、強力な尻尾以外の武器は未確認。シャドー星人に操られているため、切り落とされても首だけでも飛翔して、噛みつき攻撃を加えることも可能。遠隔操作が切れると絶命する。

〈敗因〉

シャドー星人の最大の敗因は、安井の持つ予知能力を買い被りすぎたことにある。確かに03倉庫の破壊や、宇宙船着陸地点を予言されてしまったことは脅威だが、それを地球人が信じるかはだいぶ疑問である。現に地球防衛軍も、キリヤマ以外にそれを信用するものがおらず、安井の保護をも打ち切っている。それを考えれば、03倉庫の破壊や、宇宙船及び基地のカモフラージュに成功しているので、騒ぎさえ起こさなければ、ウルトラ警備隊にその存在を知られる可能性は少なかったはずだ。人間同様、物事を恐れるあまりに過剰に反応してしまったのが最大の敗因へとつながった事例であろう。さらに予定外のウルトラセブンの存在が、切り札であったはずのガブラの存在を倒してしまったことで、逆転の機会をも失ってしまった。

★過剰に反応してしまったのが最大の敗因

侵略過程地図　川崎➡03倉庫➡富士見ヶ原

最初に安井がトラックに襲われたのが、電柱の看板から川崎市中原区と思われるが、防衛軍の秘密工場のある03倉庫の所在地の詳細は明かされていないが、安井が襲われた川向うの世田谷区の施設にそれらしいものがあった。そしてシャドー星人が基地を建設して隠れていたのが富士見ヶ原。

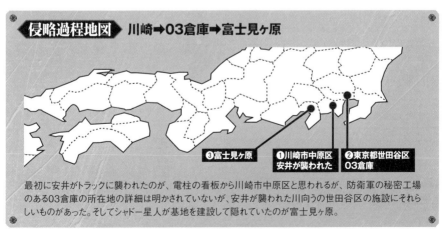

FRONT VIEW

SIDE VIEW

名称≫ガブラ

別名≫猛毒怪獣

身長≫ミクロ～48メートル

体重≫0～3万トン

出身地≫シャドー星

イモムシの様なディテールを持つ怪獣。頭部の毛髪や、顔面の構成が既存の生物とは異なる。

REAR VIEW

基地内部

TOP VIEW

SIDE VIEW

UNDER VIEW

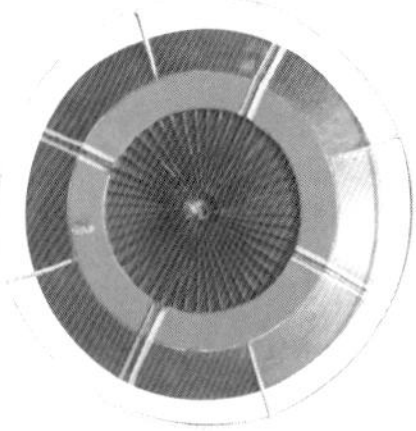

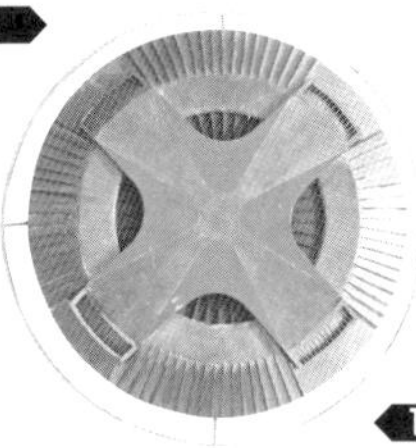

TOP VIEW

VEHICLE

シャドー星人の宇宙船

外見は、バド星人の使用していた宇宙船に基本フォルムが似ているが、ディテールが大きく異なる（同型型宇宙船の発展型とも見えなくはない）。

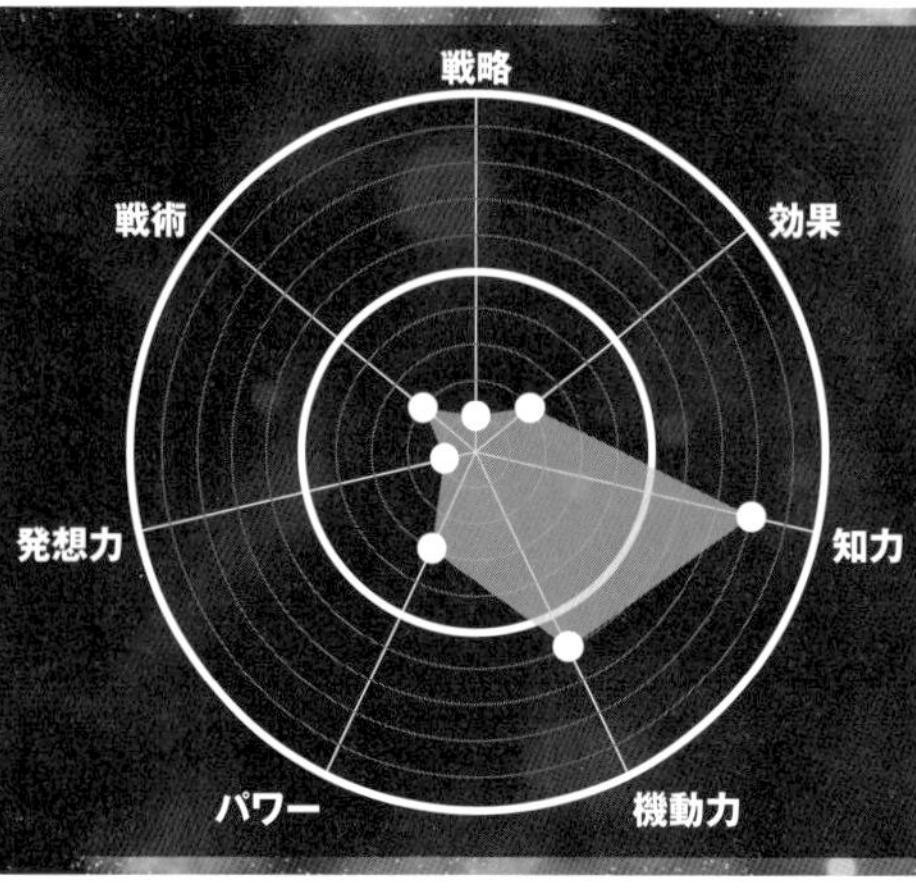

合計 各10点中 23/70点 《作戦評価》

地球防衛軍の秘密工場を破壊した功績は認められるものの、超能力者の予知に怯えすぎて、本来の能力を発揮しきれないという点で評価が著しく下がっている。基地の透明化や怪獣ガブラなど侵略兵器自体のポテンシャル自体はかなり高そうではあるが、それが打ち破られているところが評価に影響している。

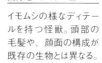

#作戦ナンバー22

北極圏領空侵犯のための報復による航空機爆破作戦

オーローラ怪人カナン星人の場合

第二十四話	「北へ還れ!」（制作第二十四話）	放送日 1968年3月17日 STAFF 監督／満田穧　脚本／市川森一

STORY

フルハシ隊員は、母が病気との連絡があり、北海道へ帰っていた。それはフルハシに牧場を継いでほしいという母の願いからの、妹のウソであった。ウソを知ったフルハシは基地へ帰還する。北極圏パトロール中のジェット機と旅客機の衝突事故が起こってしまった。フルハシは母が説得に来たのを無視して、ウルトラホーク3号で事故現場へ向かう。が、謎の灯台の怪光線で突然操縦の効かなくなったウルトラホーク3号。激突コースにある旅客機の300名の乗員を救うため、フルハシは自爆の覚悟を決める。キリヤマは、フルハシと来訪していた母に最期の会話を許すのであった。その頃、北極ではフルハシの後を追っていたモロボシが、謎の灯台を発見してウインダムを向かわせた。

名称≫カナン星人
別名≫オーロラ怪人
身長≫1.8メートル
体重≫62キログラム
出身地≫カナン星

ピット星人やシャプレー星人らと類似性がみられる人型宇宙人。頭部が人類と異なる以外、その容姿は非常に似ている特徴を持つ。

事件の発覚

地球防衛軍の北極圏パトロール機が北極上空で異常をきたし、旅客機との追突事故を起こす。事態を把握した地球防衛軍は、事故現場調査にフルハシの乗ったウルトラホーク3号を派遣する。高度1万5000メートル上空をマッハ2・8で自動操縦にして進むホーク3号は、ベーリング海に入ったところで機体に異常をきたして操縦不能に陥ってしまう。

行動開始

北極上空を通過しようとするウルトラホーク3号の自由を、灯台ロケットから放ったオーロラ光線で奪ったカナン星人は、さらに北極地方を飛ぶ300人の観光団を乗せた旅客機の操縦をも操って、両機を激突させようと目論む。ウルトラホーク3号が自爆装置を作動させたが、脱出装置のトラブルによりフルハシは脱出不能となった。

作戦概要

北極圏をすでに自分らの領土とし、自分たちの基地である灯台ロケットからオーロラ光線を放射して領空を侵犯する航空機を衝突させ破壊する。

カナン星人の特性

女性型宇宙人であること以外、詳細はほとんど不明。3名で地球の北極に潜伏して、北極圏が自分たちのものと主張する。

交戦

ウルトラホーク3号救出へ向かったモロボシ・ダンの操縦するウルトラホーク1号に灯台ロケットが発見されてしまい、カプセル怪獣ウインダムの襲撃に合う。しかし、逆にウインダムの電子頭脳をコントロールして、モロボシ・ダンを襲わせた。ウインダムの攻撃にモロボシ・ダンはウルトラセブンに変身して応戦。エメリウム覚醒光線でウインダムを正気に戻されてしまう。

顛末

再び灯台ロケットに向かってきたウインダムを怪光線で撃退すると、続けてウルトラセブンを攻撃したがウルトラVバリヤーで防がれたため、灯台ロケットを発進させて脱出を図る。しかし、上空まで追跡してきたウルトラセブンにワイドショットを食らってしまい爆発してしまう。ウルトラホーク3号と旅客機も間一髪のところで衝突を回避した。

〈敗因〉

元来の飛来目的が全く不明のため、純然たる敗因というのは難しいが、北極圏内を地球人に気づかれることなく占拠した点では、第一次的侵攻は成功したといえる。また、人類の侵入が少ない地点に目を向けた点は賞賛に値するが、地球航空機による領空侵犯にこだわり、報復処置を行ったことで事態が発覚した点は考慮の足りなさを感じるが、領土への執拗なまでの執着ゆえの行動としたら、文化的見解の違いからのやむを得ない行為だったとも思われる。

★過度な縄張り意識がよけいな事態を招く!

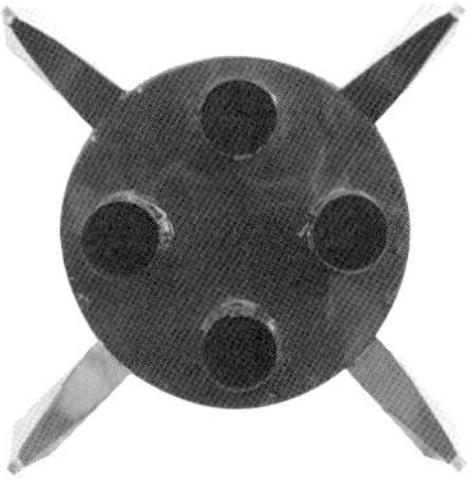

UNDER VIEW

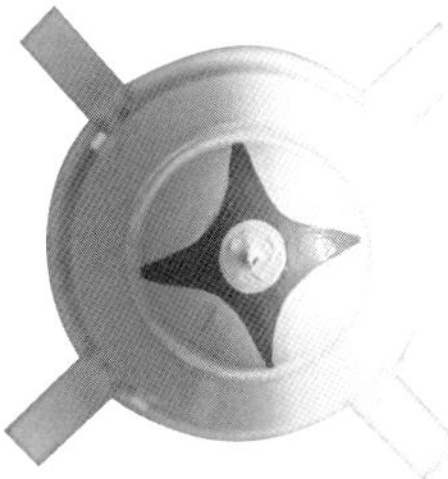

TOP VIEW

▲灯台に偽装した状態。

VEHICLE カナン星人の宇宙船

北極で灯台にカモフラージュされて隠れていた。外部のアンテナなどを偽装しており、発進時にはそれらを放棄して飛び上がる。また、灯篭部（ハリハン）から、原色の怪光線を放って機器の自由を奪う。ウルトラホークなどの操縦系統やウインダムの電子頭脳もコントロール可能。

SIDE VIEW

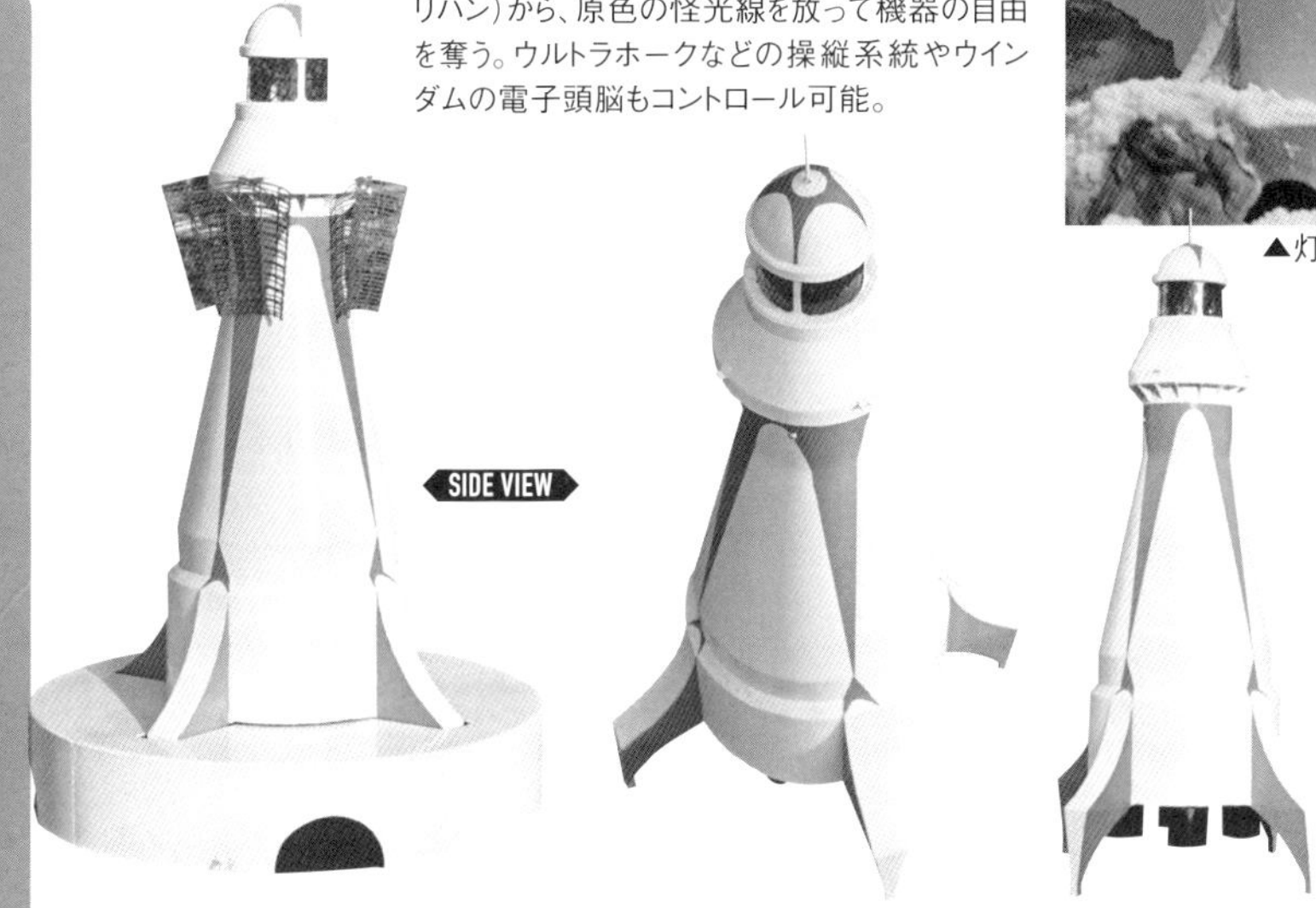

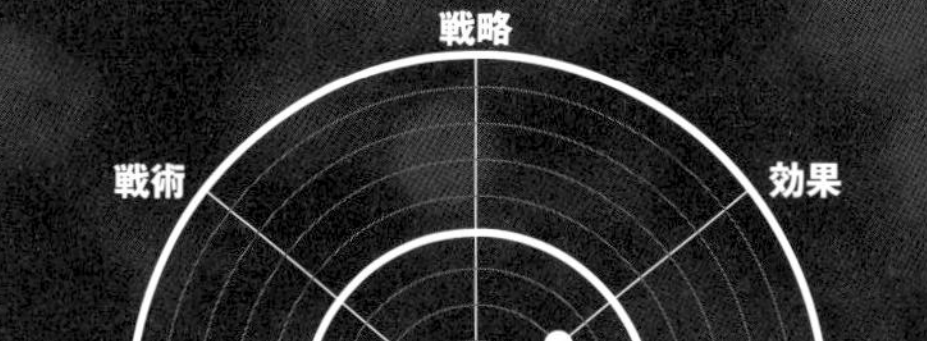

合計 各10点中 13/70点 《作戦評価》

勝手に領土を専有すると主張し、何の意思表示もしないで領空侵犯への報復を行う点で、身勝手なだけで戦略も戦術もほぼないに等しいのは惜しまれる。ただし、電子頭脳の類を遠隔操作できる技術は評価したいが、全てにおいて遠隔操作に頼りすぎなため、総合的に低評価になっている。

#作戦ナンバー23

地球第三氷河期作戦

ミニ宇宙人ポール星人の場合

第二十五話	「零下140度の対決」（制作第二十五話）	放送日	1968年3月24日
		STAFF	監督／満田穣　脚本／金城哲夫

STORY

地球防衛軍基地一帯が異常寒波に包まれた。パトロール中だったモロボシ・ダンは、動かなくなったポインターを捨てて吹雪の中、基地へと向かった。一方、基地では、地下動力炉が怪獣ガンダーに襲われて機能停止。零下の中で復旧に励んでいた。帰還途中、寒さに苦しむモロボシ・ダンは、幻影の中でポール星人から語りかけられ、地球を氷河時代にせんとしていることを知る。防衛軍基地では動力の復旧に努める隊員たちの前にガンダーが現れ、冷凍光線を吐き続ける。復旧もままならない防衛軍は窮地に追いやられてしまう。極寒の中、人類の危機を救おうとモロボシ・ダンは変身しようとするが、ウルトラアイをどこかに落としてしまっていた……。

人間型ではなく、ダンが見る幻覚のような世界に姿を現す、まるでマリオネットのような小さな宇宙人。手振りが大きく意思表示もしっかりしている。

名称≫ポール星人
別名≫ミニ宇宙人
身長≫33センチメートル
体重≫1キログラム
出身地≫ポール星

事件の発覚

突如、何の前触れもなく地球防衛軍極東基地周辺の気候が変わり、極寒地帯へ変貌。猛吹雪の吹く冷凍ゾーンへとなってしまった。作戦室では、基地を中心に零下112度という異常寒波に包まれていることがわかり原因究明にあたる中、地下18階の原子炉が怪獣に襲われ停止。切断された地下ケーブルの復旧を行うも怪獣が出現、ウルトラ警備隊は火炎銃で立ち向かうが、怪獣の冷凍光線の前に歯が立たない。氷漬けとなった基地内では、隊員たちが一人、また一人と倒れていった。マグマライザーで対抗しようにも、基地の機能が停止した状態で出動も不可能であった。

行動開始

パトロールで外におり、動かなくなったポインターを乗り捨てて、極寒と戦いながら一人基地を目指していたモロボシ・ダンが見る幻覚の中で姿を現すポール星人。モロボシをすでにウルトラセブンと知っていた星人は、幻影の中でM78星雲・光の国には冬がなく、寒さを思い知るがよいと嘯く。さらにモロボシ・ダンを襲わせるために、基地内に滞留していたガンダーを向かわせる。

作戦概要

二度にわたり地球を氷河期にしているので、この作戦で三度目の氷河時代にし、ウルトラセブンを含め、地上の生命を氷漬けにしようとする。手始めに邪魔となりうる地球防衛軍を襲う。

星人の特性

寒さに苦しむモロボシ・ダンが見る幻覚の中で姿を見せる小型宇宙人。実力は不明だが、過去に地球を二度にわたり氷河時代にしている。その目的自体は明確ではないが、その際に地球征服を行っていないことから、別の価値観で地球を凍らせたと考えられる。

交戦

ガンダーにモロボシ・ダンを襲撃させたが、カプセル怪獣ミクラスを出現させて対抗される。その頃、なす術のない地球防衛軍に隊員の基地退去命令を下す寸前まで人類を追い込む。しかし、基地内からガンダーがいなくなった隙に防衛軍隊員らによって基地の動力が復

侵略過程地図 地球防衛軍基地

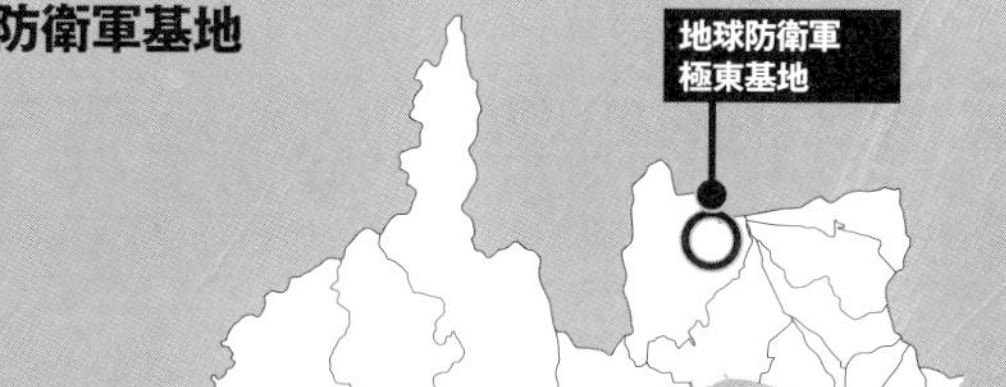

ポール星人は、目標を完全に地球防衛軍に定めているため、作戦地域は基地周辺に限定される。さらに、地上と地下の両面攻撃が展開されている。

旧。地上では、ガンダーがミクラスに対応させられている間に、モロボシ・ダンにウルトラセブンに変身され、太陽エネルギーをチャージされてしまう。さらに復旧した基地から、ウルトラホーク1号、3号に出動され、ガンダーは地球人の反撃にあってしまう。

顛末

巧妙な連携作戦でウルトラ警備隊に追いつめられたガンダーは、地上へ帰還したウルトラセブンのウルトラ念力を受けて動きを封じられ、アイスラッガーによって首と両腕を切断されて止めを刺されてしまう。それを受けてポール星人は撤退。異常寒波は消え、地球の第三氷河時代の危険は避けられてしまった。

〈凍結怪獣ガンダーの考察〉

異常寒波の原因となった凍結怪獣で、口から冷凍光線を吐く。そのほかの能力としては、空中を自由に飛び回ることくらいしか確認できないが、地球防衛軍基地地下18階の動力炉の近くに潜入したことから、地底移動能力も併せ持つことが想像できる。

〈敗因〉

ポール星人の生命体としての存在は多くの謎を秘めており、果たしてこの世界に実在する生命なのか、地球人はおろか、M78星雲人ですら認知可能な次元に存在するものなのか明確ではなく、他人の幻覚に出現する特性は対処が難しい。故に、もしも幻影の様な存在であるならば、地球人はおろかウルトラセブンですら星人に直接攻撃をかけることは不可能である。反対に星人は、ガンダーなどの怪獣を使っての直接的攻撃を行うこともできる点で圧倒的な力の差がある。また、そのガンダーを地下にある地球防衛軍の心臓部へ直接送り込んでいる点で、防衛軍にとってはさらにその下から怪獣に侵入されるということは想定外であり、防衛機構も地下には作れない地球の科学力では、戦略的にも人類との絶対的な差を広げている。故にたかが一匹の凍結怪獣で、地球防衛軍極東基地とウルトラセブンを壊滅寸前に追い込んだポール星人の力量は計り知れない。

今回、地球側がかろうじてその侵略を防げたのは、単純にポール星人が全力で攻めてきた感じはなく、おそらく星人にしてみれば「ちょっと寄った程度」のことで、深読みするのであれば、かつて地球を氷河期にしたが、その後何やら高等生物が出てきたみたいなので、どの程度の生物なのかを試しに訪れた程度なのか、本件でまだ人類は本気で侵略するほどの相手ではないことがわかったので、また来ればよい……的な考えだったのではないかとも思える。そのため、連れていったガンダーが敗れたことで、とりあえず退去したといったところか。

ウルトラセブンへの策略としては、本来、モロボシ・ダンが零下に苦しみ、エネルギーを失ったところでガンダーを向かわせ、戦うだけのエネルギーがない状態のウルトラセブンを倒す予定だったとも取れるが、予想に反して、地球人の粘り強さが計画にズレを生じさせたとも考えられる。

しかし、本来の目的とは異なるが、今回の一件でウルトラセブンが寒さに弱いという弱点を全宇宙へ知らしめたという点では、作戦が成功ともいえる結果を残したといえよう。

★ウルトラセブンは寒さに弱い!

FRONT VIEW

SIDE VIEW

REAR VIEW

凍結怪獣ガンダーは、機械的でも動物的でもない幾何学的な翼と、頭部に伸びる目が特徴的。唇や歯などにどことなく愛嬌を感じる。

ポール星人は、人間型ではなく幻覚の中に姿を現すマリオネットのような小さな宇宙人。

名称≫ガンダー
別名≫凍結怪獣
身長≫45メートル
体重≫2万トン
出身地≫ポール星

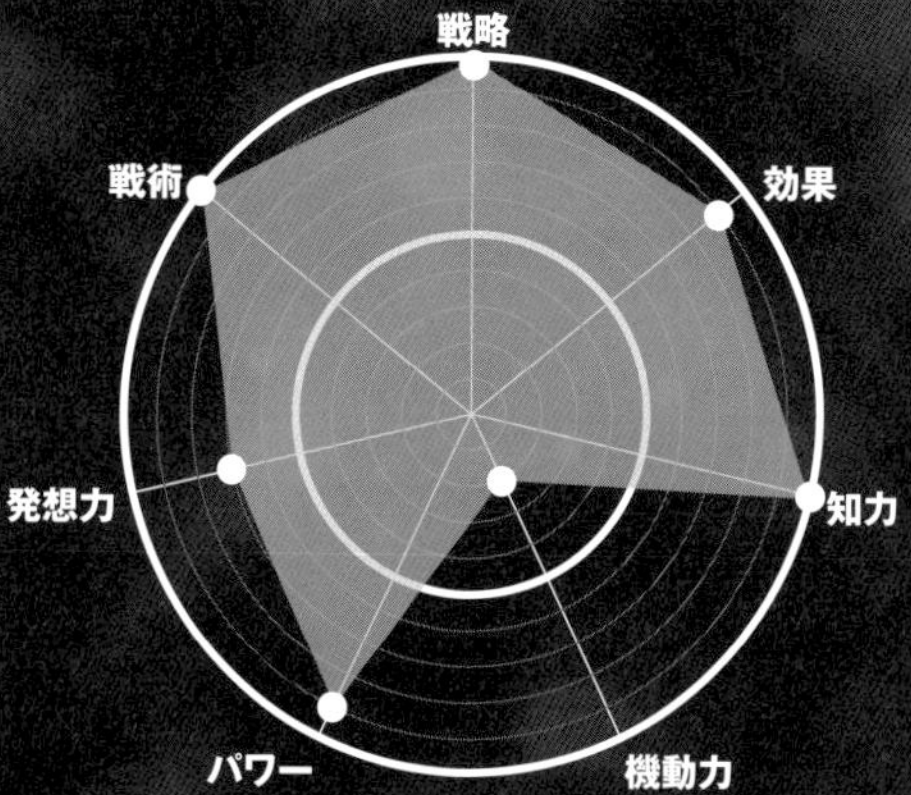

合計 各10点中 59/70点 《作戦評価》

零下という環境における、地球上の生物の行動力低下を狙った戦略は最高評価に値する。戦術的にも、人類が無防備な地下より怪獣を送り込んで冷凍光線で攻めるという、非の打ち所のない攻撃はもはや脱帽である。ただし、本気で攻める様子も見られず、最後のツメを行う素振もなかった点から、評価が満点にならなかったのは残念である。

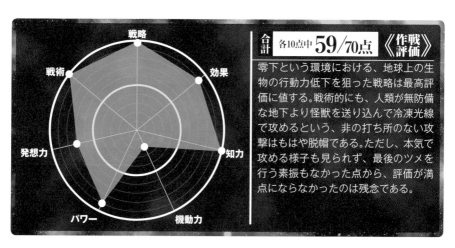

母星を破壊した地球人類への報復

再生怪獣ギエロン星獣の場合

第二十六話	「超兵器R1号」（制作第二十六話）	放送日	1968年3月31日
		STAFF	監督／鈴木俊継　脚本／若槻文三

STORY

地球防衛軍は侵略者から地球を守るため、惑星攻撃用の超兵器・R１号を開発した。その実験を生物のいないギエロン星で行い成功させた。その成果に勢いづく隊員たちに、モロボシ・ダンは「血を吐きながら続ける悲しいマラソン」と兵器開発競争を諫言するが、それを聞き入れる者はいなかった。その中、砕け散った星から、巨大なギエロン星獣が出現し地球へ飛来する。ウルトラ警備隊は、新型爆弾でギエロン星獣を粉砕したはずだったが、一夜明けるともとの姿で再び現れた。ギエロン星獣は、人類に報復するかのように放射能灰を吐きながら進撃していく。

名称≫ギエロン星獣
別名≫再生怪獣
身長≫50メートル
体重≫3万5000トン
出身地≫ギエロン星

金属質の翼が特徴的な怪獣。鳥類にも似た雰囲気を持つが、地球のそれとは全く異なる。

事件の発端

地球防衛軍の秘密工場で完成した惑星攻撃用の超兵器R1号。防衛軍は、新型水爆8000個分の破壊力があるその強力なミサイルを持つことで、他惑星からの侵略を防ごうとしていた。そのR1号の実験が6カ月の調査の上、生物がいないとされるシャール星座の第7惑星のギエロン星で行われた。実験は見事に成功し、ギエロン星は粉砕された。が、直後に宇宙観測艇8号がギエロン星からの攻撃を受けたという連絡を最後に通信を途絶えてしまう。すると、生物のいないはずのギエロン星から、謎の飛行物体が地球を目指して東京近郊に飛来。それは巨大なギエロン星獣であった。

作戦概要

破壊された自星の復讐のため地球へ飛来。

行動開始

地球に接近したギエロン星獣は、警戒中のウルトラホーク1号からロケット弾攻撃を受けるもひるまず、正面衝突する隕石さえも砕いて大気圏突入した。だが、出撃してきたウルトラホーク3号の搭載する新型ミサイルの攻撃を食らってしまい、身体は木っ端みじんに粉砕されてしまう。しかし、細かく飛び散った肉片が再び集結し、再生に成功。元の姿に戻ると東京へ向かう。迎撃に来たウルトラホーク1号の攻撃に対し、口から放射能灰を吐いて応戦。さらにホーク1号を手先からのリング状怪光線を浴びせて撃墜する。

ギエロン星獣の特性

金星とよく似た温度が270度、酸素0・6%という地球型生物では生存に適さない星に生息していた生き物が、超兵器の影響で変異した姿と思われる。本来の姿や、その知性がどの程度のものなのかは不明。本能による報復なのか、知的な感情などから復讐に来たのかは明らかではない。その飛来した鳥の様な姿での能力は、非常に硬質な頭部や翼部で隕石を粉砕し、ウルトラセブンのアイスラッガーをも受け付けないほど。両手先を合わせるとその間から連続するリング状の怪光線を発射、口からは放射能灰を吐く。その灰は、ギエロン星が破壊された時の超兵器によって発生した放射能を大量に含んでおり、人類を危険な状況に追い込む。特殊な身体は、粉砕されても肉片が集合すると再び元の姿に戻る。

交戦

出現したウルトラセブンに、放射能灰と翼部から放つ閃光による目くらまし攻撃をかけると、セブンは短期決戦を狙ってのアイスラッガー攻撃をかけてきた。それをすべて両翼ではじき返すギエロン星獣。格闘戦に持ち込むセブンに手先のリング状光線を発射し、右手首にダメージを与える。

顛末

ギエロン星獣は、負傷しながらも力を振り絞って向かってきたウルトラセブンに右翼をもがれ、その翼をたたきつけられると転倒。倒れ込んだ身体をセブンに覆いかぶさられた上、アイスラッガーで喉笛を切り裂かれて絶命した。

〈敗因〉

今回の一件では、最大の被害者であるギエロン星獣だが、再生した直後にウルトラセブンとの死闘で体力を失ったのか、あるいは地球環境に適応しきれずに二度目の再生を行うことができなかったのかは不明だが、セブンのアイスラッガーによる首筋の切断が致命傷になったことは明らかである（もしかしたら、この部位が何かしらの弱点とも受け止められるが……）。

地球へ報復を行おうとしたものの、星獣の心情は理解できるので、地球人類に問題提起するには良いきっかけになったといえよう。

〈追伸〉

本件は、地球人の愚かさが露呈した事例でもある。力による防衛力を求めすぎる安易さが、超兵器を生み出し他星への絶大なる迷惑行為に発展し、さらなる狂気を製造する前に、地球侵略を完遂するのが望まれる。

★セブンのアイスラッガーが致命傷に……

FRONT VIEW

REAR VIEW

SIDE VIEW

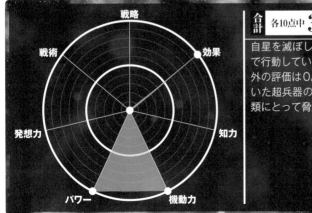

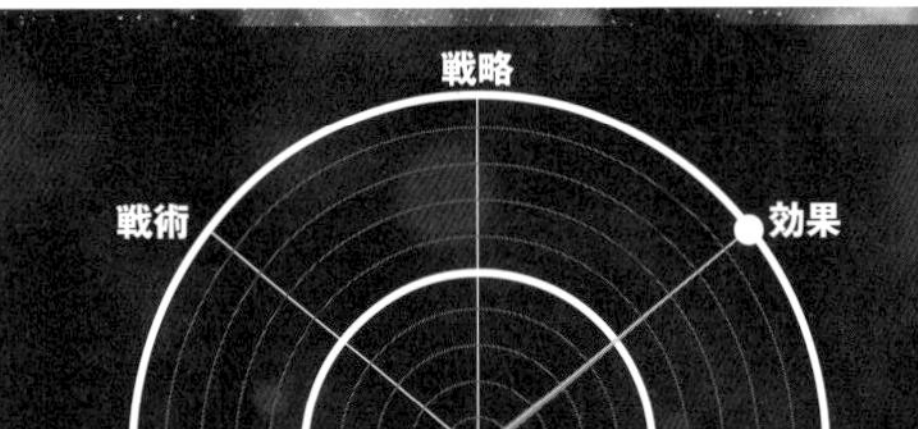

合計 各10点中 30/70点 《作戦評価》

自星を滅ぼした地球人類への復讐のみで行動しているため、パワー、機動力以外の評価は0。だが、その身体に染み付いた超兵器の放射能の持つ効力は、人類にとって脅威に他ならない。

#作戦ナンバー 25

人体改造による防衛軍基地爆破作戦

甲冑星人ボーグ星人の場合

第二十七話	「サイボーグ作戦」（制作第二十七話）	放送日	1968年4月7日
		STAFF	監督／鈴木俊継　脚本／藤川桂介

STORY

朝日沼に巨大な火の玉が落ちる。ソガの後輩、通信隊員の野川が婚約者の早苗と地球防衛軍基地へ向かうドライブの最中に、沼に潜むボーグ星人の宇宙船に拉致されてしまう。その現場近くで早苗が発見される。急行したウルトラ警備隊のソガは、野川の捜索を開始するが徒労に終わってしまった。しかし、しばらくすると野川が何事もなかったように基地へ帰還した。その怪しい行動に、モロボシ・ダンは野川を追跡すると、彼は基地内に爆弾を仕掛け始めた。

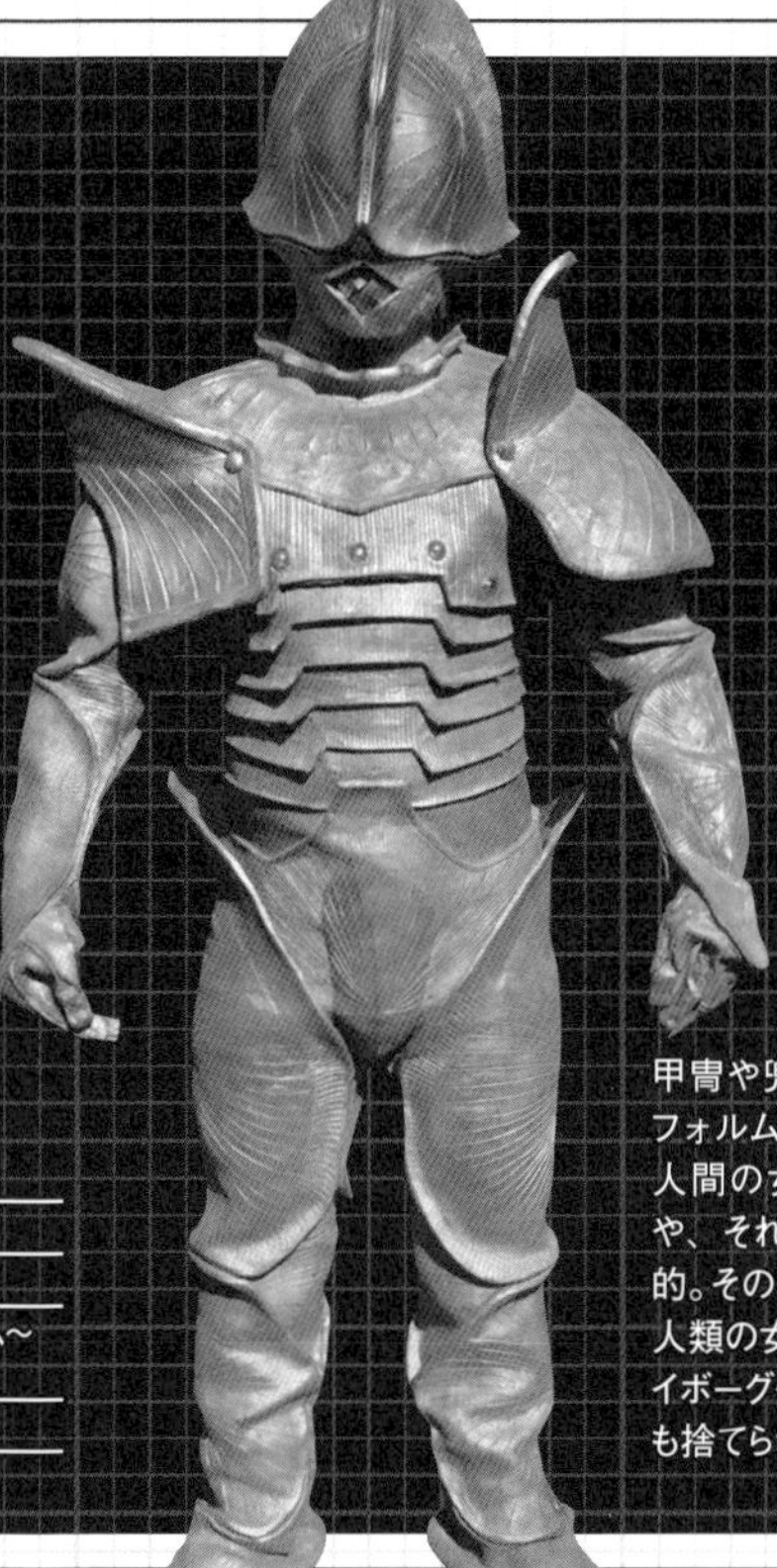

名称≫ボーグ星人
別名≫甲冑星人
身長≫2~40メートル
体重≫180キログラム~2万6000トン
出身地≫ボーグ星

甲冑や兜を思わせる抽象的なフォルムが印象的な宇宙人。人間の女性として潜伏した事や、それにともなって声も女性的。そのことから、もしかすると人類の女性とよく似た生物をサイボーグ化した姿である可能性も捨てられない。

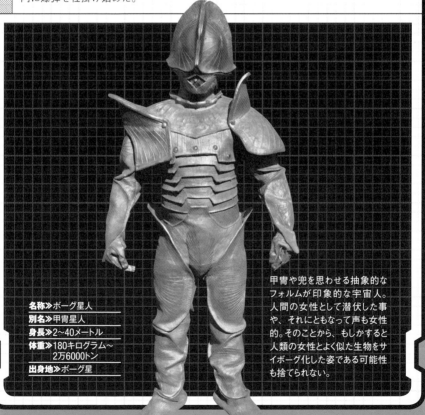

事件の発覚

朝日沼近くで、女性が倒れているとの通報を受けてウルトラ警備隊のモロボシ、ソガがポインターで出動する。現地に到着したソガは捜索を開始。沼の傍らでオイル跡を発見。友人の地球防衛軍通信隊員・野川の車ではないかと、合流してきたフルハシ、アマギらと水中の調査をはじめたが、何の手がかりもないままだった。

作戦概要

拉致した野川隊員に催眠プレートを埋め込みサイボーグ化。地球防衛軍の一員であることを利用して、基地へ爆弾を持って帰還させ、午後6時の勤務交代で隊員が大勢集まったところを爆破、地球防衛軍基地壊滅を狙う。

行動開始

解放された野川は、恋人の早苗のところへ出向いた後、防衛軍基地内へ帰投。内部の警備員ら4名を倒すと基地の奥へ潜伏し、時限爆弾であるプレート弾を設置し始める。その行動は、野川の態度を不審に思ったモロボシにつけられ、ウルトラ警備隊の知るところとなった。

野川は、モロボシに追いつめられるとその任務を語り、地球をボーグ星人のものとすることを告げる。そのままモロボシを撲殺せんとばかりに強打を続けたが、事態に気づいた隊員らによってショックガンを撃たれて気絶。手にしていたプレート弾を発見される。各所に設置していたプレート弾も回収され、地球防衛軍によって野川は治療されてしまう。さらに、野川のうわごとから朝日沼に何かあると踏んだウルトラ警備隊が出動。ウルトラホーク1号の熱ミサイルで朝日沼が干上がってしまうと、沼底に隠していた宇宙船が見つかってしまう。

交戦

宇宙船は、ウルトラホーク1号の猛攻に加え、マグネチック7なる爆弾で爆破されてしまったが、その隙にボーグ星人は女性態のまま地球防衛軍内に潜入。メディカルセンターに突入すると、周囲の隊員らを気絶させ、収容された野川を裏切り者として抹殺しようとする。しかし、倒れていたはずのモロボシの

侵略過程地図 朝日沼➡地球防衛軍基地➡地球防衛軍基地周辺

朝日沼の水中に宇宙船を隠し、地球防衛隊員を拉致して改造。地球防衛軍基地内部へ送り込む。裏切り者となった隊員を消しに、自らも基地内部へ潜入。その後屋外へ移動しての巨大戦となった。

銃撃により暗殺は失敗。基地外へ逃走する。その後をモロボシ・ダンが変身したウルトラセブンが追い、地上で巨大戦になる。

顛末

殴打によってフラフラになったウルトラセブンに、光線技で止めを刺そうと離れたが、あえなく回避されてアイスラッガーによる反撃を受けて首を落とされて命を落とした。

ボーグ星人の特性

全身は甲冑のような姿で、顔面に口らしき部位はあるが、明確な眼球等の視認器官は確認できない。頑強な鎧をまとっているためか、一見緩慢そうに思えるが、意外に殴打などの素早い攻撃を行う。ウルトラセブンのダメージから、そのパンチも相当重いものと推測できる。顔面中央の縦筋から怪光線を発することが可能。かつて出回った文献からは、口（他の資料では目ともあるが）から光線を発射すると記述されていることから、もしかしたら顔面の縦筋が口（あるいは目）である可能性も考えられる。他にも、その身体は数万ボルトの電圧や零下１５０度の低温にも耐えうるという書物も存在した。実際の対決から、首を切断されていることから、もしかしたら甲冑の繋目が急所なのかもしれない。

〈宇宙船の考察〉

船体の両側に大きな半球状の部位があり、赤い背びれを思わせる鋸刃のようなディテールから、どことなく魚類を連想できなくもない特殊な形状を持つ。カーフェリーなどのバウバイザーと似た観音開き型の大きな出入り口があり、野川の車もここから拿捕された。地球突入時には、大気圏突入の熱のためか火の玉状で落下してきた。

〈敗因〉

ボーグ星人は、コミュニケーション手段として語る事が主軸にあるのか、ほぼその行動を相手に説明する節がある。そのため、防衛軍基地内で野川がモロボシ・ダンに発見された際に、その行動目的を口外してしまい、その正体すら明かす事となった。この事から、星人自体、隠し事をする文化がそれほどなく、つい本心などを声にしてしまうのではないかと憶測する。それ故、ウルトラ警備隊が未回収のままだった爆弾のありかを、ウルトラセブン自身に仕掛けたことですら暴露。そのためウルトラセブンは窮地を間一髪逃れてしまうことになったこともやむなしか。野川暗殺に基地内に潜入した理由ですら語らずにいられなかった性格が、計画を破綻させたと言っても過言ではないだろう。

★口は災いのもと！仕事の話はＴＰＯを考える！

ボーグ星人は、地球の西洋の甲冑に似た姿をしている。防衛軍の隊員をサイボーグにして操った。

顔面中央の縦筋から怪光線を発することが可能。

◀頑強な鎧をまとっているためか、一見緩慢そうに思えるが、意外に殴打などの素早い攻撃を行う。

VEHICLE ボーグ星人の宇宙船

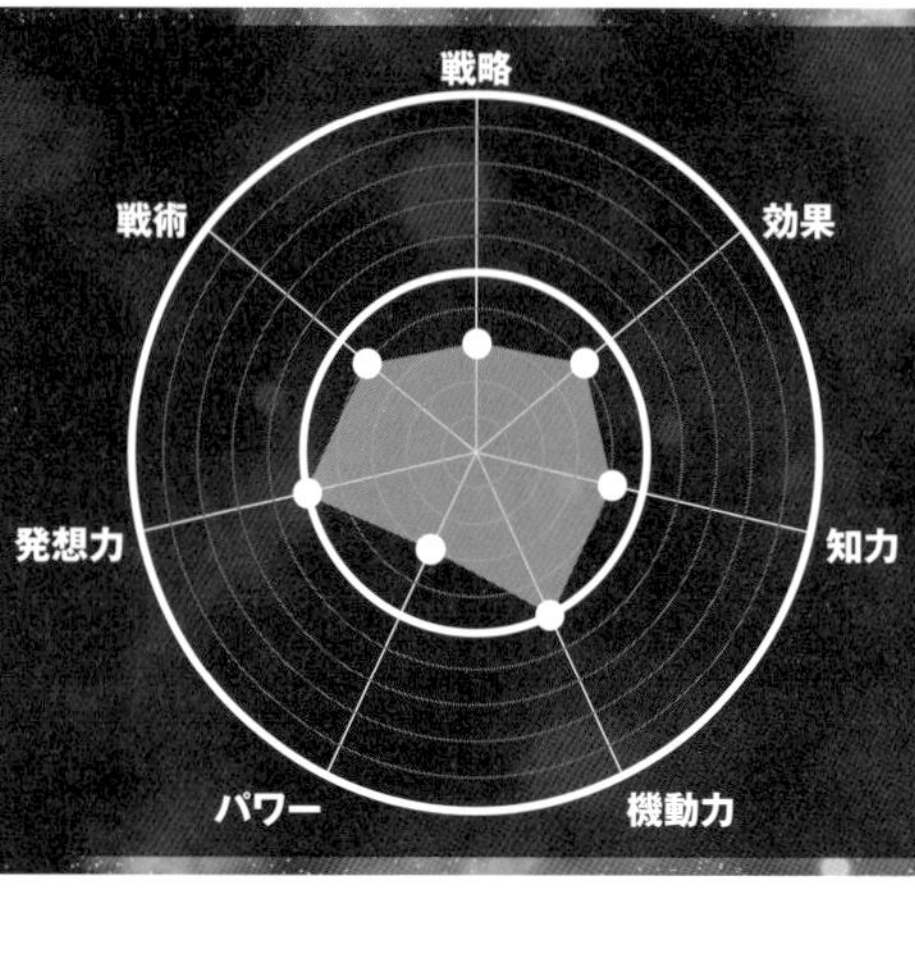

合計 各10点中 28/70点 《作戦評価》

地球防衛軍の隊員を操って基地を破壊する手段は、すでにオーソドックスになった印象を持つ。その方法がサイボーグ化であったとしても、もはや防衛軍にとっては古びた手段にすぎないのか、あえなく対処されてしまっている。その点で評価点は全体に低い。

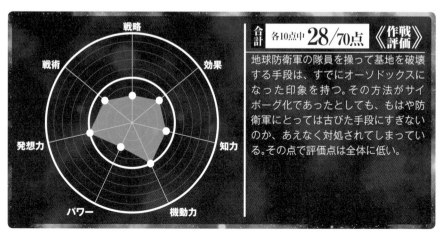

#作戦ナンバー26

超高性能火薬実験阻止作戦

侵略宇宙人キル星人の場合

第二十八話	「700キロを突っ走れ!」（制作第二十八話）	放送日 1968年4月14日 STAFF 監督／満田穧　脚本／上原正三

STORY

地球防衛軍が新たに開発した高性能火薬スパイナーが輸送中、何者かによって爆破された。スパイナー輸送の命令を受けたウルトラ警備隊は、ラリーレースを利用して実験場まで運ぶことを思いつく。ラリーに参加したモロボシ・ダンとアマギは、謎の襲撃者たちに、その進路を妨害される。爆発する車などを目撃したアマギ隊員は、幼少の頃のトラウマを思い出す。そして恐怖のレースは続けられた。

名称»キル星人
別名»侵略宇宙人
身長、体重»地球人類とほぼ同等
出身地»キル星

地球に潜伏しているためか、その姿はほとんど地球人類と同じで、服装等に特別宇宙人らしさはない。

事件の発覚

地球防衛軍によって開発された、ニトログリセリンの数百倍の破壊力を持つ超高性能火薬スパイナーを実験場まで空輸中、何者かによって輸送機は爆破されてしまう。そのため、地球防衛軍はウルトラ警備隊に輸送任務を命ずる。空路、海路での輸送には危険性が伴うため、モロボシ・ダン発案のラリーに便乗して実験場までスパイナーを運ぶ隠密輸送計画であった。

作戦概要

地球防衛軍の開発した高性能火薬スパイナーの実用化を恐れ、実験阻止のため実験場までの輸送を妨害あるいはスパイナーを破壊する。

行動開始

ラリーカーにスパイナーを積載して実験場まで運ぶという計画を知ったキル星人は、700キロに及ぶコース上を走るモロボシ、アマギ両ウルトラ警備隊員を狙い、対抗するバイクで突撃をかけたが、ダンのウルトラガンによる銃撃で爆死。さらに地雷によって破壊工作を目論むも、モロボシらのラリーカーに先行した車が爆発。地雷の存在を知られてしまった。そこでラリーに紛れ込んで1号車として参加していた別のキル星人は、車外にいた両隊員に向けマシンガンを発砲。アマギ隊員の足を負傷させるが、モロボシの気転で後ろをとられ射殺される。夜中、1号車を追ってきたモロボシらが民間人を装って合流したウルトラ警備隊によって1号車のドライバーに化けていたキル星人はマンドリン型マシンガンに倒されてしまったが、ラリーカーへ時限爆弾を設置に成功。スパイナーの破壊を図ったが、アマギ隊員によって装置は停止させられた。ゴールまで後100キロしかないため、2機のヘリコプター（AH-1系）で、ラリーカーを襲撃。特殊な風船装置でラリーカーを上空へ舞い上げるが、ラリーカーに仕掛けられたレーザー砲で1機が撃墜され、もう1機は逃走した。ウルトラ警備隊の援護もあり、ラリーカーは目的地に到着。

キル星人の特性

キル星人は、全員地球人と同様の姿であったが、その正体を含めて詳細は不明。ただし、

侵略過程地図　地球防衛軍基地➡ラリー会場➡地球防衛軍の実験場

超高性能火薬スパイナーの陸路輸送に困惑していた防衛軍は、ラリーに偽装して陸路を輸送。途中で数々の妨害を受けるが、実験場への輸送を無事に行う。

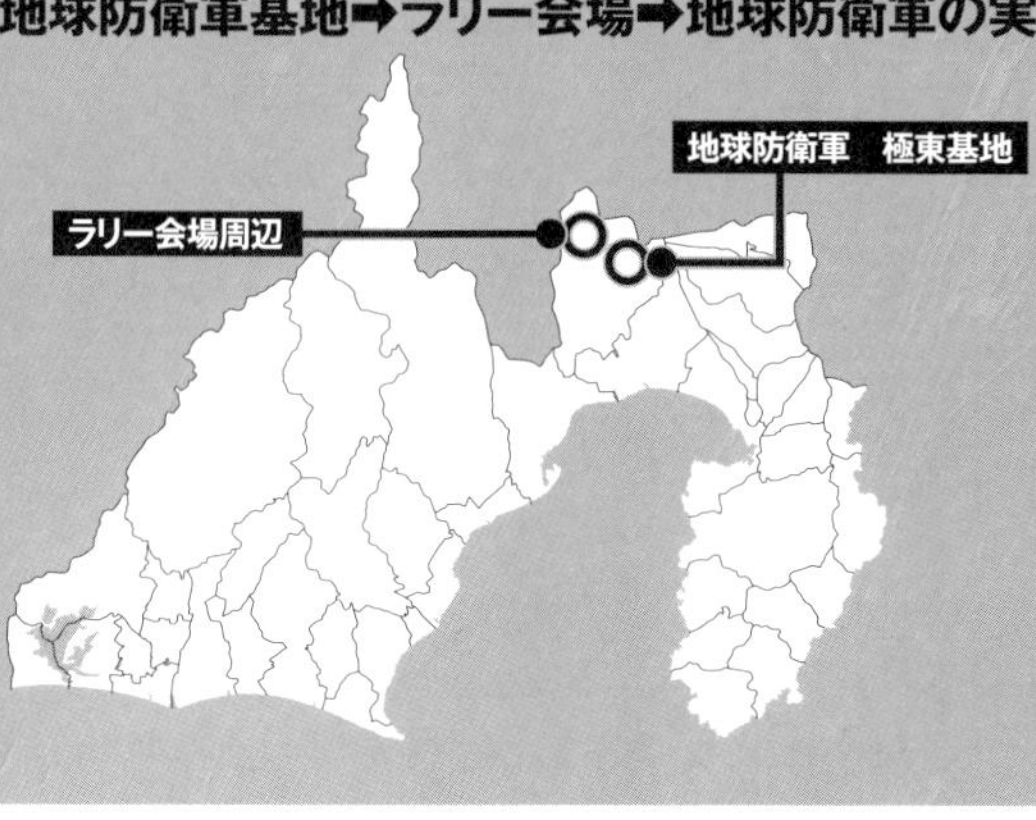

銃撃などで殺されると赤っぽい発光体になって身体が消失してしまう。また、スパイナーの実験阻止の本当の目的も不明のままである。ただし、星人らは基本的に地球上の技術（車、バイク、ヘリ）などを有効活用して襲ってきている点から、現地調達による武器で侵略を行うのが得意のようである。

▼交戦

実験場にスパイナーを運び込まれてしまったため、近くの地底より恐竜戦車を出現させ、実験の妨害に出る。スパイナーのカプセルを加えた恐竜戦車は、隊員らが監視するトーチカに近寄っていく。そこへ飛び出してきたモロボシ・ダンを光線で攻撃し、その動きを封じた。さらなる攻撃を隊員らに加えようとしたが、その時ウルトラセブンが出現。恐竜戦車の行く手を遮る。そこで、邪魔なウルトラセブンが立ち上がれなくなるくらいまで、尻尾による連続打撃を与えた。さらに倒れているセブンの腕を戦車のキャタピラで踏みにじり、ダメージを加える。

▼顛末

立ち上がってきたウルトラセブンに戦車の砲撃を放つが、全弾回避。馬乗りされて少々打撃を食らうも、口から落としたスパイナーにセブンが気をとられているうちに払い落とした。再度セブンを攻撃しようと近づいた際に、ウルトラセブンの放った光弾でカプセルを爆破されて、巻き込まれて爆発炎上してしまった。

〈戦車怪獣・恐竜戦車の考察〉

地球の地底に眠っていた恐竜を使ってキル星人が作り出した兵器とされ、目から怪光線、戦車部からは火砲を発する。

〈敗因〉

単純に地球防衛軍の陽動作戦に引っかかって、ラリーカーを追撃したことが、最大の要因。地球の武器の利用法を考えるのも大事だが、それ以前に諜報活動に力を入れることが大事だということを認識させられる。

★己を知り、敵を知ることが戦略の第一歩！

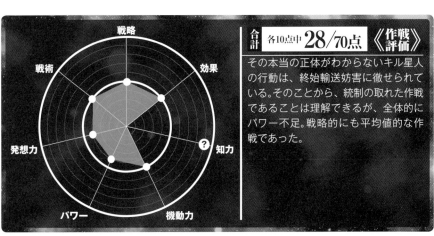

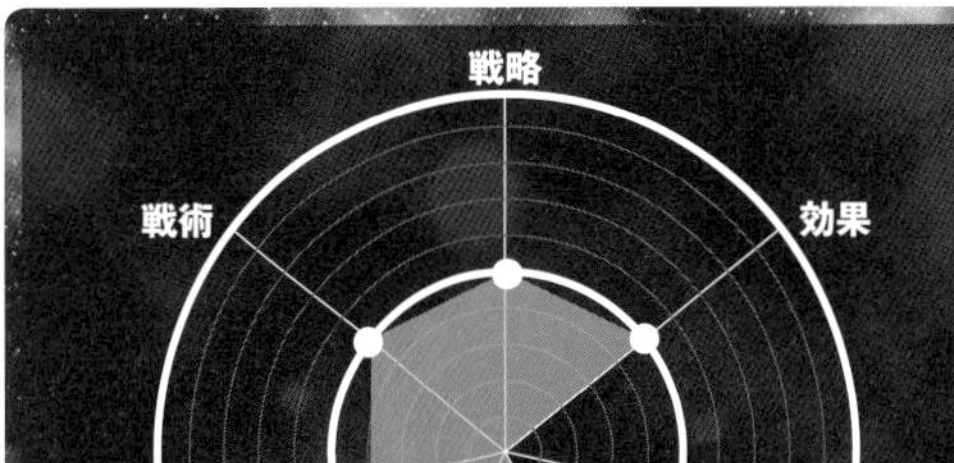

合計 各10点中 **28/70点** 《作戦評価》

その本当の正体がわからないキル星人の行動は、終始輸送妨害に徹せられている。そのことから、統制の取れた作戦であることは理解できるが、全体的にパワー不足。戦略的にも平均値的な作戦であった。

SIDE VIEW

キル星人は、全員地球人と同様の姿であったため、その正体を含めて詳細は不明。恐竜戦車自体は、地球の地底に眠っていた恐竜を使ってキル星人が作り出した兵器とされ、目から怪光線、戦車部からは火砲を発する。

REAR VIEW

恐竜を戦車に乗せるという突飛なアイディアで作り出された怪獣。脚部はなく、主な武装は戦車部の火砲。

名称≫恐竜戦車	
別名≫戦車怪獣	
身長≫60メートル	
体重≫7万トン	
出身地≫キル星	

FRONT VIEW

一部資料によると尻尾はビルをも一撃で破壊する力があり、口からは火を吐くともある。

SIDE VIEW

#作戦ナンバー 27

地球防衛軍機密データ転送作戦

宇宙スパイプロテ星人の場合

第二十九話	「ひとりぼっちの地球人」（制作第二十九話）	放送日	1968年4月21日
		STAFF	監督／満田穧　脚本／市川森一

STORY

ある日、京南大学に勤務するソガの婚約者である南部冴子は、物理学科研究室で謎の影を目撃する。その京南大学物理学科は日本の教育機関初の人工衛星の打ち上げに成功。そのニュースは、世論の注目を集め、ウルトラ警備隊でも話題になっていた。しかし、地球防衛軍秘密調査部の報告では、その人工衛星が地球の科学力を超えたものであり、宇宙人のものである可能性が高いとし、ウルトラ警備隊のソガを大学に潜入させた。物理学科の主任教授である仁羽教授と助手の一の宮を監視しながら、利用されている一の宮の保護に出る。しかし、一の宮は教授が宇宙人であることを知った上で協力していた。その正体がプロテ星人と確信したソガは、仁羽教授に迫るが……。

名称≫プロテ星人
別名≫宇宙スパイ
身長≫1.7メートル～46メートル
体重≫100キログラム～1万2000トン
出身地≫プロテ星

全身各部に小さい突起物が連立しているのが特徴的。

事件の発覚

京南大学物理学科が、日本の教育機関では初めての科学観測衛星を打ち上げた。しかし、地球防衛軍秘密調査部は、その衛星から発せられる超音波を探知し、さらには地球上の科学力をはるかに超えたものだと結論付ける。宇宙人のものである可能性が高いことから、ウルトラ警備隊のソガ隊員を大学に潜入させ、物理学科主任教授である仁羽博士と助手の一の宮を監視させた。

ソガは、一の宮が仁羽教授に騙されていると考え、大学に在学している婚約者の冴子に一の宮の連れ出しを依頼する。しかし、一の宮はすでに仁羽が宇宙人であることを知っていたが、あえて協力していた。その正体が宇宙人であることを確信したソガは、仁羽に詰め寄る。

作戦概要

科学衛星と見せかけたスパイ衛星から、各国の地球防衛軍基地を観測した戦略資料をプロテ星に送り、地球侵略のための資料とする。

行動開始

ソガから迫られ、仁羽は自分の正体がプロテ星人であることを明かした。その目的を悟られてしまったため、銃撃してきたソガを怪光線で気絶させ、研究室奥の基地にある電送装置で科学観測衛星に見せかけたスパイ衛星内に移動させた。衛星内で記憶探知機を使って、ソガの記憶からウルトラ警備隊の秘密などを入手した仁羽は、地球防衛軍基地のデータを積載したスパイ衛星を急ぎ回収するように母星の宇宙船に連絡をする。ウルトラ警備隊のウルトラホーク2号が接近するまでの間に、一旦研究室へ電送で戻った。しかし、そこには一の宮が待機しており、自分の研究した電送装置と共にプロテ星への移住を願うが、仁羽は侵略目的で利用したことを教え、プロテ星人の正体を現して一の宮殺害を謀ろうとした。ところが、偶然にもそれをウルトラ警備隊のモロボシ・ダンが気づいて室内に突入してきて格闘が始まってしまう。

プロテ星人の特性

シリウス系第7惑星であるプロテ星から地球侵略に来た。人間態に変身することが可能。人間時にはV字にした指先から怪光線を発して、人間を気絶させる能力を発揮する。その科学力は、地球のものより上であり、一の宮の研究していた電送装置を完成させたりしている。また、記憶探知機を持っており、人間の記憶をすべてとり出して検証することができる様である。

頭脳は明晰だが、地球防衛軍が、侵略計画に気が付くと思っていなかったのを驚いていたことから、人類を侮っている様にも感じられる。また、地球防衛軍さえ攻略すれば、地球征服など容易とも考えていた。

仁羽教授の姿の際に、自らを〝プロテス星人〟あるいは母星を〝プロテス星〟といっている様に聞こえることから、実際の発音はプロテよりプロテスに近いのかもしれない。

交戦

室内での格闘の末、モロボシ・ダンがウルトラセブンに変身すると姿を消して屋外へ逃亡。校庭で巨大な姿になって現れた。それを追ってセブンも巨大化。姿を消してセブンを急襲し、反撃の間を与えず分身や幻影でかく乱。セブンの超能力も無意味なものとしながら戦いを続ける。金縛り光線を放ち、セブンを捕らえようとしたがはじき返され、チェーンビームで反撃されてしまう。しかし、ウルトラセブンと戦っていた星人の姿は分身であり、本体は仁羽の姿となって研究室に戻っていた。

▼顛末

研究室へ戻ったプロテ星人は、待ち構えていた一の宮に襲われて共に電送装置へ飛び込まれて消滅。ウルトラセブンと戦っていた星人の分身も消え去ってしまった。スパイ衛星を回収した宇宙船は、ウルトラホーク2号の追跡を振り切って逃走していたが、テレポートしてきたウルトラセブンによって衛星を略奪されてしまう。さらにウルトラホーク2号のレーザーによって宇宙船は爆破され、地球防衛軍の機密奪取に失敗した。

〈敗因〉

一番の敗因は、地球防衛軍に科学観測衛星を怪しまれたことにある。その疑念は、ソガの証言からすると衛星からプロテ星へ向けて発信されている超音波を感知されたことから始まっているようで、意外に安易な連絡方法をとっていたことにある。また、入手した地球防衛軍の基地情報などをデータ通信で送るよりも、衛星そのものをデータ保存メディアとして活用する安全面への配慮が裏目に出ているともいえる。

なので、これらはおそらく宇宙船の移動速度などに自信を持っていたからであろうが、最も間違いない方法としては、衛星の回収を行いつつ、同時に超音波によるデータ通信もしていれば、超音波の妨害のほうが地球人にとっては難易度が高かったはずである。

〈追伸〉

今回の計画中、プロテ星人は、各国の地球防衛軍基地の機密情報をどのようにして手に入れたのかが最大の謎。記憶探知装置などを活用したのかは不明だが、その情報収集能力はかなり高いものと思われる。

★安易な通信方法からボロがでた

侵略過程地図 京南大学➡宇宙

主にプロテ星人が潜伏していた京南大学が拠点で、そこから地球防衛軍の機密データ収集を行っていた。最後は迎えに来た宇宙船と合流するために宇宙へテレポートしようとするが失敗してしまう。

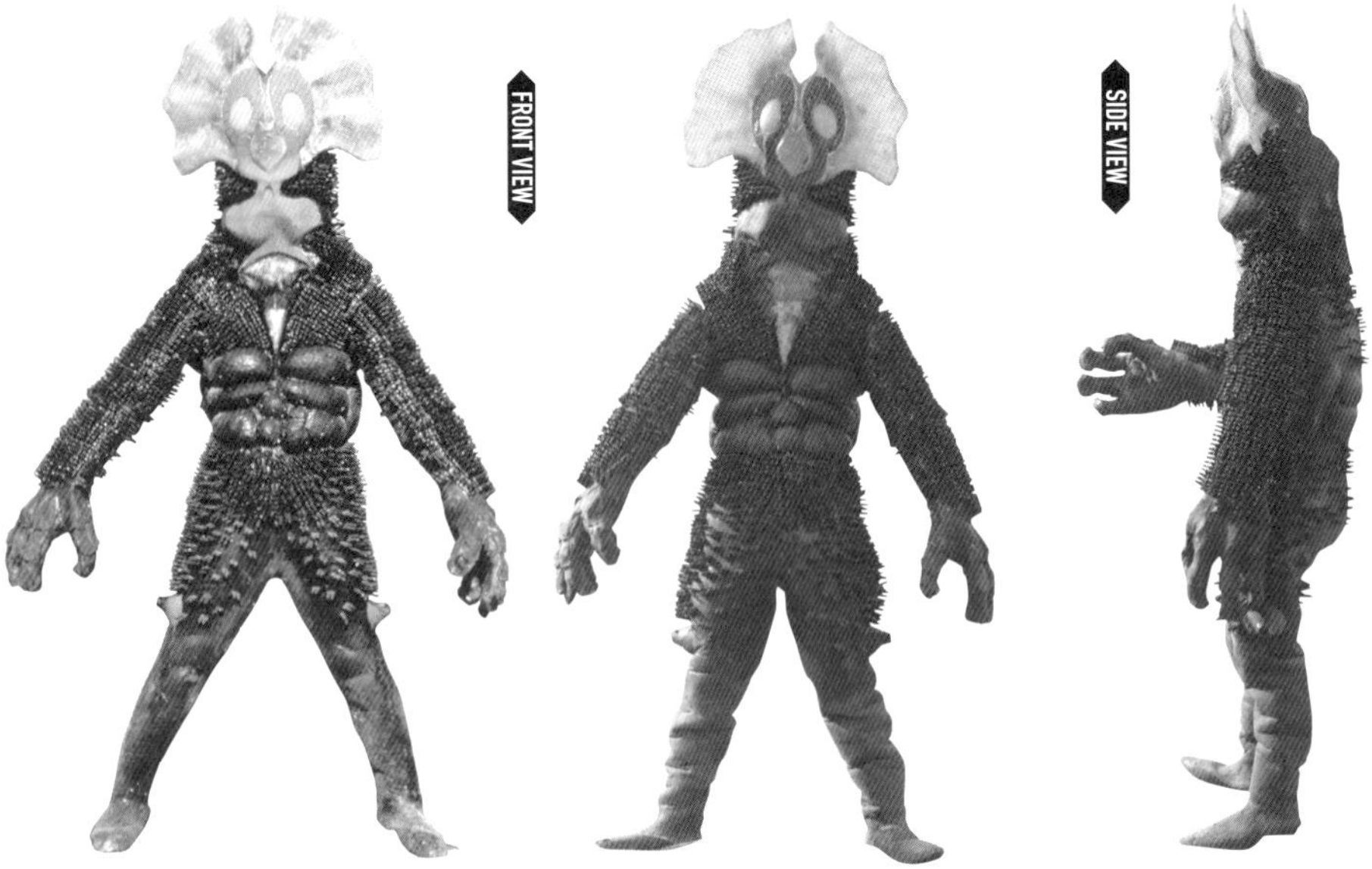

プロテ星人の本来の姿は、全身黒ずくめで黄色い大きな目を持つ。自らの分身や幻影を作り出し、本体とは別に行動させることができ、両眼からは金縛り光線を発することもできる。

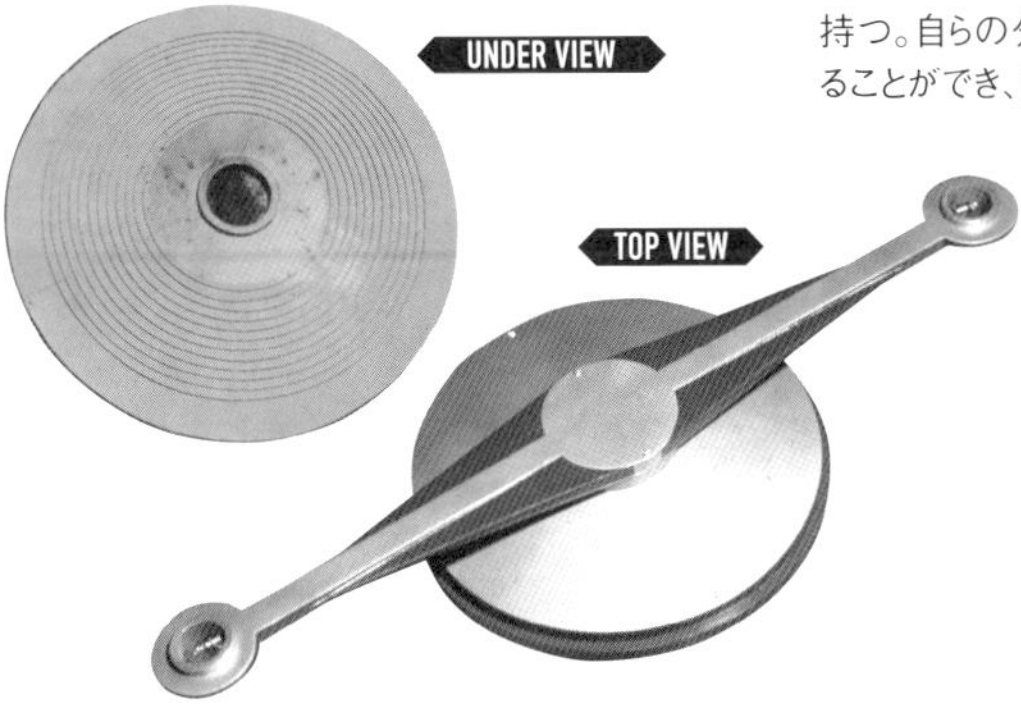

VEHICLE

プロテ星人の宇宙船

円盤状の丸い船体の上に、バー状部分を持つ。下面にハードポイントがあり、地上36000キロに静止しているスパイ衛星を母星へ搬送するために地球へ飛来。内部機構などは不明だが、仁羽の通信に答えている点から、最低でも1名以上の乗組員がいたと考えられる。その航行は、準光速に切り替えていることから、亜光速移動が可能なことがうかがえる。

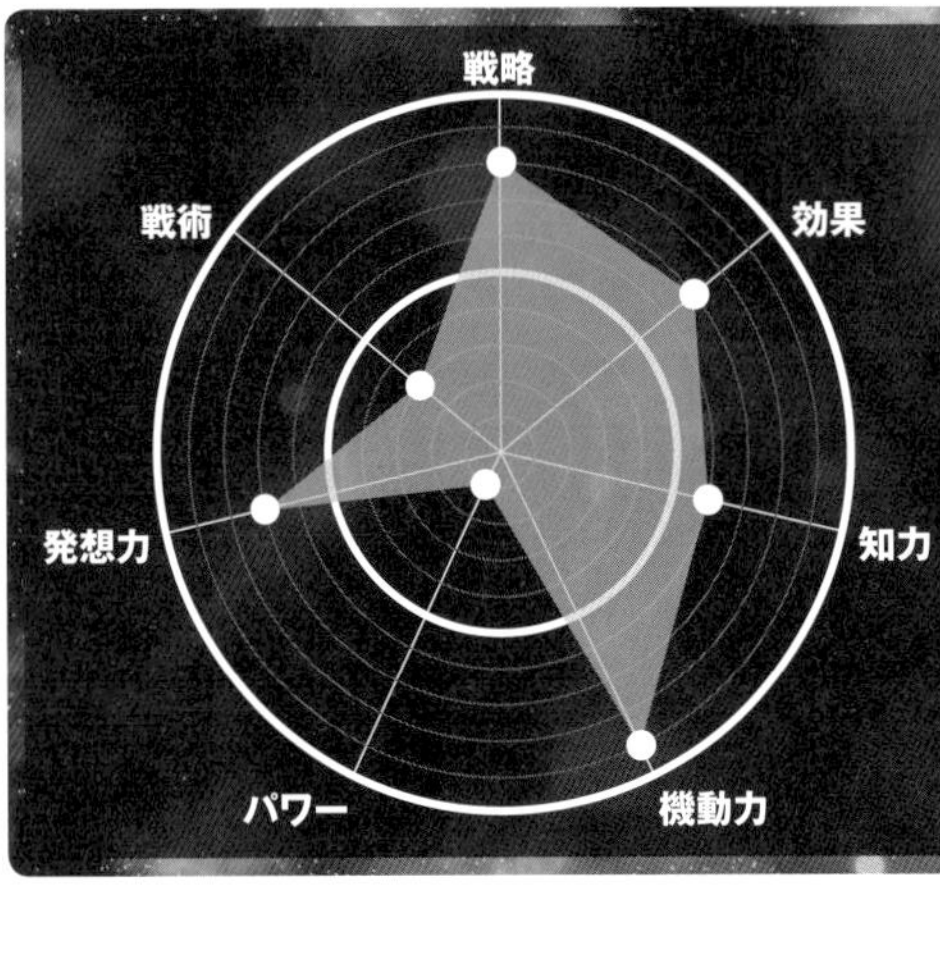

合計 各10点中 **41/70点** 《作戦評価》

個としての戦闘能力が低いためか、自らの分身を使ってウルトラセブンを翻弄している点は発想力として好評価。電送装置を使っての衛星への移動など、目を見張る技術を持ち合わせるが、地球防衛軍の軍備は警戒するものの、地球人の探知能力を侮りすぎた点も計画に支障をきたす結果となったといえる。

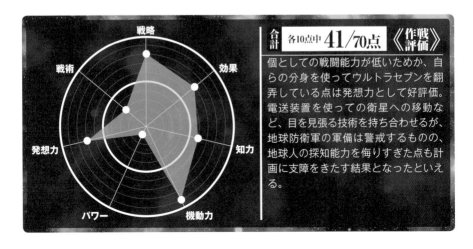

#作戦ナンバー 28

地球防衛軍演習妨害作戦

プラスチック怪人プラチク星人の場合

第三十話 「栄光は誰れのために」(制作第三十話)

放送日 1968年4月28日

STAFF 監督／鈴木俊継　脚本／藤川桂介

STORY

ある日、地球防衛軍の演習場である星ヶ原付近に謎の宇宙戦車が着陸。地底に身を隠した。野戦訓練を前に、ウルトラ警備隊に予備隊員として青木隊員が配属される。空中戦の訓練などで実力を試される青木は、やりすぎた行動をとがめられるも、ダンと共に野戦場である星ヶ原の異変調査へ向かう。あくまで自身の栄誉のために勝手な行動を取る青木は、宇宙戦車を目撃するも逃してしまう。不穏な動きはあるものの野戦訓練は実行され、地球防衛軍の戦車隊が出動するが宇宙戦車の襲撃に合い、マグマライザーが奪われてしまった。

名称》プラチク星人
別名》プラスチック怪人
身長》2～40メートル
体重》50キログラム～1万5000トン
出身地》プラチク星

内部にしっかりとした骨格を持ち、身体中に薄い膜をヒレのように幾重にも生やしている。

事件の発覚

地球防衛軍の野戦訓練実施予定の星ヶ原周辺に、不穏な気配を察知したウルトラ警備隊のポインターのモロボシと、予備隊員の青木の二名は、野戦場の砂山付近で、謎の宇宙戦車を発見。青木の単独行動によるミサイル攻撃で、けん制するが宇宙戦車は逃走してしまった。

作戦概要

地球防衛軍の野戦訓練に乗じて攻撃し、その戦力の弱体化を図る（推測）。

プラチク星人の特性

全身を金網の様なヒレ状の部位で覆われているのが特徴。口からプラスチック液を噴射して、相手を硬化させて殺傷する。ウルトラセブンとの戦闘で、全身が燃えてしまったが、その後に骨状の姿で再び隊員らを襲っている点から、骨部分が本体で、それまでの姿は宇宙服の様なものだったとも憶測できる。その文化的背景などは一切不明。どのようにして地球防衛軍の訓練に関する情報を入手したのかも謎のまま。

行動開始

星ヶ原で野戦訓練が始まると、戦車隊の指揮を執っていたマグマライザーを宇宙戦車で進路を妨害。乗っていた防衛隊員二名をプラスチック液で硬化させ殺害。マグマライザーを奪って、訓練中の隊員らをリモートコントロールされた戦車隊で襲った。実弾による発砲で、異変に気づいたウルトラ警備隊によって実戦に切り替えられると、星人は宇宙戦車を出現させて挟撃に出る。

交戦

プラチク星人は、マグマライザー奪還に来たモロボシと青木に砲撃を加え反抗を阻止に出たが、モロボシにマグマライザー車内に潜入され格闘。モロボシに一撃を加えて倒すも、ウルトラアイを着眼されてウルトラセブンに変身されると巨大化。セブンとの巨大戦を行う。観念したかのような行動でセブンの油断を誘うと、その背後からプラスチック液を噴出してセブンを硬化させる。その姿を見て空中へ去り宇宙戦車に戻るが、復活したセブンが飛来。エメリウム光線によって宇宙戦車が爆破されると再び巨大な姿を現した。

顛末

殴る蹴るの格闘戦の末、両者ダメージを受けるが、ウルトラセブンの投げ技で放り投げられて転落したところをエメリウム光線を受けて炎上。戦いが終わったかに見えたところで、モロボシ・ダンを背後から急襲するも、それに気づいた青木のウルトラガンの一撃を食らって絶命した。

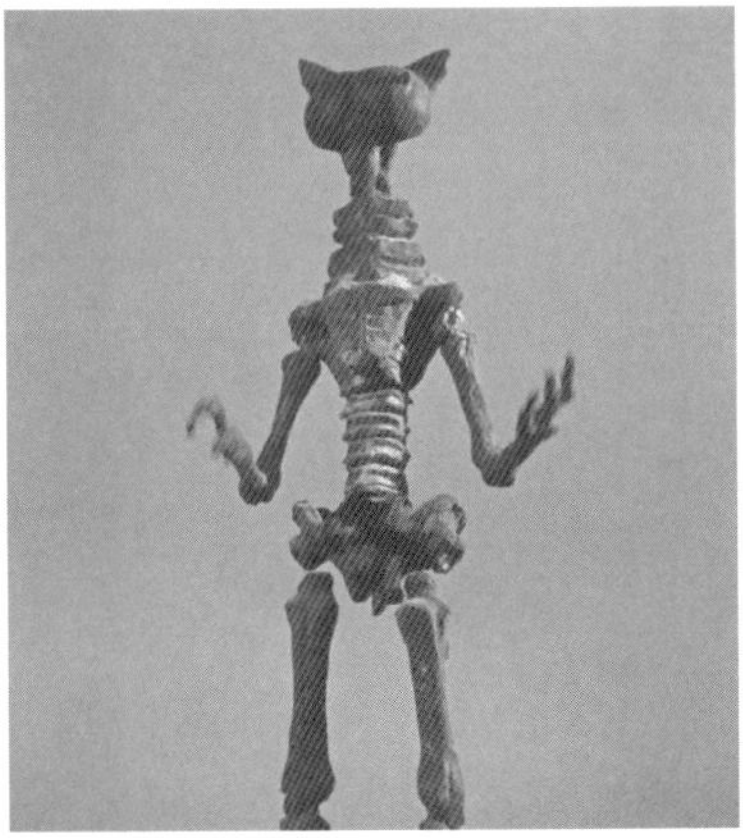

プラチク星人の骨格

〈宇宙戦車の考察〉

車体前部と下部に巨大なローターファンを持ち、垂直上昇、地底への潜伏などを行う。前部左右には砲口があり、砲撃を行うことが可能。そのほかの性能は不明。

〈敗因〉

作戦失敗の要因としては、単独行動による戦力不足が上げられる。それを補うためのマグマライザー窃取による、地球防衛軍戦車隊の利用なのだろうが、訓練中の隊員を襲うのが精一杯で、いずれは防衛軍の総攻撃を受ければ、壊滅してしまうので、まさに捨て身の特攻といった作戦だったのではないだろうか？ しかしながら、ウルトラセブンの出現により、予定よりも小規模な破壊行動で終わったといえるが、モロボシ・ダンの証言から、結果的に防衛隊員にかなりの犠牲者を出したことが推測できるので、ある程度の成功は認められる。

★戦力不足ではどうしようもない

VEHICLE

宇宙戦車。車体前部と下部に巨大なローターファンを持ち、垂直上昇、地底への潜伏などを行う。前部左右には砲口があり、砲撃を行うことが可能。

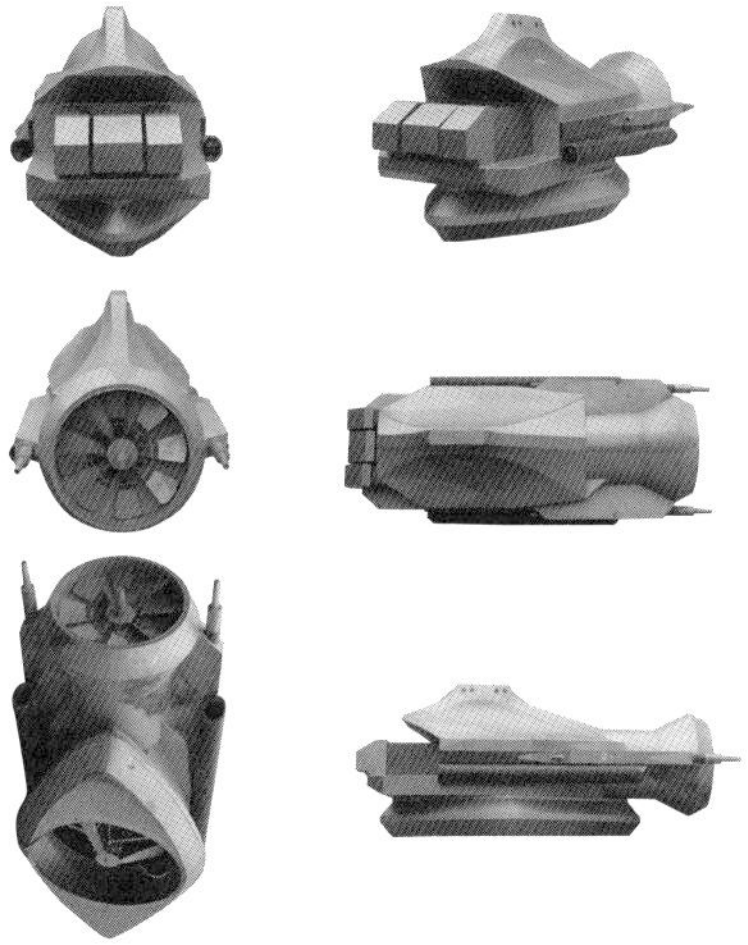

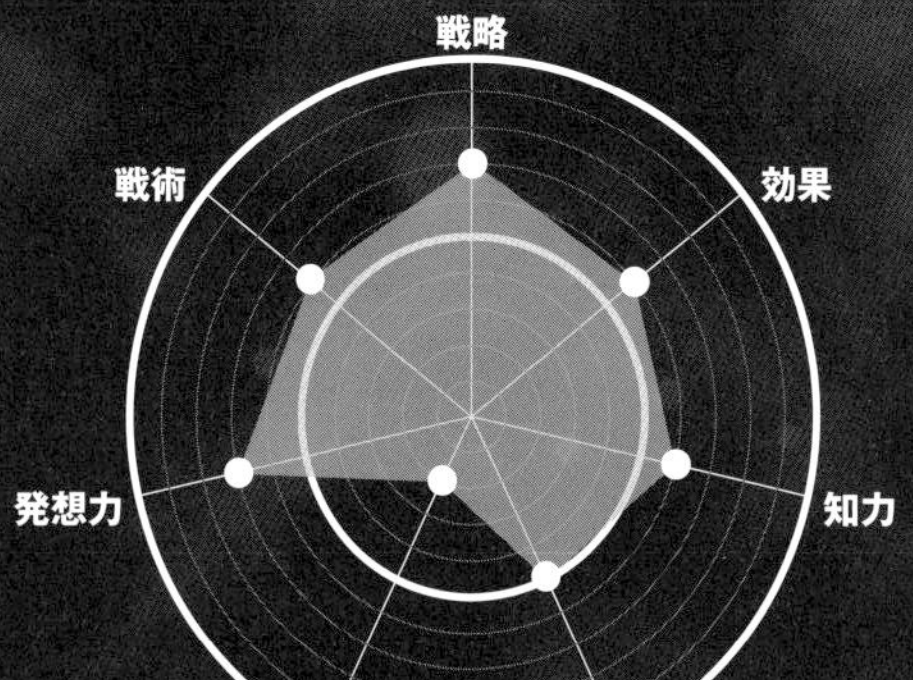

合計 各10点中 39/70点 《作戦評価》

地球防衛軍の訓練を狙うという大胆な作戦に評価は高め。また、訓練中の防衛軍兵器を乗っ取り、同士討ちのように仕込むあたりは意外な知力を持つことを示す。燃えやすい体質と思われる点でパワー評価が下がるが、骨格状になっても立ち上がってくる気概には敬意すら覚える。

#作戦ナンバー29

人体内侵入による生殖範囲の拡大

宇宙細菌ダリーの場合

第三十一話	「悪魔の住む花」（制作第三十一話）	放送日	1968年5月5日
		STAFF	監督／鈴木俊継　脚本／上原正三

STORY

ある花園で遊んでいた香織は、舞い落ちてきた綺麗な花びらに口づけた。しかし、その直後に原因不明の病気で倒れてしまう。その夜、意識不明だった香織は、病室を抜け出し、探しに来たアマギらを襲う。血液を求めて放浪する彼女を保護したウルトラ警備隊は、病状の謎を検査するためにメディカルセンターへ搬送した。その結果、彼女は宇宙細菌ダリーに感染されていて、そのために吸血鬼の様な行動をとったことが判明する。が、メディカルセンターを抜け出した香織は、アマギを操って逃走を始める。夜の遊園地を楽しむかの様な二人のもとへウルトラ警備隊が向かったが……。

名称≫ダリー
別名≫宇宙細菌
身長≫1ミリ
体重≫0.1グラム
出身地≫宇宙

昆虫のような姿を持つ宇宙細菌。大きな顎と、赤い目が特徴的。どことなく二足歩行生物を思わせる形態である。

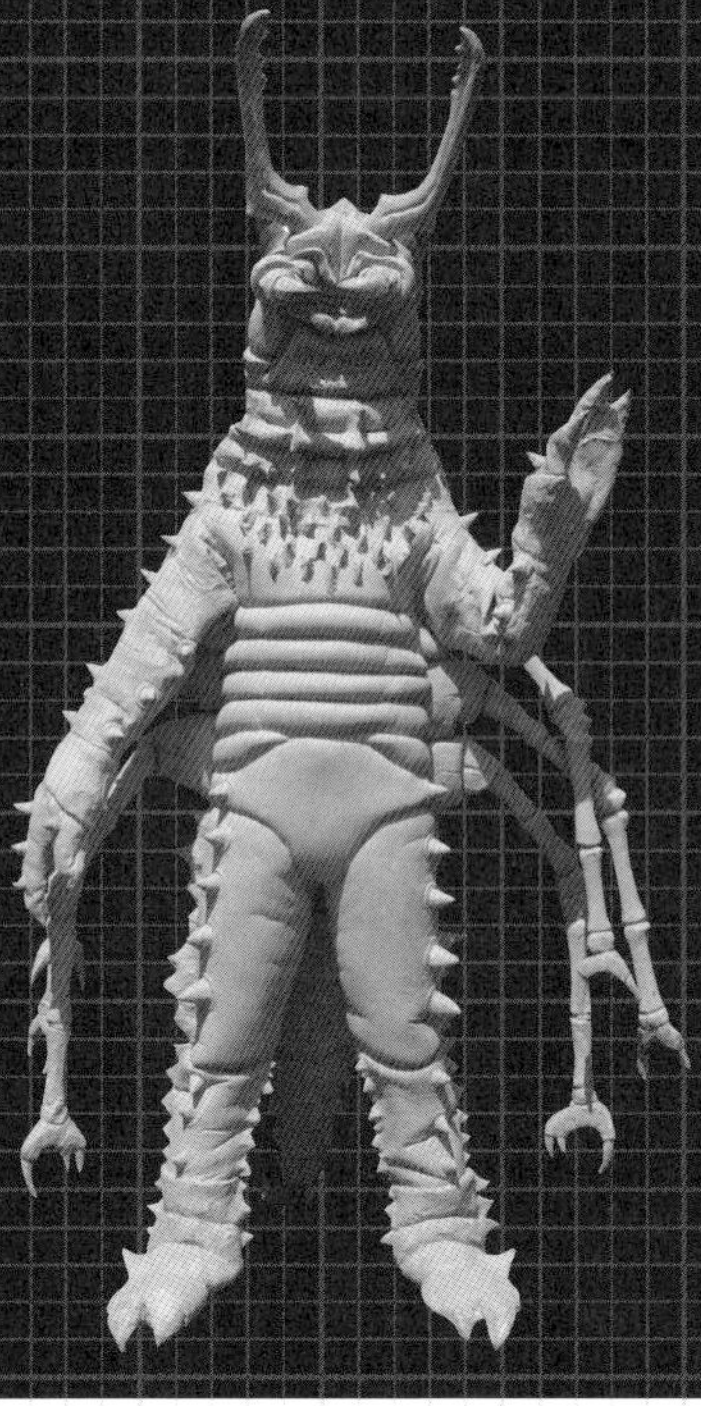

事件の発覚

花園で少女・香織が原因不明で倒れ、血液中の血小板が急激に減少していることがわかった。特殊な血液を持つアマギが輸血のために呼ばれ、同行したモロボシは、香織の手から謎の花弁を見つける。

その夜、意識不明のはずの香織は病室を抜け出し、看護婦やアマギらを襲いながら地下室の輸血用の血液を狙う。香織はどうにか保護され、地球防衛軍基地のメディカルセンターに搬送されるが、検査の結果、彼女は宇宙細菌ダリーに寄生されていた。

作戦概要

地球の花の花弁に似た卵が、それに触れた少女の身体内で孵化。食料である人間の血液中にあるフィブリノーゲンを吸収し成長する。

ダリーの特性

宇宙細菌であることが明らかにされるが、その出身星などは一切不明。ただ、その卵をウルトラセブンがどこかで見たことがあるという点で、地球人だけでなく他の惑星の生物にも寄生する生物であると知られている可能性が示されている。

その姿は、地球の昆虫に似たものがあるが、手足ともとれる部位があることから、哺乳類などに共通する部分もある。上あごの間に口があり、そこから血液を吸入。また、この口からは泡状の物質（ある種の毒素的なものと推測）を吐いて近づくものを攻撃する。

生存本能に基づいた行動は認められるが、知性などは感じられない。ただ、寄生した宿主の血液を吸収するためか、宿主をある種の吸血鬼にする特性を持つ。

吸血鬼となった宿主は、口から霧状のものを吐いて、行動を邪魔する者を気絶させるという特殊な能力をも持つことになる。さらに、宿主が吸血した者を催眠状態にしてコントロールすることも可能なようである。

行動開始

メディカルセンター内に収容された香織は、見張りに来たフルハシの目を逃れて部屋を抜け出す。見張りの隊員や追ってきたキリヤマ隊長、アンヌらを口から吐く霧状物質で倒すと、基地外へ脱した。その際に、先刻襲った

侵略過程地図　花畑➡地球防衛軍基地➡遊園地➡地球防衛軍基地

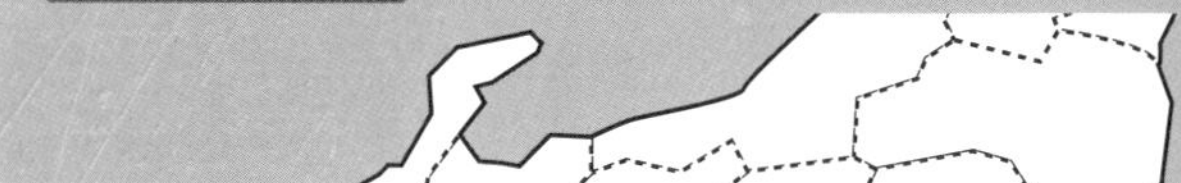

花畑でダリーに寄生された少女は、地球防衛軍基地へ収容されるが、その後、夜の遊園地を徘徊。それを保護され、メディカルセンター内で、体内に侵入してきたウルトラセブンと対決。

アマギを催眠状態にして一緒に連れ出した。だが、遊園地に逃げ込んだところをウルトラ警備隊員らに保護され、再びメディカルセンターへ運び込まれてしまった。

交戦

生命の保証ができないほど衰弱が激しい香織を救う手立てが見つからない地球防衛軍。その惨状を見かねたモロボシ・ダンは、ウルトラセブンに変身。ミクロ化して未知なる人体へ潜入すると、免疫などに苦しみながらも体内に巣くうダリーと対峙。

顛末

内壁に張り付いたダリーは、セブンのエメリウム光線の一撃で落とされ、正面切っての対決となる。口から吐く泡状の液体攻撃で、セブンを絶対的窮地に追い込むが、メディカルセンターで調合された抗生物質を投与されてしまい、香織の体内環境が急変。ダリーはひるみ、セブンは復活。エメリウム光線によって力を奪われ、ウルトラバブルで倒された。

〈敗因〉

地球へ飛来した目的が、生存圏の拡大を図る自然現象なのか真意は謎。単純に生物的な行動をしているだけなので、勝敗で分類するのはややナンセンスではあるが、地球人類の科学技術だけであれば、宿主を確実に殺すことになったであろう点から、もしも香織が生命機能を停止した場合、ダリーは他者に寄生しなおして生存を続けたのであろうか？ もしそうだとしたら、その後、地球全人類への寄生となった可能性も少なくないだろう。

★抗生物質に邪魔される

合計 各10点中 **2/70点** 《作戦評価》

単なる生物的な寄生でしかないため、評価点はない。唯一、個体のパワー指数を見ていても、人体内であることから攻撃できなかっただけであって、実際に体外に出されたとしたら瞬殺されるレベルと見ている。

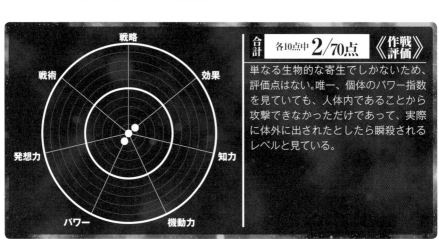

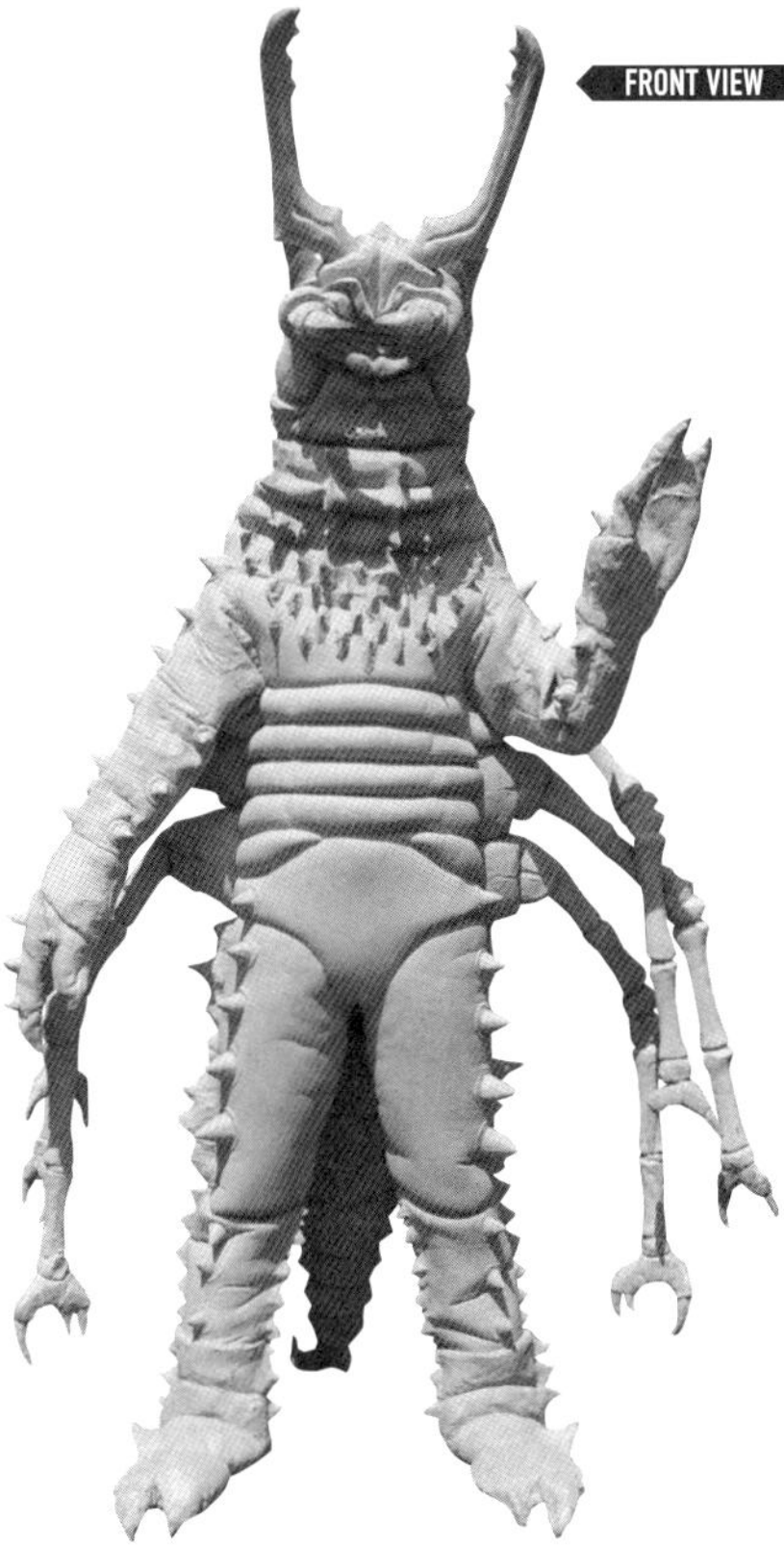

宇宙細菌ダリーは人間の体内に侵入して血液中の栄養を食べる。その姿は昆虫に似ている。ミクロ化したウルトラセブンに倒された。

#作戦ナンバー30

小惑星による突撃作戦

計画者不明の場合

第三十二話	「散歩する惑星」 (制作第三十二話)	放送日	1968年5月12日
		STAFF	監督/野長瀬三摩地　脚本/山田正弘　上原正三

STORY

アステロイドベルトから小惑星が地球に向かって接近してきた。警戒して発進したウルトラホーク1号は、小惑星に捕まってしまい搭乗していたフルハシ、アマギ、ダンらは、脱出不可能になってしまう。惑星上に基地を発見した3名は、そこから強力な電磁波が発信され、防衛軍基地に近づいたところで爆発するように時限装置が仕掛けられていることを知る。その頃、防衛軍基地では怪電磁波によってその機能を麻痺させられ、切り札としてミサイル・キリーの発射準備を始めた。

名称≫リッガー
別名≫メカニズム怪獣
身長≫60メートル
体重≫4万5000トン
出身地≫小惑星

典型的な竜型怪獣。赤い大きな目玉が目を引く。どことなしに恐竜戦車の恐竜と似ている部分があるが、同種系統なのかは不明。

事件の発覚

地球防衛軍の宇宙ステーションV2からの、アステロイドベルトから外れた小惑星が地球に向けて向かっているという緊急連絡により事件が発覚。24時間態勢で警戒する中、パトロールに出たウルトラホーク1号が、地球に接近する島状の小惑星に怪光線によって捕まってしまった。搭乗していたフルハシ、アマギ、モロボシの3隊員は、惑星上に前線基地を発見。さらに別方向に富士山を見ることができたことから、すでに地上へ到達していることを知る。

侵略基地の可能性から前線基地内へ潜入した3人だったが、逆に基地内へ閉じ込められてしまう。様々な機器類が並ぶ室内からは、数億万キロに及ぶ強力な電磁場が発生しており、地上の通信網は大混乱し、地球防衛軍基地ではレーダーやウルトラホークなどが使用不可能になっていた。小惑星調査と3隊員救出に向かったキリヤマ隊長らは、地上付近の小惑星に電磁バリアが張られており、行方不明のウルトラホーク1号を発見するも、通信すらできず撤退を余儀なくされる。徐々に地球防衛軍基地に接近する小惑星に対して、妨害電波を探知して迎撃するミサイル・キリー発射の準備に入る防衛軍だった。

作戦概要

直径1キロメートルの小惑星を地球へ突入させ時限爆弾化し、地球防衛軍基地を破壊する。

星人の特性

この計画を実行した宇宙人は明らかになっておらず、いまだに迷宮入りした事例だが、アステロイドベルトの小惑星を有効利用した上、正確に地球防衛軍基地まで誘導している点から、優れた科学技術を持っていることは確かだろう。

また、強い電磁波を発するだけで、地球の科学を抑え込める（M78星雲人の技術も封じられる）点に注目し、非常にシンプルな計画で、電磁波と質量の高い小惑星のみで地球防衛軍を亡き者にしようとする知恵者でもあることがうかがい知れる。さらに人質を確保している点からは、人類の感情論を理解できる思考体系も持っているようだ。

行動開始

前線基地内でその目的に気が付いた隊員3名らが、小惑星から脱出を図ったため侵略基地は怪獣リッガーを出現させてウルトラホーク1号を襲撃。リッガーは、隊員らが放つエレクトロHガンの攻撃を受けながらもウルトラホークを破壊して隊員らの脱出を阻止した。が、その直後にカプセル怪獣アギラが出現、立ち向かってきたのでリッガーは応戦を開始。しかし、その隙に基地内部へ潜入したモロボシによって時限爆弾を心臓部に仕掛けられ前線基地が破壊されてしまった。そのために電磁波は消失、隊員らが防衛軍基地と連絡をつけたため、小惑星自体が時限爆弾であることを知られてしまう。

交戦

アギラは撤退するも、さらにそこへウルトラセブンが出現しリッガーは格闘を開始。ウルトラセブンの組技に力業で応戦するリッガーは、果敢に戦いを挑んだが、その最中にウルトラホーク3号が着陸して、取り残されていた隊員たちを救出されてしまった。

▼顛末

交戦中のウルトラセブンが投げたアイスラッガーにより、リッガーの首は切断。それを持ったセブンが空中へ舞い上がり、リッガーの首から出ている誘導電波を追う形で小惑星は地上から離されてしまう。

その上、ウルトラホーク3号で警備隊員らに小惑星からの脱出を図られた後、時限装置が爆発のタイムリミットとなり、小惑星は空中で爆発。その目的を果たすことができなった。

〈リッガーの考察〉

典型的な首長恐竜型で、頭部には小惑星の誘導装置が埋め込まれている。そのことから、小惑星の誘導マシンといわれることがあるがその真意は定かではない。

特別な能力を有している気配はないが、その強力な尻尾と噛みつきによる力業が得意の様である。一部文献には、小惑星の用心棒という記述も見られることやウルトラホーク1号を破壊した点から、防衛機構の一環を担っていることも確かなようだ。

★アマギの機転が大きな敗因

〈敗因〉

地球圏内に到着した際に、接近してきたウルトラホーク1号を拿捕し、人質としたまでは戦略的によいが、その中にメカニックに精通していると見られるアマギ隊員がいたのが直接的な敗因につながったと見ていいだろう。

それというのも、人質とする3名の隊員を基地内部へ監禁したままではよかったが、そこから脱出できるとは考えていなかったのだろう。万が一、何かしらの爆弾などを携帯していて、自爆でもされれば基地の機能は停止し、妨害用の電磁波発生を阻止されたとしても、直径1キロメートルの小惑星を防衛軍基地近くで破壊するのは容易ではないはず。さらにウルトラセブンの変身機能が電磁波で作用しないこと知っていたとしたら尚更計画的には優れていたといえる。残念ながらアマギの機転で基地外へ脱出されてしまい、反撃のチャンスを与えてしまったことが大きな要因だったことは明らかだ。

侵略過程地図 宇宙➡地球防衛軍➡極東基地

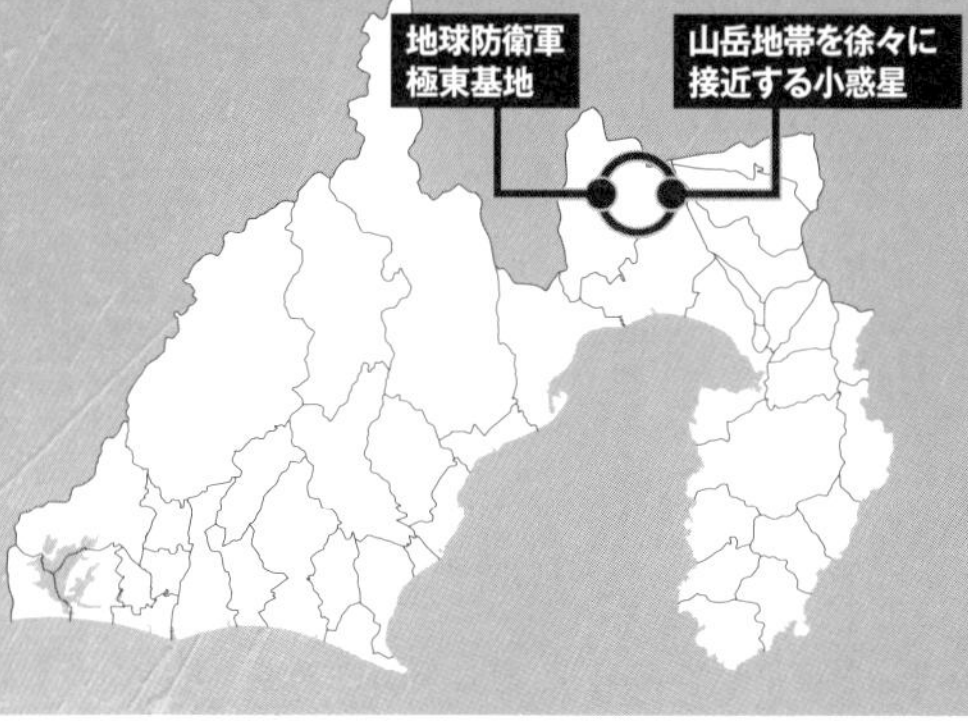

アステロイドベルトから送り込まれた小惑星は、地球に到着すると地上を這うように防衛軍基地へと接近。電磁バリアに護られた小惑星は、外部からの侵入不可能な絶対領域となっていた。

FRONT VIEW

SIDE VIEW

典型的な首長竜型の怪獣リッガー。頭部には小惑星の誘導装置が埋め込まれている。

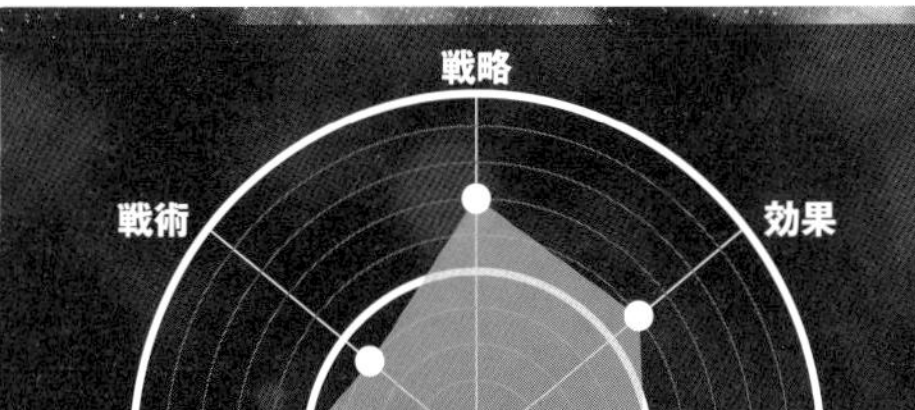

合計 各10点中 40/70点 《作戦評価》

巨大な小惑星を地球上に送り込むというのは、それ自体がかなりの質量を持つことから、小惑星自体の破壊や移動は相当難しくなる。そういう点では戦略的には評価は高いが、進行スピードを考えるならば、基地上空から落下させたほうがより効果が大であったかもしれない。

#作戦ナンバー 31

蘇生死体による防衛軍機密情報奪取作戦

計画立案者不明の場合

第三十三話	「侵略する死者たち」（制作第三十四話）	放送日	1968年5月19日
		STAFF	監督／円谷一　脚本／上原正三

STORY

パリ本部から世界の地球防衛軍秘密基地が明記されたマイクロフィルムが極東基地へ搬送された。時を同じくして謎の遺体が数体、地球防衛軍基地内へ収容される。その夜から謎の影が基地内を徘徊、重要機密のマイクロフィルムは何者かに超能力によって操られたシャドウマンによって盗み出されてしまった。

名称≫シャドウマン
別名≫蘇生怪人
身長≫不明
体重≫不明
出身地≫不明

影のようにさまよいながら任務を果たす。死者の霊魂が操られたものといわれる。

事件の発覚

海中を進むＳ号が地球防衛軍の重要機密を極秘のうちにパリ本部から運んできた。その航行中、セイロン島の北方30海里で謎の爆発4件を感知するも、無事に極東基地へ重要機密の入ったマイクロフィルムを搬送した。その頃、防衛軍基地周辺では防衛軍関係車両の前に飛び出してきた男たちが基地内へ運び込まれるという、奇妙な事件が続発。その男たちの遺体が、基地内を徘徊する姿を目撃され警備員の銃撃事件へと発展した。調査の結果、運び込まれた男たちは、第三病院から盗み出された教材用の遺体であり、元々身元不明の者たちだったという。収容されている遺体を検査しても異変はなく、何者かの力によって蘇生させられていると思われた。深夜、奇怪な影が出現し、警報器にかかったことで、金庫内に収容されているはずの世界の地球防衛軍基地秘密基地が明記されたマイクロフィルムが盗み出されていたことが明るみに。

行動開始

非常警戒網を敷いた防衛軍を尻目に影の存在でしかないシャドウマンはマイクロフィルムの奪取に成功。遺体置き場にいたモロボシ・ダンが、シャドウマンの存在に気が付き、ウルトラセブンに変身したところを不思議な煙で襲い、セブンの身体を縮小化しコップに閉じ込めた。その隙に防衛軍基地施設を使用し、データの転送を成し遂げた。

作戦概要

地球防衛軍基地内に運び込まれた遺体をシャドウマンとして利用し、彼等を操って重要機密が明記されたマイクロフィルムを略奪。宇宙ステーションへデータを転送し防衛軍基地の破壊を画策した。

星人の特性

その正体は不明。その行動は、ほぼ遠隔操作によるものだが、念力によって死者の霊を操る力を持つ。その上、謎の煙でウルトラセブンの身体を小さくしてしまう力もある（この煙は、防衛隊員を苦しませる効能もある）。本計画を行った星人の能力なのか、はたまたオカルト的だが人類自体が持つ魂のような存在かはわからないが、人知を超えたシャドウマン（死者の霊と考えられる）を使って機密事項を入手しようという点で、地球人類とは少々異なる文化あるいは生命価値を持つものと思われる。さらに宇宙船によるデータ回収を行っていることから、科学技術の水準も高く、シャドウマンはある種の機器によって操作されているとも想像できる。そのテクノロジーは人類の科学、知識を上回るものであり、地球人類にとっては脅威となりえる存在と思われる。

交戦

ウルトラセブンに気転を利かして脱出されたことで、モロボシ・ダンがウルトラ警備隊にシャドウマンの正体を報告、機密データ送信電波を逆探知されて東京K地区の受信アンテナで中継して、宇宙へ送信しているのが突き止められてしまった。受信場所探索に宇宙へ来たモロボシの乗るウルトラホーク2号が、宇宙ステーションに接近したところを怪光線で撃破。しかし、中からウルトラセブンが出現。地球攻撃用の大型ミサイルを撃破されたが、ウルトラセブンを停止光線で捉え小型円盤により捕縛。ステーション下部のカプセルに閉じ込めたが、迎撃に来たウルトラ警備隊のウルトラホーク1号と交戦に突入。

▼顛末

ウルトラホーク1号と小型円盤のドッグファイトが続く中、宇宙ステーションは撤退を始める。しかし、ウルトラホークの猛攻でウルトラセブンを収容していたカプセルが投棄されてしまいセブンが復活。ワイドショットの攻撃を食らって宇宙ステーションは爆発。小型円盤群もウルトラホーク1号の攻撃で壊滅した。

〈敗因〉

人類やウルトラセブンが、物理的接触の不可能な人間の霊魂を使った作戦を敢行したところは評価に値するも、宇宙ステーションからの直接的攻撃による攻略を行ったことが敗因であると考えられる。優れた超能力で霊魂を操り、重要機密のマイクロフィルムを盗み出すことができるのであれば、その矛先を火薬庫や動力室などの最重要箇所の破壊を目的にしていれば、もう少々楽に地球防衛軍基地を破壊できたのではないかと想像できる。

もっとも、データ転送の電波を逆探知されたことで宇宙ステーションを発見されてしまったことで予定変更を余儀なくされたのかもしれないが……。謎の宇宙人が、なぜ最初に極東基地の場所を察知できたのか？　単に防衛軍関係車両を狙って遺体を向かわせたのであれば、各国の防衛軍に同じようなことしていればよかったと思う反面、同じ方法が続けて使用できないと先読みしての行動なのかと思えば、本作戦の結果は止むなしといったところだろうか。

〈追伸〉

またしても本件では首謀者の正体がわからぬままだが、先の小惑星利用による地球防衛軍基地爆破計画の計画者とは関係ないのだろうか？　また、地球防衛軍がマイクロフィルムを海底で輸送している際に報告が入っていた、セイロン島の事件は本件とは何のかかわりもなかったのか？

★直接的攻撃による攻略が敗因

侵略過程地図　地球防衛軍基地周辺➡基地内➡宇宙

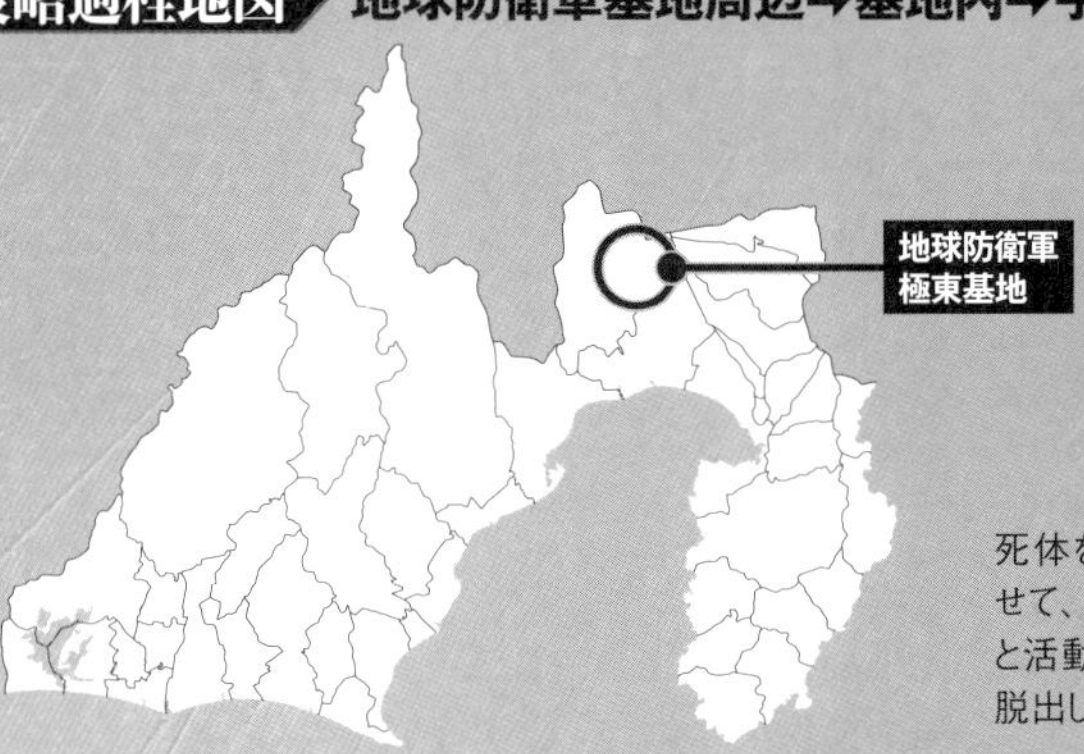

死体を地球防衛軍周辺に徘徊させて、防衛軍基地内へ搬送させると活動開始。情報を盗むと宇宙へ脱出した。

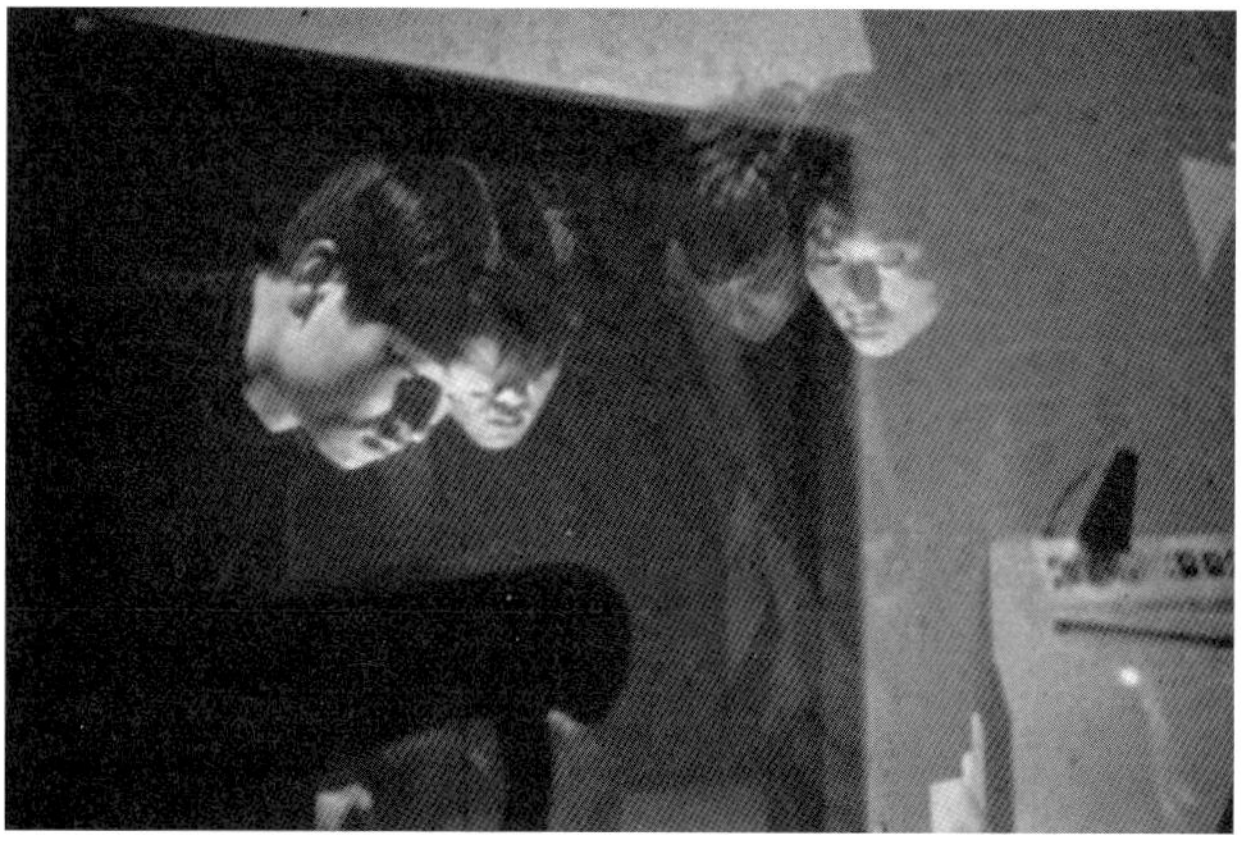

侵略者の星人自体は正体不明。謎の星人は、その念力でシャドウマンを操ることが出来る。

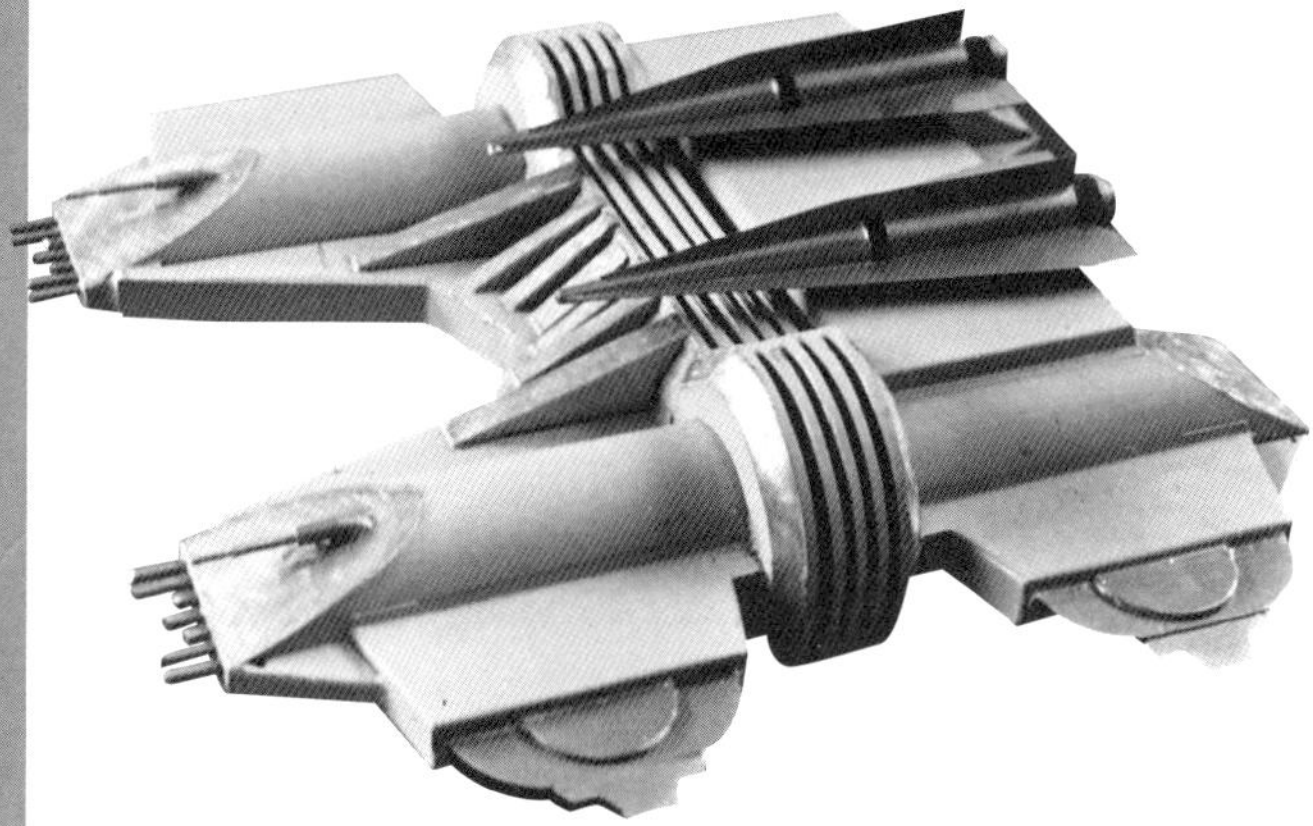

VEHICLE

シャドウマンを操る宇宙人の宇宙ステーション

双胴型にも見える宇宙ステーションは、両舷の砲塔から命中したものをコントロールすることができる一種の念力光線のような怪光線を発射する。またその直下にある6門の砲口からは相手の動きを止める光線を発射する。上部には大型ミサイルを搭載。さらに小型円盤を使って、ウルトラセブンの四肢を拘留した。その小型円盤は、先端に閃光型の攻撃装置を持っている。ステーション中央下部にはウルトラセブンを捕らえたカプセルを懸架している。

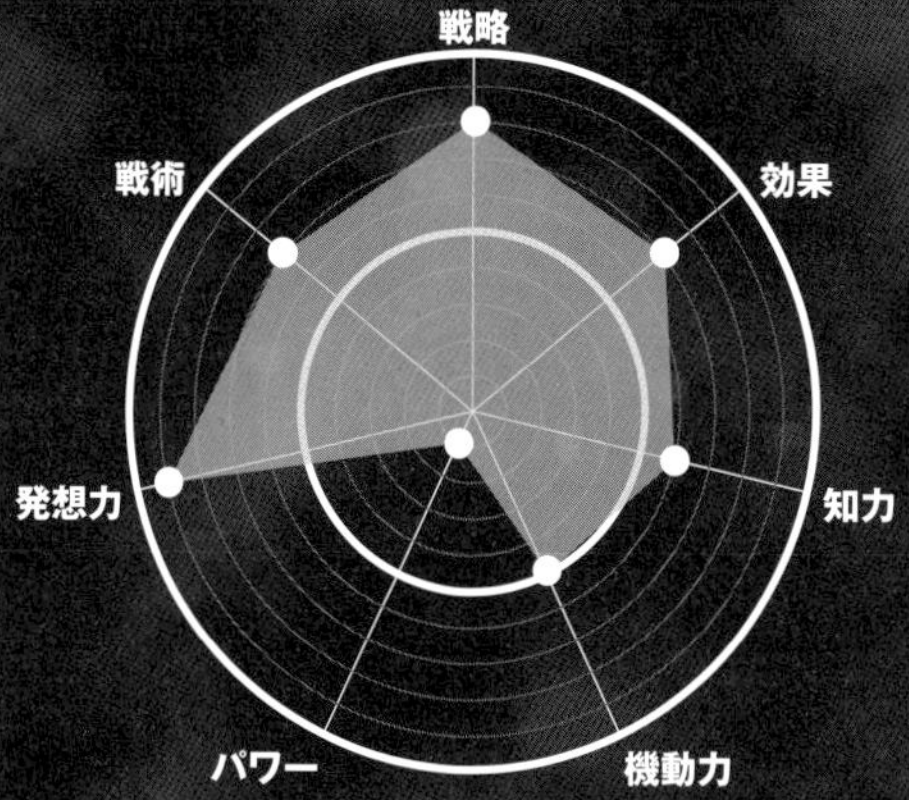

合計 各10点中 43/70点 《作戦評価》

人間とは異なる存在である霊魂を操るという発想は高評価。魂の侵略は、対応策がほとんどない点に注目。ある意味では異次元からの攻撃と同等か、あるいはさらなる驚異の存在を生み出す可能性があり、総合的に評価が高くなっている。

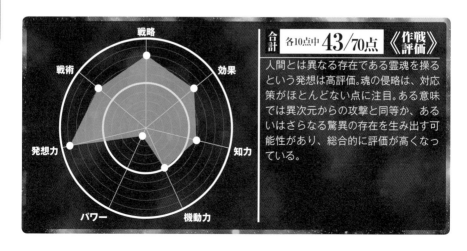

#作戦ナンバー32

地球居住区確保のための蒸発作戦

発泡怪獣ダンカンの場合

第三十四話	「蒸発都市」 （制作第三十五話）	放送日 1968年5月26日 STAFF 監督／円谷一　脚本／金城哲夫

STORY

夜の都心をパトロール中のポインターを、謎のワゴンバスが銃撃してきた。追跡したウルトラ警備隊のモロボシ・ダンとソガだったが、怪しい車を足止めした途端に、周囲の建物と共に蒸発してしまった。必死に捜索するウルトラ警備隊に、霊媒師のユタ花村から会見申し込みがあり、タケナカ参謀らが向かう。そこでは、ユタ花村の身体を通して、宇宙生命体が地球への一時居住の要求を出してきたのだった。

名称≫ダンカン
別名≫発泡怪獣
身長≫40メートル
体重≫1万5000トン
出身地≫太陽系近くの惑星

まるでフルーツのドリアンをそのまま怪獣にしたようなイガイガだらけの身体が特徴的。身体を丸めると、まさにトゲトゲボール状に。

事件の発覚

第六管区パトロール中に不穏な音を感知したモロボシは、ソガを同乗させたまま怪しい音源にポインターを走らせた。その音のする工事現場で、正体不明のマイクロバスから発砲を受けるウルトラ警備隊。逃走するマイクロバスのタイヤを撃ち停止させるが、その直後にポインターがモロボシ、ソガ両隊員と共に消失してしまった。

警官1名を含む謎の消失現象を目撃した警察官がウルトラ警備隊へ通報、事件が発覚した。ウルトラ警備隊が現場に急行し調査を開始すると、多量に放射能が検出され、この一件が何者かの陰謀であることを知る。

作戦概要

宇宙乱流で一時的な地球への居住を余儀なくされたため、住居としての居住区画と建物を確保する。

行動開始

翌朝、宇宙人は第六管区にある都心のビル街の建物を、一区画丸ごと消し去った後に巨大な発泡体で現れるが、捜索中のウルトラ警備隊が乗るヘリの攻撃に姿を消す。その直後、霊媒師であるユタ花村の精神を介し、ウルトラ警備隊にビル蒸発事件に関しての会見を申し込んだ。

地球防衛軍のタケナカ参謀に対し、一時的な居住区画を確保し、住居としてビルを使用する旨を伝えた。また、その居住区画への侵入拒否を警告すると、しばらくして宇宙人居住区を突如三ツ沢平野に出現させた。そこに立ち並ぶビル街に捜索中のフルハシ、アンヌが侵入したのを裏切り行為とみなし、報復としてウルトラセブンによる人類攻撃を敢行するため、捕らえていたモロボシ・ダンを催眠コントロールしてウルトラセブンに変身させた。

星人の特性

太陽系からそう遠くない星から来た生命体。その実名は不明だが、正体は泡状の身体をした何にでも変身できる宇宙生物で、地球上では地球人男性の姿で滞在。特殊な装置を使い、霊媒師の精神をコントロールして地球防衛軍に自分たちの要望を要求した。

自我が強いのか地球人を信用しないのか詳細は不明ではあるが、極度に直截な接触を拒む傾向が強い。そこから、生物としては地球人類よりも弱体であるのではないかという憶測も生まれるが、ウルトラセブンとの交戦の際には発泡怪獣ダンカンとして力を発揮している（この姿が本来の姿であるとはいいがたい）。

また、居住区を必要としていた点から、個ではなく複数で地球へ来ているものと思われるが、実際に活動していた一個体以外の確認は取れていない。むしろ、泡状の物質が、実は複数の生命体の集合であることを視野に入れれば、地球居住の際に複数の人間態になって生活を行った可能性を見出すこともできる。ただ、科学技術の水準は非常に高いので、その文明レベルも高かったことがうかがい知れることから、地球人類を野蛮なものとして見ているのが原因で接触をしなかったのかもしれない。

交戦

都市内に潜入してきたウルトラ警備隊を、ウルトラセブンを使ってひねり潰そうとしたが、コントロールしている最中にウルトラ警備隊のフルハシに操作室に入り込まれて、ウルトラガンの一撃を受けてしまう。
　そのまま泡化して外部へ出ると巨大な怪獣の姿へ変貌。コントロールを失い、意識を取り戻してしまったウルトラセブンに対して、無数のトゲに覆われた体を使い体当たり戦を挑んでいった。

■顛末

　やや劣勢になったのをきっかけに逃亡を試みるが、背後から迫るウルトラセブンから発射されたエメリウム光線で絶命。泡状になって消滅してしまった。

〈敗因〉

　実際の目的が、本人らが語る様に一時的地球の滞在であれば、条件を歩み寄って生存圏を確保すればよいだけなのだが、今回に限ってはやや強引な取引に問題があった。地球人類を下に見る傾向があるようだが、戦い方に関してはあまり慣れていないのか、地球人類より劣る傾向が見える。
　それにもかかわらず、居住区にウルトラ警備隊が侵入した際に、逆上してウルトラセブンを使い魔にしたことで、油断が生まれたのかあっけなくフルハシの銃撃に倒れている。本来、戦いに向いていない生物のようなので、分相応の対応で異星人と接触するべきであった。

〈追伸〉

　ウルトラセブン自身を操るコントロールマシンを持っているのが優れていた。このことでM78星雲人を催眠コントロールできることが証明され、その攻略にまた一歩前進したといえよう。後はこのダンカンが、いかなるシステムを用いたのかを解明さえすればよいのだが……。

★強引な取引に問題あり！

侵略過程地図　東京・丸の内➡三ツ沢平野

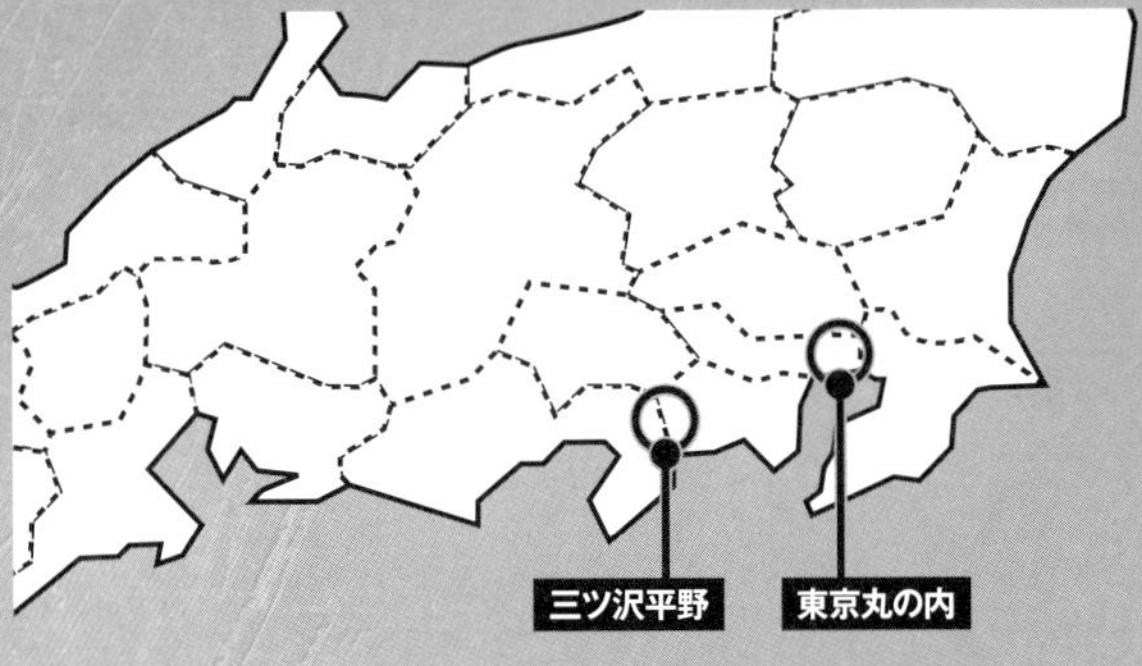

東京都第六管区のオフィス街を一瞬で消滅させたダンカンは、それを居住区とするため三ツ沢平野へと出現させる。そこでウルトラ警備隊らと交戦。

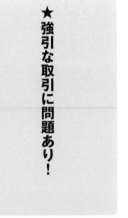

FRONT VIEW

その正体は泡状の身体をした何にでも変身できる宇宙生物で、地球上では地球人男性の姿で滞在した。

SIDE VIEW

ダンカンは、人間体から泡状の姿に変わり、巨大化してトゲ状の怪獣になった。最後も泡状になって消滅した。

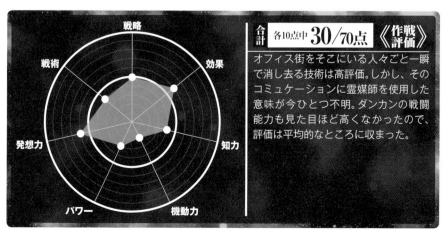

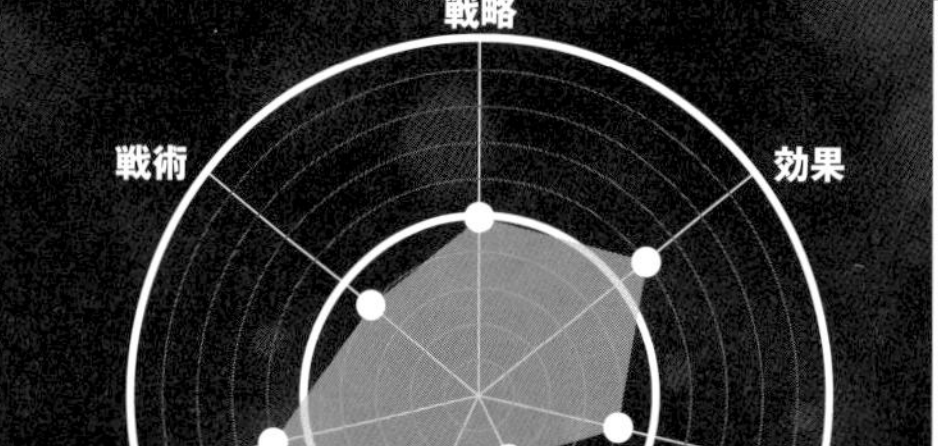

合計 各10点中 30/70点 《作戦評価》

オフィス街をそこにいる人々ごと一瞬で消し去る技術は高評価。しかし、そのコミュニケーションに霊媒師を使用した意味が今ひとつ不明。ダンカンの戦闘能力も見た目ほど高くなかったので、評価は平均的なところに収まった。

#作戦ナンバー33

地球防衛軍隊員への個人的復讐

復讐怪人ザンパ星人の場合

第三十五話	「月世界の戦慄」（制作第三十六話）	放送日	1968年6月2日
		STAFF	監督／鈴木俊継　脚本／市川森一

STORY

地球防衛軍月面基地が原因不明の爆発を起こした。その通信を受けた宇宙ステーションV３のクラタ、ウルトラ警備隊のキリヤマは、それぞれ月面基地調査に向かった。しかし、月へ向かう途中、ウルトラホーク１号は謎の異常をきたす。先に月世界基地へ到着したクラタは、シラハマの奇襲を受ける。

名称≫ザンパ星人
別名≫復讐怪人
身長≫1.9メートル
体重≫60キログラム
出身地≫ザンパ星

頭部と手以外は、地球防衛軍の宇宙服に覆われていたので、その実態は不明。くぼんだ両眼が暗闇に光る。

事件の発覚

地球防衛軍の月面基地が突如爆発事故を起こした。その原因調査のため、ウルトラ警備隊からキリヤマ隊長とモロボシ、宇宙ステーションV3からクラタ隊長とシラハマが、それぞれ月へ向かった。お互いチコ山ドームの通信室で合流する約束をするものの、ウルトラ警備隊の乗るウルトラホーク1号は相次ぐトラブルに見舞われる。

作戦概要

かつて地球侵略作戦で仲間たちを全滅させた地球防衛軍のクラタとキリヤマを復讐のため暗殺を計画。

ザンパ星人の特性

3年前、ヘルメス惑星でクラタとキリヤマのコンビに宇宙艦隊を全滅させられた。人間に変身する能力以外特殊な能力は持っていないようだが、10万キロの範囲まで届く超音波を使った小型の遠隔指示機を使って暗躍した。その容姿は頭部や手首が人類とは異なるほかは不明だが、宇宙船団を持つことから科学力は高い。ただ、その船団も地球防衛軍の攻撃で失っていることから、それほど文明的な差はないのかもしれない。かつての戦いで負けているせいか、人類を侮ることはなく、クラタ一人を殺すと自分に疑いがかかる可能性を説いており、機会をうかがうなど先読みする判断力は良いようである。

行動開始

シラハマに化けたザンパ星人は、クラタと同乗するステーションホーク2号の中から、キリヤマの乗るウルトラホーク1号を遠隔指示機で操りトラブルを発生させた。しかし、通信を妨害する超音波をモロボシらに逆探知され、クラタ機が怪しまれてしまう。その後、月面基地に先に到着したクラタを狙い、廃墟と化した基地内で襲おうとしたが、すんでの所で気づかれてしまい暗殺に失敗する。クラタに、シラハマを2日前に殺したことを明かし、復讐のために誘い込んだことを告げた。そこへキリヤマらが現れたため、遠隔指示機で脅してクラタに平常心を装わせたが、二人の阿吽の呼吸に正体が発覚してしまい、銃と遠隔指示機が二人に撃たれて爆発。ヘルメットをモロボシに吹き飛ばされ、本性を現さざるを得なくなった。

交戦

やむなくそのまま地球人らに襲いかかったが、逆に頭部へ光線銃の一撃を食らって絶命。しかし、その瞬間に月怪獣ペテロが出現。防衛軍隊員らを襲う。彼らの移動用のスペースタンクを破壊した直後にウルトラセブンが現れて格闘戦となる。

顛末

月に夜が訪れ、零下180度になったおかげでウルトラセブンをエネルギー不足にし、窮地に追いやる。しかし、偶然にもそこへ隕石が落下してきたため、その爆発でウルトラセブンがエネルギーを回復、放たれたワイドショットによってペテロは爆死してしまった。

〈月怪獣ペテロの考察〉

地球防衛軍の月世界基地を破壊した。コブ状の部位が集まったような姿が特徴。身体の中央にある発光体から怪光線を発射して目標を破壊する。溶解液といわれている体液の様な水流を噴出するが、ウルトラセブンには通用せず、威嚇としてしか効力を成していない。さらに霧状の物質を吹き出すことも可能。文献には、ザンパ星人に操られているという記述が多いものの、その事実関係は確認できない。が、本来月に生息していた生物であるペテロを、ザンパ星人が遠隔指示機によって（無理矢理月世界基地へ運ぶなど）その行動を制御していたと見るほうが理解しやすい。そのためか、ザンパ星人の死後は近くいた地球防衛軍の隊員やウルトラセブンを無差別に攻撃している様にも受け止められる。

〈敗因〉

地球人に化けてしっかりと機会をうかがった計画だったが、頭部後ろの宇宙服の酸素ホースが抜けていることに気が付かなかったことで、キリヤマらに宇宙人であることを確信させてしまったのが最大の敗因といえる。

★まさに〝後ろに目なし〟そのまま

名称≫ペテロ
別名≫月怪獣
身長≫60メートル
体重≫7万トン
出身地≫月

不定形な形状で風船のような身体で、コブの中央で赤い発光体が光っている。

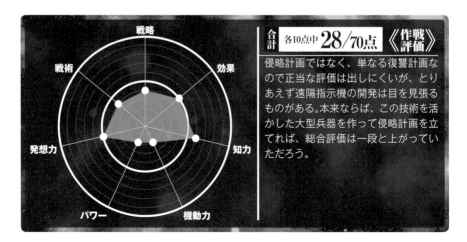

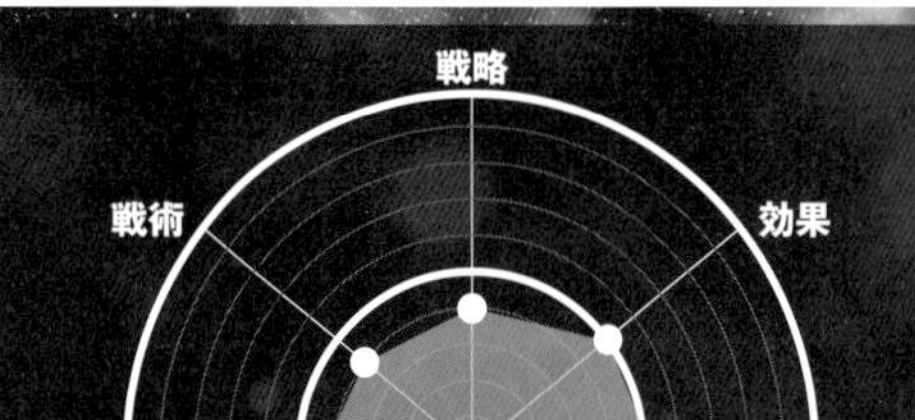

合計 各10点中 **28/70点** **《作戦評価》**

侵略計画ではなく、単なる復讐計画なので正当な評価は出しにくいが、とりあえず遠隔指示機の開発は目を見張るものがある。本来ならば、この技術を活かした大型兵器を作って侵略計画を立てれば、総合評価は一段と上がっていただろう。

#作戦ナンバー 34

地球防衛軍士官を利用した人工太陽計画阻止

催眠星人ペガ星人の場合

第三十六話	「必殺の0.1秒」（制作第三十三話）	放送日	1968年6月9日
		STAFF	監督／野長瀬三摩地　脚本／山浦弘靖

STORY

地球防衛軍の射撃大会でソガは後一歩のところで参謀本部のヒロタに負け、優勝を逃してしまう。が、実はヒロタが勝ったのは、ペガ星人の仕組んだことであった。そのことでヒロタはペガ星人に操られ、地球防衛軍の人工太陽計画の責任者であるリヒター博士の暗殺を目論む。それに気づいたソガは、ヒロタに詰め寄るが、逆にペガ星人に捕まってしまう。

名称≫ペガ星人
別名≫催眠宇宙人
身長≫1.6メートル
体重≫56キログラム
出身地≫ペガ星

羽毛のような体毛に覆われた身体は、鳥類を連想させるフォルム。クチバシ状の口が特徴的。

事件の発覚

世界的宇宙ロケット研究家のゼムラー教授が何者かによって暗殺された。犯人の手がかりはないものの、秘密裏に地球防衛軍が進めている人工太陽計画にかかわる者たちが相次ぎ殺害されていることから、何者かが暗躍しているとみなして地球防衛軍は行動開始。

来日する計画の最高責任者であるリヒター博士には、射撃大会で上位入賞をしたウルトラ警備隊のソガをはじめ、数名の防衛軍隊員らが護衛を務めることとなった。

作戦概要

ペガ星人の地球侵入コースに設置される人工太陽開発計画の妨害。地球を太陽系侵略基地化せんと目論む。

ペガ星人の特性

全身を羽毛の様なもので覆われているのが特徴。人間に特殊催眠術をかける装置を持っており、人間を手先として使う。肉体的には決して強くはないようで、地球の気圧に耐えられないために、宇宙船から外に出ることはない。

そのために、様々な特殊装置を持っているようで、防衛軍官舎内のヒロタと直接コミュニケーションをとることができる通信手段を持ち、同じ室内の電話機を遠隔操作で通信不能にしたばかりでなく、ソガを失神させた怪音を発生させている。

同様の装置を使ったのか、リヒター襲撃の際には黒服の男ら数名にも催眠術をかけて実務に利用している。

行動開始

秘密裏に来日したリヒター博士を黒服の男らに襲わせ、その隙にヒロタを使ってリヒターを暗殺。ヒロタは追撃してきたソガに負傷を負わせた。ソガにその行動を知られてしまったことからソガを誘拐。ペガ星人の宇宙船に運び込み催眠術をかける。

参謀本部で暗殺したリヒターが替え玉だったことを知ったヒロタは再び暗殺を計画。ヒロタが運転する、本物のリヒターを乗せた車をシークレットロードに引き入れると、ソガを操りポインターで追走するウルトラ警備隊の追跡を妨害させた。

しかし、他隊員によりソガは気絶させられ、超音波探知機でシークレットロードを見つけられてしまう。ヒロタは、追跡してきたポインターを手榴弾で阻止したが、その衝撃でソガの催眠術が解けてしまい、ヒロタはソガに先回りされてしまった。

ヒロタは、リヒターを人質にソガとの打ち合いに臨むが、ソガにより射殺。それを見たペガ星人は、宇宙船を出現させ、ソガとリヒターを襲撃した。

交戦

宇宙船を出現させたところ、ウルトラセブンが出現。セブンに対して光線による攻撃をかけるもウルトラVバリヤーで防がれ、光弾攻撃に対してウルトラショットによる反撃を受ける。

光弾による弾幕の中、ウルトラセブンは人間大に縮小し、宇宙船への直接侵入を許してしまう。セブンに母星へ帰投するよう警告を受けるが、ペガ星人はこれを拒否したため、宇宙船内で格闘開始。

顛末

船内の装置によってウルトラセブンを光線攻撃したが、逆にエメリウム光線を受け、船内の気圧が変化したために身体は風船のように膨らんで死亡した。

宇宙船は、外部に逃れて巨大化したウルトラセブンのワイドショット攻撃を受けて墜落、爆破炎上。妨害計画は粉砕されてしまった。

〈宇宙船の考察〉

円盤下部から怪光線や光弾を発射。円盤状の中央下部には筒型の昇降装置があり、そこが出入り口になっている模様。

〈敗因〉

地球防衛軍の本部つきの士官を操ったまではよかったが、最初に暗殺したリヒターが替え玉だったということが問題。地球防衛軍のエリートを狙うのであれば、もっと上の者を使ったほうが確実であっただろう。

また、誰にでも催眠術をかけることができるのであれば、リヒターを直接操って計画の妨害をしたほうがよかったはずである。そうしなかったのは、もしかすると催眠コントロールには、ある程度の制約があり、何かしらの心理的要因（例えば満たされない強い欲求を持つ、心の隙間が必要など）がないと操りきれないなども考えられるが、優れたテクノロジーを活用しきれなかった点は残念である。

〈追伸〉

射撃大会の際にソガの足元を狂わせたことから、ザンパ星人の遠隔指示機のようなものを持っている可能性は高い。

★催眠術で直接操って計画を妨害したほうがよかった

侵略過程地図　荒野の宇宙船着陸地域

明確な場所は不特定だが、シークレットロードを抜けた荒野地帯。ペガ星人は、そこから外へ移動することなく、遠隔操作によってすべてを行った。

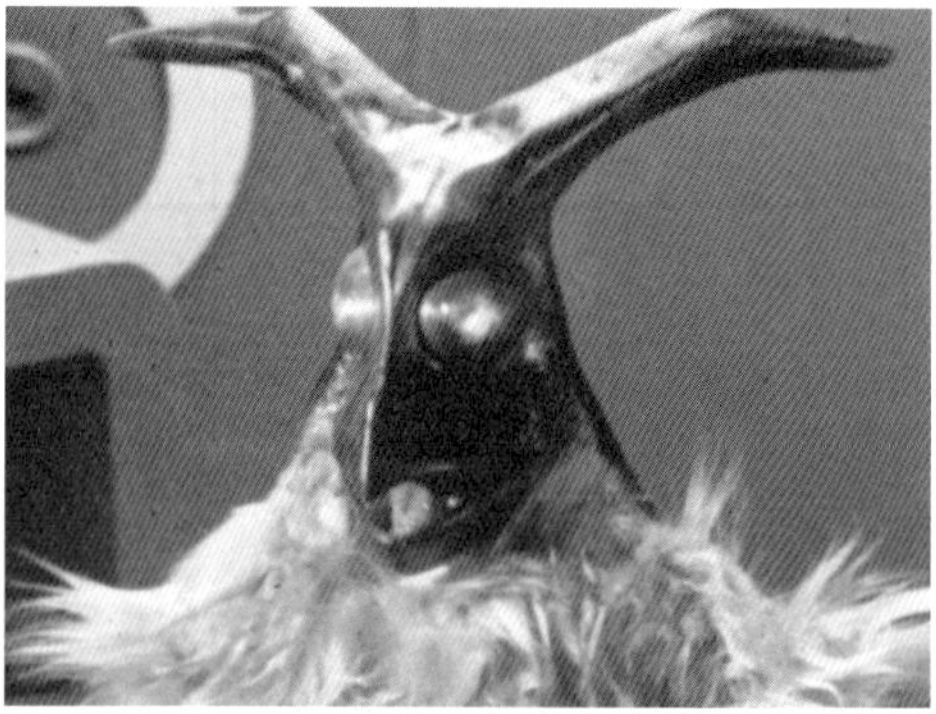

◀船内の捕獲装置

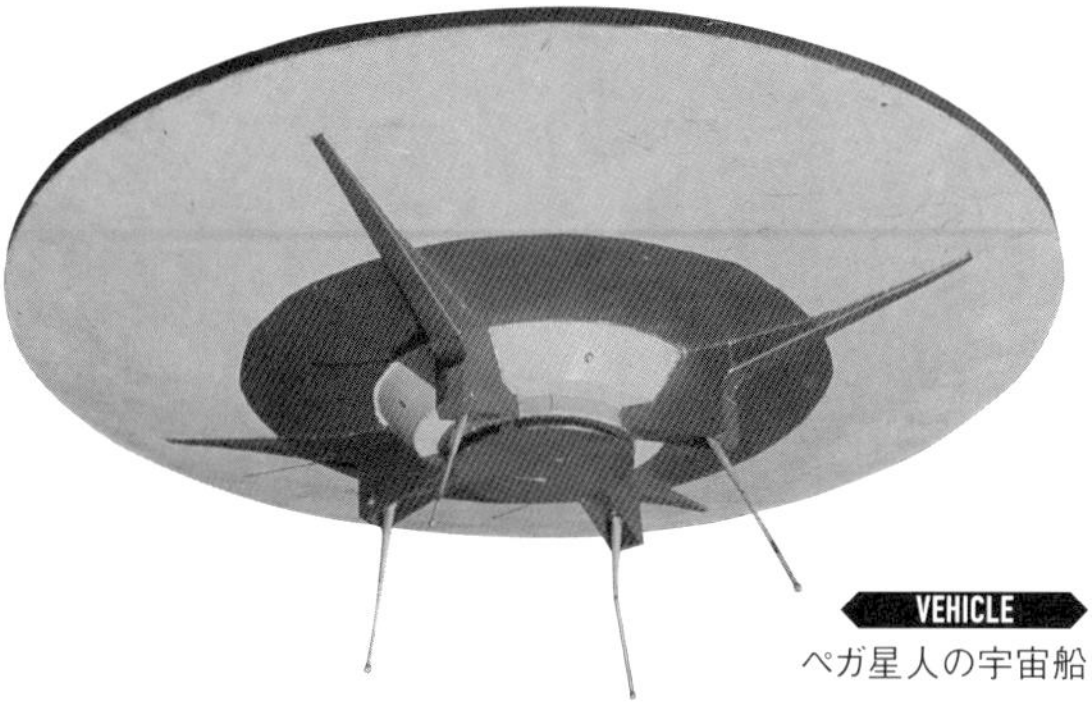

VEHICLE
ペガ星人の宇宙船

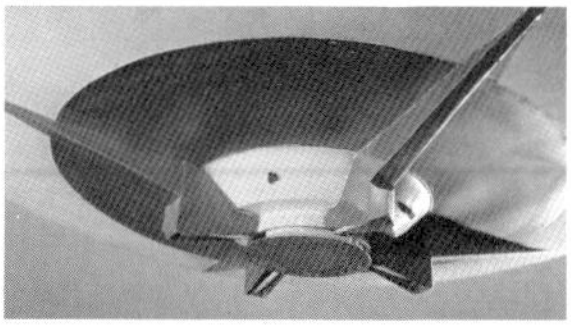

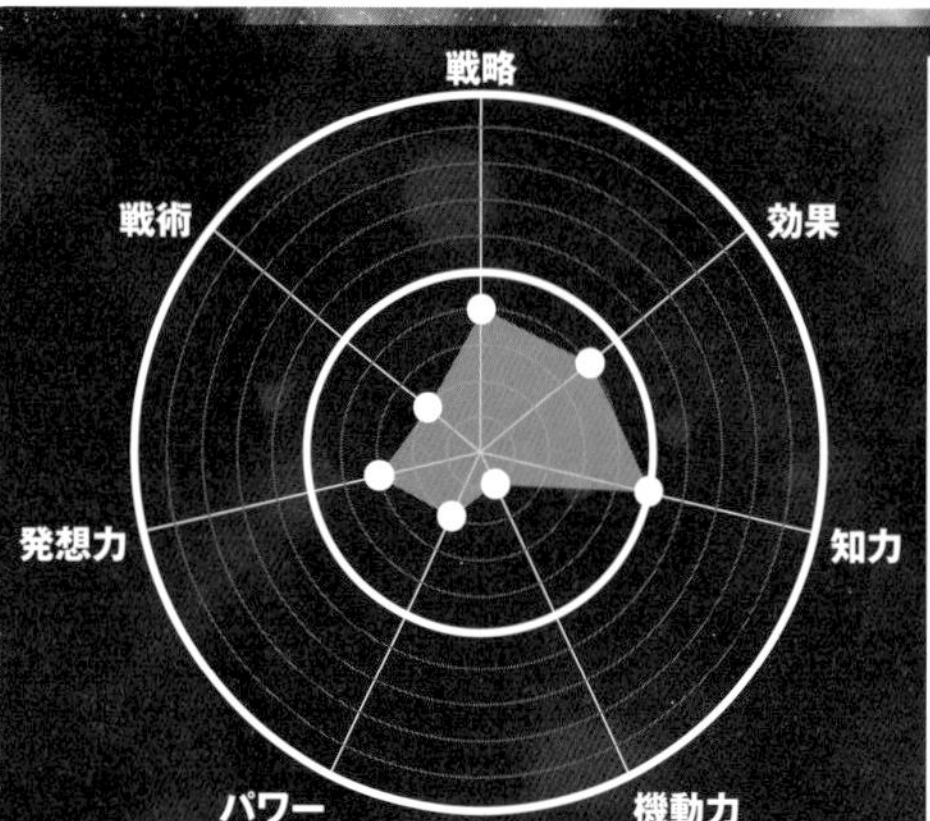

合計 各10点中 21/70点 《作戦評価》

地球防衛軍の士官の虚栄心を煽って、いうことを聞かせるのはよいが、襲撃犯のように地球人を操ることができるのであれば、直接リヒター博士などの要人を洗脳する方法を考えたほうが効率がよかったはず。なので評価は上がることなく平均点以下に。

#作戦ナンバー 35

狂った星・地球破壊工作

マゼラン星人マヤの場合

第三十七話	「盗まれたウルトラ·アイ」(制作第三十七話)	放送日	1968年6月16日
		STAFF	監督／鈴木俊継　脚本／市川森一

STORY

夜中、正体不明の発光体目撃の通報に急行したウルトラ警備隊は、謎の若い女を追跡する。その中、ポインターで追跡中のモロボシ・ダンは宇宙船の襲撃で事故を起こし、その隙に謎の女・マヤにウルトラアイを奪われてしまう。地球防衛軍では、その頃、怪電波によるマゼラン星への通信を解読しており、その犯人を逆探知して追い込んでいく。しかし、傍受した通信から地球が恒星間弾道弾に狙われていることを知る。

名称≫マヤ
別名≫マゼラン星人
身長≫1.6メートル
体重≫40キログラム
出身地≫マゼラン星

見た目は地球人の美少女であるが、これが本性かどうかは謎。

事件の発覚

ウルトラ警備隊のアマギとフルハシは、警察からの通報で未確認飛行物体をポインター1号車で調査に向かった。謎の発光体を目撃した現場では、何かの噴射跡があり、近くにダンプカーを奪われた運転手が倒れていた。

アマギは運転手の言葉から、ダンプに乗った若い女が犯人とし、ポインター2号車で付近をパトロール中のモロボシに連絡。モロボシは、ダンプを発見して追跡するが、宇宙船に襲われて転落事故を起こしてしまった。意識の朦朧とする中、ダンプを運転していた女にウルトラアイを奪われてしまった。

作戦概要

地球の壊滅計画に邪魔なウルトラセブンの行動阻止のため、潜入工作員マヤにモロボシ・ダンからウルトラアイを奪わせ、恒星間弾道弾で地球を破壊する。

行動開始

マヤは小型の通信機で、本星へ第一任務が完了したことを連絡。しかし、その電波を宇宙ステーションV2に傍受され、発信者がマゼラン星人であることが判明されてしまう。マヤはK地区の娯楽場の多い場所に潜伏したものの、最初の通信から4日後、怪電波の発信源が突き止められ、隠れていたスナックにウルトラ警備隊員の潜入を許してしまう。

店内のリズムボックスに通信システムが組み込まれていることが発見され、ウルトラ警備隊本部でその機能を解明され、おとりの通信によってその返信から恒星間弾道弾の存在を嗅ぎつけられてしまった。

交戦

地球破壊のための恒星間弾道弾を発射、それを発見した宇宙ステーションV2のレーザー光線を受けるが、全く効力なし。宇宙ステーションV2を粉砕してなお地球に侵攻し続ける。ウルトラ警備隊による要撃のためウルトラホーク1号、2号が接近するが、その攻撃によるダメージはない。

マゼラン星人の特性

地球に潜伏したマヤの言によると、地球人の行いを正常のものと思わず、常識を外れた狂った文明を持つものと考えている。マヤに限っていえば、それが潜入のために変身した姿なのかは不明だが、外観は地球人女性とほぼ変わらず特別な能力はない。

武装としては、唯一マシンガン型の銃を使用しているが、これがマゼラン星のものかは判別不能。マゼラン星の科学技術は破壊不能と思われる恒星間弾道弾を開発できる力を持ち、惑星間でも時間差のない通信が行えるほど高い技術がある（ただし、この通信は地球防衛軍に解析されており、電波による通信であることは判明している）。

また、モロボシ・ダンですら見間違えるほどのウルトラアイのイミテーションを量産しているが、これがどのような技術で作られた（あるいは複製された）かは不明。

マゼラン星人の心情は限りなく地球人類に近く、ある種の信頼感などから人間関係が形成されているようだが、そのモラル感にはやはり微妙なズレがあるようだ。マヤ自身も結果的には母星を裏切ったゆえか、その背徳心あるいは絶望からなのか自殺を図っているところが地球人と共通している。

■顛末

マヤは、隠れ家のスナックに単身乗り込んできたモロボシ・ダンから、母星に見捨てられていたことを聞かされるとウルトラアイを返す。変身したウルトラセブンによって恒星間弾道弾は進路を変更し送り返され、マヤは自らの意思でジュークボックスに仕掛けられた消失装置によって消滅した。

〈恒星間弾道弾の考察〉

頑強な装甲をもつ巨大ミサイルで、宇宙ステーションV2と接触した際に爆発していないことから、時限式あるいは目標感知式の起爆方法で爆発すると考えられる。外装は地球防衛軍の光学兵器を一切受け付けておらず、ウルトラセブンも直接的な攻撃を行っていないことから、物理的破壊は容易ではないことがうかがえる。その制御機構は、M78星雲人でも理解できる何かしらの宇宙共通の操作装置があるのか、ウルトラセブンは、爆破することなく進路の転進に成功している。マゼラン星と地球の距離は明言されていないが、マヤの第一任務完了報告直後に発射されたものと考えると、マゼラン星と地球間を約4~5日で進む速度を持つことが予想される。

〈宇宙船の考察〉

マヤを地球へ送り届ける際に使用された宇宙船は、丸い球状の発光体で中央に黒色の帯を持つ。詳細は明かされていないが、離着陸の際には物理的噴射を行うものと推測される。

〈敗因〉

敗退した原因はいくつか考えられる。まずはマヤを地球へ潜伏させる際に、宇宙船を目撃されている点、さらにはマヤが任務完了の報告などを地球防衛軍に傍受され、内容の解析までされてしまっているのが致命的である。隠密行動をする上で、常識的にはやってはいけないことをやっている点から、もしかしたら最初から地球防衛軍を気にしていない公算は高い。現に、恒星間弾道弾は地球の科学力では破壊されないものであったのは事実なので、本作戦に関しては、あくまでウルトラセブンの変身阻止に目標を定めた計画だったといえる。そのため、マヤは最初から捨て駒だったようで、その任務成功は功績大であった。

侵略過程地図 宇宙船着陸地点➡東京K地区➡宇宙

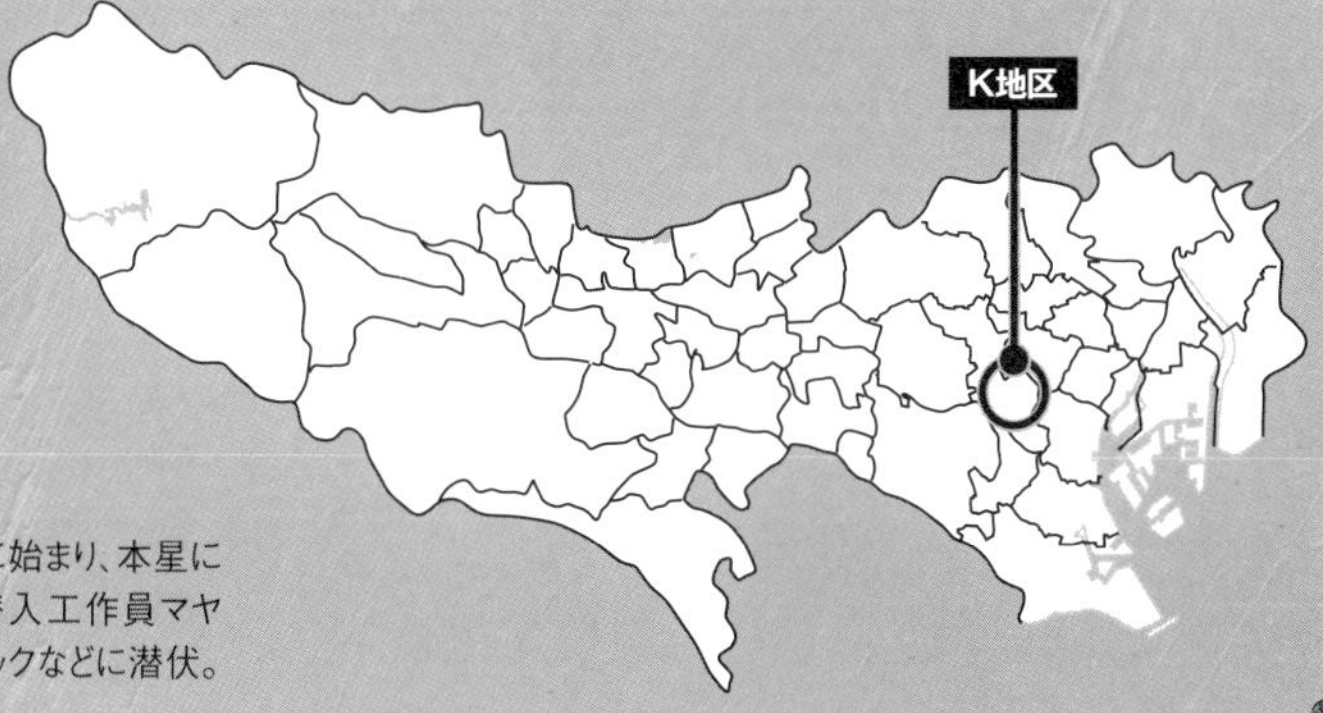

モロボシ・ダン襲撃に始まり、本星に情報を送り続けた潜入工作員マヤは、K地区内のスナックなどに潜伏。

この点から、この時点までは計画は確実に成功を収めていたが、最終的に顧慮しなかった防衛軍に通信を解読され、その内容がウルトラセブンに利用されて、マヤの感情を変化させたことが敗因となった。もっとも、それ以前に目的のための犠牲になることを承諾させていなかったのが最大の要因であるといえる。

★報告の通信を敵に解読されたことが敗因

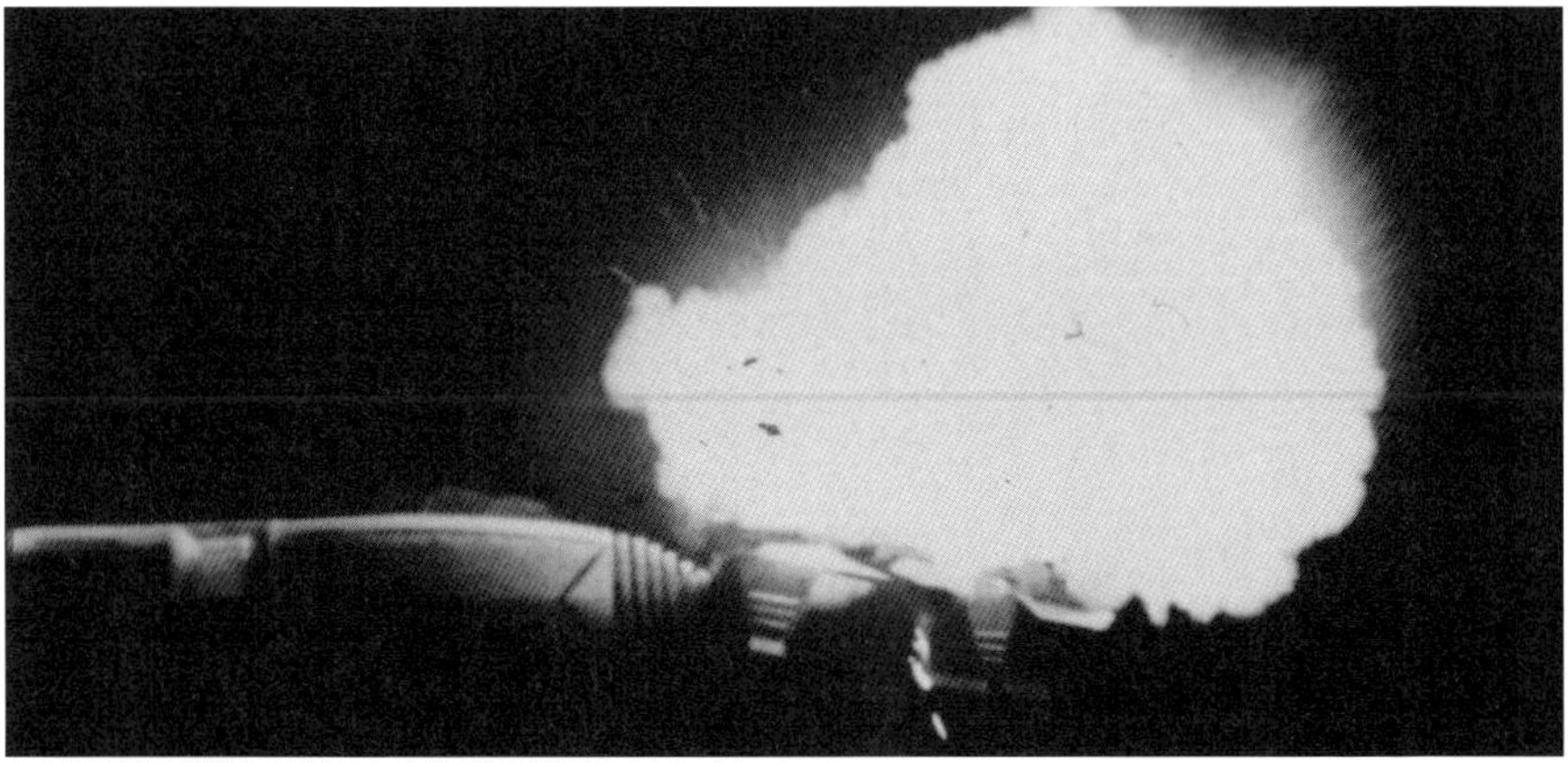

▲恒星間弾道弾に破壊される地球防衛軍の宇宙ステーション

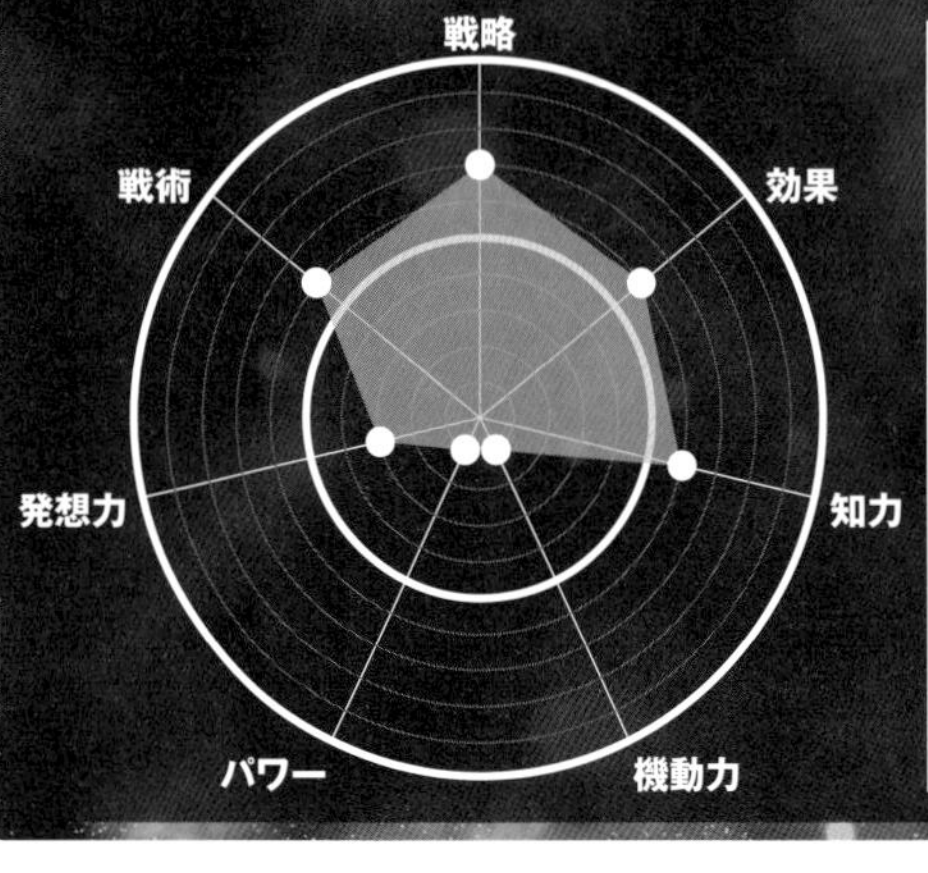

合計 各10点中 30/70点 《作戦評価》

地球人の美少女にしか見えない姿でモロボシ・ダンからウルトラアイを奪う作戦は有効。実質的には乗車中に襲撃して気を失わせているので関係なさそうではあるが、万が一の場合に効果を発揮したであろう。また、武力などの直接攻撃を受けることもなかった点では、人選の仕方は満点といえる。恒星間弾道弾の威力は不明だが、迎撃不能な技術力は戦術的に貢献している。

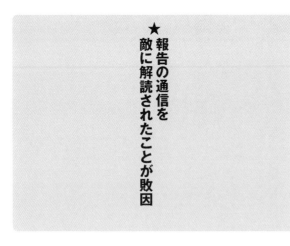

#作戦ナンバー36

2日間だけの地球鉄資源強奪計画

強奪宇宙人バンダ星人の場合

第三十八話	「勇気ある戦い」（制作第四十話）	放送日	1968年6月23日
		STAFF	監督／飯島敏宏　脚本／佐々木守

STORY

謎の巨大な怪ロボットが出現し、次々に自動車を強奪していく。そんな最中、モロボシ・ダンは、心臓移植を怖がるアンヌの友人の弟・オサムを勇気づけるために、手術前に必ず会いに来ると約束する。しかし、手術当日、またしても謎の怪ロボット・クレージーゴンが現れて車を盗んでいく。ウルトラ警備隊は、罠を仕掛けてクレージーゴンの母船である宇宙ステーションの爆破に成功するが、その影響でクレージーゴンは暴走を始める。

名称»クレージーゴン
別名»ロボット怪獣
身長»42メートル
体重»3万トン
出身地»バンダ星

シオマネキのように片手が大きいのが特徴。足を本体へ収納して空を飛ぶ。宇宙ステーションで、腹部を接合させて車を搬出する。

事件の発覚

箱根山中に謎の濃霧と、それに関連すると思われる自動車30台消失事件が発生。その調査のためウルトラ警備隊が出動する。事件現場には、巨大な足跡の様な痕跡から、何者かの陰謀と推測された。

作戦概要

自星の資源枯渇による鉄資源調達が目的。

バンダ星人の特性

本件においてはその存在を一切明かしていない。今回の容疑は、単純にM78星雲人であるモロボシ・ダンがもたらした情報でことが運ばれているため、実際にバンダ星自体が鉄資源不足に陥ったのかも明瞭ではない。

行動開始

翌日、バンダ星人は空港からの高速道路上に濃霧を発生させ、ロボット怪獣・クレージーゴンを出現させると、渋滞中の車を相次いでその腹部へ収容していく。迎撃に出動してきたウルトラホーク1号の霧の中和装置によって濃霧は消去され、クレージーゴンが攻撃を受ける。偶然にも車内にいたウルトラ警備隊のアンヌ隊員から光線銃の攻撃を受けるも通用せず。アンヌの乗る自動車を収容しようとつかんだために、ウルトラホーク1号からの攻撃が一時中断。その隙をついて、ウルトラホーク1号のβ号を頭部からの光線で撃墜。しかし、その直後にウルトラセブンが出現して、手に持った車を救出。セブンの不意打ちにクレージーゴンを宇宙ステーションに急遽撤退させた。

〈ロボット怪獣・クレージーゴンの特性〉

バンダ星人の宇宙ステーションに搭載された資源回収用ロボットで、シオマネキの様に片腕が異様に巨大で、その先端のハサミによって車を回収して、シャッターのついた腹部へ収める。一回の満載量が自動車30台程度と予測できるが定かではない。武装らしきものとして、頭部より怪光線を発射し、航空機を撃墜することが可能。その外装は実に丈夫で、接続中の宇宙ステーションが爆破されたにもかかわらずその姿に損傷らしきものは見られず、ウルトラセブンの武器であるエメリウム光線やアイスラッガーすら退ける。頭部の両脇には各3本ずつ筒状の突起を持つが、憤慨したかのように時折ここから炎を噴射していた。ステーションを失ったためなのか、あるいは自身が故障したのかは謎だが、コントロールを失って暴走した。この状況から、基本的にこのロボットは遠隔操縦型の機構を持っていると見られ、操縦者等の確認はできていない。

交戦

撤退の際に、ウルトラ警備隊に航空写真を撮られてしまい、その正体がバンダ星の宇宙ステーションであることが発覚してしまい、さらに本件の行動目的を推測された上、自動車回収場所の決定方法が地球人の放送するラジオの交通情報にあることまで知られてしまう。そのことで、ウルトラ警備隊に罠を仕掛けられ、偽の交通情報による誘導、用意されたスペリウム爆弾を積んだ複数の自動車によって宇宙ステーションが爆破されてしまった。その爆発及び高高度からの落下が原因と見られる故障で、地上に落ちたクレージーゴンが暴走。地上都市を破壊して回る。

■顛末

ウルトラ警備隊の攻撃が続く中、ウルトラセブンが再び現れて戦いを挑んでくるが、暴走したクレージーゴンにはその超能力も通用することはない。突如、ウルトラセブンが戦場から姿を消すが、ウルトラ警備隊が放ったエレクトロＨガンの弾丸に紛れてミクロサイズから巨大化して発射されてきたセブンの体当たり＝ステップショット戦法によってクレージーゴンは粉砕されてしまった。

〈宇宙ステーションの考察〉

高高度の上空に待機し、地上でクレージーゴンが回収してきた自動車を収納して、おそらく満車になったところで母星へ戻るある種の搬送用のコンテナ的存在と考えられる。そのためか、バンダ星人の乗員等は確認できないことから、実はオートメーション化されたものではないかとの憶測が成り立つ。

その諸性能は全く不明ながら、地球人の仕掛けた爆弾により内部より爆破された点から、クレージーゴンほどの強度はなかったものと見られる。

〈敗因〉

バンダ星人自身が派遣されていないためか、かなり強引な行動が目立ったのが失敗につながった。特に最初の収穫場所であった箱根山中は、地球防衛軍の至近エリアなので、対応の早さが事件の発展を防いだと考えられる。

また、今回の一件で使用した重機類（クレージーゴンなど）が無人なのか、臨機応変な対応がなされておらず、宇宙ステーションまで追尾してきたウルトラホーク１号への対処がなく、さらには甲州街道高尾山レインボーライン入り口付近で仕掛けられた罠に易々と騙されているが、きちんと状況を目視していれば無人の車を怪しんだり、仕掛けられた爆発物をスキャンできたはずである。

もっとも、鉄が必要なら、わざわざ自動車を狙わなくても屑鉄所や鉄工所など、狙う場所はいくらでもあるはずだが、自動車にあえてこだわる理由が何かあったのだろうか？

★かなり強引な行動と臨機応変さがなかったのが失敗につながった

侵略過程地図　箱根山中➡上空➡羽田空港➡上空➡都心

箱根山中へ出現したクレージーゴンは、自動車を回収すると上空のステーションへ運ぶ。その後再び現れ、空港につながる高速道路を襲う。そしてウルトラ警備隊の爆弾で故障したクレージーゴンは、都心へ落下して暴れまわる。

SIDE VIEW

正体が一切不明のバンダ星人が送り込んできた、資源回収ロボット・クレージーゴン。巨大な片腕を持ち、次々と腹部に自動車を収容していった。

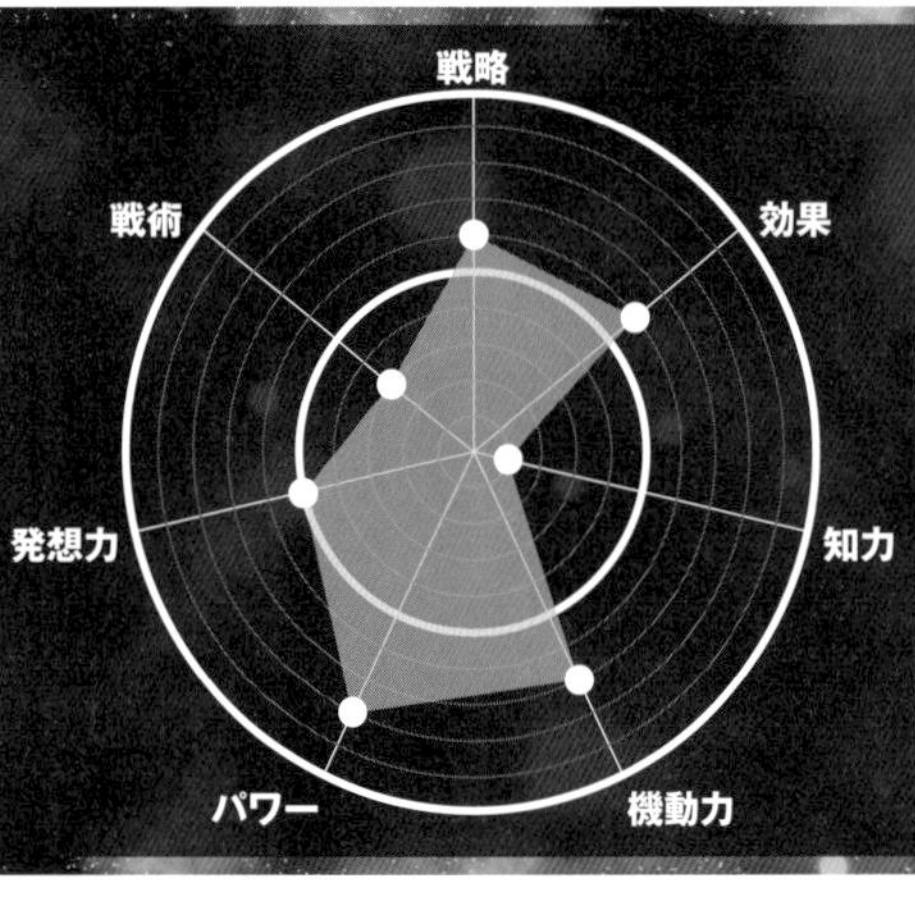

合計 各10点中 36/70点 《作戦評価》

侵略というより、資源回収を目的としているため、本来の評価基準に合わせにくいが、地球上の電波から状況を把握する点は、戦略の基礎である情報収集を守っている点で戦略面はやや高めに。後はクレージーゴンの強度がずば抜けている点がパワーなどに反映されている。

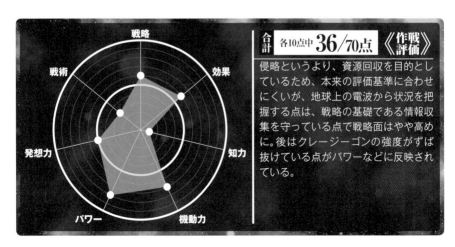

#作戦ナンバー 37

ウルトラセブン処刑作戦

分身星人ガッツ星人の場合

第三十九話 第四十話	「セブン暗殺計画　前篇　後編」（制作第三十八、三十九話）	放送日	1968年6月30日、7月7日
		STAFF	監督／飯島敏宏　脚本／藤川桂介

STORY

ウルトラ警備隊へ連続して入る悪戯の様な通報。その中で第三地区へ向かったモロボシ・ダンとアンヌは、ガッツ星人と名乗る宇宙人に追い込まれてしまう。アンヌに本部への連絡をさせている間にダンは、ウインダムで星人を攻撃するが、逆襲にあってウインダムは撃破される。間一髪のところで救援されたが、その後ガッツ星人の基地を調査中にダンは襲われウルトラセブンに変身。現れたガッツ星人たちと交戦になるが、エネルギーを失い十字架にかけられてしまった。星人によるセブン処刑が明朝に迫る中、ウルトラ警備隊は謎の電波を受信した。

名称≫ガッツ星人
別名≫分身宇宙人
身長≫2～40メートル
体重≫200キログラム～1万トン
出身地≫ガッツ星

オウムを思わせる大きな頭部を持っているのが特徴。後頭部の細かい模様が独特の印象を与える。指先は太く、シルエットだけ見れば宇宙服のようなイメージもあるといえるだろう。

事件の発覚

度重なる警戒出動が無駄足に終わる中、新たに第三地区の警報が鳴る。現場へ急行したモロボシとアンヌのポインターは、無人の車に取り囲まれ、そこで無敵と名乗るガッツ星人に遭遇。アンヌの基地への報告から事件が発覚。ウルトラホーク1号が救援に駆け付けてモロボシとアンヌの脱出は成功した。翌日、パトロール中のウルトラホーク3号のアマギとアンヌは、泉が丘上空1万メートル付近に謎の存在を確認する。

作戦概要

地球侵略のための早道として、人類の前でウルトラセブンを処刑することで、その心の拠り所をなくして地球人の服従を容易にする。

ガッツ星人の特性

オウムの様な頭部が印象的な宇宙人で、いかなる戦いにも負けたことのないと豪語する。事前調査による分析力は高く、相手の弱点を確実に押さえた戦いを行う。身体を分身することができるといわれているが、実際には分身しているのか、複数いるのかが不明瞭な存在である。2体以上で会話しているようにみえるが、個であり全体ともとれる一種の集合体生物の可能性も捨てきれない。そのためか、実体と虚像を使い分け、次元を超えた虚空からの金縛り光線による攻撃と、実体を使っての肉弾的な攻撃を併用している。

行動開始

泉が丘上空に姿を現した宇宙船は、ウルトラホーク3号を撃墜すると地上へ降下。地上で監視していたウルトラ警備隊のソガを小型円盤で拉致。モロボシ・ダンの乗車するポインターを吊り橋ごと破壊し、ウルトラセブンのおびき出しに成功する。

現れたウルトラセブンに実体と虚像を使い分けて応戦し、様々な超能力を使用させてエネルギーの消費を図る。セブンが力尽きたころ合いを見計らって、怪光線で捉える。ソガを解放すると、宇宙船に近づくウルトラ警備隊や防衛軍の車両を攻撃して退けると、動けなくなったセブンの身体を透明な十字架に磔にして人類に掲げ処刑宣告を告げた。

交戦

ウルトラセブンの脳髄から発せられた電波によって、そのエネルギー源であるマグネリュームエネルギーの精製法が地球防衛軍に知られてしまい、偶然にもそれに必要なダイモード鉱石を持ち合わせた彩子を狙う。

しかし、鉱石を必要とするウルトラ警備隊によって彩子は保護され、ダイモード鉱石も防衛軍の手にわたってしまった。エネルギーの精製に成功し、処刑を阻止しようと接近するウルトラホーク1号をミサイルや光弾で迎撃。損傷を負わすも上空に浮かぶウルトラセブンの十字架にエネルギーが照射されてしまうが、それは見せかけの幻影だったため、セブン復活には至らなかった。

だが、セブン救出をあきらめないウルトラ警備隊らに、ダイモード鉱石を持つ彩子がおとりとなる形で小型円盤を尾行され、崖下に隠していた本当のウルトラセブンを発見されてしまう。急ぎ中型円盤でウルトラセブンの処刑を開始した。

▼顛末

セブン処刑を始めたものの、ウルトラ警備隊は、マグマライザーで地底より一気に近づいてセブンにエネルギーを照射。ウルトラセブンは復活を遂げてしまう。

ブレーク光線で透明十字架を破壊され、ハンディショットで中型円盤は撃滅。太陽エネルギーを吸収したウルトラセブンのハンディショットで宇宙船は混乱し、反撃の間もなくウルトラノック戦法によって爆破されてしまった。

〈豪力怪獣・アロンの考察〉

ウルトラセブンの能力を測るためにガッツ星人が使ったといわれる怪獣。怪力と尻尾が武器と推測され、一部文献には背中の翼で飛行能力を持っていると書かれている。

そのほかのはっきりとした能力は不明。ウルトラセブンにはアイスラッガーで倒された。

〈宇宙船の考察〉

透明な物資でできた宇宙船。基地として使用し、周囲に強力なバリアを張って防衛軍の攻撃を防ぐ。攻撃には機体中央の収容部分に大型ミサイル4基のほか、先端部らしきところから光弾を連射する。

また、人間大の小型円盤を搭載しており、人間の拉致や乗用車を襲う。さらに中型の透明型円盤を3機持っており、処刑のためウルトラセブンに怪光線を浴びせている。

〈敗因〉

ウルトラセブンの能力を徹底解析している点は大いに認めてよい点であろう。しかし、最大の誤算は、ウルトラセブンがウルトラ警備隊として潜伏し、地球防衛軍の内情に詳しかった点を見逃していたことである。ガッツ星人の傍受を避けるため、セブンが脳波による通信を一時宇宙ステーションの回線を経由させて、ウルトラ警備隊へ伝えたところが分岐点となった。

さすがに直接的な通信ではなかったために見逃して、気が付いた時にはすでに重要な部分の連絡は済んでしまったおり、妨害電波も間に合わない状態だったことが敗因になっている。そのこともあって、少々感情的になっていたのか、あるいはプライドを傷つけられ

侵略過程地図　第三地区➡泉ケ丘

都内第三地区で、警報を作動させてウルトラ警備隊を導き出す。その後、泉ケ丘上空から宇宙船で侵入。ウルトラセブンを磔にすることに成功する。

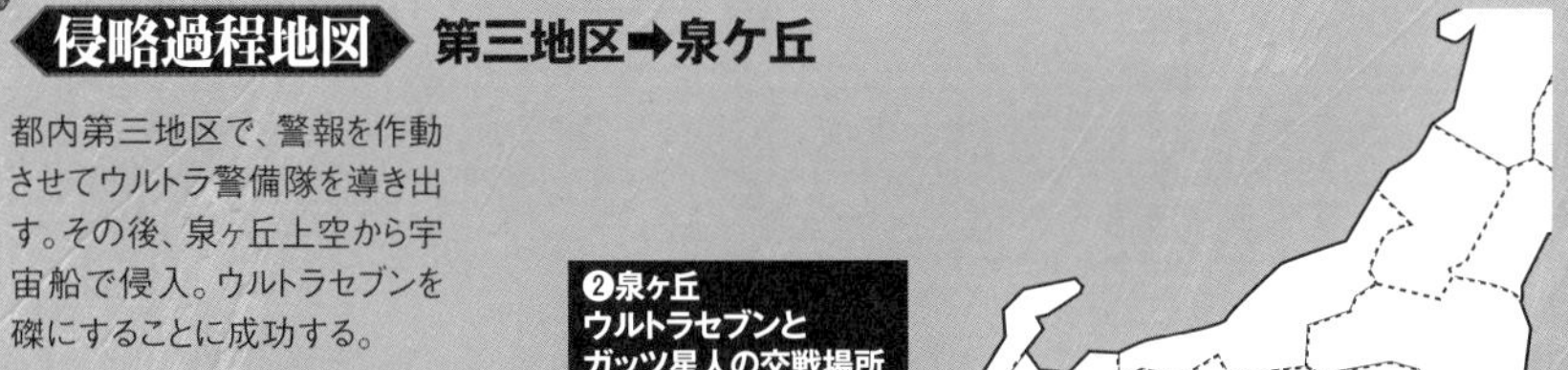

たためか、ダイモード鉱石の一件で、彩子にイミテーションをつかまされた腹いせに、小型円盤で車を襲ったのも失態。それさえなければ、幻影で見せたセブンの十字架の在り処が発見されることもなく、たとえ地球防衛軍にマグネリュームエネルギー作りに成功されても、セブンを発見する頃には処刑が完了していた可能性が高い。
　さらに最初に十字架にかけた時点で処刑をせず、12時間以上の猶予を与えているのは致命的。故に、自信家ゆえのプライドによって負けたといってもよいかもしれない。

反省からのその後の作戦

　別惑星では様々な怪獣とぶつかり合う乱戦を披露し、ウルトラセブンとの直接対決も行っている。その際の攻撃方法は、ほぼ格闘戦の殴打の連続技などが主となっている。
　後の時代には、マントルプリューム現象によって地球環境が変化すると嘯いて、特殊な環境での生息を目的に硫黄細菌で人類を硫黄人間を生み出し、硫黄怪獣サルファスを連れてウルトラセブンと戦っている。また、別宇宙では同種の星人が、ウルトラ兄弟やメビウス、チブル星人エクセラー（SD）のボディガードのごとくウルトラマンギンガと交戦したとの記録もある。

〈追伸〉

　本件でガッツ星人は、モロボシ・ダンの持つカプセル怪獣ウインダムを、中型円盤によって葬っている。そのことから、ウルトラセブンの戦力を大きく減退させたと考えられる。これ以降、カプセル怪獣の仕様は極端に減り、唯一アギラの使用例が見られるのみとなっている点に注目したい。

★自信家ゆえのプライドによって負けた

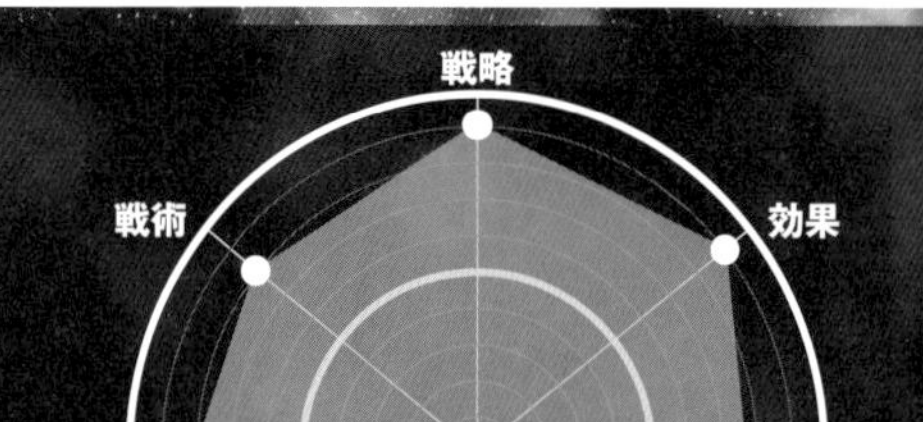

合計　各10点中 55/70点　《作戦評価》

単純にウルトラセブンの撃退のみではなく、それを利用して人類の精神的敗退を促そうとした戦略は完璧。戦術的にも、敵の調査を怠らず、弱点の追求に徹した上、さらに直接的な対決を避けてエネルギーの消耗を図るなど、非の打ち所のない計画といえる。さらに、哀れなウルトラセブンの姿を十字架に張り付けるという発想力と演出は効果を一気に上げることに。

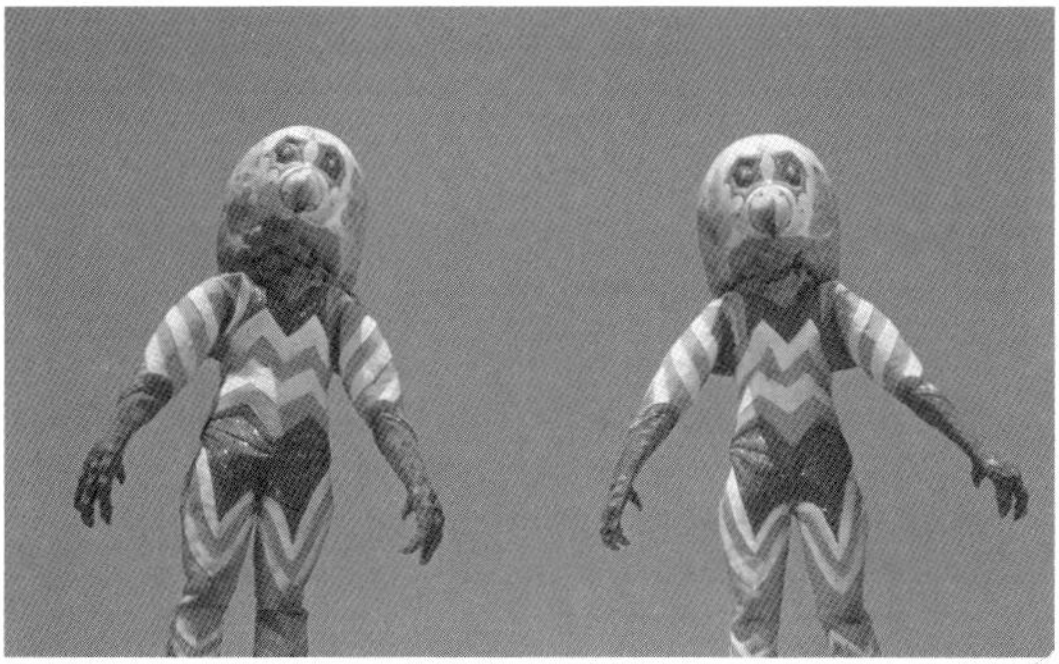

オウムに似た形状をしているガッツ星人。いかなる戦いにも負けたことがないと豪語する。

名称≫アロン
別名≫豪力怪獣
身長≫45メートル
体重≫1万3000トン
出身地≫ガッツ星

FRONT VIEW

SIDE VIEW

その姿はまるで西洋のガーゴイルをそのまま怪獣にしたような、悪魔のようなフォルムを持つ。背中の翼がどのように展開されるのかなどは不明。

#作戦ナンバー38

湖底に潜む地球潜入作戦

水棲怪人テペト星人の場合

第四十一話	「水中からの挑戦」（制作第四十二話）	放送日	1968年7月14日
		STAFF	監督／満田稽　脚本／若槻文三

STORY

伊集湖にカッパが現れるという噂がながれ、日本カッパクラブはカッパ探しに向かう。そこで、異変調査に来ていたウルトラ警備隊と鉢合わせし警告を受けるが、その直後にメンバーの一人が殺害されてしまった。調査に本腰を入れるウルトラ警備隊。モロボシ・ダンは湖に引きずり込まれ、湖上空を捜索するウルトラホークは攻撃される。

名称≫テペト星人
別名≫水棲怪人
身長≫1.8メートル
体重≫55キログラム
出身地≫テペト星

見た目がまさにカッパの頭部と手を持つ宇宙人。身体本体や足先がどのような姿なのは未確認ながら、どこかアクアラング装備を連想させる部分もある。

事件の発覚

地球防衛軍のレーダーセンターが、伊集湖に未確認飛行物体が落下したことを観測。その直後からの数件のカッパの目撃報告など、異変をキャッチしたウルトラ警備隊は、秘密裏に上空や湖底の調査を進めていた。

だが、湖周辺の噂を聞きつけたカッパクラブと名乗る愛好者グループが、カッパ探訪に訪れメンバーの一人が殺害されてしまった。それを発見したウルトラ警備隊は、犯人らしき姿を追うが湖の中に逃げられてしまった。

作戦概要

一説によれば伊集湖の湖底に潜み地球侵略の機会をうかがっていたといわれるが真相は不明。

テペト星人の特性

手には水かき、口はとがっており見た目が地球の空想上の生き物とされるカッパによく似た生物。特殊な能力などは確認されていないが、人間の頸動脈を切断して殺害している点から、地球の生物あるいは人類の生態に精通している可能性も高い。

また、宇宙船を操縦している点から、機械科学も習熟していることがわかる。しかし、その文化形態ほか、様々な事項で不明な点が多い。

行動開始

ウルトラ警備隊の湖徹底調査が始められてしまったため、水中へ潜ったモロボシを捕縛。湖上のボートに待機するアンヌをガス状の蒸気のようなもので失神させる。また、上空を捜索しに来たウルトラホーク3号を水中の宇宙船から光弾攻撃を行った。

ミサイルの横行する攻防戦が激化する中、アマギとフルハシの乗るボートを星人自ら襲ったが、逆に返り討ちにあってウルトラガンで射殺され、地上でも別個体がカッパクラブや警備隊を襲撃したが銃撃に遭い撤退。湖面にウルトラホーク3号のミサイル攻撃が続く中、卵状カプセルを浮上させ、怪獣テペトを出現させる。

交戦

水中の捕獲装置で捕まえていたモロボシ・ダンがウルトラセブンに変身してしまい巨大化。テペトに格闘戦を挑んできた。テペトは、セブンの猛攻に旗色悪しと考えたのか戦意喪失を装い、頭部の怪光線によってセブンに不意打ち攻撃をかける。セブンの顔面にヒットしたものの、すぐに立ち直ったセブンのエメリウム光線で返り討ちにされる。

顛末

テペトは観念した様子で謝罪ポーズをとり、再びセブンの不意を突いて足をとり転倒させた。その隙に水中を逃走しようとしたが、セブンのアイスラッガー攻撃によって倒されてしまった。

水中に潜んでいたテペト星人の宇宙船は、形勢不利と見て脱出を図るも、上空に上がったところを待ち構えていたウルトラホーク3号のミサイル攻撃を受けて被弾、大爆発を起こした。

〈カッパ怪獣・テペトの考察〉

手足に水かきを持つことから、水棲生物であると予想される。頭部の皿状部分から怪光線を発射する。その出現時に、球状個体から出現しているが、これが卵なのか、収容カプセルだったのかは不明。知恵があり、謝罪ポーズなどの演技を行い、狡猾な手段を戦術に取り入れる能力を持つ。
ただし、ウルトラセブンから逃走しようと水中へ離脱を図るが、所詮湖内なのできちんとした逃走経路を考慮していたとは考えられないので、さほど知能を有していないとも。
ある書籍によると、このテペトのもとになっているのはデイクロス・レイザという生物であったようだ。

〈宇宙船の考察〉

高台つきの盛り付け皿を上下に合わせたような円盤本体に、四本の脚状部位を持つ。テペト星人は、水中からウルトラホーク3号を迎撃しているが、この宇宙船から発射されたものかは定かではない。
上空での空中戦の際には、一発も反撃していない点から、水中以外では能力を発揮しない機構であったと考えられなくもない。

〈敗因〉

地球侵入目的は不明だが、最終的に敗北した理由については明確で、地球人に発見されてしまったことである。なぜ伊集湖湖底に潜伏していたかが判明していないので、明言はできないが興味本位なのか、結果的に軽率に地球人の前に姿を見せているのが最大の謎かつ敗因。戦力的にも高そうにないので、隠密行動に徹していれば、地球偵察くらいは完遂できたのではないだろうか。

★敗因は地球人に発見されてしまったこと

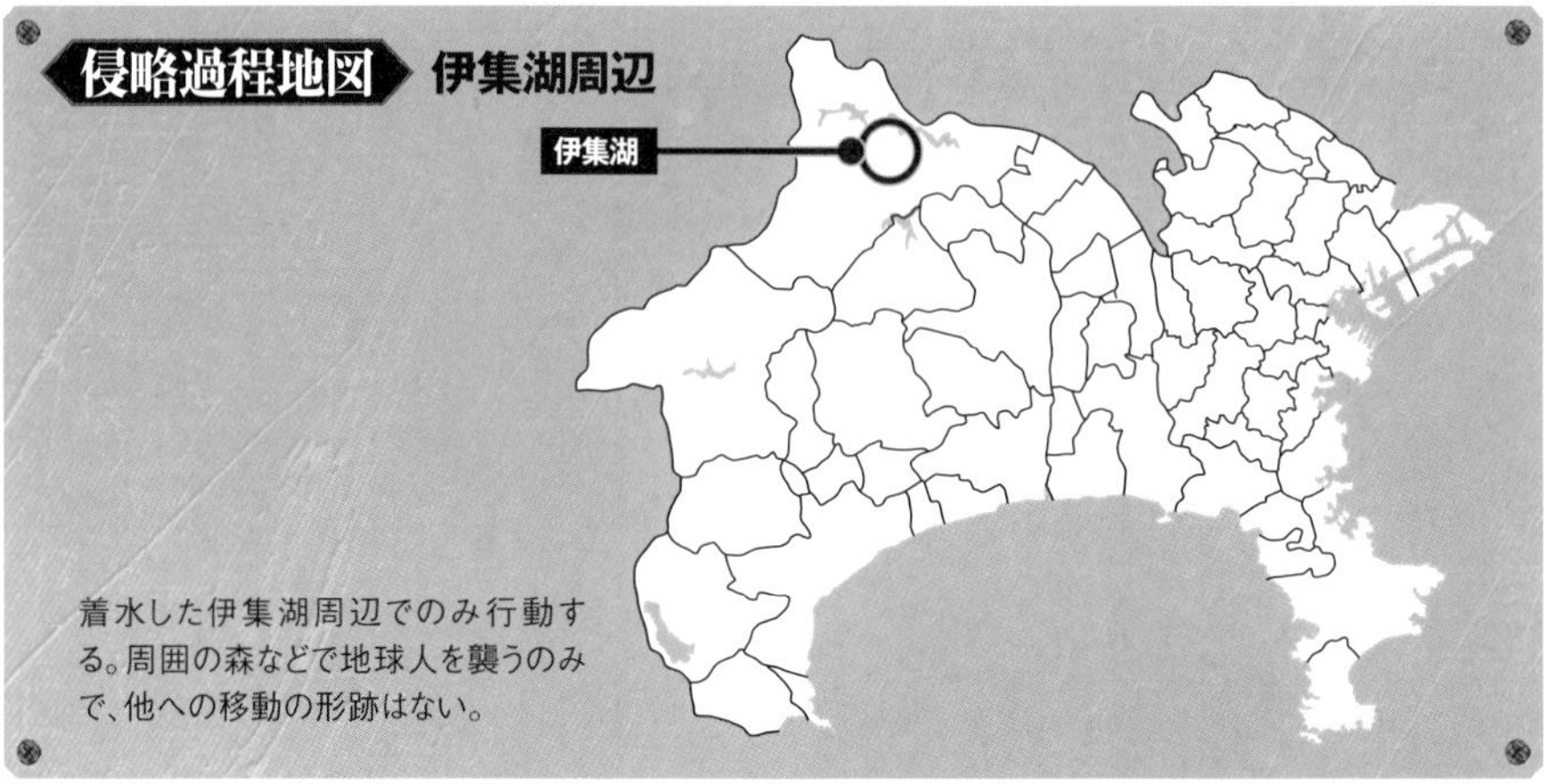

着水した伊集湖周辺でのみ行動する。周囲の森などで地球人を襲うのみで、他への移動の形跡はない。

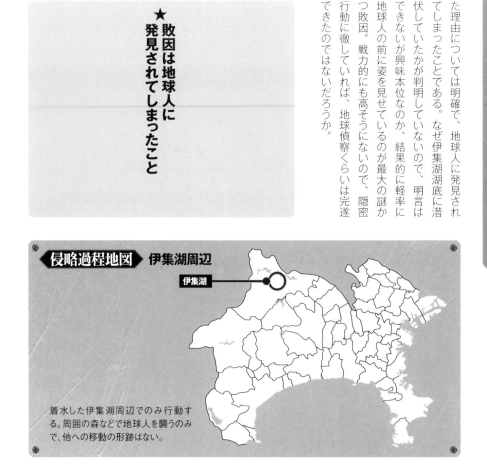

侵略過程地図
伊集湖周辺

まるでカッパそのものにしか見えないテペト星人

名称≫テペト
別名≫カッパ怪獣
身長≫38メートル
体重≫8000トン
出身地≫テペト星

頭部に巨大な皿状部分があるのが特徴。眼球らしいものが顔面部中心にあり、怪しく光っている。足先はヒレのような形状。

VEHICLE
テペト星人の宇宙船

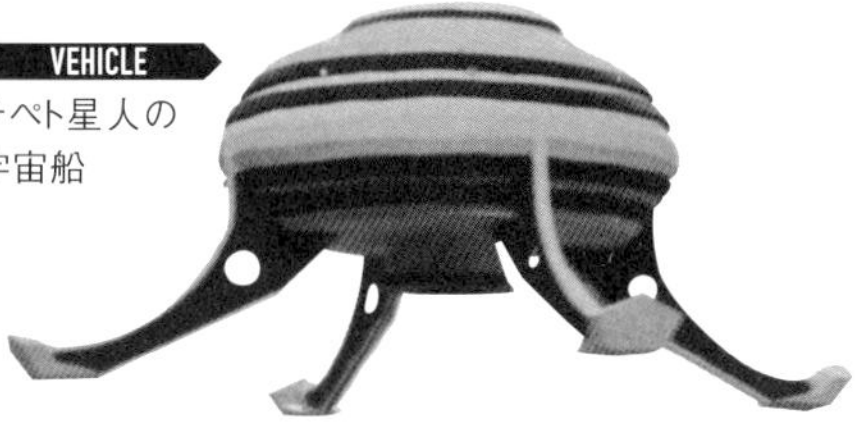

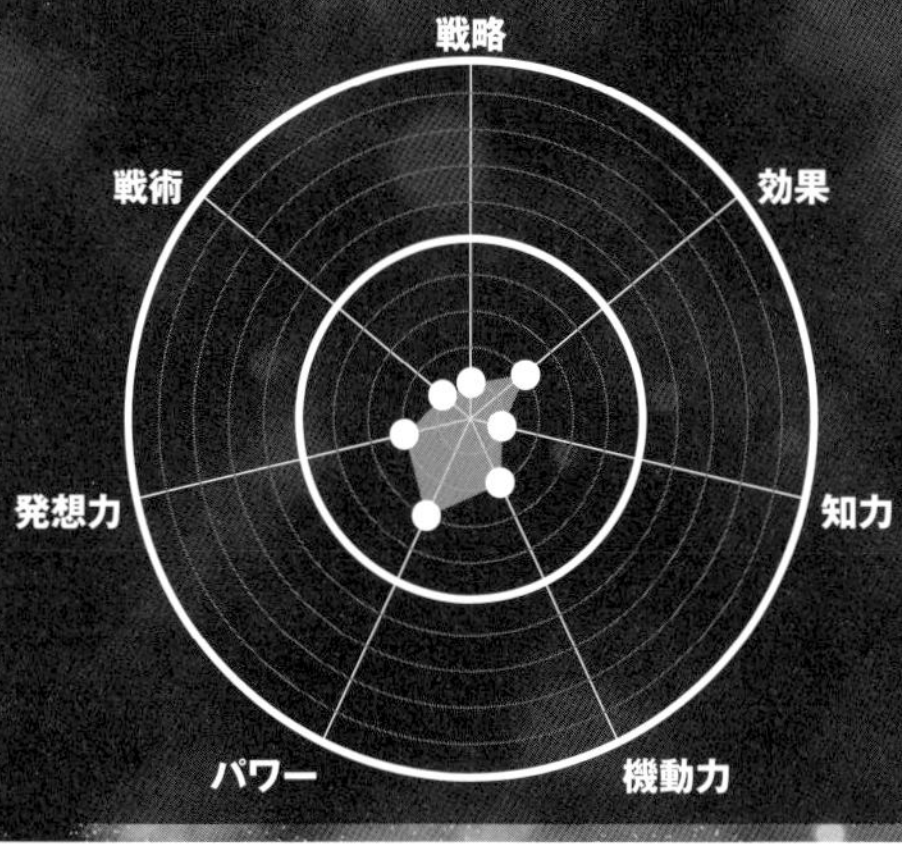

合計 各10点中 **12/70点** 《作戦評価》

地球への侵入目的が不明なことから、侵略評価に値するかも不明なくらい謎の多い行動。目的がはっきりしない行動が多いことから、評価は全体的に著しく低くなっている。

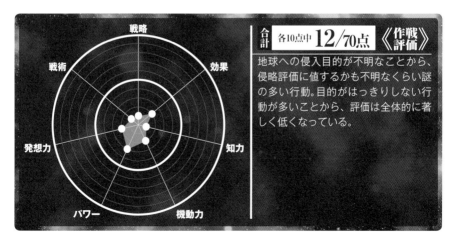

#作戦ナンバー39

先住民族による地球人類への反攻作戦

地球原人ノンマルトの場合

第四十二話	「ノンマルトの使者」（制作第四十一話）	放送日	1968年7月21日
		STAFF	監督／満田穧　脚本／金城哲夫

STORY

休日を海で楽しむアンヌの前に、謎の少年が現れて人類に海底開発を止めるように警告してほしいと告げる。わけもわからないまま、目の前で海洋調査船が爆発するのを見たアンヌたちは、少年の行方を追うが発見は難しかった。しかし、その後に地球防衛軍に少年から警告の電話が入り、事態は深刻化。アンヌの前に再び姿を現した少年は、改めてアンヌにノンマルトのことを話して説得しようとしたが聞き入れてもらえなかった。するとそこへ海上で船が怪獣に襲われているとの報が入る。

名称≫ノンマルト
別名≫地球原人
身長≫1.7メートル
体重≫70キログラム
出身地≫海底

顔、手を除けば、その外観はほぼ人類と同様の姿形といえる。

事件の発覚

休暇中にモロボシと海水浴に来ていたアンヌの前に、謎の少年が現れて海底開発センターのシーホース号が大変なことになると告げて消えた。その予告通り、二人の目の前で、シーホース号が爆発した。ウルトラ警備隊は、二人の報告を受けてハイドランジャーを出動させたが、すでに壊滅した後であった。アンヌとモロボシは、事件を知る謎の少年の行方を捜して回るが発見できず。が、事故の生存者も謎の少年のことをうわごとのようにいっており、さらには地球防衛軍の長官あてに、その少年と思わしき者から直接電話連絡が来ていた。その内容は、地球はノンマルトのものであり人類は海底への侵略を止めるように語っていた。

作戦概要

地上はおろか、海底にまで侵略の手を伸ばしてきた人類に対して海底開発中止を警告。しかし無視されたために報復活動を開始。

ノンマルトの特性

M78星雲では地球人の意味を指す名前を持つ民族。使者と思われる少年・真市曰く、現地球人が生息する以前から地球上に住んでいた先住民族で、現地球人が侵略してきたため海底に追いやられたという。だが、その海底も人類が開発の名のもとに侵略してきたために譴責し、強行手段に出た。地球人類よりも弱いといわれる。レーザー銃や鹵獲した地球人の武器を使用し、怪獣ガイロスを操る。

行動開始

引き続き捜索するアンヌらの前に、姿を現した少年・真市。本当は人類が侵略者だったと話すがアンヌに理解されず、憤慨して海へ帰っていった。直後、ノンマルトは城南大学の海底探検部の船を怪獣ガイロスで襲撃。ガイロスは、出動してきたウルトラ警備隊のウルトラホーク1号のミサイル攻撃に、海中へ逃れるもハイドランジャーによる挟撃に苦戦。一旦死亡したふりで地球人の攻撃をかわす。ウルトラ警備隊が安心して帰還したところに、再び真市は地球防衛軍に電話をかけ警告。しかし、電話を逆探知されて地球防衛軍の隊員が追跡してきたため、ノンマルト自身が出て銃撃。隊員らをレーザーで射殺し真市を逃した。その上、海上に2カ月前に鹵獲したイギリスの原潜・グローリア号を浮上させ、地上の攻撃を開始する。

交戦

グローリア号は、上空からウルトラホーク1号の空襲を受けるも迎撃し、ウルトラホークの機体の一部を破壊。さらに怪獣ガイロスを出現させる。真市は、モロボシ・ダンのウルトラセブン変身を阻止するために説得に向かうが、相容れぬままセブンの登場を許してしまう。巨大化して戦いを挑んできたセブンに、ガイロスは応戦するも力の差があり、手足を次々とアイスラッガーによって切断されてしまった。

顛末

ウルトラセブンやウルトラ警備隊の出現で不利になったため、グローリア号で撤退を余儀なくされるが、海底には警備隊のハイドランジャーが待ち構えており、その攻撃でグローリア号は轟沈。逃走先であった海底都市がウルトラ警備隊に発見されてしまう。海上ではウルトラセブンによってガイロスが倒され、海底では海底都市がハイドランジャーの攻撃によって粉砕され全滅。

〈蛸怪獣ガイロスの考察〉

吸盤のついた蛸のような手足を持つ。特殊な能力は認められず、地球防衛軍の兵器にたじろぐなど強者の印象はない。ウルトラセブンに対してもほぼなすがままに斬撃を食らってしまっている。

〈敗因〉

本来、戦闘的ではない民族なのか武器らしい武器を持っておらず、怪獣ガイロス以外はほぼ地球人類のものを使用していたと思われる。その点からもすでに地球人類に勝てる勝算は少ない。だが、それをしても人類の行為を許せないという感情が事件を起こしている。しかし、結果的に人類の海底開発による民族の全滅を逃れなかったにしても、今回の一件でその運命を早めたことは間違いないであろう。もしかしたら近い将来、人類との共存方法が見つけられた可能性もなかったとは言い切れないので、少々早まった感はあるものの、やはり再三の警告を無視されてしまった時点で悲劇の到来は防げなかったといえる。

反省からのその後の作戦

この一件は、地球防衛軍内部にも影響を与え、地球人類の侵略行為を記したオメガファイルなるものが存在する。後の時代に入りノンマルトの生き残りが、地球人類の若い女性の姿となって、全宇宙に対してそのファイルを開示請求を求める。人類の反省の念を促しつつも、同族を全滅させられた怨念からそれをあくまで隠蔽しようとするのを守護神獣ザバンギで妨害しようとした。結果的に判断は全宇宙へ託されたが、ウルトラセブンは人類に加担した罪により幽閉されている。

★再三の警告を無視された時点で敗北は決定していた

侵略過程地図　海岸➡海上

最初にウルトラ警備隊に、海岸で接触してきたノンマルトの使者である少年は警告を告げた。警告を無視した人類の前にガイロスとグローリア号が海上に出現。

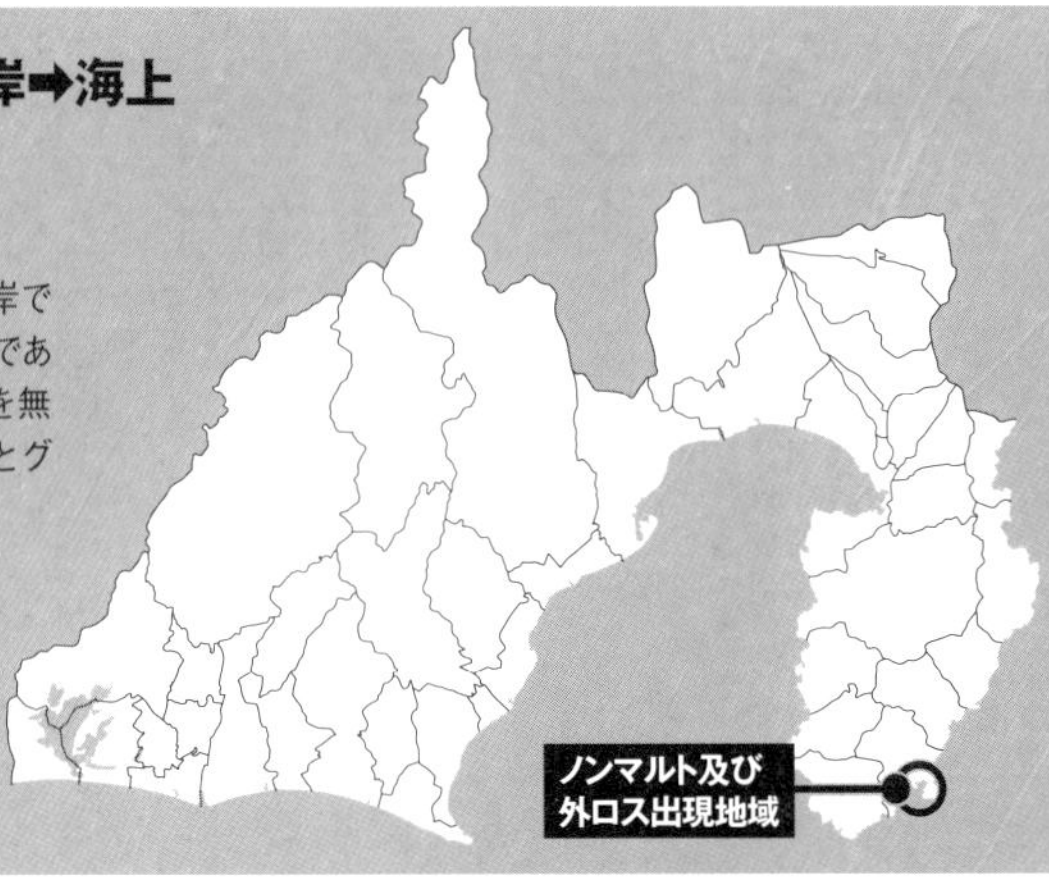

▼吸盤が全身にあり、地球のタコに似た怪獣・ガイロス 。

▲鹵獲されたグローリア号船内

海底に住む地球の先住民族であることを主張した、ノンマルト。侵略者ではなく、侵略された側であったと推察される。

名称≫ガイロス
別名≫蛸怪獣
身長≫30メートル
体重≫1万トン
出身地≫海底

自動車の反射板のような丸い眼球状部分と、青系の体色、複数の触手が海底生物らしい独特の雰囲気を生み出している。

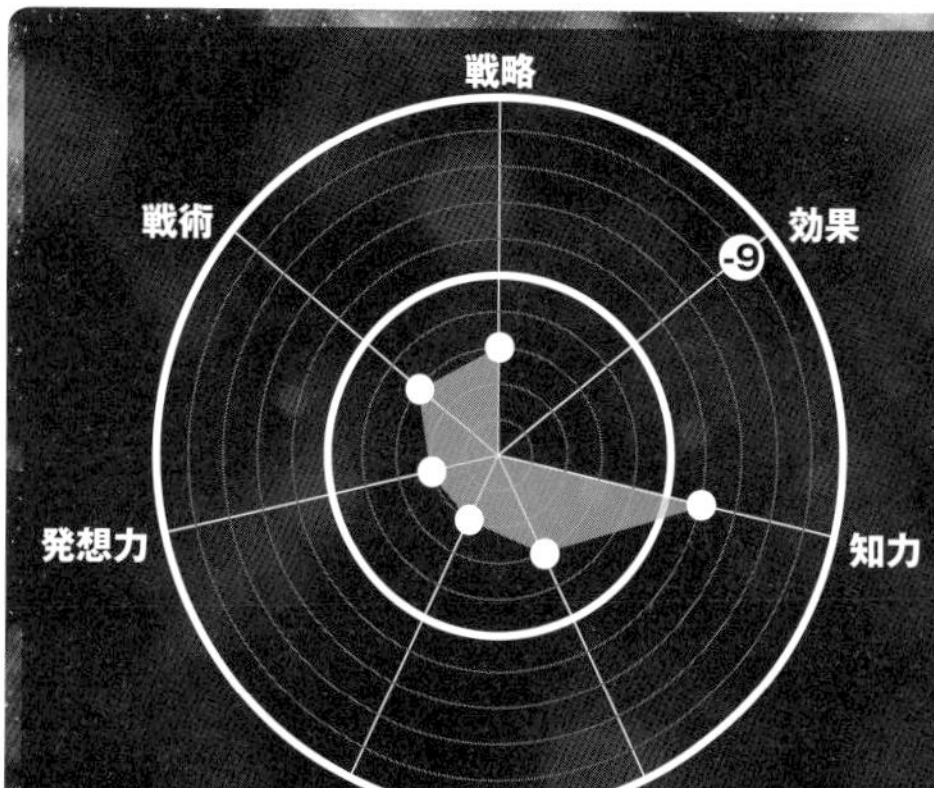

合計 各10点中 **10/70点** **《作戦評価》**

基本的に人類より総合的な戦闘能力は低く、戦力差があるにも関わらず人類に宣戦を布告してしまったのは、生活圏を奪われそうになったことで窮地に追いやられ、必死になっていたことを物語っている。だが、最終的に自らの居住区を壊滅させられたことは悲惨な結果となった。

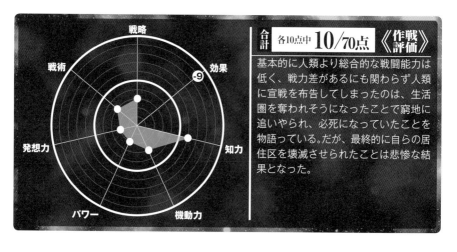

#作戦ナンバー40

アンドロイドによる第三惑星地球植民地化作戦

第四惑星ロボット長官の場合

第四十三話	「第四惑星の悪夢」(制作第四十三話)	放送日	1968年7月28日
		STAFF	監督／実相寺昭雄　脚本／川崎高　上原正三

STORY

地球防衛軍の長距離ロケットのテスト飛行に出たソガとモロボシ・ダンは、その睡眠中にロケットを第四惑星に誘導させられてしまう。地球と似た環境だったが、そこはロボットが支配する星で、人間は消費のために生かされるだけの存在だった。ソガとダンは、ロボット長官の下へ逮捕連行され、第四惑星の事情を聞かされる。そして地球を植民地化する計画を知ると、脱出を図るのだった。

名称≫ロボット長官
別名≫第四惑星アンドロイド
身長≫1.65メートル
体重≫160キログラム
出身地≫第四惑星

第四惑星を統制しているアンドロイド。人間を消耗品のように扱う。

事件の発覚

地球防衛軍は長距離航行用宇宙ロケット・スコーピオン号を完成させ、そのテストパイロットにウルトラ警備隊からソガとモロボシを選出。打ち上げに成功し、電子計算機による全自動航行が行われる中、両隊員の睡眠テストも実施された。二人が睡眠に入ると、スコーピオン号は勝手にコースを外れはじめた。防衛軍基地では、二人に連絡することもできずに、ただ見守るだけしかできなった。30日後、両隊員が目を覚ましたがそこは地球とよく似た第四惑星であった。

作戦概要

エネルギー源となる人間が500年の間で滅亡する計算が出たため、地球を植民地化し、同じくエネルギーとして活用できる地球人類30億を確保を画策。

ロボット長官の特性

第四惑星を統制する指導者。眼球の周囲を取り外し、後頭部から内部メカニックに潤滑油を注す。コーヒーを愛飲しているようで、味には少々厳しい。

行動開始

スコーピオン号から離れ、地上を探索して回るモロボシ、ソガらを逮捕したロボット署長は、両名を長官の下へ連行。長官は、第四惑星のあらましを説明する。地球の危機を悟り、両隊員は脱出を決意。追跡したロボット署長は、人間の街まで追いつめるが二人を匿った女性らを処刑場へ連行する。そして上空には、地球侵攻用の戦略部隊が発進していった。

交戦

処刑場にソガとモロボシが女性らを救いに現れたが、ロボット署長の銃撃で動きが抑え込まれる。ロボット署長が二人を射殺しようとしたその時、モロボシ・ダンがウルトラセブンへと変身した。

顛末

巨大化したウルトラセブンにより、宇宙へ向けて発進した戦略部隊の宇宙ロケットは光線で次々と破壊されてしまい、侵攻作戦は失敗に終わる。

〈第四惑星の考察〉

地球から120億万キロ離れた科学技術の優れた星。かつては人間が支配していたが、2000年ほど前にロボットを生み出してやることがなくなり、現在の様にロボットたちに取って代わられたという。

ロボット市民は20万人に及び、全員の健康管理や政策方針まで、コンピューターが一括して行っている。また向こう500年間のデータも蓄されているという。

〈敗因〉

すべてを計算で賄っていたが、地球人を誘拐したつもりでウルトラセブンを連れてきてしまったのが最大の敗因。計算にない要因が入り込んだための失敗である。

侵略過程地図

第四惑星➡地球

地球から見ることのできない第四惑星上で侵略計画を進行していた。地球人捕獲後、地球侵略に出発するがウルトラセブンの妨害を受けて失敗に終わる。

どんな時にも計算外のことは起こりうるので、そのことを想定に入れて計算を出すべきだったといえる。

★想定外の事態を予測して計算すべきだった！

ロボット長官。見た目からは人類との違いがわからない。第四惑星を統制する指導者で、眼球の周囲を取り外し、後頭部から内部メカニックに潤滑油を注す。コーヒーを愛飲しているようで、味には少々厳しい。

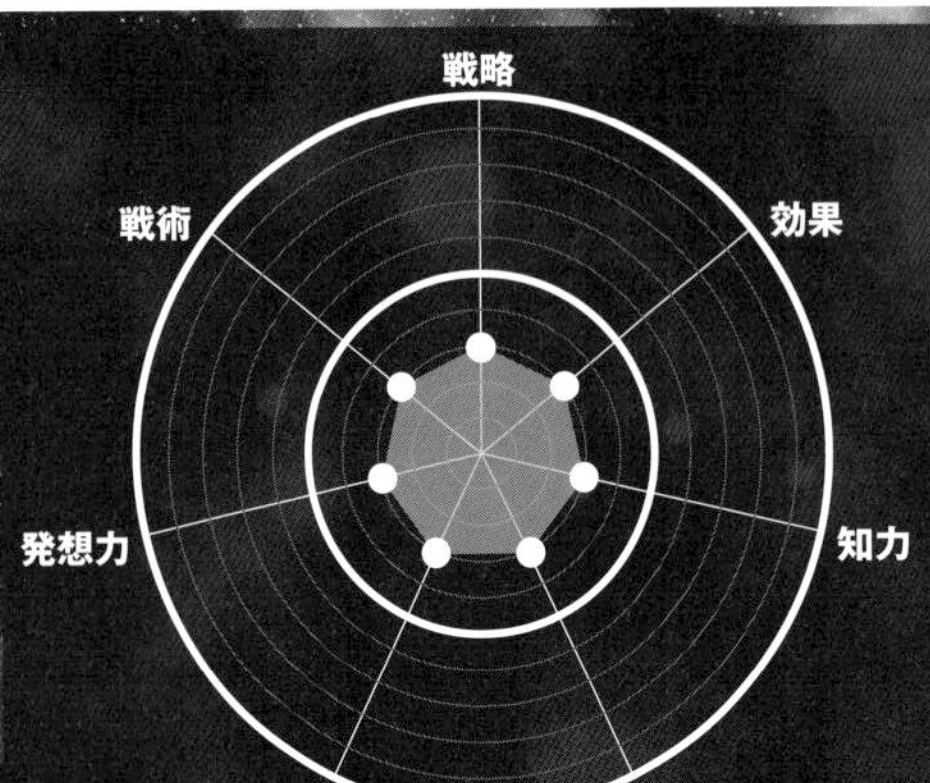

合計 各10点中 **21/70点** 《作戦評価》

すべてをコンピューターに委ねているためか、堅実な作戦を立てていると考えられるが、詳細は不明。しかし、地球の死角を利用した奇襲作戦であったと思われるが、ウルトラセブンの登場で作戦が失敗。結果の分からない点も含めて評価は低めに。

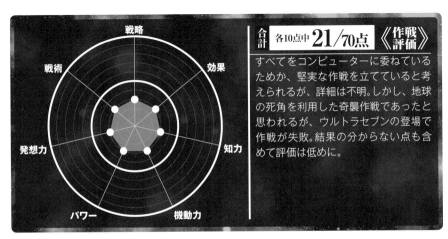

#作戦ナンバー41

地球人類 猿人間化計画

宇宙猿人ゴーロン星人の場合

第四十四話	「恐怖の超猿人」（制作第四十五話）	放送日 1968年8月4日
		STAFF 監督／鈴木俊継　脚本／上原正三　市川森一

STORY

深夜、警邏中の警官が怪力をふるう男に襲われる事件が発生。その男は見る見る間に猿人の姿になると、警官を殺害して逃亡した。その事件の調査がウルトラ警備隊に依頼され、モロボシ・ダンとアンヌは、謎の猿人間を調べるためにモンキーセンターへ向かった。しかし、そこではゴーロン星人によって人間の脳波を猿の脳波へ入れ替える作業が進められていた。

名称≫ゴーロン星人
別名≫宇宙猿人
身長≫35メートル
体重≫8000トン
出身地≫ゴーロン星

ゴールデンライオンタマリンと生物的特徴が似ており、金色の頭髪や全身の体毛、長い尻尾など見た目はまるで猿そのもの。

事件の発覚

ウルトラ警備隊は、県警から怪力で殺された警官2名の殺害事件の調査を依頼された。その犯人は目撃者によると、まるでゴリラの様な姿だというが、現場に残された犯人の血液は人間のものであった。その謎を究明するために、モロボシとアンヌはモンキーセンターへ向かう。センターに着くと、センターに勤務する女助手や用務員の大男に何やら怪しいものを感じ取ったモロボシとアンヌは、一旦引き上げようとしたが、ポインターを何者かによって故障させられ、帰投不能になった。

作戦概要

人間と猿の脳波を入れ替えて猿人間を増やし、思い通りに操って地球を手中にする。

ゴーロン星人の特性

モンキーセンター内では、ゴールデンライオンタマリンの姿で潜伏。脳波で人間を催眠状態にして操り、自らのロボットとして使っていた。猿形態でも超能力は使用可能で、モロボシ・ダンの脳波を狂わせようとしている。その正体は、巨大な猿人で、体毛に覆われた身体に長い尻尾が特徴。その動きは俊敏で、攻撃回避のために姿を消すこともできる。その腕力は、ウルトラセブンを上回り、両眼から怪光線を出して相手の脳波を狂わせる。アンヌを捕らえた際に、猿の脳との入れ替え作業に機器を使用していることから、科学技術も発達していると見られる。

行動開始

その夜、ポインターの修理を行っていたモロボシを大男が襲い倒す。モロボシを殺したものと思い込んだ女助手は、大男ゴリーを監禁。その様子に気づいたアンヌをも捕まえると博士までもが現れて、アンヌの脳を猿に入れ替える作業に取り掛かる。しかしその時、ゴリーが猿人に変身して怪力を発揮。鎖を引きちぎってアンヌを助ける。女助手や博士を失神させたゴリーは、アンヌをさらって逃亡する。

交戦

逃走中のゴリーは、正気を取り戻したモロボシの急襲を受けてアンヌを奪い返されてし

侵略過程地図　愛知県／モンキーセンター

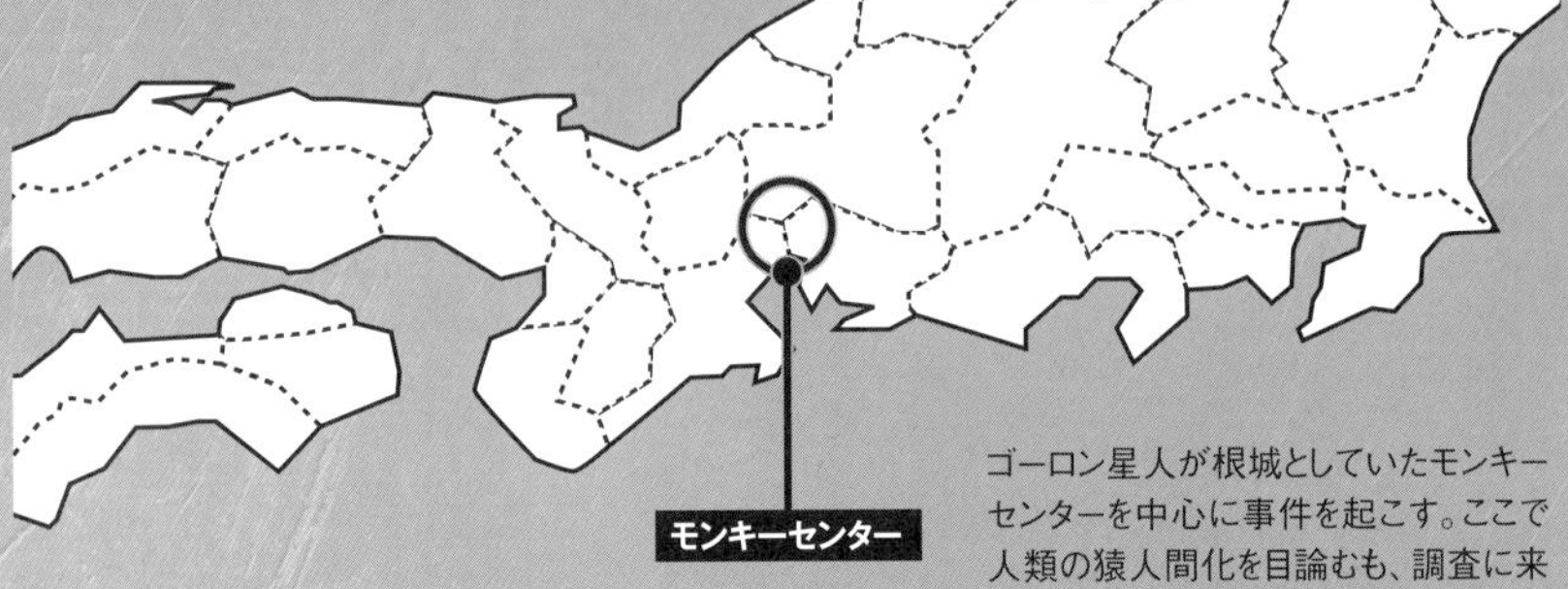

ゴーロン星人が根城としていたモンキーセンターを中心に事件を起こす。ここで人類の猿人間化を目論むも、調査に来たウルトラ警備隊の妨害に合う。

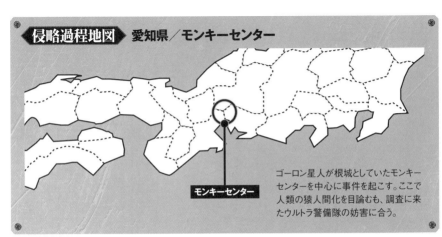

まう。アンヌを退避させたモロボシが、再びモンキーセンターへ戻ってきたので、屋内に潜んでいたモロボシの正体を知るゴーロン星人は、脳波を狂わせて殺害しようとしたが、屋外へ逃げ出そうとされたので巨大な正体を現して行く手を阻む。するとモロボシ・ダンは、ウルトラセブンとなって立ち向かってきた。

▼顛末

一方、ゴリーは、川を下って救援を求めようとしたアンヌに船頭に化けて接近するが、連絡がないことを心配して現れたウルトラ警備隊に射殺されてしまった。また、ゴーロン星人は、ウルトラセブンのアイスラッガー攻撃を回避するため姿を消して迫るが、空中でアイスラッガー攻撃を受けて落下。しかし、両眼から放った怪光線で、セブンの脳波を狂わせて形勢逆転。セブンを引きずり回したが、後頭部をエメリウム光線で逆襲され手裏剣光線でけん制された後、エメリウム光線を腹部に受けて爆発。頭部を残して絶命した。

〈猿人ゴリーの考察〉

警棒をたたき折り、人間の頸椎をへし折る怪力と、3メートルの塀を飛び越える跳躍力を持つ。普段は人間態で活動しているが、憤慨するとゴリラの様な姿になって、それまで以上の怪力を発揮する。脳は猿であるため、知能指数は高そうにないが、負傷した際にアンヌから手当てを受けたことで、彼女を特別視して認識。その存在を守ろうとした。しかし、コミュニケーション能力が著しく乏しいことから、アンヌ本人からも誤解され、結果的にウルトラ警備隊の銃弾を受けることになってしまった。

〈敗因〉

おそらく実験体と見られるゴリーの存在が計画失敗の引き金になってしまった。うかつにも警官を襲ってしまったことで事件が発覚し、ウルトラセブンを呼び込むことになった。そしてさらにアンヌへの想いが予想外の展開を招き入れている。そういった事態を予想してかゴリー以外の猿人間は作っておらず、とりあえず女助手や博士を脳波で操ってロボットとして活用していたまでは理解できる。しかし、ゴリーは監禁し、外部との接触をさせずに隠密に行動しておくべきだった。少しずつ猿人間化を進めていれば、あるいは気づかれるまでに相当な時間を稼げたかもしれない。

★ゴリーの存在が計画失敗の引き金

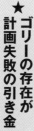

FRONT VIEW

モンキーランドに ゴールデンライオンタマリンの姿で潜伏していたゴーロン星人。

ゴーロン星人によって改造された「猿人ゴリー」

SIDE VIEW

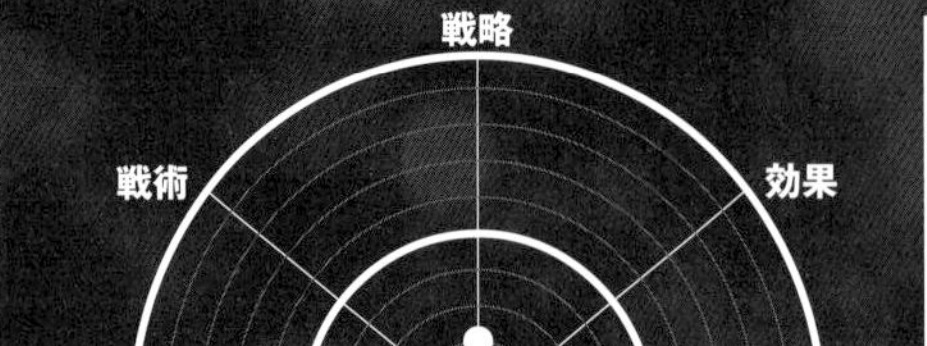

合計 各10点中 20/70点 《作戦評価》

地球人類を総猿人間化するには、あまりにも規模の小さい計画。脳波を操る力を持つも、それ自体は有効範囲が広くないのか、周囲の人間のみであったため、それほど効果も高くない。人類総改造化するための実験的な試みであったのか、地球総人口に施術するための手間や時間に目を向けていない点で、計画性に欠けていたのではないか。

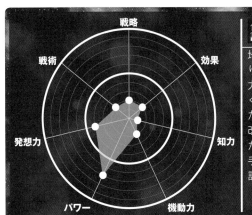

童話に模した心理的侵略作戦

サイケ宇宙人ペロリンガ星人の場合

第四十五話	「円盤が来た」（制作第四十四話）	放送日 1968年8月11日
		STAFF 監督／実相寺昭雄　脚本／川崎高　上原正三

STORY

夜空の星を見るのが好きなフクシンは、不思議な子供と出会う。その夜、望遠鏡で観測中に未確認飛行物体群を発見。だが、周囲の人間どころかウルトラ警備隊も取り合おうとしない。再び少年が現れてまたしても意味深に東の空に円盤を見られるという。その言葉通りに円盤群を見たフクシンは、写真を撮りウルトラ警備隊へ通報したが、写真に円盤は写っておらず、フクシンの見間違えとした。翌日、三度不思議な少年が現れ、人間が嫌いというフクシンを星の世界へ連れていくという。そして少年の家に行ったフクシンは、少年の正体を知る。

名称≫ペロリンガ星人
別名≫サイケ宇宙人
身長≫1.8メートル
体重≫80キログラム
出身地≫ペロリンガ星

原色で派手な色彩でサイケデリックな印象を与える。頭部のとさかや、掌や足がどことなく水かき状になっているのも特徴的。

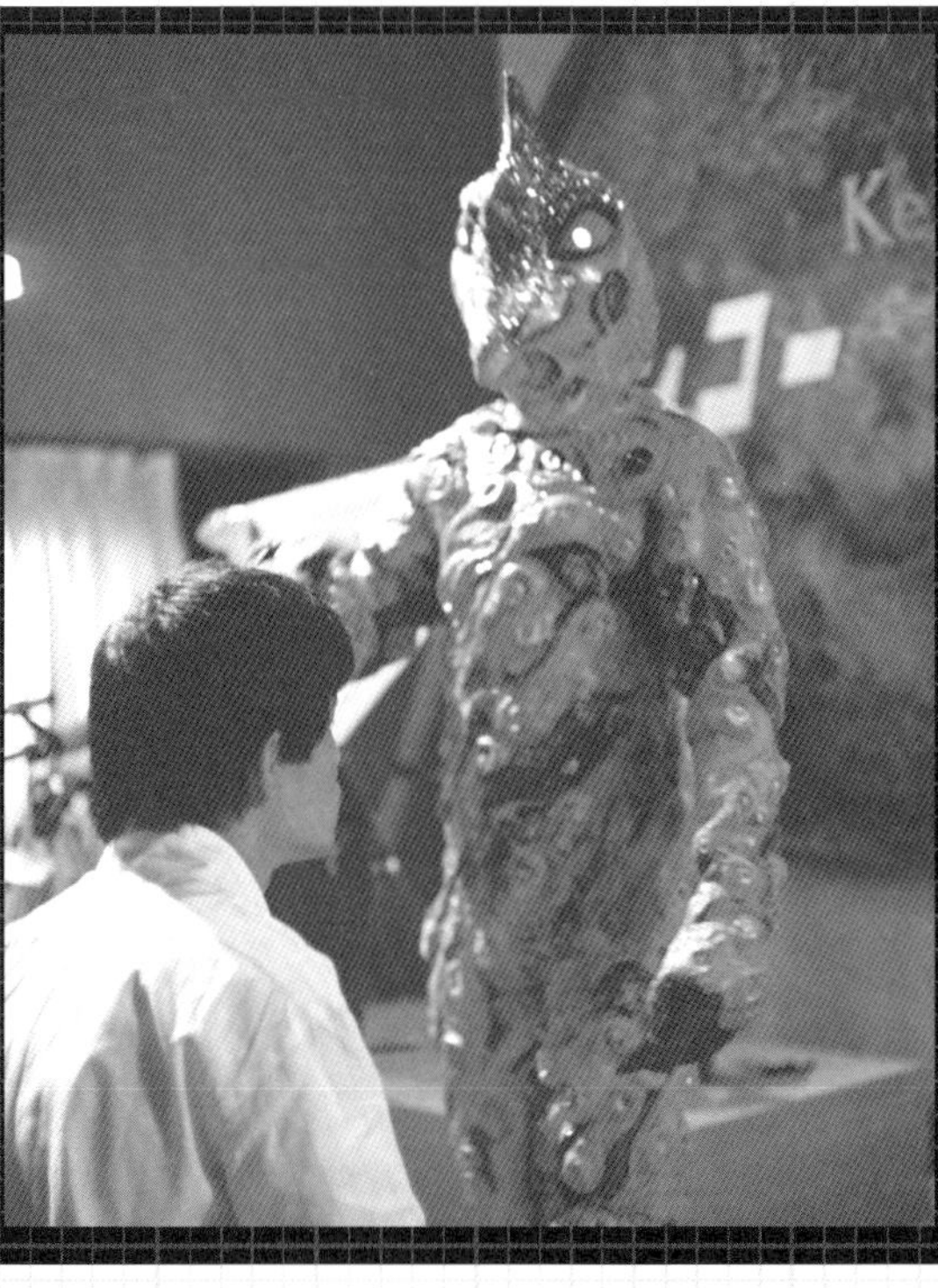

事件の発覚

深夜、東経139度40分、北緯35度40分角度32度の方角に円盤群を発見したというアマチュアたち数名の通報を受けたウルトラ警備隊であったが、観測班や専門機関ではそれを確認できず、念のためにパトロールを行ったが何も発見できず通報の内容を錯覚と判断してしまった。再び、昨日の第一通報者から撮影したフィルムつきで通報を受けたウルトラ警備隊だったが、そのフィルムからは異常は見られず、またしても通報者の勘違いとしてしまった。

作戦概要

地球を征服するために送り込んだ円盤群を星にカモフラージュして油断させ、アマチュアの観測よりも専門機関のほうが正しいという思い込みを利用して、深く静かに侵攻を行う。

ペロリンガ星人の特性

地球人の少年の姿になって、地球人と接触する。真っ赤な全身に、様々な色合いをちりばめた派手な姿が特徴。性格は穏やかそうで知性は高く、地球人をよく研究しており、力ずくの侵略よりも人類の心の隙をついた作戦で優位にことを運ぼうとする。また、人間に敵意を持っているとは思えない部分もあり、地球にいることに嫌気がさした人間を大勢母星へ連れていったと話していることから、人類自体の壊滅などよりも、何かの利用目的があって惑星の征服に趣を持った行動なのではないかと推測できる。巨大化能力はあるようだが、そのほかの超能力は確認できない。

行動開始

星を観測していた青年フクシンを利用し、地球防衛軍への通報を促していたペロリンガ星人は、数度にわたる通報で地球防衛軍への信頼を失った彼を、母星へ連れていこうとする。しかし、先刻フクシンが持ち込んだ写真から、星に見えるものが異常発光物体であることを突きとめられ、フクシンの通報した電話口からの言葉でウルトラ警備隊から不審を抱かれ、ウルトラホーク1号を宇宙へ派兵されたことで、円盤群を発見されてしまう。

侵略過程地図 世田谷周辺(山の手地区)

地球人の少年に化け、地球人の青年を自星へ勧誘しながら地球への侵攻計画を推進していた。

交戦

ウルトラホーク1号と円盤群が交戦状態に入り、不思議な光の乱流の中、ペロリンガ星人は巨大化して現れ、それに呼応するようにウルトラセブンも出現して、星人とセブン、円盤群とウルトラホーク1号が入り乱れての宇宙戦となる。

顛末

ペロリンガ星人は宇宙空間でセブンと格闘した後、円盤群と共に消失。撃破されたのか撤退したのか詳細は不明。その後のウルトラ警備隊の行動から、星人の作戦が失敗したことが明らかになった。

〈宇宙船の考察〉

サラダボールを上下に合わせたような形状をした宇宙船。全体が発光体の様に光っている。不透視バリヤーによって偽装されており、地球の専門機関の観測では星にしか見えない。ただし、アマチュアなどの望遠鏡などでは異常発光体として目視できてしまう場合がある。武装などの詳細なスペックは不明。

〈敗因〉

童話『羊飼いの少年と狼』を模倣したような作戦で、心理戦において興味深い戦略ではある。

何度も繰り返される虚偽情報に対する習慣化で油断を狙ったのは面白いが、地球の防衛圏内に突入するまで発見されないだけであって、ウルトラホーク1号とウルトラセブンの登場で全滅（あるいは撤退せざるを得ない）状態に持ち込まれるのでは、どう考えても戦力不足であったことは明らか。

さらに、地球防衛軍などが円盤発見の通報にその場で確認して見過ごしていても、撮影されたフィルムなどを改めて検証されてしまった際に、新たな情報を発見する場合が人間にあることを見逃している点が痛い。

つまり、当初は人間の視覚や聴覚の受信濾過によってスルーしたことに安心した星人は、地球防衛軍に通報しても信用しないと油断して、フクシンの三度目の通報の際に会話に参加してしまっている。このことが侵略を見破られるきっかけになっているが、これは逆『羊飼いの少年と狼』的結果であった。

通報が信用されないことに油断した、
★逆「羊飼いの少年と狼」的結果。うまくいったことが続くとは限らない！

ペロリンガ星人は、真っ赤な全身に様々な色を散りばめた派手な姿が特徴。

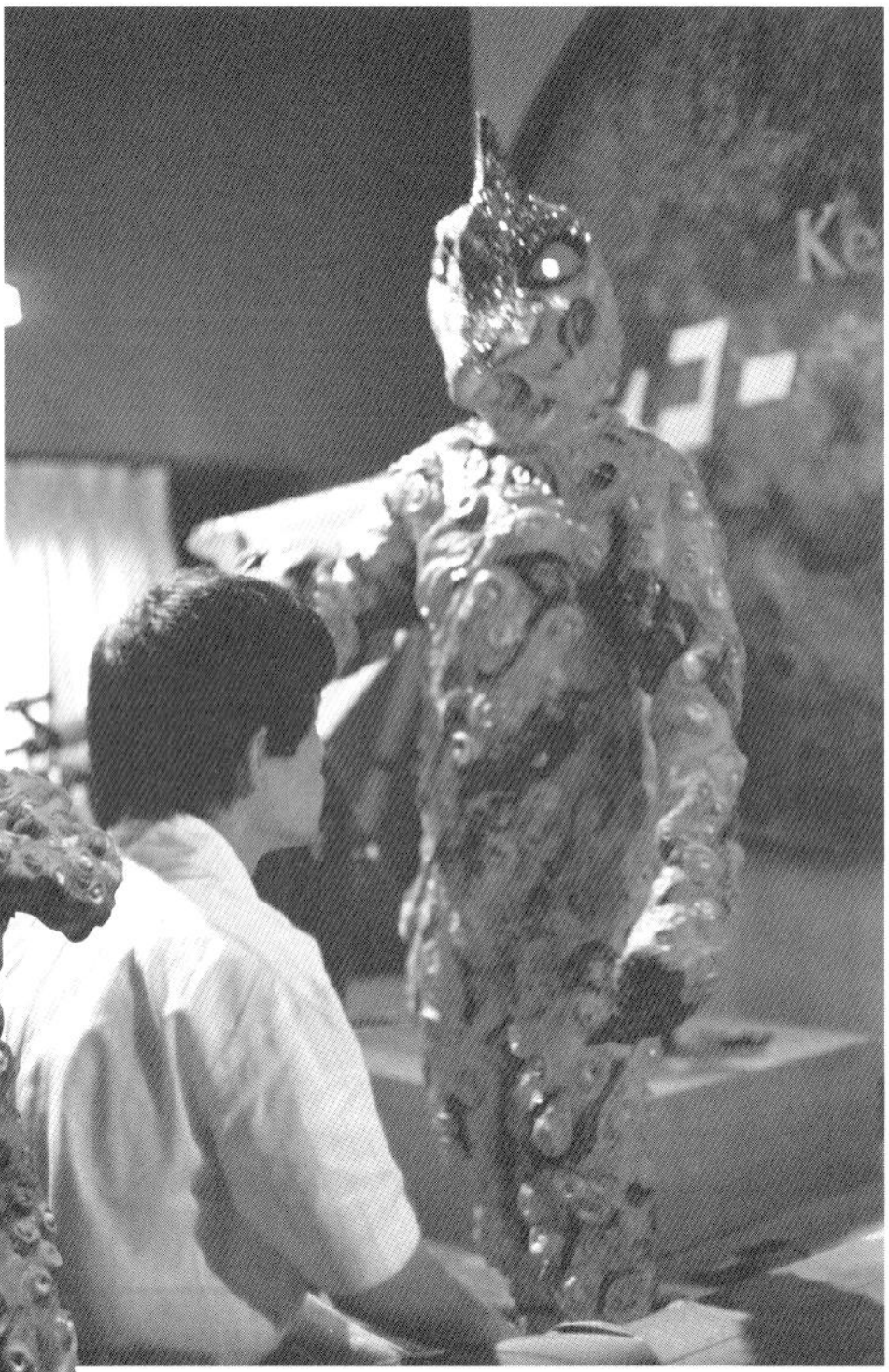

地球にいることに嫌気がさした人間を多数母星へ連れさったと語っているから、人類自体の壊滅などより、何らかの利用目的があった行動なのではないかと推測される。

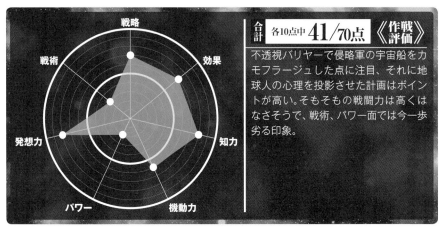

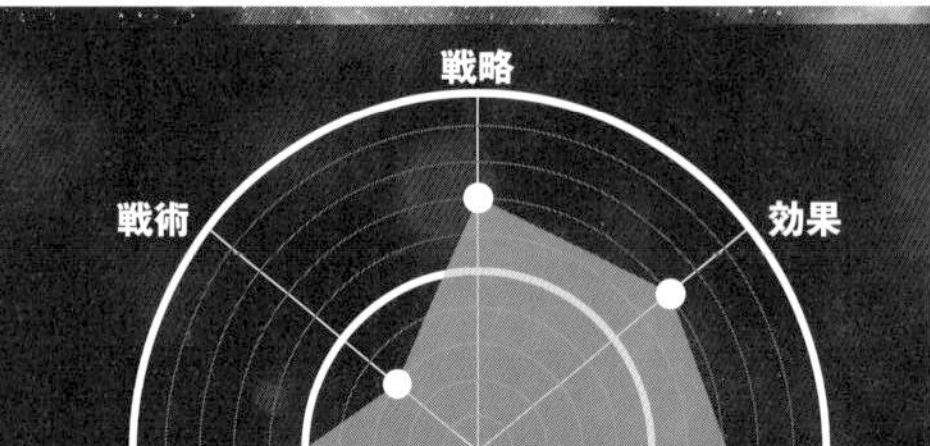

合計 各10点中 41/70点 《作戦評価》

不透視バリヤーで侵略軍の宇宙船をカモフラージュした点に注目、それに地球人の心理を投影させた計画はポイントが高い。そもそもの戦闘力は高くはなさそうで、戦術、パワー面では今一歩劣る印象。

#作戦ナンバー 43

ウルトラセブンのコピー化による地球侵攻作戦

侵略星人サロメ星人の場合

第四十六話	「ダン対セブンの決闘」（制作第四十六話）	放送日	1968年8月18日
		STAFF	監督／鈴木俊継　脚本／上原正三　市川森一

STORY

伊良湖岬一帯の異変を調査するために出動した地球防衛軍のハイドランジャーが撃沈された。時を同じくして地上で怪しい女を追跡していたモロボシ・ダンは、謎の灯台で拉致されてしまった。それはニセ・ウルトラセブンを完成させるため、ウルトラビームの秘密を手に入れようとするサロメ星人の仕業であった。ダンの捜索に来たウルトラ警備隊は、突如現れたウルトラセブンの襲撃にあってしまうが……。

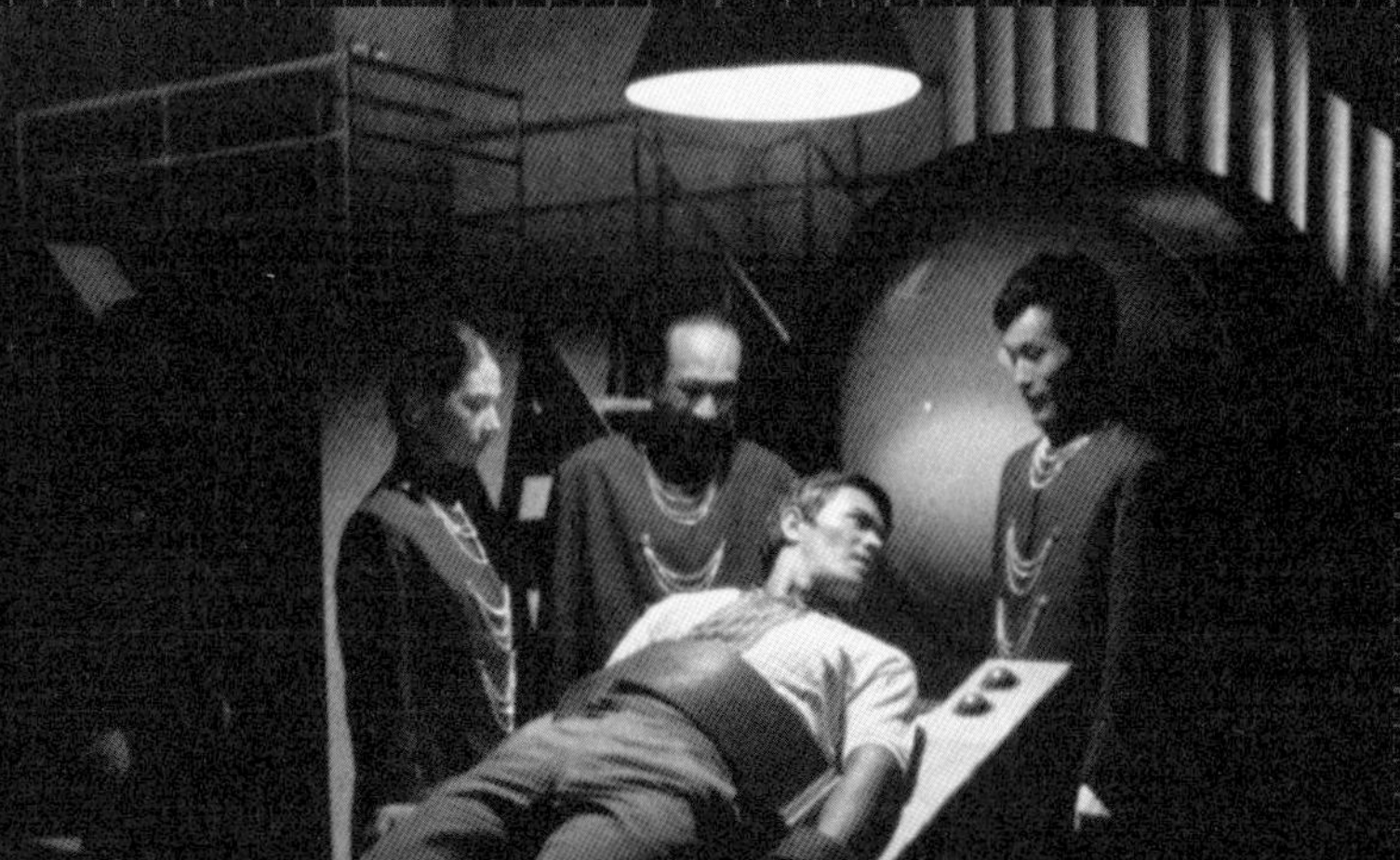

名称≫サロメ星人
別名≫侵略星人
身長≫1.9メートル
体重≫120キログラム
出身地≫サロメ星

外観は、地球人と全く同じ。特に宇宙人らしい装飾をしていたという感じもない。

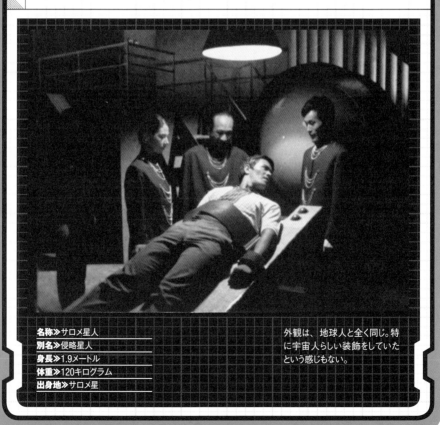

事件の発覚

伊良湖岬一帯で相次ぐ怪現象に、地球防衛軍はハイドランジャーを派遣して海底を捜索する一方、地上ではフルハシ、モロボシ、アンヌの三隊員による調査活動が続けられた。海底調査をしていたハイドランジャーは、海中ミサイルで撃沈され、不穏な女を追跡していたモロボシは、謎の灯台付近で行方不明になってしまった。

作戦概要

ウルトラセブンのコピー体を製造して地球侵略の尖兵とする。

サロメ星人の特性

姿は地球人類と一緒であるが、これが地球潜伏用の偽装なのか本来の姿なのかは不明。科学力を除けば、ほぼ地球人と同等の知性や感情、文化などを持つことが推察できる。

行動開始

サロメ星人は、灯台の地底にある海底工場でサロメ星の科学を結集して作り上げたニセ・セブン。しかし唯一秘密が解明できていなかったウルトラビームの秘密を聞き出すためにモロボシ・ダンを拉致。トークマシンによって秘密を聞き出し、その再現に成功。ニセ・ウルトラセブンへ搭載した。

完成したニセ・セブンを地上へ送り出すと洋上の船を次々に破壊させ、地上のウルトラ警備隊員らを襲撃させた。サロメ星人は、必要のなくなった基地をモロボシ・ダンごと葬ろうと、時限装置を仕掛けたが、モロボシ・ダンは寸でのところで脱出。ニセ・ウルトラセブンの前にカプセル怪獣アギラが出現してきた。

交戦

アギラとニセ・セブンが格闘する中、ウルトラホーク1号が出撃してきて、宇宙船と交戦を開始。ミサイルの撃ち合いになり宇宙船は水上へ逃走。

そこにニセ・セブンがウルトラホーク1号をエメリウム光線で攻撃して撃墜。が、その時、本物のウルトラセブンが出現。ニセ・セブンは戦いを開始。

侵略過程地図 伊良湖岬周辺

伊良湖岬の灯台地下に巨大な建設基地を作り、そこでニセ・ウルトラセブンの建造を行っていた。

顛末

ニセ・セブンはラインビームの力勝負に負け、セブンとの空中戦となったがセブンのボディ風車によって破壊され、そのままセブンがニセ・セブンを装ってサロメ星人の宇宙船へ近寄り、宇宙船は爆破されてしまった。

〈ロボット超人ニセ・ウルトラセブンの考察〉

ウルトラセブンに腹部や肘、膝に装甲が追加されたような出で立ち。計算上では本物をも倒せる能力を持つ。

基本的な超能力は本物のウルトラセブンを踏襲しているようで、戦闘能力はほぼ互角のようであったが、頭脳の面で本物より一歩劣り、ウルトラセブンの臨機応変な攻撃についていくことができなかった。

〈宇宙船の考察〉

外観は水中翼船そのもので、前部甲板部分から光弾を発射することができる。飛行能力を持ち、海底への潜行も可能。

〈敗因〉

サロメ星の科学力を過信したのか、あるいはスペックデータ優先の考え方を持つ文化なのか、頭脳戦を想定した設定をニセ・ウルトラセブンに施していなかったのが最大の敗因。その軽忽ぶりは、モロボシ・ダンを監禁していた時にもしばしば見られ、ニセ・ウルトラセブンを自慢気に見せるためだけに拘束具を軽々しく外したりしたので、その時に拘束具の構造を理解されてしまったのか後々モロボシ・ダンに簡単に脱出されている。何にしてももう少し思慮の深い作戦を立てるべきか。それよりも、全く同じ能力を持ったコピーを作ったとしても、ウルトラセブンがこれまで戦ってきた中で得た経験値が、戦いの雌雄を決したと見るべきであろう。

〈追伸〉

唯一のサロメ星人の功績は、ウルトラビームの解明をしている点だろう。M2SH3GWFB1という記号が何を意味して、どのようにウルトラビームの秘密につながるかは解明されていないが、今後の攻略の礎となる情報であることは確かである。

★発想は良かったのだが、もう少し思慮の深い作戦を立てるべき。アイデアだけでなく、分析・考察が必要

ニセ・ウルトラセブンを建造していたサロメ星人の地下工場。クレーンアームによってアイスラッガーを頭部へ設置。すぐ近くにはモロボシ・ダンが捕らえられた部屋もあった。

名称≫ニセ・ウルトラセブン
別名≫ロボット超人
身長≫40メートル
体重≫3万5000トン
出身地≫サロメ星人基地地下工場

ウルトラセブンの外観や能力をコピー。腹部や手足に部分的に装甲がつけられているのが唯一の相違点。

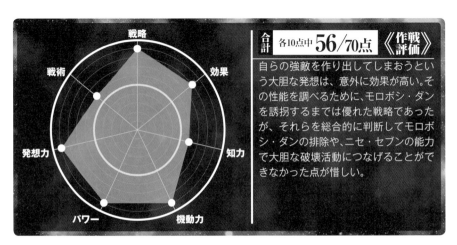

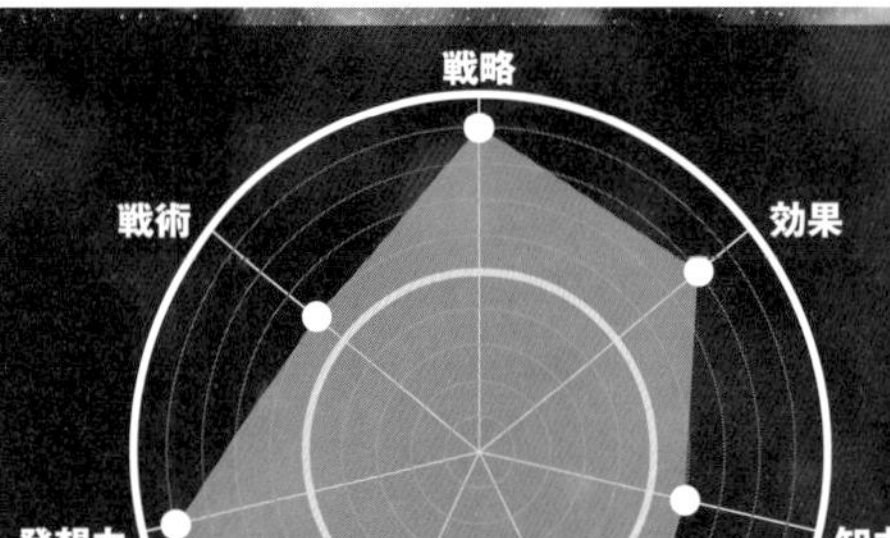

合計 各10点中 56/70点 《作戦評価》

自らの強敵を作り出してしまおうという大胆な発想は、意外に効果が高い。その性能を調べるために、モロボシ・ダンを誘拐するまでは優れた戦略であったが、それらを総合的に判断してモロボシ・ダンの排除や、ニセ・セブンの能力で大胆な破壊活動につなげることができなかった点が惜しい。

#作戦ナンバー44

深夜の住人入れ替え作戦

集団宇宙人フック星人の場合

第四十七話 「あなたはだぁれ?」(制作第四十七話)

放送日 1968年8月25日

STAFF 監督/安藤達己　脚本/上原正三

STORY

深夜に帰宅した佐藤は、家族はおろか近所の誰からも知らない人といわれ、すんでいる団地から締め出されてしまう。独りうろついていると怪しい影を見かける。佐藤はウルトラ警備隊へ通報するが、宇宙人らしき者に拉致されてしまう。不審に思ったウルトラ警備隊は行動を開始。夜の団地に忍び込んだフルハシとモロボシ・ダンは、宇宙人らに襲われてしまう。

名称≫フック星人
別名≫集団宇宙人
身長≫1.8~40メートル
体重≫65キログラム~1万トン
出身地≫フック星

巨大な耳状部位が特徴的。シワだらけの顔に目鼻口らしきものは確認できない。その他の外観は地球人類に酷似している。

事件の発覚

深夜午前3時頃、K地区で怪しい音波がキャッチされ、ウルトラホーク1号で探索するが変わった様子は認められなかった。しかし、その直後にウルトラ警備隊にK地区のふくろう団地から宇宙人目撃の通報が入る。関連を調べるため、フルハシ、モロボシらが団地の調査に向かう。通報者の佐藤は行方不明になっており、二人は変装して潜入調査を開始した。

作戦概要

人間の目では見えない仕掛けで、地上の1万5000人の住民がいるマンモス団地を地底に用意したフック星人の団地と入れ替え、居住区を確保。侵略計画のための戦力となる武器の搬入を行う。準備が整い次第、その戦力で地球を侵略する。

フック星人の特性

夜にしか活動しない特性があり、顔面がシワだらけで目鼻口の判別が難しい。人間の姿を模写反映する変身能力があり、巨大化も可能。身軽な動きと連携の取れた集団攻撃で相手を翻弄する。また、幻覚攻撃を得意とする。基本的な生活習慣が人類と似ているのか、住居の作りを概ね人間の団地と共通させている。

行動開始

潜伏しているフルハシ、モロボシ両隊員を、工事現場で事故に見せかけて抹殺しようと試みるが、それに気付いたフルハシたちの銃撃と手榴弾などで反抗され失敗、団地に乗り込まれてしまう。建物内の様子などを知られはしたが、マンホールから地下に忍び込んできた二人を、佐藤を監禁していた部屋に拉致すると、フック星人たちは人間の姿で現れて侵略の全貌を明かした。

交戦

侵略計画の武器搬入を終えた星人らは、捕らえたフルハシらに凍結ガスを浴びせたが、モロボシだけが回避してウルトラセブンと変身してしまう。巨大化してフルハシと佐藤を救出されたが、数体のフック星人が巨大化して格闘戦へ突入。また、フルハシに通報されたため、ウルトラホーク1号、3号が出撃し

侵略過程地図 東京都K地区

マンモス団地をそのまま侵略基地へと転化させて拠点とした。侵攻前にウルトラ警備隊に察知されて侵入されてしまった。

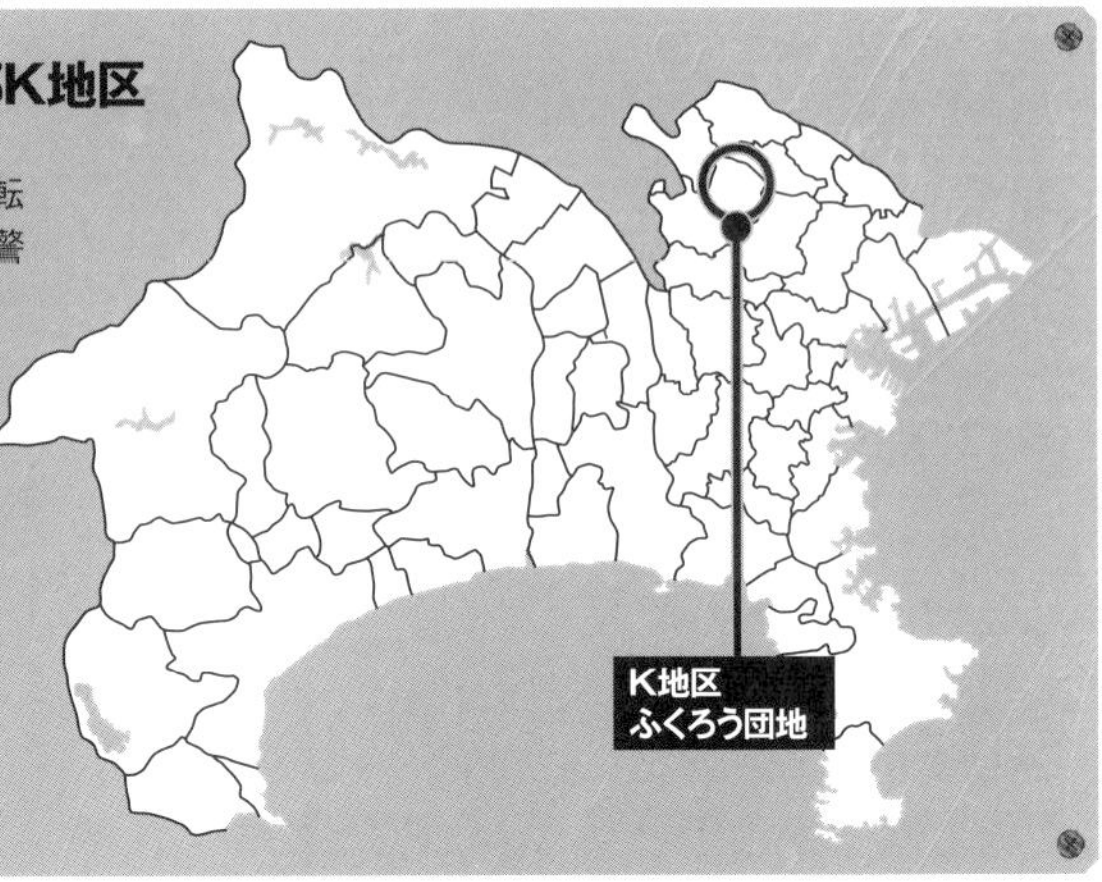

てきて宇宙船群と交戦がはじまった。

顛末

フック星人は、幻覚攻撃でセブンを翻弄したが、ボディスパークで逆襲され、スリーワイドショットで止めを刺された。宇宙船群もウルトラホークの連係プレイで壊滅させられ、フック星人の野望は潰えてしまった。

〈宇宙船の考察〉

風船のように見える外観で、集団で動き回って敵を翻弄する。特殊な武器などは確認できないが、武器等の物資搬入にも使用され地下基地に格納されていた。

〈敗因〉

ウルトラ警備隊が潜入してきた時には、すでに侵略準備が整っていた点では、その隠密性、計画性に優れた行動力を持っていることが評価できる。また、ウルトラ警備隊の潜入も想定なのか、その監禁にも成功していることでは、ほぼ計画通りにことが運んだ好例といえよう。しかし、問題点としては、ウルトラセブンの存在を計算に入れていなかったのか、あるいはその能力を侮っていたのか、セブンの撃退に失敗したことが作戦の失敗につながっている。さらに、侵略軍の兵力を総動員していたにもかかわらず、ウルトラホーク2機によって全滅させられているのは、単に地球人類の戦力を見くびっていたにほかならない（いや、ウルトラセブンからしても、相当な戦力といわしめている点で、地球側が予想外の戦力拡大をしていたとも考えられる）。

〈追伸〉

地下に地球人団地を収容している際に、人間を催眠状態にしているにもかかわらず、団地の周囲をホログラフの風景で覆っている。これはフック星人の用心深さの表れなのだろうか？

★地球人類の戦力を見くびっていた

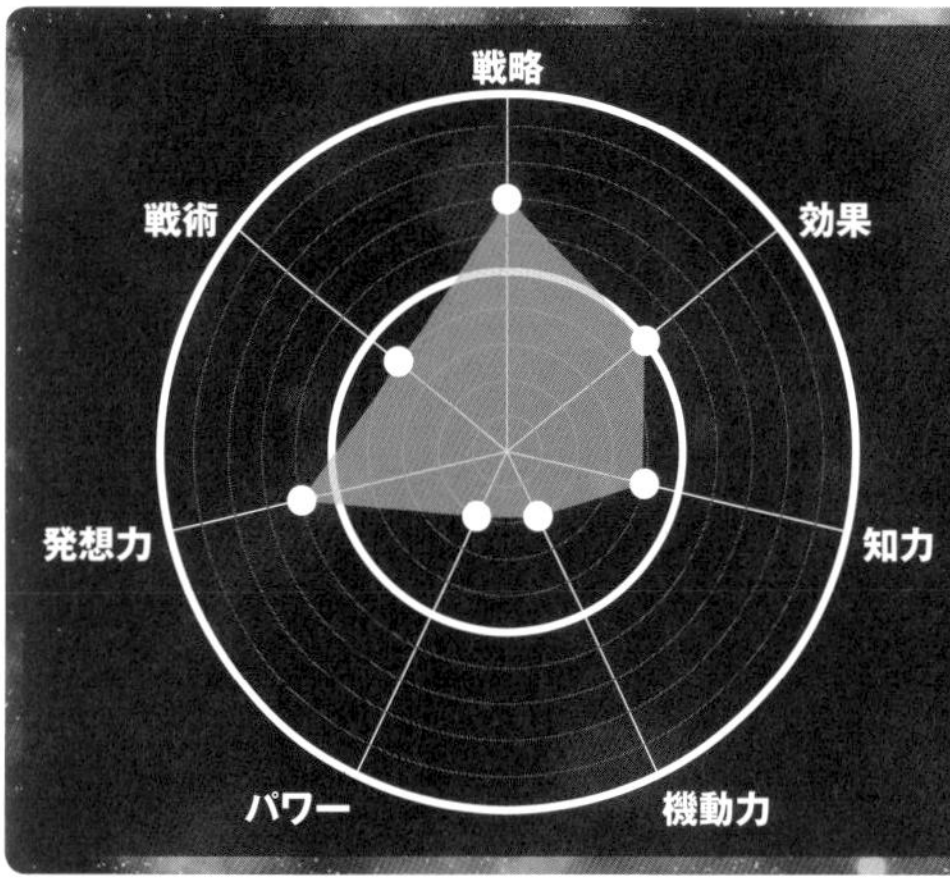

合計 各10点中 **30/70点** 《作戦評価》

深夜に人類の居住区を入れ替えることで侵略のカモフラージュを行った点は評価するが、他の行動はどれも中途半端で功を奏することはなかった。その点で評価は全体的に低くなっている。

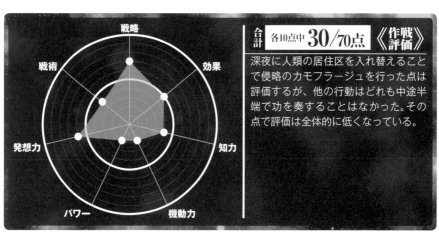

#作戦ナンバー45

30億全人類皆殺し作戦

幽霊怪人ゴース星人の場合

第四十八話 第四十九話	「史上最大の侵略」 (制作第四十八、四十九話)	放送日	1968年9月1日、9月8日
		STAFF	監督/満田穃　脚本/金城哲夫

STORY

体調の優れないモロボシ・ダンはウルトラホーク2号でパトロール中、地球に侵入してきた宇宙船に遭遇。撃墜に失敗したが、代わりに宇宙ステーションV3のクラタが現れて宇宙船を撃破した。体調不良の続くダンのもとへ、M78星雲の上司が現れ、これまで多くの戦いで追ったダメージから、このまま地球へとどまることが危険であると話し、M78星雲に帰還する時が来たと告げる。地球に危機が迫っていると思われる今、モロボシ・ダンはM78星雲に帰るわけにはいかなかった。

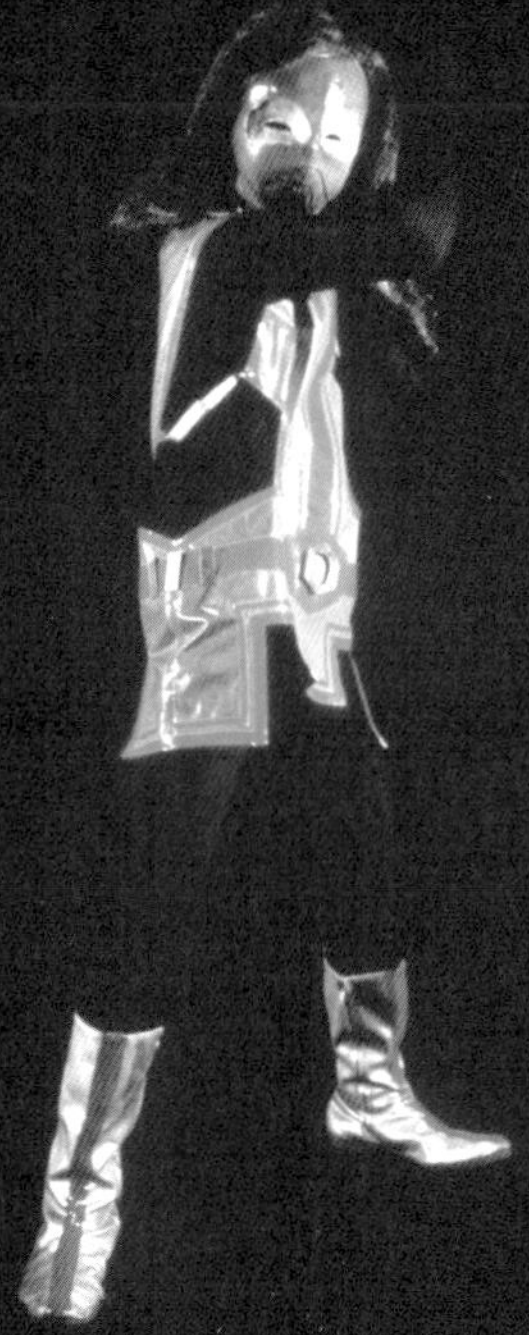

名称≫ゴース星人
別名≫幽霊怪人
身長≫2メートル
体重≫70キログラム
出身地≫ゴース星

宇宙人の中では珍しい長髪。侵略軍の制服なのか、全員が共通する衣装に身を包む。

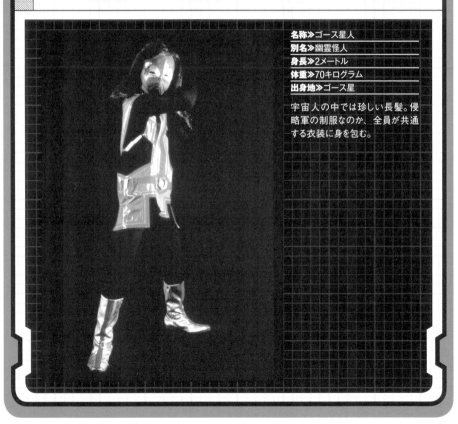

事件の発覚

ウルトラホーク2号でパトロールに出たモロボシ・ダンに、宇宙ステーションV3からの緊急連絡が入る。ポイント701方面からマッハ1・3のスピードで、未確認飛行物体が接近していた。急ぎ迎撃に向かうウルトラホーク2号だったが、モロボシの不調のために攻撃に失敗。地球侵攻を許してしまう。事態を危惧したステーションV3のクラタ隊長が、未確認飛行物体を撃墜し難を逃れた。

頻々と飛来する飛行物体や怪電波といった異常なデリンジャーが続き、大規模な侵略計画を警戒するウルトラ警備隊。深夜、宇宙ステーションV3から、ポイント580方面から宇宙船が地球へ接近する緊急事態が防衛軍本部に知らされた。しかし、当直だったモロボシの不調から対応が遅れ、ウルトラホークが出動する頃には、すでに大型宇宙船が地球へ侵入していた。

作戦概要

地球人類に降伏勧告をし火星へ移住させて、地球を占拠する。勧告に従わない場合には、地底ミサイルによって世界各国の主要都市を破壊し、30億全人類の抹殺を行うと宣言。

ゴース星人の特性

姿を半透明にし、陽炎の様に現れる。ゴース・バルーンを放出し、人間を捕獲する特殊な能力を持つ。攻撃力などはそう高そうではないが、人間の言葉の様な意思疎通方法を持ち、人類はアマギの頭脳を介した交信で、その意思を伝達することができる。

また、地球への降伏勧告の際に「不本意ながら」という言葉に続けて人類全滅を語っている点から、地球占領が目的であって、地球人の滅亡等にはそれほど興味を持っていない点がうかがえる。司令部らしき部屋で、司令官らしい人物の命令で、周囲の星人が行動を起こしていることからは、ゴース星の文明には、階級等による上下関係があると見られる。

行動開始

ウルトラホーク1、3号が迎撃に向かってきたが、大型宇宙船・パンドンキャリアーは、反撃することなくなんなく着陸。地上に降りたウルトラ警備隊の前に、ゴース星人は現れ、アマギ隊員をゴース・バルーンで捕獲。続けてパンドンキャリアー内から、双頭怪獣パンドンを出撃させると、ウルトラ警備隊員らに火炎攻撃を加えた。

炎上する大地で逃げ場もなくもがくウルトラ警備隊員らを始末するために、パンドンが岩を持ち上げたその時、ウルトラセブンが出現。格闘戦となる。セブンが放つ光線はどれも不発で、ダメージを受けることなくパンドンの殴打や蹴りが決まり、セブンを追い込んでいく。ウルトラセブンが手に持ったアイスラッガーを払いのけ、落ちたアイスラッガーを踏みつけながらセブンに迫るパンドンだったが、援護をすべく現れたウルトラホーク3号に気をとられている隙に、セブンによって拾い上げられたアイスラッガーで左腕と右足

侵略過程地図

宇宙➡熊ヶ岳火口内部

侵攻作戦基地を熊ヶ岳内部に作り、そこから地底ミサイルを使用して人類を恫喝した。

を切断されてしまう。

その後、ゴース星人は地球防衛軍基地への直接攻撃を敢行。しかし、パトロール中だったウルトラホーク3号が、防衛軍基地へ引き返してきたため反撃を受けて撤退。熊ヶ岳の火口へ辛くも逃げ切ると、拉致したアマギ隊員を使って地球人に降伏勧告を行った。

交戦

地球防衛軍の長引く対策会議にしびれを切らしたゴース星人は、地底ミサイルを発射。世界の主要都市を一斉攻撃し爆破した。30分後に決断しなければ東京を攻撃すると警告するが返答はなく、代わりに時限爆弾つきのマグマライザーが基地へ突入し大爆発を起こす。

顛末

ゴース星人の基地は崩壊して星人は全滅。基地内に収容されていた義手義足をつけられたパンドンは地上へ出現し、アマギ救出に成功したウルトラセブンと遭遇。パンドンは、作り物の片手片足を引きずりながらもセブンに立ち向かっていく。

それを迎え撃つようにウルトラセブンも向かってきたが、ダメージを負っているようで、まともな反撃をしてこなかったが、その分ウルトラ警備隊のウルトラホークの激しい攻撃を食らってしまう。その中でセブンはアイスラッガーを放つが、力ない動きからパンドンにつかまれ反対に投げ返されてしまう。

が、その力を利用したセブンにより、アイスラッガーを反転させられてパンドンは首を落とされて絶命した。

〈双頭怪獣パンドンの考察〉

一つの頭部の両側に口を持ち、火炎攻撃を行う。動体視力が高いのか、ウルトラセブンのアイスラッガーを受け止めるなど、図体のわりには機敏な動きを見せる。ウルトラセブンに左腕と右足を切断されてからは、ゴース星人に義手義足をつけられている。

改造パンドンという俗称で呼ばれるが、特別能力が上がったわけではなく、むしろ片手足が不自由になった分だけ戦力は低下したと見ていい。一部文献には、手足を機械化したためパワーアップとする記述も見られるが、実質的な攻撃に義手義足を使用していない点から疑わしい。

〈宇宙船の考察〉

六角形の白い台形状の円盤で、上部から波状光線を連射可能。大気圏内中の移動速度はそう高くないのか、ウルトラホーク3号やステーションホーク2号の追撃を受けて撃墜あるいは損傷を負っている。

この宇宙船のほかに、無人と思われる大型の輸送型宇宙船・パンドンキャリアーが存在し、船内に怪獣を収容して輸送していた。

〈敗因〉

地底を移動する攻撃兵器による地上破壊は圧巻だったが、地球防衛軍にその基地の在り処を知られてしまったことが大きい。状況的に、人質がそれほど効果はないことは想定していたと思うが、地底戦車マグマライザーの存在を計算していなかった点が最大の敗因といえる。

「人類は地底に対して無防備」と自ら告げながら、その実、ゴース星人自体も地底の守りが甘かった点は、「人の振り見て我が振りを直す」べきであっただろう。また、地球防衛軍に降伏勧告など行わず、そのまま世界を不意打ちで地底ミサイルで攻撃していれば、簡単に地球占領作戦は成功していたであろう。

〈その後〉

本件で活躍した双頭怪獣パンドンの同族と見られるものが、キングパンドンの名で別宇宙などで出現しているという目撃例もある。

それは、本件に該当する頭部は一つだが、両側にクチバシを持つ個体と違い、肩から上に首が二本生えたような姿だったという。しかし、本件のパンドンも本来は二本首であったという説もあり、資料等ではその関係性などは一切触れられていない。

〈追伸〉

本計画の最大の功績は、相次ぐ戦いでダメージを負っていたウルトラセブンの最後の力を出させ切った点にある。その事で、しばらくは地球侵略にウルトラセブンの様な者の干渉を受けることなく、純粋に地球防衛軍との戦いに専念できる様になったのは、今後の侵略者たちにとってはこれ以上にないプレゼントとなったといっていい。

★人の振り見て我が振りを直すべきだった

ゴース星人は人類に近い生態を持つ。ゴースバルーンを放出し、人間を捕獲できる特殊な能力を持ち、姿をうっすらと消し、陽炎の様に現れる。

FRONT VIEW

名称≫パンドン
別名≫双頭怪獣
身長≫40メートル
体重≫1万5000トン
出身地≫ゴース星

SIDE VIEW

FRONT VIEW

双頭といっても頭部が２つというよりは顔面が両側にあるタイプ。頭部部分に集中してトゲ状あるいは金属クズを連想させる小さく多数生える突起が印象的。ウルトラセブンとの初戦で左手、右足を失うが後に義手義足で補われることに。改造パンドンと呼ばれるそれは、パワー自体の低下はないようだが、片手片足の不自由感は否めなかった。

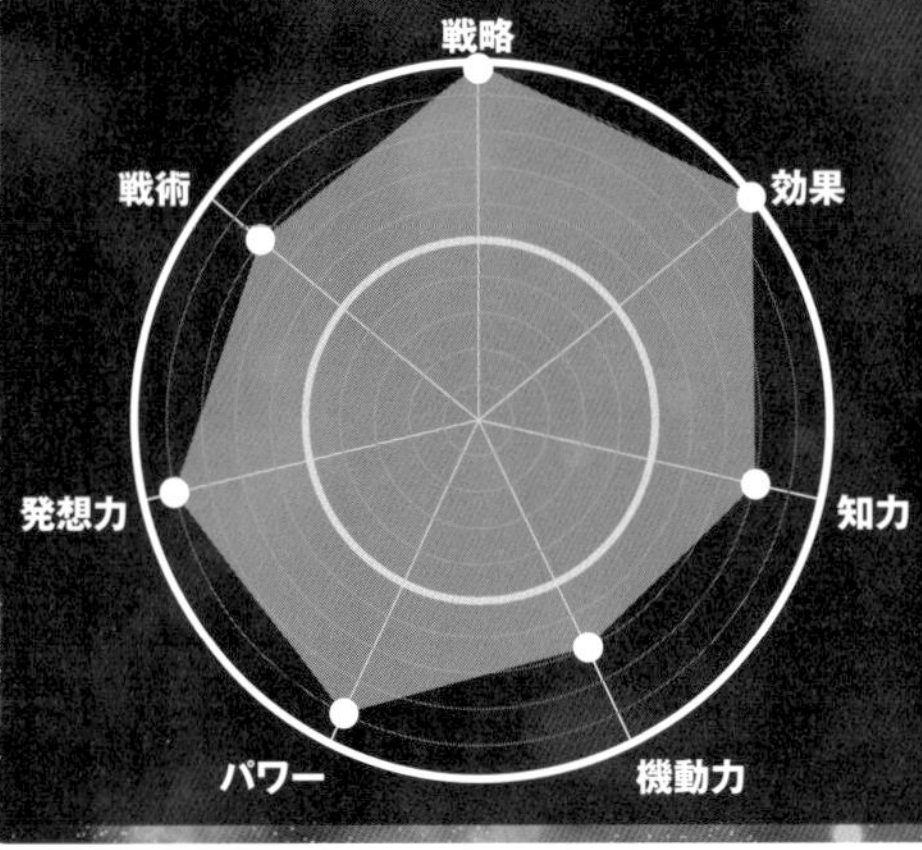

合計 各10点中 **61/70点** **《作戦評価》**

地球人類の防衛機構が及ばない地下からの攻撃は有効であった。全世界を人質にする発想も大胆でよい。ウルトラセブンが弱体化していたのもあり、パンドンの攻撃もかなりの有用性を示したが、地底ミサイルで防衛軍基地を攻撃していない点が残念。ただし、基地上空からの空爆は、防衛軍の意外な弱点を露呈しているので、今後の作戦計画を大いに進展させることだろう。

惑星侵略計画推進本部監修・
地球征服進行概要

地球侵略の妨げとなる地球人類による防衛組織「地球防衛軍」や、それに加担するM78星雲人である「ウルトラセブン」。このふたつの大きな障害によって幾多の宇宙人たちの作戦は阻止されてきた。地球人の及ばない科学力を持ってしても、今持って成功を収めることのできない地球侵略。その敗因は、これまでの報告書から理解は出来るが、それではどのようにしたら作戦を成就することができるのか？　を考察していく。

単純に力で押しても知力でかわされ、人類の力では及ばない計略にはM78星雲人の力によって妨害される……。鉄壁に近い護りのように思われる地球防衛だが、地球防衛軍、ウルトラセブンそれぞれには弱点も存在することが、これまでの報告から確認されている。その事が判明している以上、何かしらの攻略ポイントが発見することも可能であろう。

ここでは、これまで報告のあった侵略作戦における事例を検証し、あらためて全45回に及ぶ各宇宙人たちの侵略並びに侵攻から、それらの有益な評価ポイントを絞り出し、地球侵略計画に支障を及ぼす敵勢力＝地球防衛軍ならびに敵対宇宙人であるM78星雲人＝ウルトラセブンを攻略するための要項としてまとめてみた。

そして、最大の障害とも言える存在のウルトラセブンの弱点を見直し、最も有効かつ効率的な敵対勢力の排除方法を明確化したリポートを作成したので、これを参考に失敗のない作戦を提案してほしい。これが成功すれば地球だけにとどまらず、"正義"なる名目のもとに全宇宙をも牛耳ろうとするM78星雲人の勢力拡大を抑えることができ、我々がその主導権を掌握することも可能となるだろう。それ故、これまでの敗因を教訓とし、本リポートの要項を顧慮した上で実戦に活かしていただきたい。いまだ予測不能な要因はあるものの、現段階ではベストと思える作戦も併記しているので、これからの立案にも役立てばと思う。

それでは地球完全攻略の成功を祈る。

▼作戦を顧りみて

最初に、本レポートにおいて、これまで挙げた45作戦以外の未確認侵略事例を除いて、なぜ今まで地球へ侵攻した宇宙人たちが失敗したのかを敗因から究明してみた結果、大きな要因としては、各宇宙人たちの思いあがり的な要素を排除して考えると、

「地球に防衛組織がある」

「地球人に味方する宇宙人・M78星雲人が存在している」

ことが、最大の要因としてあげられる。

ここからは、その2つの大きな要因の対処を考えながら、報告書から読み取れる各要因の弱点に着目。そのウィークポイントを前面に押し出した作戦を立案、提示していく。

さて、今回注目する敗因の二大要素である「地球防衛軍」ならびに「M78星雲人（通称：ウルトラセブン）」についての詳細なデータを解析するところからはじめ、各要素の危険ポイントを明らかにした上で、それらの回避方法や弱点を解析。その後、それらを徹底的に攻めるための新作戦を作り上げていこう。

（攻略目標再検証）

攻略惑星：地球
位置：太陽系第三惑星
年齢：約46億年
直径：約1万2千7百キロメートル強
自転周期：約24時間
公転速度：約３６５日
大気成分：窒素約78％：酸素約20％：他アルゴン、二酸化炭素
衛星：月
人口：約35億（侵略計画実施時）

地球にはかつて氷河期があり、そのうちの大規模なものにポール星人が関与している可能性が高い。特に約3億年前の氷河期では大量の地球上の生物が絶滅している。また、関連事項として、同じ太陽圏内の準惑星である「冥王星」にはかつて生命体が生息されていたが、バド星人が根絶やしにしたという証言もある。

▼地球侵略とは

地球を侵略するにあたり、その目的は破壊と征服に絞られる。地球破壊に関しては、大型破壊兵器や潜入部隊による爆破が主に考えられる。これについては、バド星人らと目的は異なるがペガッサ星人といった者たちが地球上へ惑星破壊可能と思われる爆発物の持ち込みに成功している。しかし、後者はあくまで危機回避のために最後まで使用をためらい、前者は力の誇示のために保有していたため、それぞれの破壊兵器の使用に失敗してしまった。これらのことから、地球文明には外部から持ち込まれた超破壊兵器を発見する機構を持ちあわせてはいないことがわかる。故に、単純に地球を破壊することを目的とするならば、地球に破壊兵器を設置し、発見される前に爆破できれば、地球の壊滅は容易に完了する。

また、外部から直接的に破壊兵器を送り込む方法としては、マゼラン星人が恒星間弾道弾を発射し、それに対して地球の兵器での迎撃が失敗している。地球科学での弾道弾自体の物理的破壊は不可能であったが、この際はウルトラセブンの介入があり、その優れた科学知識によってコントロールを失ったため、地球の爆破に失敗している。これもまた、弾道弾内部へ外部からの侵入を許さなければ目

的を果たすことは可能だった事例といえる。共に成功の確率が極めて高い作戦ではあるが、結果的に目的が地球そのものの破壊になるため、「征服」を前提とした侵略とはその意味合いを異にすると思われるので、これ以降の侵略作戦計画からは除外する。

地球侵略計画のために

さて、それでは実際に地球を侵略するにあたっての概略を立ててみよう。基本的に「侵略」とは、地球本星を破壊することなく地球人類を屈服あるいは滅亡させて、星そのものを征服することにある。そこでまず思いつくのは、武力行使による領地侵入による侵攻である。

しかし、その方法は様々あるが、地球自体には地球防衛軍と称される、外敵から自衛するための防衛組織が編成されており、超兵器による軍備が配置されているため、直接的な対立では相当なリスクを追うことになる。これは、すでに宇宙艦隊による侵攻を行ったザンパ星人が、ヘルメス惑星で全滅させられていることを思えば、宇宙艦隊を率いて地球を襲っても効果薄であることは理解できる。そのことを証明するように、ビラ星人の宇宙船団、アイロス星人の侵略軍、ブラコ星人の宇宙船群などは、地球侵入まで成功こそしているものの、その後、地球防衛軍の航空戦力によってあえなく壊滅させられている。

ペダン星人にいたっては、先遣隊として送り込んだスーパーロボット・キングジョーが破壊された事実を知って、直接対決の不利を知って宇宙艦隊を撤退させている（この判断はリスク回避の点からも非常に正しい）。

〈地球防衛軍の戦力〉

（宇宙戦力）

ステーションホーク1号…アイロス星人の宇宙船群を全滅

ステーションホーク2号…ゴース星人の宇宙船を迎撃

（航空戦力）

ウルトラホーク1号…ビラ星人、メトロン星人、イカルス星人、アイロス星人、ブラコ星人、ボーグ星人、ペロリンガ星人、フック星人らの宇宙船および宇宙船群を壊滅。アイアンロックスの活動停止

ウルトラホーク2号…プロテ星人宇宙船撃破

ウルトラホーク3号…アイロス星人、テペト星人、フック星人の宇宙船を破壊

（地上戦力）

マグマライザー…謎の地底都市、ゴース星人の基地爆破

（水中戦力）

ハイドランジャー…ノンマルトの海底都市崩壊

これらは兵器の一部ではあるが、その戦歴から地球の軍事力の水準は極めて高いことがわかるだろう。しかし、その攻撃力の有効範囲は宇宙船などをはじめとする対軍事兵器に効果を発揮しているが、宇宙人の連れてくる怪獣に対しては意外に効果がない点にも着目してほしい。

これは、地球人類が相重なる地球人同士の戦争によって兵器開発の発展を促していることの影響があるのは確かだろう。だが、地球の歴史上、人類は巨大生物と遭遇した経験がなく、そのような敵との戦いの事例がないことから仮想敵としてすら想定したことがなかったことがうかがえる。

そのため、対兵器技術は発展したものの、外宇宙の文明に比べて巨大生物兵器の開発は遅れたものになったといえるだろう。故に宇宙怪獣への対応策はほとんどないに等しいものであった。

その点から、宇宙人たちが各侵略計画に怪獣を伴っていくのは至極当然の行為であり、ある意味常識ともなっているのだが、地球人類はこの脅威に対抗する手段を持たない状況であった。

その事実は、ほとんどの怪獣による攻撃の破壊行為がかなりの頻度で効果的に発揮され、人類側を窮地に追いやることに成功していることを考えれば、地球人類に対しては怪獣を連れての侵略行為がもっとも有用性が高かったのだが、その点をフォローするかのように出現したウルトラセブンによる地球人類側への助力が、地球侵略のバランスを崩し侵略作戦そのものを妨害する最大の要因になっているといえる。

なので、まず地球侵略の際に除外すべき最大の要因は、このウルトラセブンにあるといえる。

〈ウルトラセブンの戦力〉

アイスラッガー…**クール星人、ワイアール星人、エレキング、ビラ星人、メトロン星人、イカルス星人、ギラドラス、ガブラ、ガンダー、ギエロン星獣、ボーグ星人、リッガー、アロン、ガッツ星人の宇宙船、テペト、ガイロス、パンドンらに致命傷を与え、撃退している**

エメリウム光線…ワイアール星人、ゴドラ星人、チブル星人、アンドロイド・ゼロワン、ダリー、ダンカンらを絶命

この様に、ウルトラセブンは、二大超能力を使って、様々な宇宙人や怪獣たちを倒し、地球侵略を阻止。侵略者たちの強大な障壁となっている事実がわかるだろう。

一見無敵に思える敵ではあるが、幾度もの戦いの中で何度か侵略宇宙人たちがウルトラセブンを窮地に追い込むことに成功しているのも事実である。そこには想定していなかった意外な急所が存在していることは明らかだ。

そこで、ここからはウルトラセブンのウィークポイントを報告書から解析していく。

〈想定されるウルトラセブンの弱点〉

①地球上で潜伏するため、地球人に化けていなければならない

ウルトラセブンは容姿の問題はもちろん、エネルギーの消費率の問題からか、地球人の姿を借りて人類の生活環境に潜む必要性がある。

地球上では変身能力を使い、「モロボシ・ダン」という名前を名乗り、地球人の生活を送っている。その人間のモデルになったのは、地球へ調査に来た際に最初に遭遇した「薩摩次郎」という青年で、彼の自己犠牲の勇気に感動し、容姿と魂をコピーして変身した。そのため地球人類の精神構造を吸収したのか、極めて地球人に近い〝感情〟を手に入れている（ウルトラセブンが本来持つ精神構造も地球人と共通する部分が見られるが、詳細は不明）。

②ウルトラセブンになって使用できる超能力にはいくつかの制限がある。また、太陽エネルギーは無限ではない

光線技以外の能力を使用する際には、念力系能力を活用する技が多い。しかし、これらを同時に使うことはほとんどなく、超能力の特徴によるメリット、デメリットが存在すると思われる。

③ウルトラセブンの超能力では、物理的破壊が不可能な物質が存在する

ペダン星のロボットに使用された金属や、マゼラン星人の恒星間弾道弾に使用された物質など、ウルトラセブンの科学や超能力が通用しないものがある。

④憶測ではあるが、複数の敵との戦いに不慣れ

今まで明確化されたことはないが、実はウルトラセブンは分身した敵を除き、45侵略計画中に複数の敵を同時に相手にする戦いをしたことがない。これは一体何を意味するのか?

さて、ここで前記の排除すべきウルトラセブンをそのウィークポイントに従って攻略するための作戦立案を行いたいと思う。

まずは、4つの弱点ごとに分類し、それぞれの項目に従った攻略戦を提示していく。

〈ウルトラセブンへの攻略作戦案・第一案〉

第一次作戦は、ウルトラセブン(通称)に変身する前の、地球人偽装状態(名称:モロボシ・ダン)への攻撃。

まず、モロボシ・ダンは、ウルトラセブンへ姿を戻す際に、「ウルトラアイ」を着眼しなければならない。これまで、ピット星人、ゴドラ星人が美女に変装し接近し、モロボシ・ダンが油断したところでウルトラアイを強奪。サロメ星人の女性がおびき出しに成功し、モロボシ・ダンを拉致。マゼラン星人マヤに至っては、ウルトラアイを盗んだ相手にもかかわらず、その奪回には極めて紳士的対応をとっている。

また、同種の作戦を狙ったのか、頭脳宇宙人のチブル星人は、美女型アンドロイドを使ってモロボシ・ダンを襲撃しようとしたが、偶発的なウルトラ警備隊隊員のとった行動により失敗に終わったのが残念である。

これらの点から、地球人型女性を利用した作戦は基本的に失敗が少ないことがわかるだろう。その点から、マゼラン星人のとった作戦は、非常に有効的あった。

そのことからまず、女性型宇宙人を数人用意してモロボシ・ダンを囲む。それも、手元にウルトラアイを携帯できないような水着や下着姿になる場所を狙うのがベストであろう。

さらにそれを地球人(特にウルトラ警備隊)の前で行えば、素性を隠している都合から、なおさら変身できない状況下が作れるはず。

すなわち、超能力をふんだんに使用してくるウルトラセブンになる前の、地球人とさほど能力が変わらないモロボシ・ダン状態にしたまま、処分してしまえるのである。

万が一、失敗したとしても、その正体を地球人類に知られてしまえば、地球滞在に影響が出て、その後の活動に支障をきたすか、あるいはそのまま地球を去るような事態に発展する可能性が大きくなるため、試してみる価値は十二分にあるといえる。

その点で、ガッツ星人も侵略計画立案時にモロボシ・ダン状態での打倒を言及しているが、さらなる人類服従を欲張ったために、モロボシ・ダン状態での排除を行わなかったのは、実にもったいない状況であった。

しかし、この作戦にも気をつけなければいけない点があり、特例的にウルトラアイなしにテレポートして変身する事例もあるので、その点についての対応策を怠らないことを忘れてはならない。

〈ウルトラセブンへの攻略作戦案・第二案〉

ウルトラセブンの超能力の特徴は大きく分けて二種類が存在する。

第一種は、エメリウム光線などに見られる光線技にある。その特徴は、額のビームランプ（ウルトラビーム）から発するエメリウム光線や、腕部から放射するワイドショット、掌部からのハンドビーム系の光線技で、これらは基本的に光波、熱線を主体とした光学的破壊兵器と考えられる。

第二種は、脳波から発せられるウルトラ念力と呼ばれる念動力で（そのエネルギーあるいは物理法則の伝達方法は不明だが）、目標物を念じたままに思いのままの方向へ放り投げるといった運動エネルギーに変換して操ることができる。

さらに、物理的破壊兵器である頭頂のアイスラッガーを投じた際には、この念動力を用いてその動きをコントロールして、目標に命中させて物理的切断を図る恐ろしい武器となっている。

しかし、これまでの事例から、ウルトラセブンは光線技と念動力を同時に使用することは少なく、必ずどちらかの超能力に精神を集中して使用している。その点から、光線技に対しては光波バリアのようなもので防御は可能そうであるが、それに成功したとしても、アイスラッガーのような物理的破壊兵器に対しては、こちらも頑強な材質の装甲を有さねばならなくなってしまう。

そこでまず考えねばならないのは、この必殺のアイスラッガー防御策である。アイスラッガーの防御に最初に成功したのはアイロス星人であるが、その方法は全身の回転運動で、投射されたアイスラッガーを弾き返すといった、実にシンプルだが有効的な技であった。

だが、その後にワイドショットなる拡大ビーム技を受けて敗北している。そのことから導き出される技として、全身に光波バリアを張りつつ、全身を高速回転させてアイスラッガーを防御するというものだ。

だが、現段階でこれを実戦投入するのが難しい点として、これまでに光波バリアの使用例がなく、ウルトラセブンの光線技に対してどの程度の光波バリアのエネルギー量が必要なのかのデータが算出できないのが実情だ。

〈ウルトラセブンへの攻略作戦案・第三案〉

これは第二案に基づく対応策といえるが、ウルトラセブンの超能力で物理的な破壊が不可能な物質を使用するというものだ。つまり、なにかしらの防御策によってウルトラセブンの超能力を防ぐのではなく、ウルトラセブンの破壊力を上回る強固な物質を開発あるいは発掘して装甲化するというものだ。

この方法で成功した例が、ペダン星人の使用したキングジョーなどを覆う超金属で、ウルトラセブンの超能力を防いだ。だが、残念ながら地球人にペダン星の研究者がおり、この超金属の弱点であるライトンR30という物質を知られていたため失敗に終わったが、地球人やウルトラセブンにとって未知の超金属を見つけ出せれば、打倒も夢ではない。

実例として、マゼラン星人の恒星間弾道弾の外装に使用された金属は、地球の武器はもちろんのこと、ウルトラセブンの超能力で破壊されることはなかった。さらにワイアール星人が地球に送り込んだチルソナイト808なる金属カプセルも、ウルトラセブンの透視能力でも透視できず、地球防衛軍の科学班でもその金属の解体は不可能だった。

そして、地球の超兵器の影響を受けたギエロン星獣の翼の一部は、ウルトラセブンのアイスラッガーの物理的切断をも防ぐ硬度な金属状の物質でできていた。これらのような超金属製物質を採用した侵略兵器を作れば、ウルトラセブンも恐れるに足りないだろう。

しかし、ここにも憂慮する点があり、高硬度な金属製と思われるバンダ星人のクレージーゴンを粉砕したステップショット戦法（ウルトラセブンがミクロ化して弾丸となり、地球防衛軍の火器を利用して射出。と同時に身体を巨大化。その巨大化エネルギーと発射エネルギーを融合した体当たり技）や、ガッツ星人の宇宙船を破壊したウルトラノック戦法（アイスラッガーをシェイクハンド光線のエネルギーで撃ち出す技）のような未知なる特殊戦術を使用されると、エネルギー量を換算できずに耐久度数を超えてしまう場合も有り得るのが難点といえるだろう。

〈ウルトラセブンへの攻略作戦案・第四案〉

ここまで提案した三つの案だが、どれも危惧すべき点があることから、決定打といえるものではない。が、しかし、これまでのウルトラセブンとの戦いの事例を見ていった結果、意外な事実が浮き彫りになってきた。

実はこれまで地球への侵略作戦を立て、怪獣を率いて襲撃をしてきた宇宙人たちだったが、誰ひとりとして自らが戦うときに同時に怪獣を向かわせるということはしていない。

つまり、ウルトラセブンに対して同時に複数で戦いを挑んだ事例がない。ガッツ星人、プロテ星人、フック星人といった宇宙人たちのように、数体に分身してウルトラセブンを襲った宇宙人はいたものの、混成部隊による戦闘は行われていないのだ。

先に述べた分身した宇宙人たちがかなりの健闘を見せ、時にはウルトラセブンの拿捕にまで成功しているのを見ると、ウルトラセブンはやはり複数を同時に相手にするのが苦手なのかもしれない。

これを考慮して作戦を立てるのであれば、ウルトラセブンが根本的な弱点とする、ポール星人によって明かされた低温、ベル星人がダメージを与えるのに成功していた脳波へ影響を与える怪音波、さらにはギラドラスのように太陽エネルギーの遮断を可能とする能力を所持する能力者たちを同時にぶつけるのがもっとも有効と思われる。

その仮説が本当に有効かどうか、近いうちに「サーベル暴君」と呼ばれる凶悪な宇宙人に連絡をとってみようと思う。彼ならば赤色と黒色の双子怪獣を操って、宇宙の様々な惑星に侵攻しているので経験値も高く、かなりの成果が期待できるだろう。

＊

なお現在、ウルトラセブンに対しバルタン星人以下、15人の宇宙人が連合となって35体にも及ぶ怪獣を地球に送り込む準備をしているという情報を入手した。

それがもし現実となったのであれば、圧倒的な物量作戦の前には流石にウルトラセブンといえども太刀打ちすることは不可能である。たとえ地球防衛軍や人類がウルトラセブン側に加担したとしても、これまでの地球戦力を思えばその攻撃力は想定内といえよう。

そしてこの計画によって、ここに我々宇宙人の侵略計画はひとつの成果を見出すこととなるであろう。

SPEC

名称 双子怪獣
グラックギラス

身長 56メートル

体重 4万トン

出身地 マグマ星

SPEC
- 名称 双子怪獣 レッドギラス
- 身長 55メートル
- 体重 3万9000トン
- 出身地 マグマ星

SPEC
- 名称 サーベル暴君 マグマ星人
- 身長 57メートル
- 体重 2万2000トン
- 出身地 マグマ星

ついにウルトラセブン攻略の時！

一度は地球防衛の任から離れたウルトラセブンが再びやってきた。その機を狙い、新たな刺客が地球侵攻を開始する。宇宙を荒らし回るサーベル暴君・マグマ星人は、獅子座にあるL77星を滅ぼすと地球攻略に向かう。攻略にあたり最大の障害となるウルトラセブンを倒すためか、地球の第一目標を日本とした。作戦としては、双子怪獣のブラックギラスとレッドギラスを引き連れ東京を水没させ、優位な環境を整えた上でウルトラセブン抹殺を目論む。双子怪獣のギラススピンは、ウルトラセブンの超能力をことごとく弾き返し無効化。さらにマグマ星人自らも参戦し、複数による攻撃でウルトラセブンを絶対的な窮地に追い込むことに成功。その片足を再起不能な状態まで追い込む。

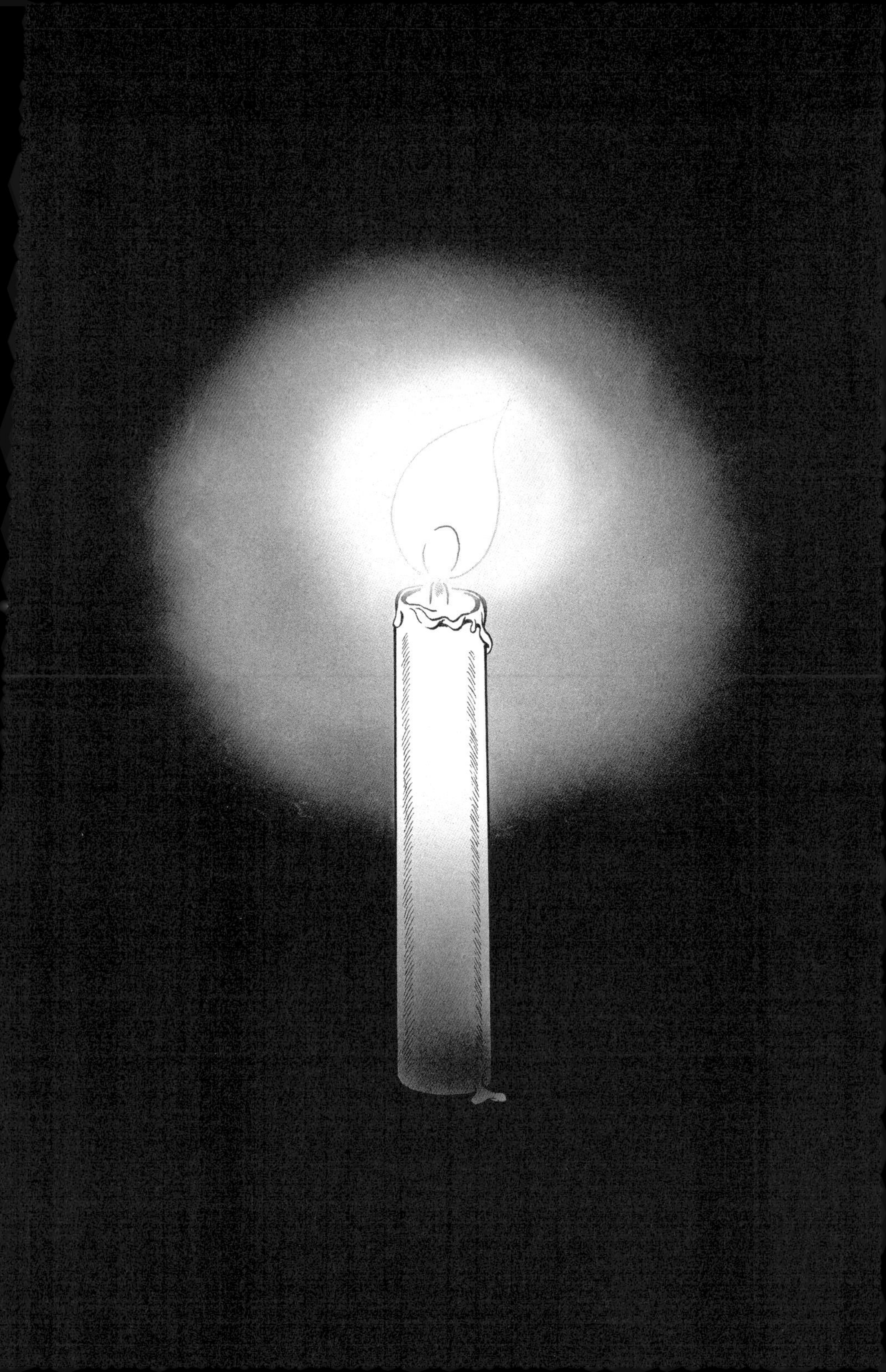

—ゴードの巻—

一峰大二

漫画：一峰大二
未映像化シナリオ「宇宙人 15 ＋怪獣 35」
（脚本：実相寺昭雄・上原正三）より

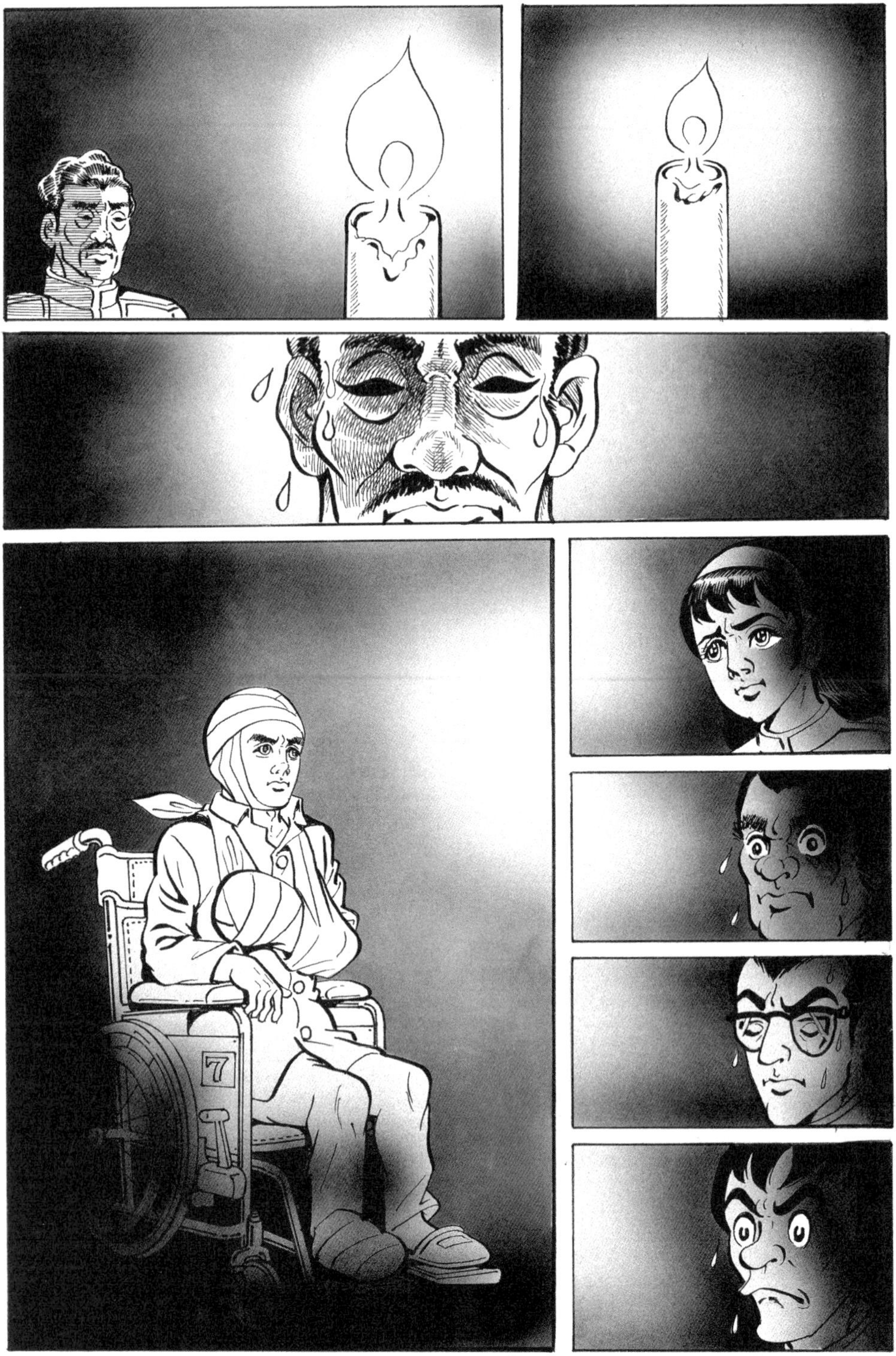

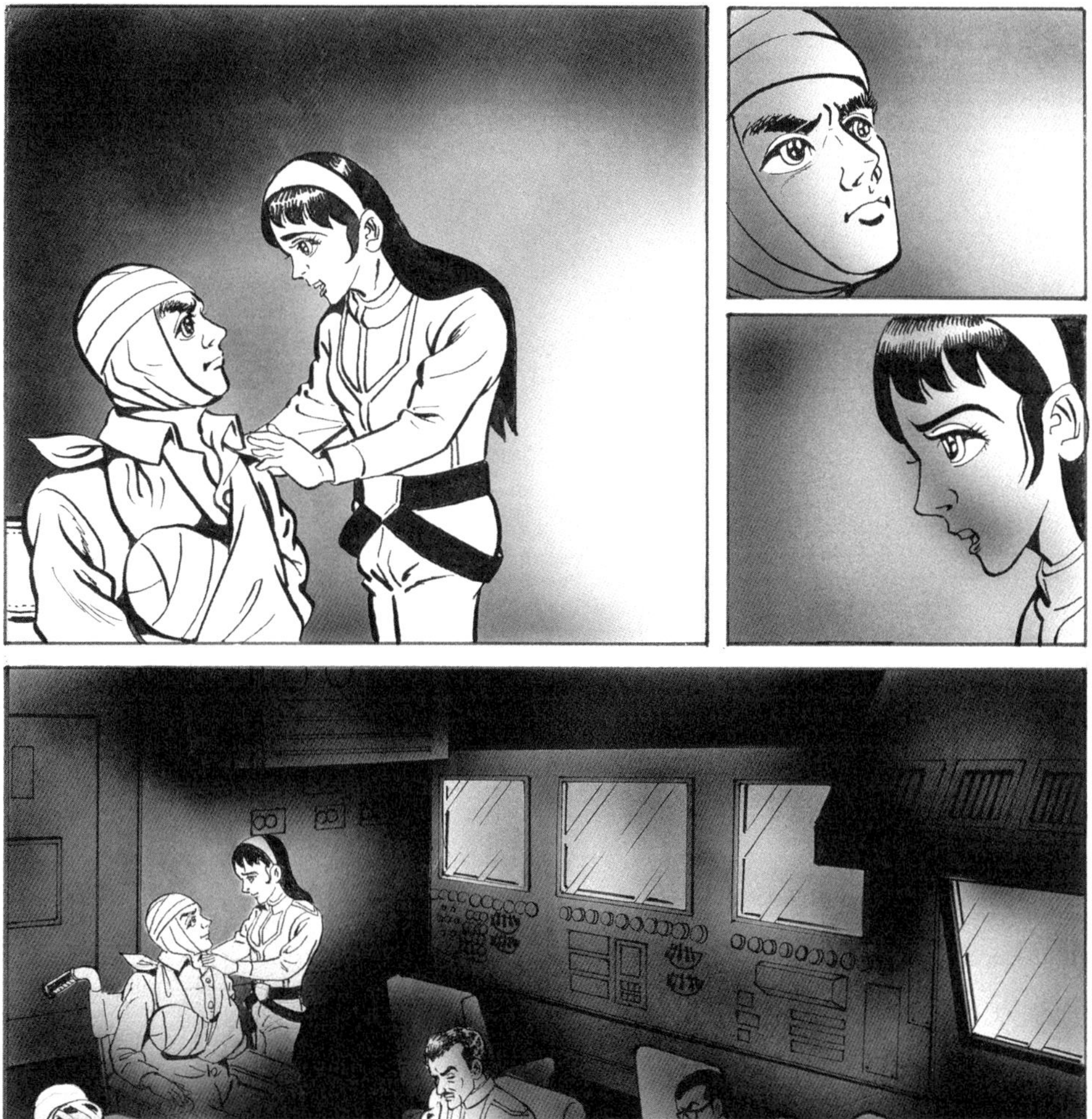
地球防衛軍
ウルトラ
警備隊は
壊滅
状態で
あった

今迄に数々の
地球侵略を
宇宙人から
受けて来たが
それ以上に
強力な破壊力を
持った宇宙人が
攻撃して来た
からだった
………

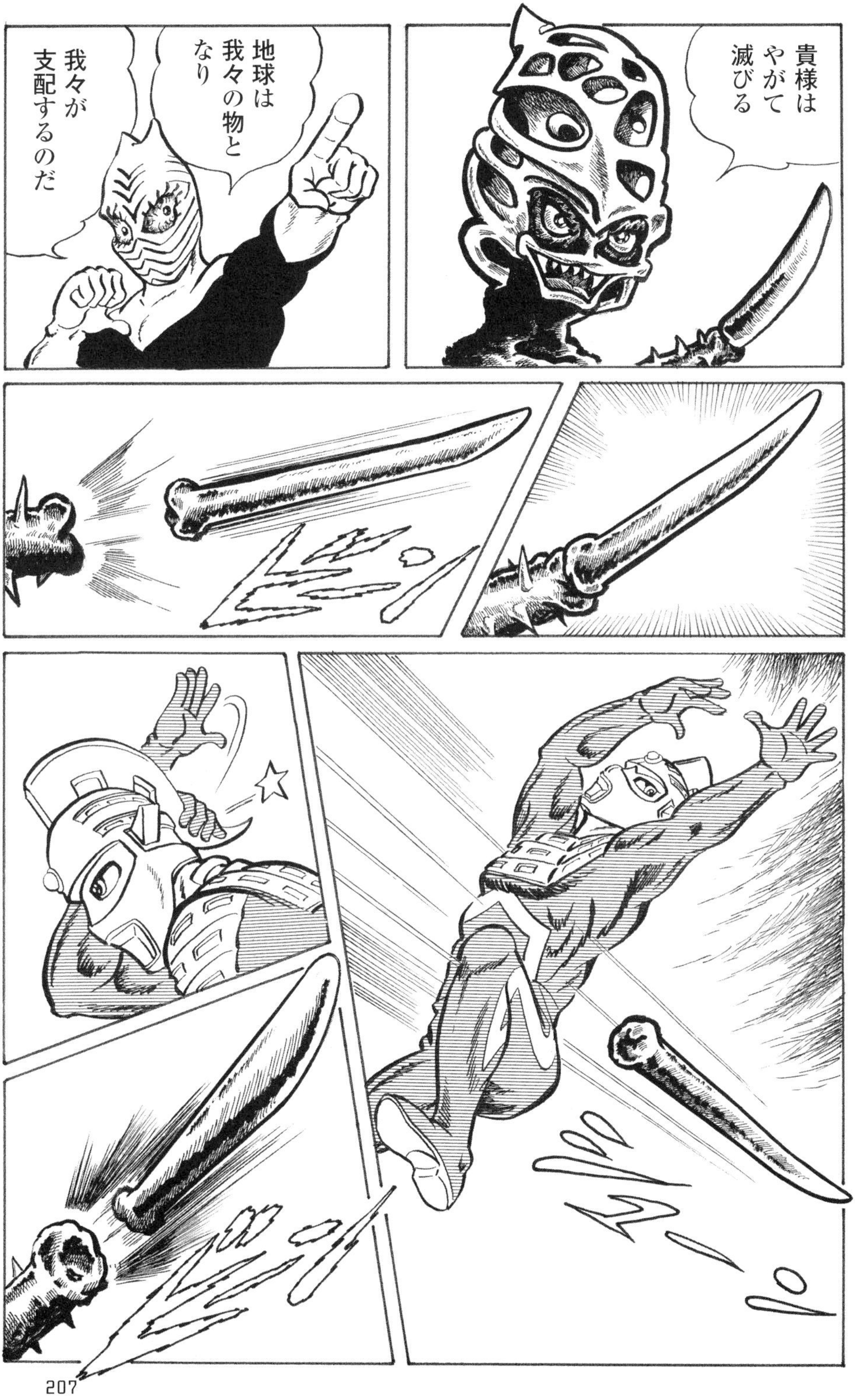
貴様は
やがて
滅びる
地球は
我々の物と
なり
我々が
支配するのだ

ザッ
ヒイッ
ぐわ
ガッ

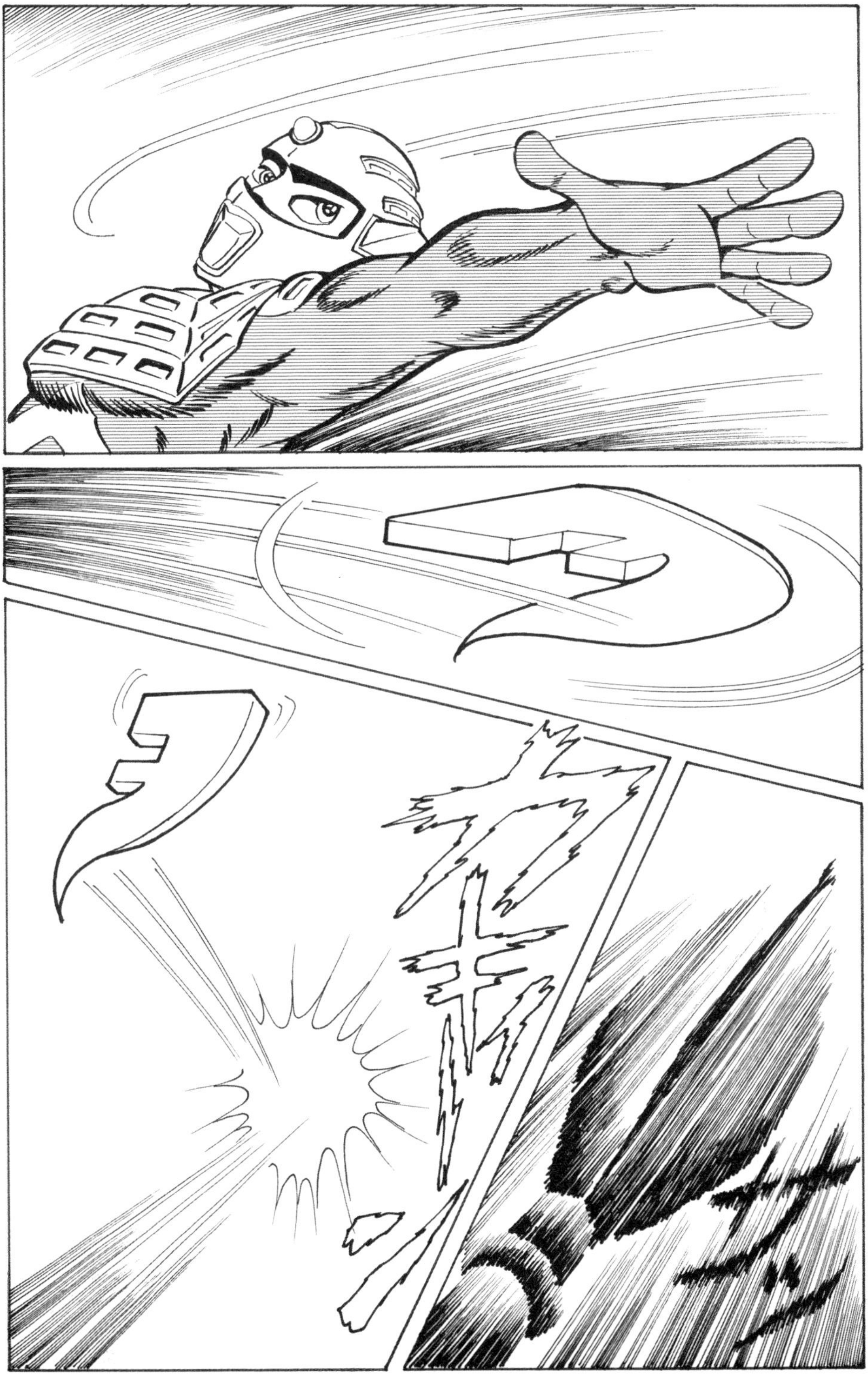
カキィ

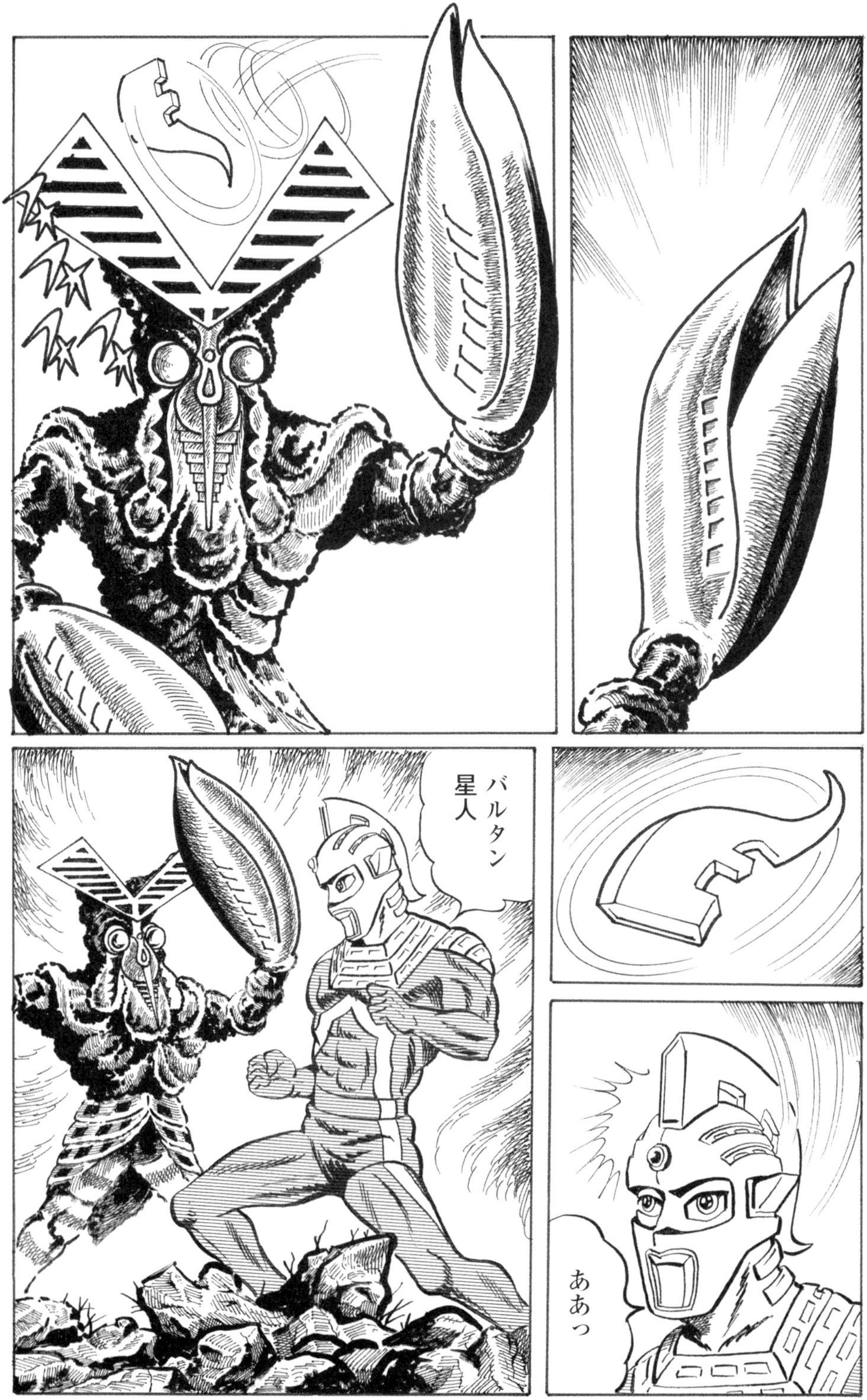
バルタン星人
ああっ

なかなかやるな
だがこれで
おわったの
ではない
……
……
はじまり
なのだ
はじまりだと
そうさっ
みろっ
あれを
やつらが
着いたのだ

バルタン星人よ
セブンは
そこにいるな
ようし
いよいよ
だな
ふわり
さあ
出て
来るのだ
怪獣ども
ガオー

怪獣ども
ゆけっ

見ろ
怪獣達は
我々宇宙人によって
蘇生させられ
宇宙連合軍の
傭兵となったのだ
蘇生させ
傭兵に
手始めに
この
東京を
破壊してやる

ゆけっ
ガブラ
ガルルル
ルル

ガチ☆
ガチ
あっ

ウルトラ警備隊出動せよ
出動せよ
UH-001-2
UH001-3
一号発進
ゴーッ
ホーク三号発進
ゴーッ
UH-3
3
戦車出動
ゴゴ
ギュギュギュ
2
1

ファアー
ワァー
レッドキングだ
狙え

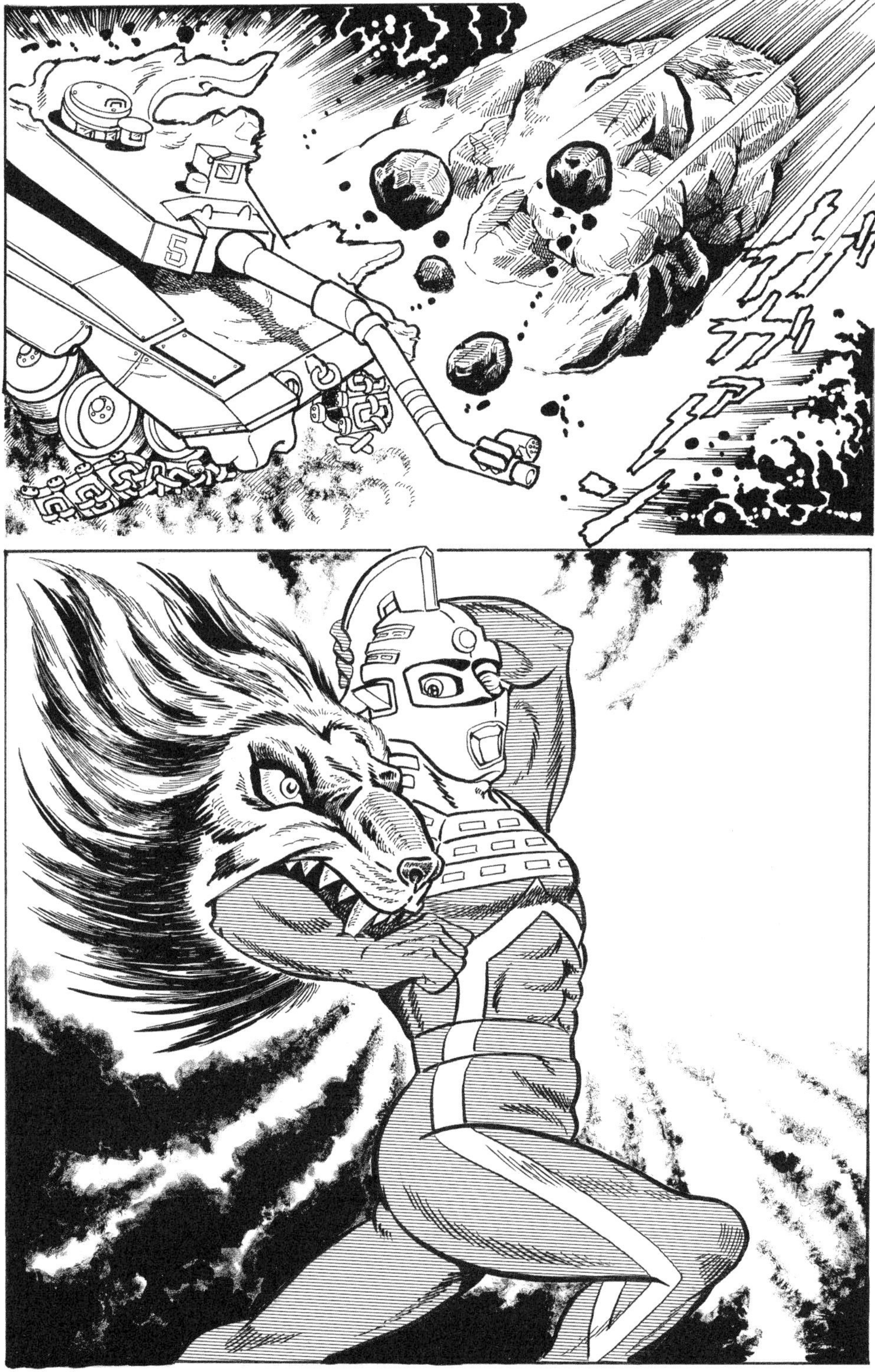
ドガガァー

あっ

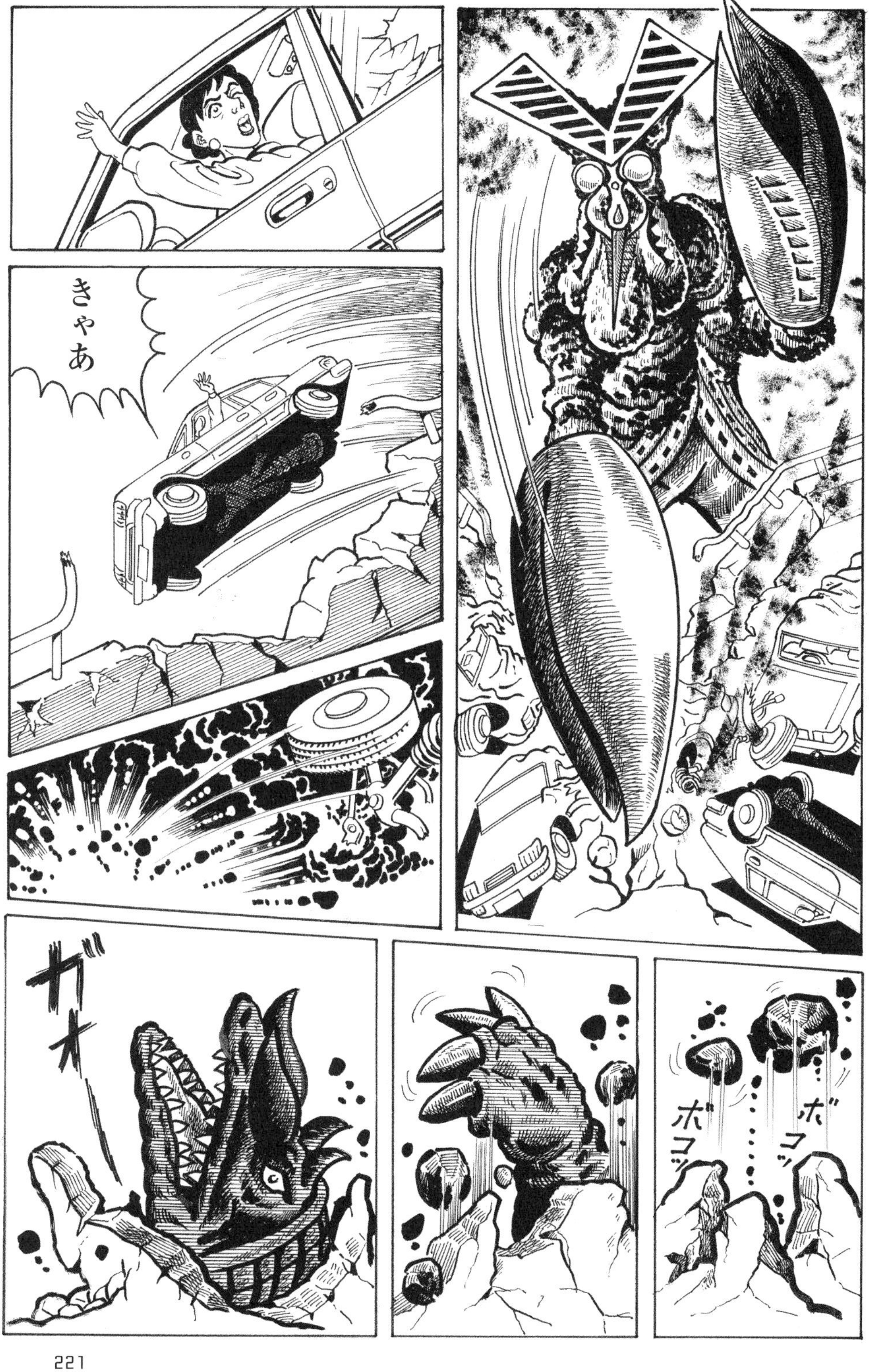
きゃあ
ガオー
ボコッ
ボコッ

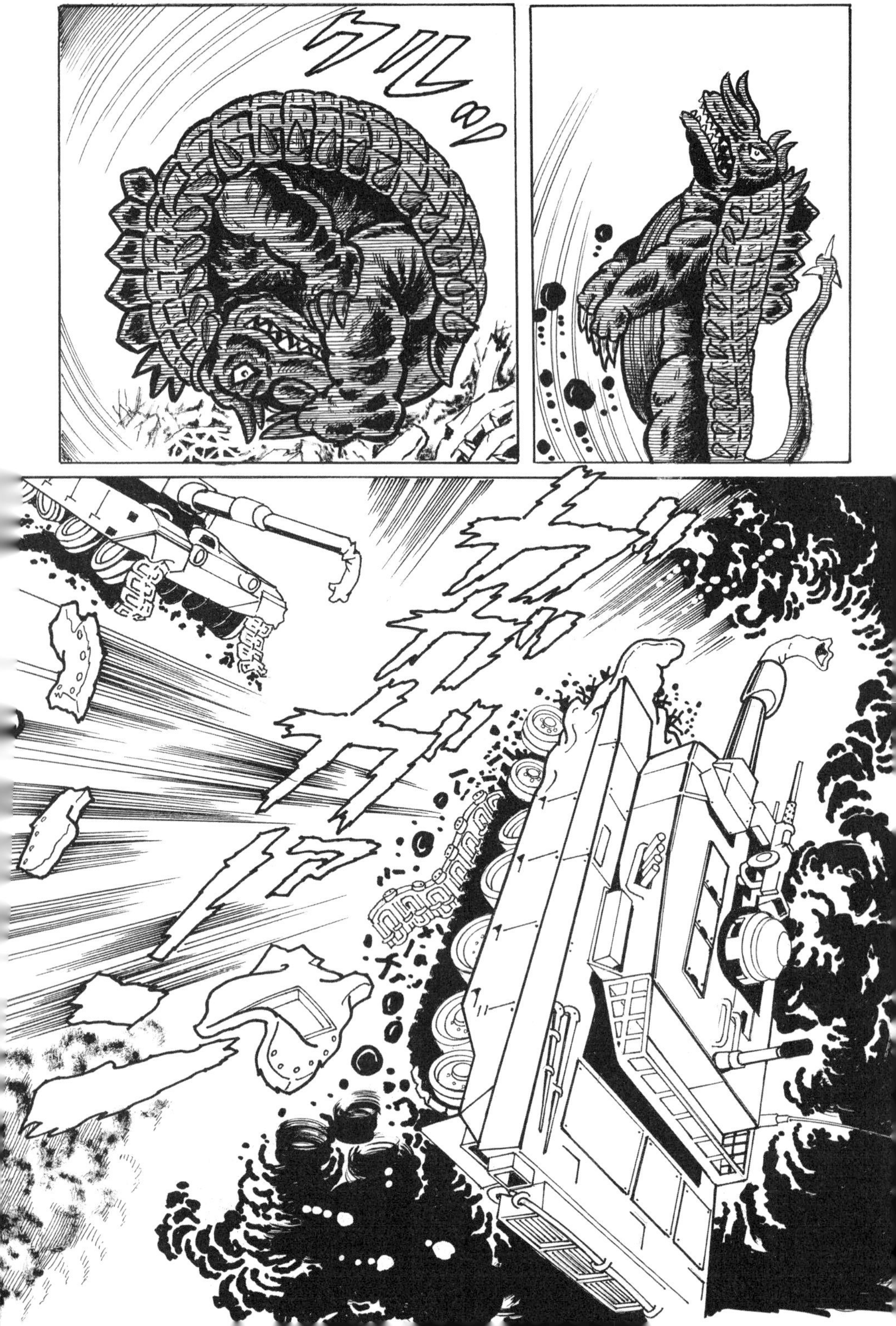

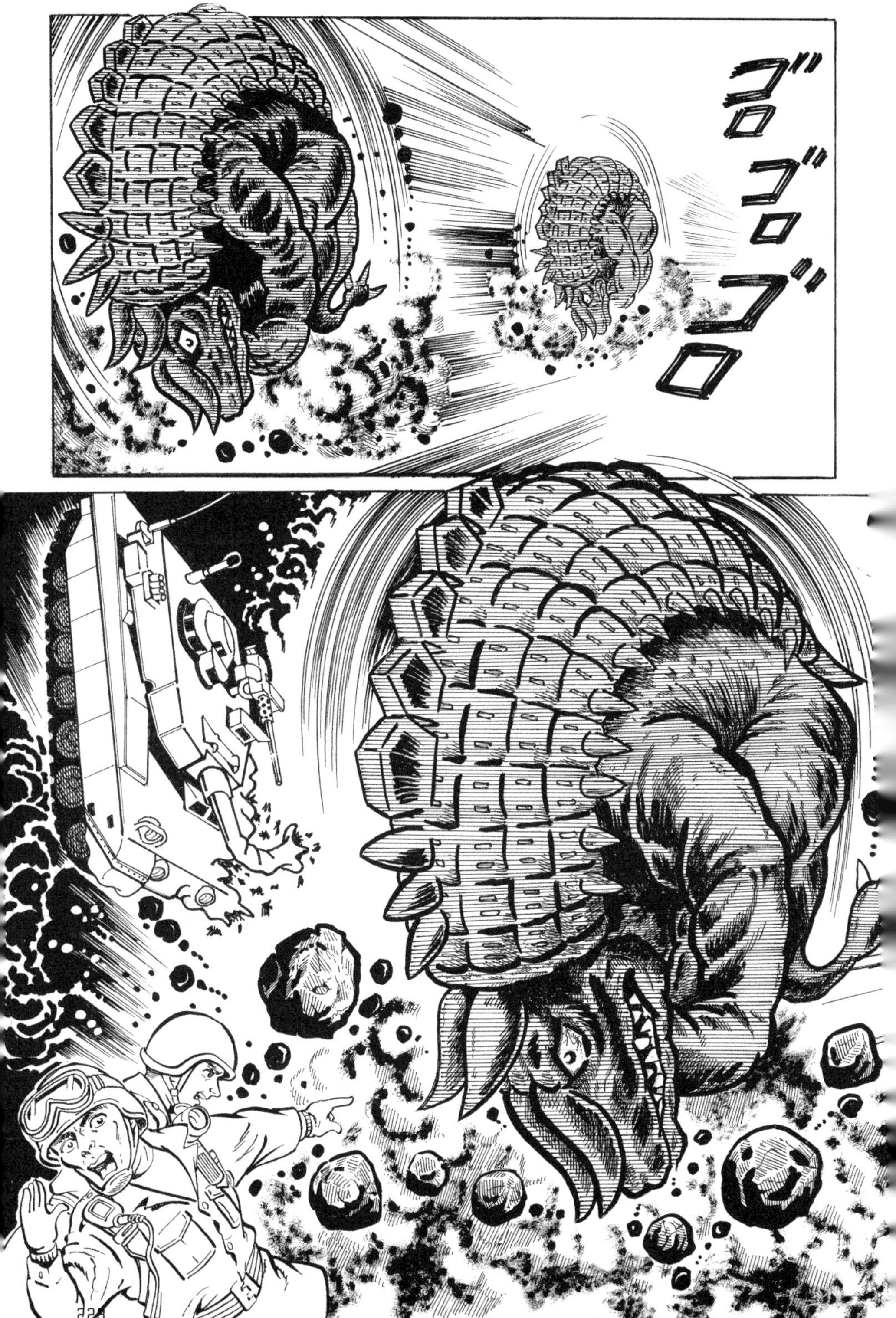
ゴロゴロゴロ

わあー
はははは
やれやれーっ
こう多数の怪獣に
攻撃されては
防ぎようがあるまい
ザザー
ザザアーッ
ゴオー
ザザア〜

ザザァー
あっ
ペスターが

ガガー
わち
ガガガ
シュバ
隊長があぶない
シュバ
ガァ
ガ
ミサイル攻撃失敗
ガガガァーーッ
わっ
機関部被弾

火災発生
消火
退却!!
退却しろ
むりするなあ
ガオー
退却
くそーっ
くそっ
くそっ

ガブッ
ガブッ
ガブッ

ダッ
ドッ
クルッ

ガッ
ズン
ストッ

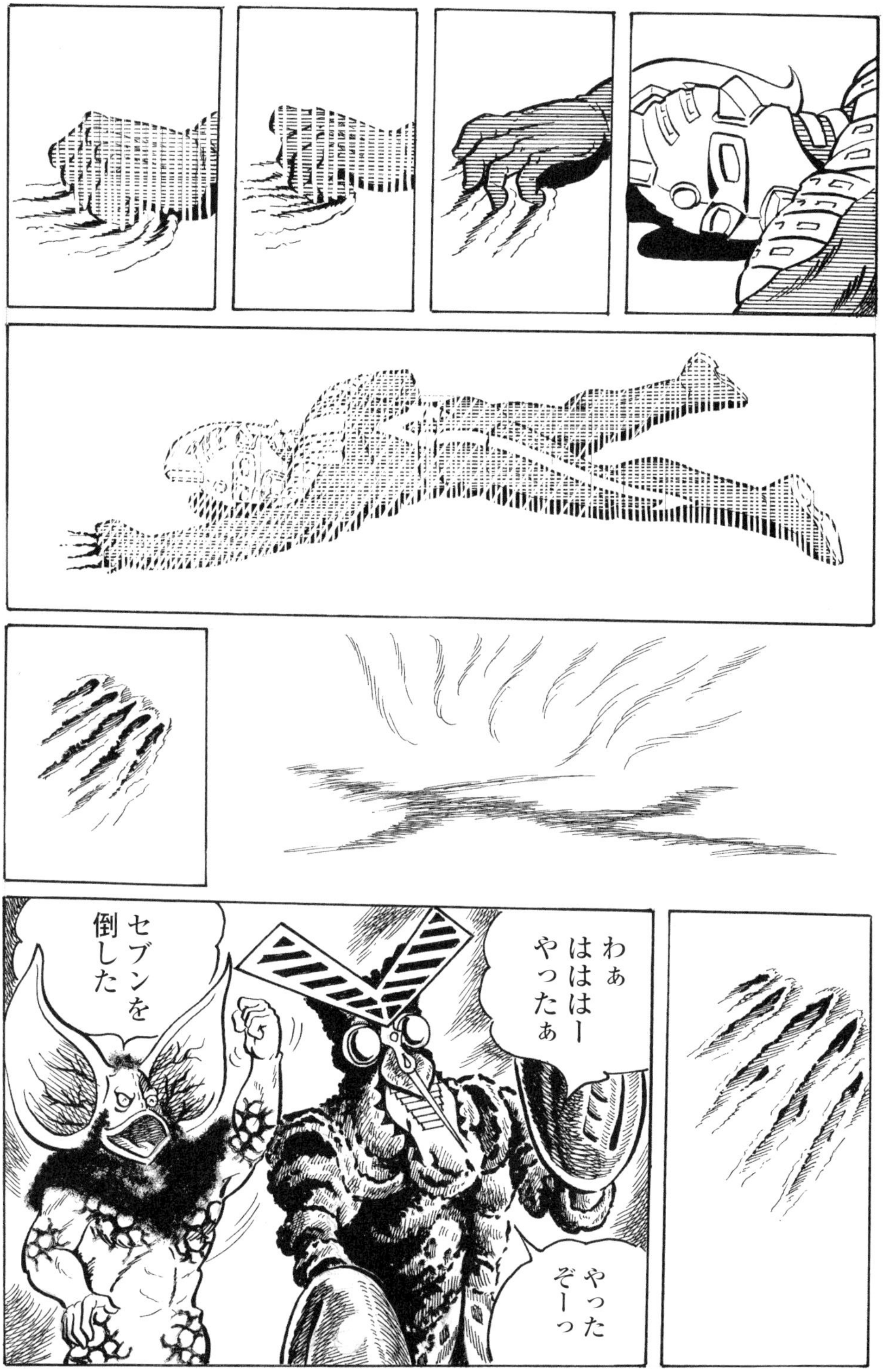
わぁ
はははー
やったぁ
セブンを
倒した
やった
ぞーっ

セブンは傷つき倒れ
防衛軍は壊滅 退却していった
今だ怪獣ども東京を叩き潰せっ

シャー
ガオー
ガァー

……
ローソクが短くなったわ
替えなきゃ……
ズズズズ
!!

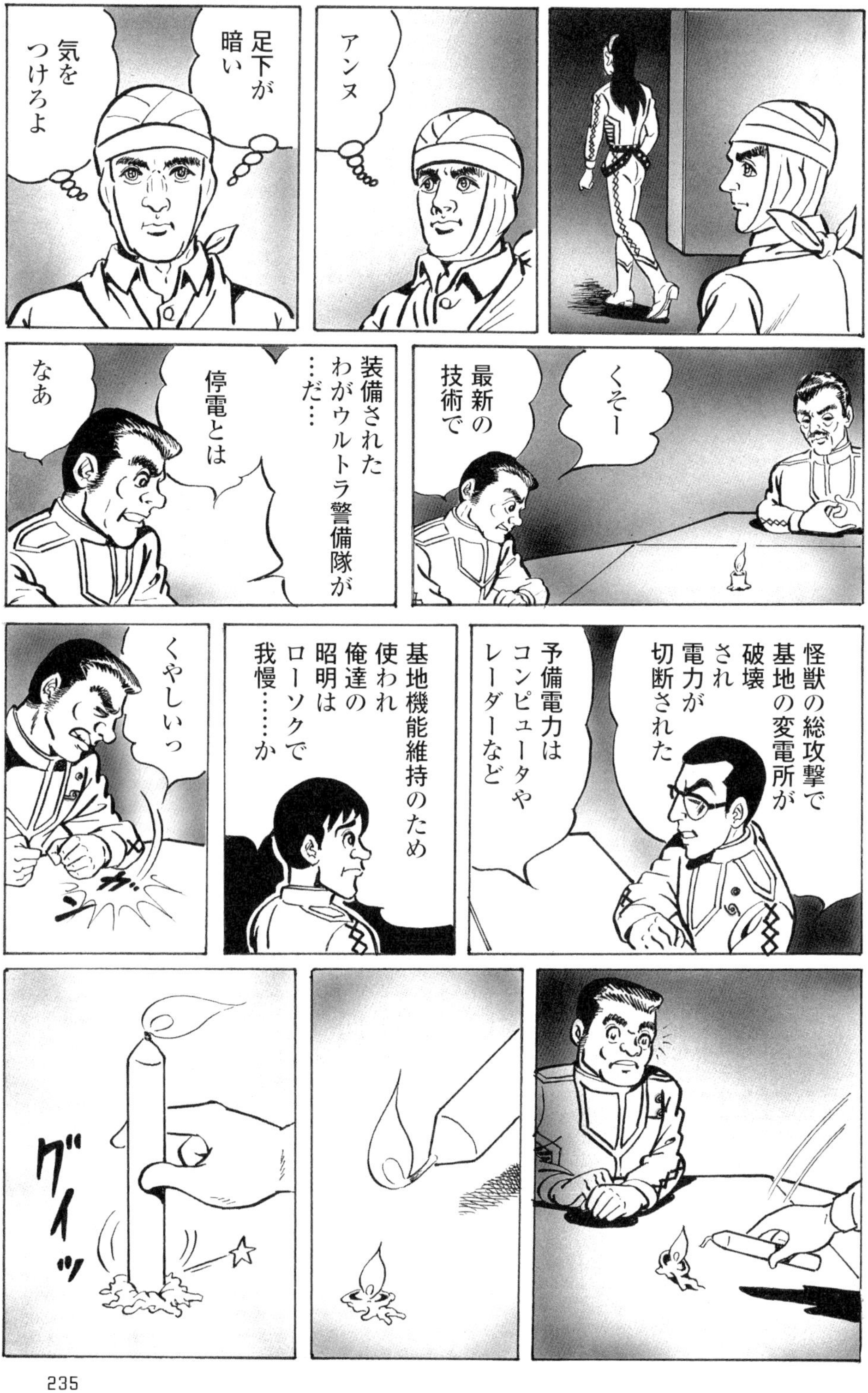
アンヌ
足下が暗い
気をつけろよ
くそー
最新の技術で
装備されたわがウルトラ警備隊が……だ……
停電とは
なあ
怪獣の総攻撃で基地の変電所が破壊され電力が切断された
予備電力はコンピュータやレーダーなど
基地機能維持のため使われ俺達の昭明はローソクで我慢……か
くやしいっ
ガン
グイッ

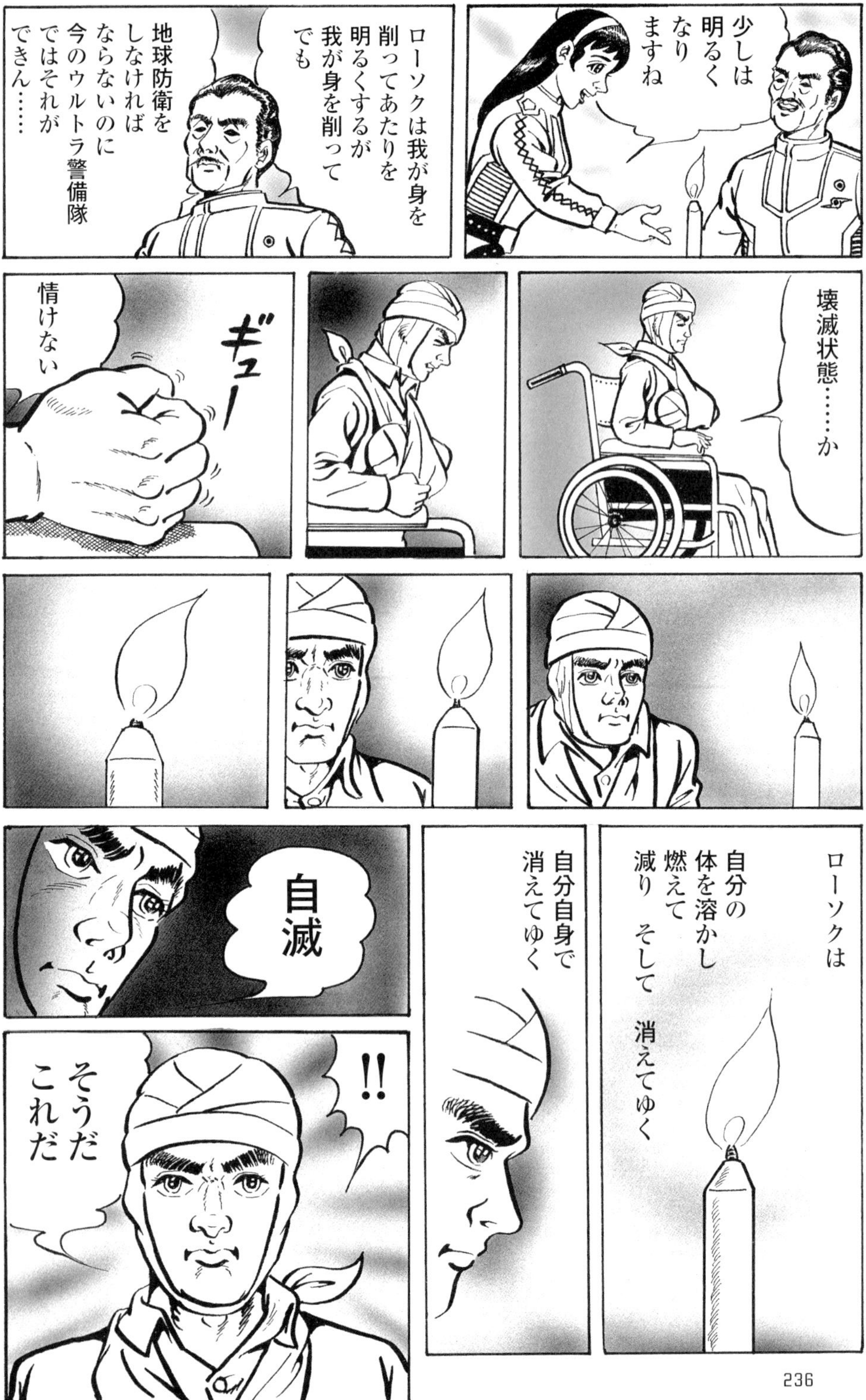
少しは明るくなりますね
ローソクは我が身を削ってあたりを明るくするが我が身を削ってでも
地球防衛をしなければならないのに今のウルトラ警備隊ではそれができん……
壊滅状態……か
ギュー
情けない
ローソクは
自分の体を溶かし燃えて減り　そして　消えてゆく
自分自身で消えてゆく
自滅
!!
そうだ
これだ

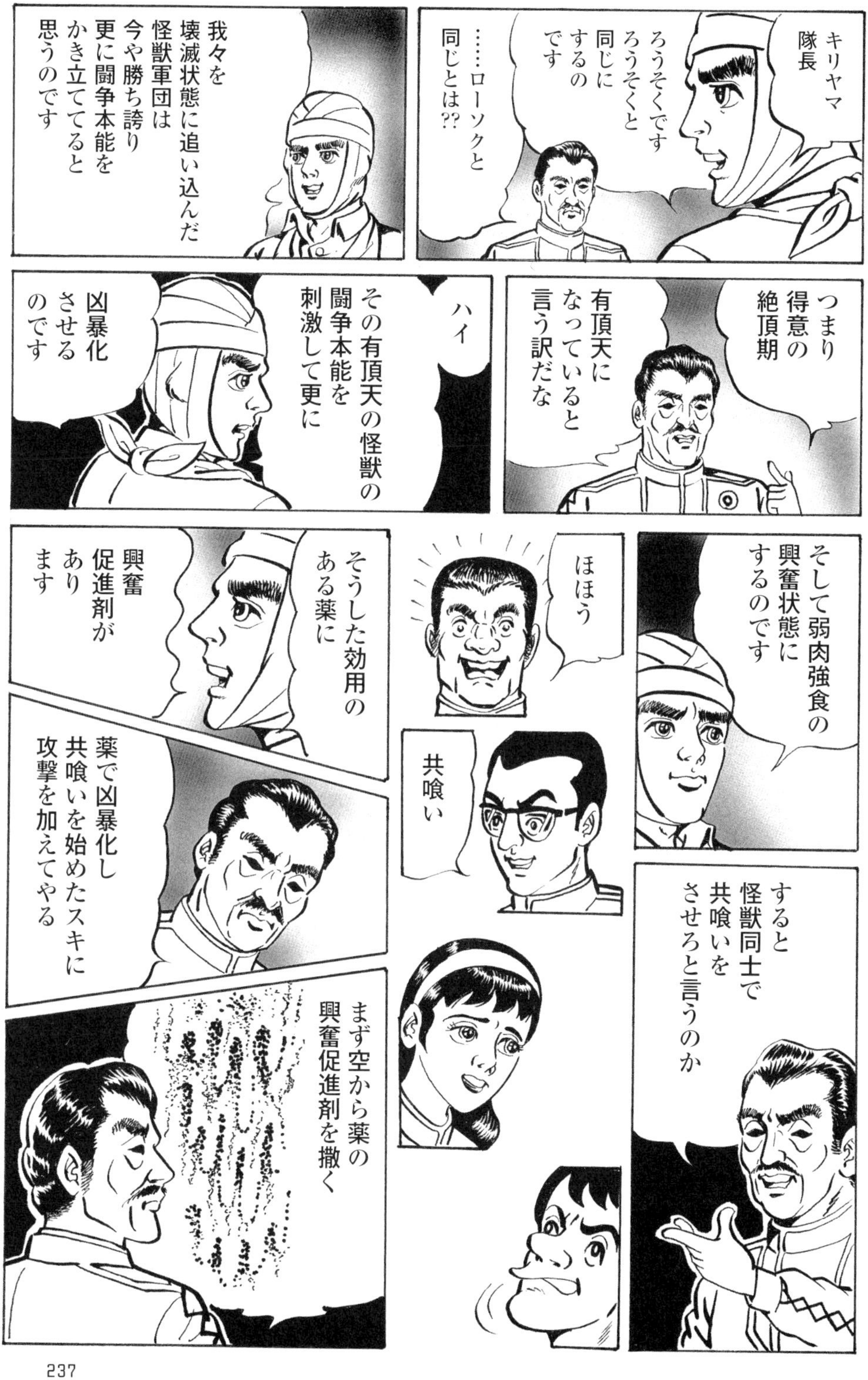
キリヤマ隊長
ろうそくですろうそくと同じにするのです
……ローソクと同じとは??
我々を壊滅状態に追い込んだ怪獣軍団は今や勝ち誇り更に闘争本能をかき立ててると思うのです
つまり得意の絶頂期
有頂天になっていると言う訳だな
ハイ
その有頂天の怪獣の闘争本能を刺激して更に
凶暴化させるのです
そして弱肉強食の興奮状態にするのです
ほほう
そうした効用のある薬に
興奮促進剤があります
共喰い
するとお怪獣同士で共喰いをさせろと言うのか
薬で凶暴化し共喰いを始めたスキに攻撃を加えてやる
まず空から薬の興奮促進剤を撒く

空からの薬を吸収した怪獣達は
凶暴化し
共喰いを始める
そのスキに攻撃を開始し
勝負をかける
ようし
やってみるだけの価値はある
直ちに薬品開発応急処置のホークに積み込め

出動せよ
はっ
ゆくぞ
ダン
お前は行くな
その傷ではムリだ
痛みは止めてあるがその傷で動いたら死ぬ……
隊長
行かせてください
いや死ぬぞダン
動いてはいかん
いいな動くなよ
ダン

一号機
三号機
発進!!
ゴー
破壊されたあと
応急処置は
しても
出力が弱いわ
なーにまかせとけ
怪獣のやつらに
たっぷりの薬
興奮促進剤を
くれてやる
キュー!
ファイト
ファイト
作戦だあ

……
ピタ
ピタ
ピタッ
お前だけだな
ピグモン
怪獣で地球人の味方をしてくれるのは
それならおれを外へ運び出してくれないか
グフグフグフ
なあ頼むよ…ナ…
そうそう車椅子を押すだけでいいんだ
グフグフ
早く早く

早く
もっと早く押してくれ
やあ外へ出られたありがとう

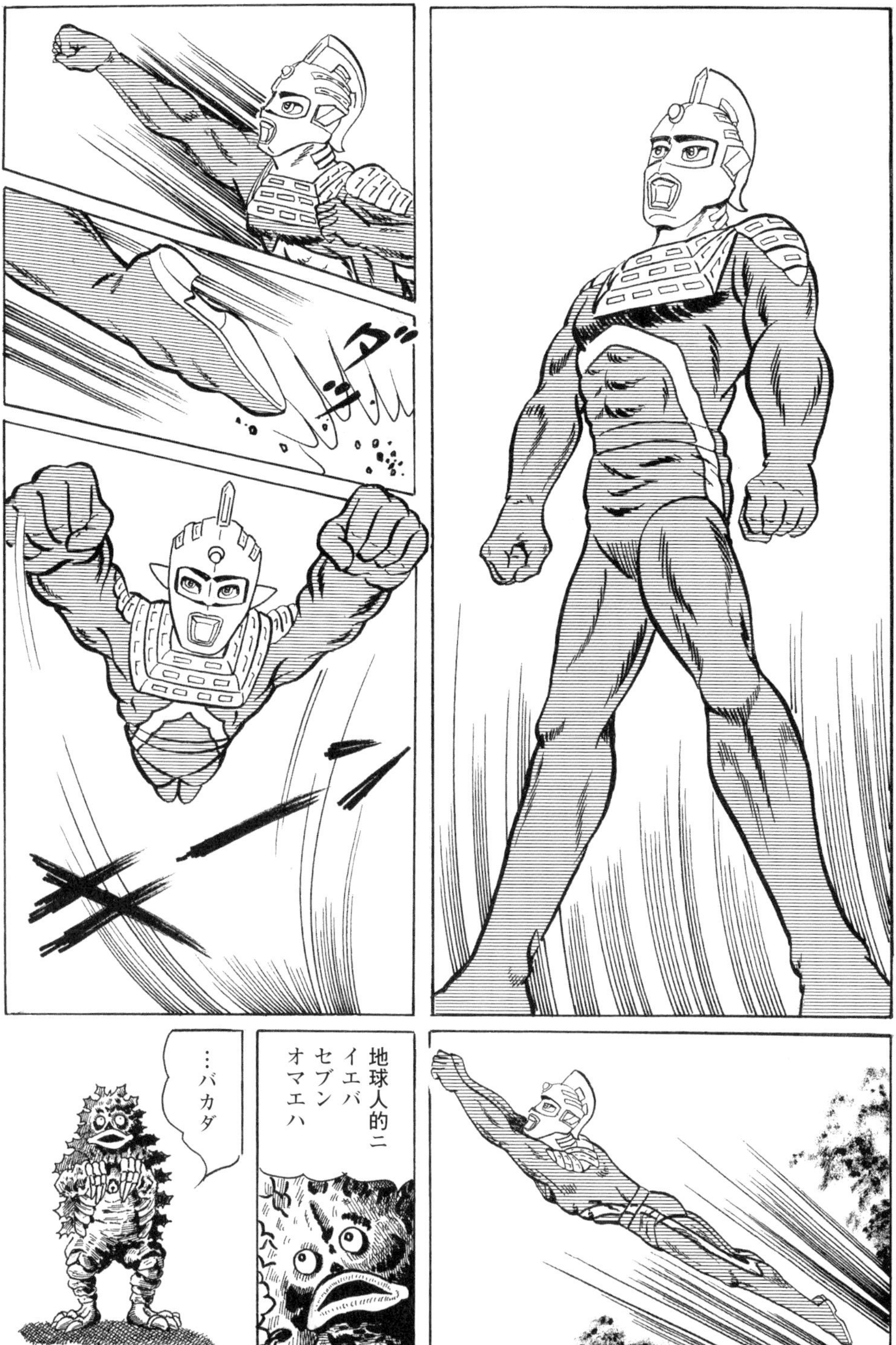
ダッ
地球人的ニイエバセブンオマエハ
…バカダ

UH-3
ザザザァー
ガバッ
薬が効きだしたわ怪獣同士で闘っている
ようし今だ攻撃開始っ

ガツ
おう
セブンが
来てくれたっ

ぐわっ
怪獣同士で争っている時ではないセブンを倒せ
ぐおう

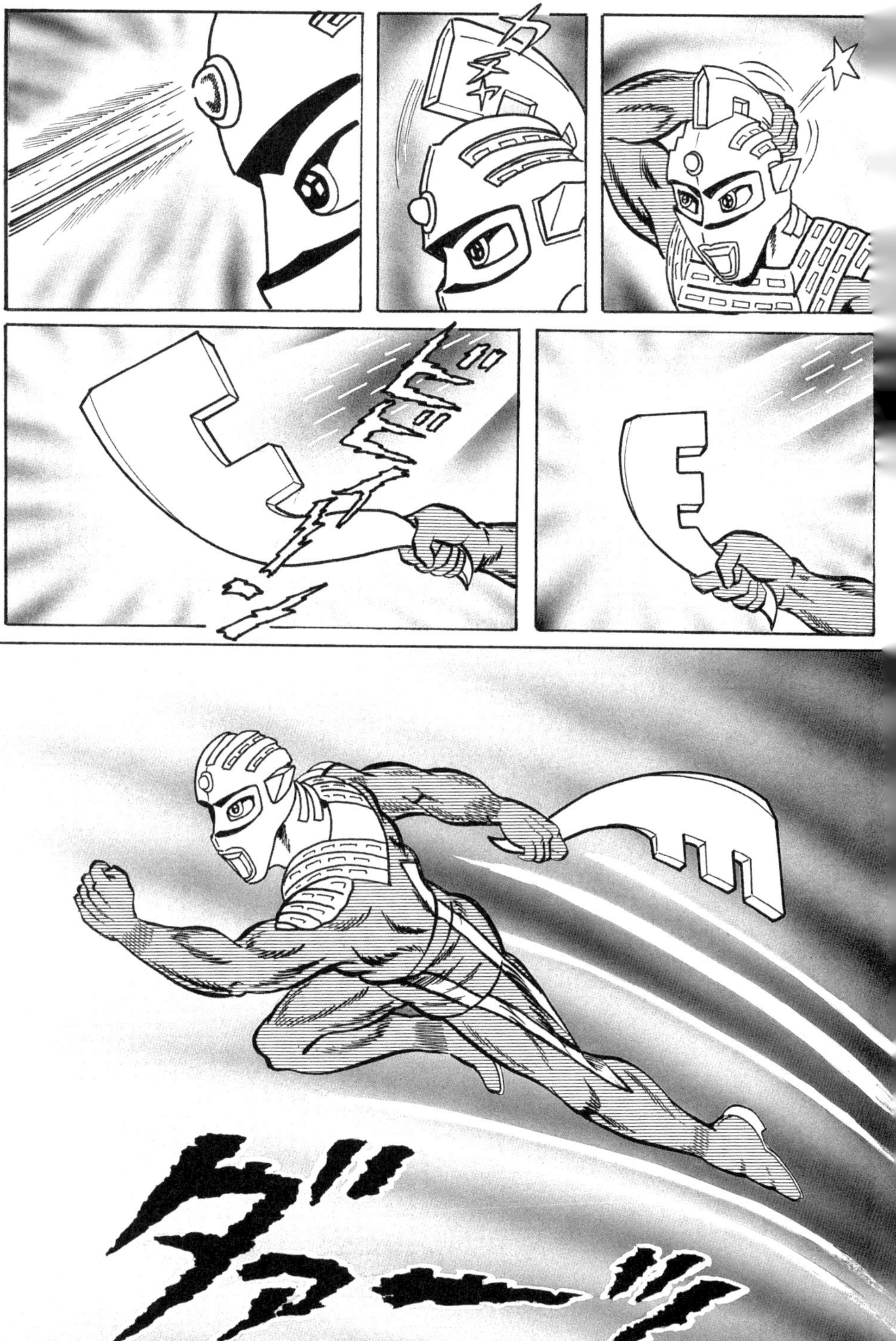
カチャ
ダアーッ

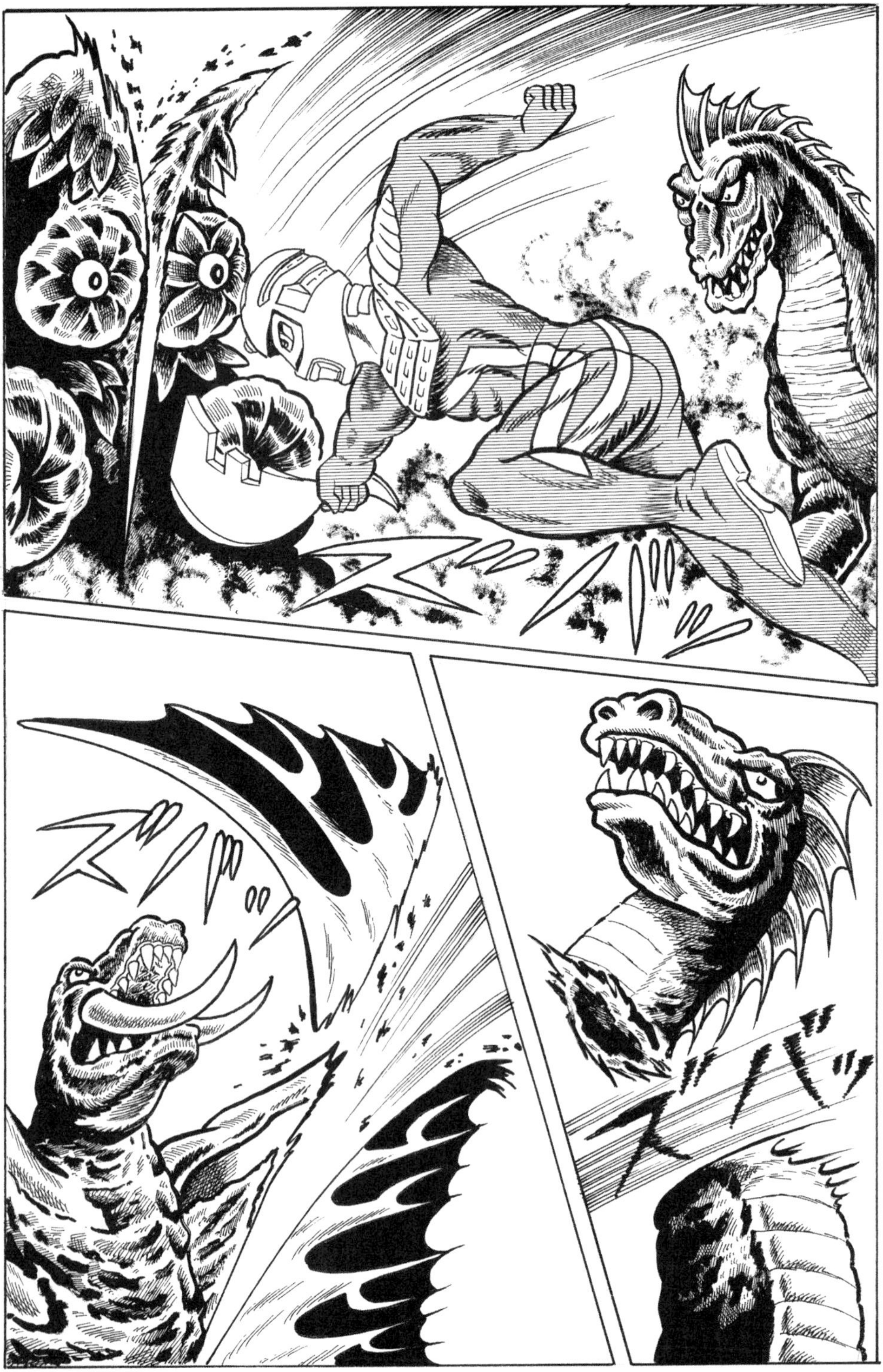
ズバッ
ズバッ
ズバッ

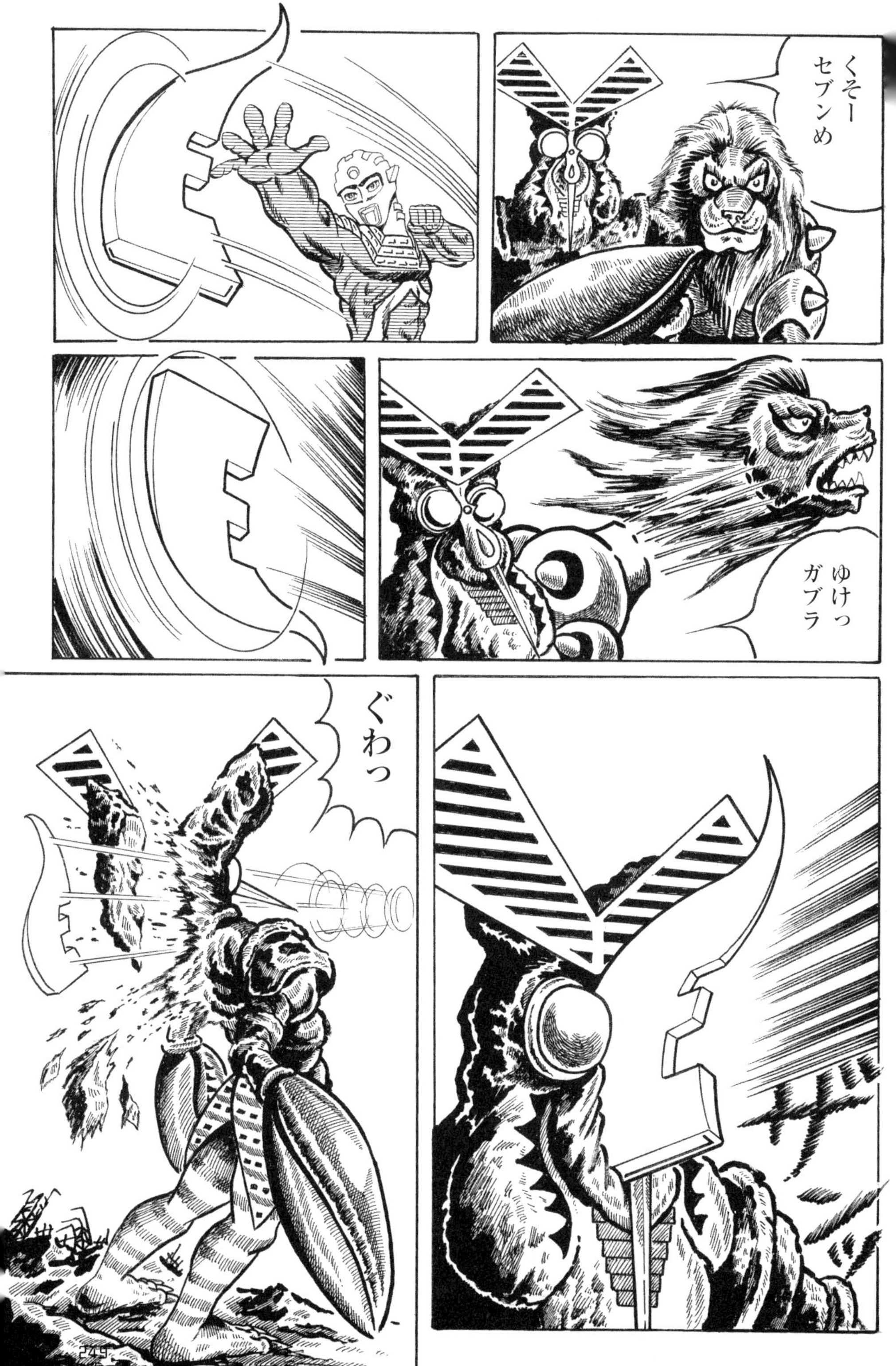
くそー
セブンめ
ゆけっ
ガブラ
ザーッ
ぐわっ

ガブッ
カシーン
ま　まずい
にげよう
みんなにげるんだ
ひきあげろ　はやくにげるんだ

いそげ
くそ セブンめ
おぼえて いろ

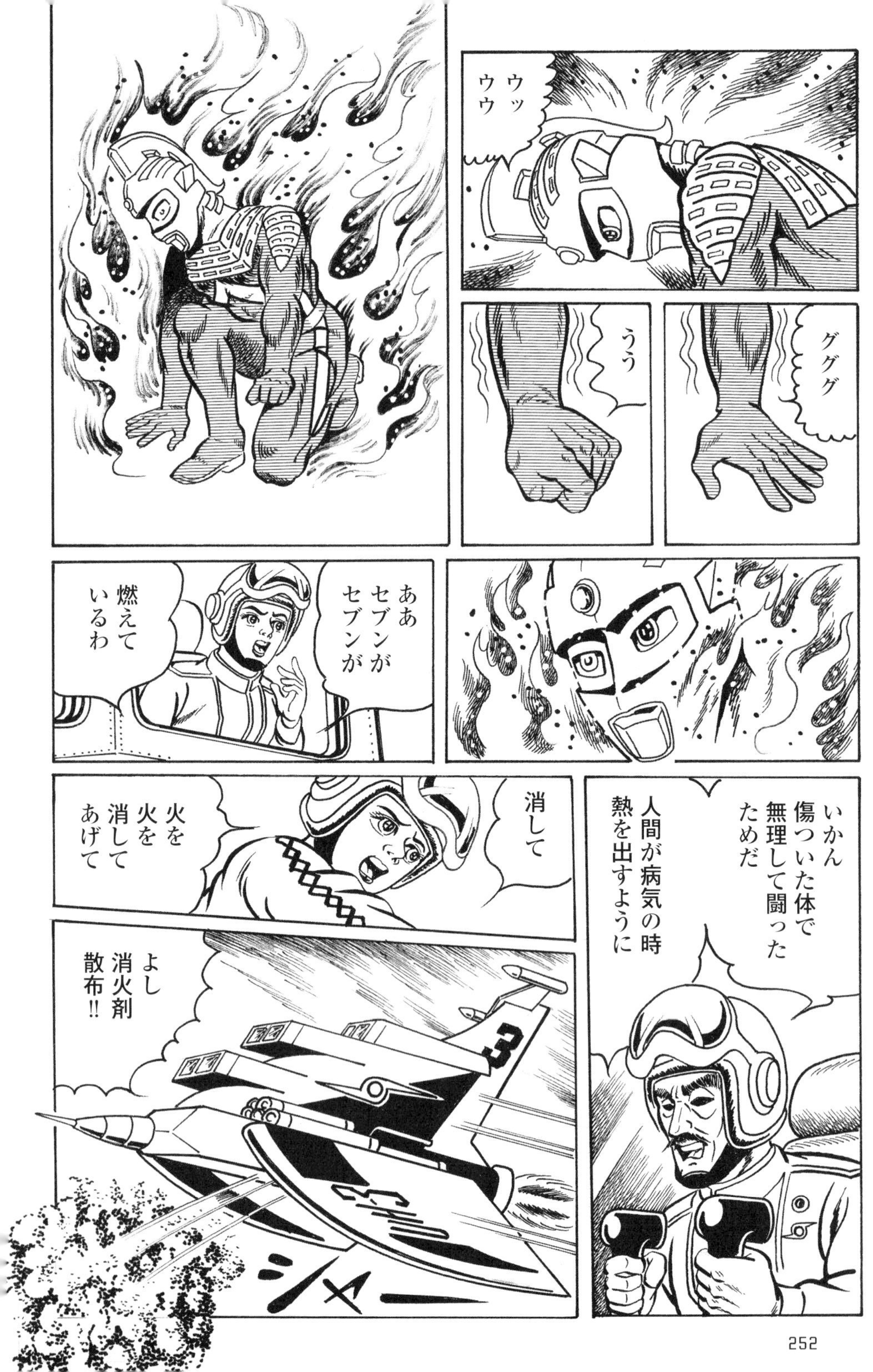
ウッ
ウウ
ググググ
うう
ああ
セブンが
セブンが
燃えて
いるわ
いかん
傷ついた体で
無理して闘った
ためだ
人間が病気の時
熱を出すように
消して
火を
火を
消して
あげて
よし
消火剤
散布!!
シャー

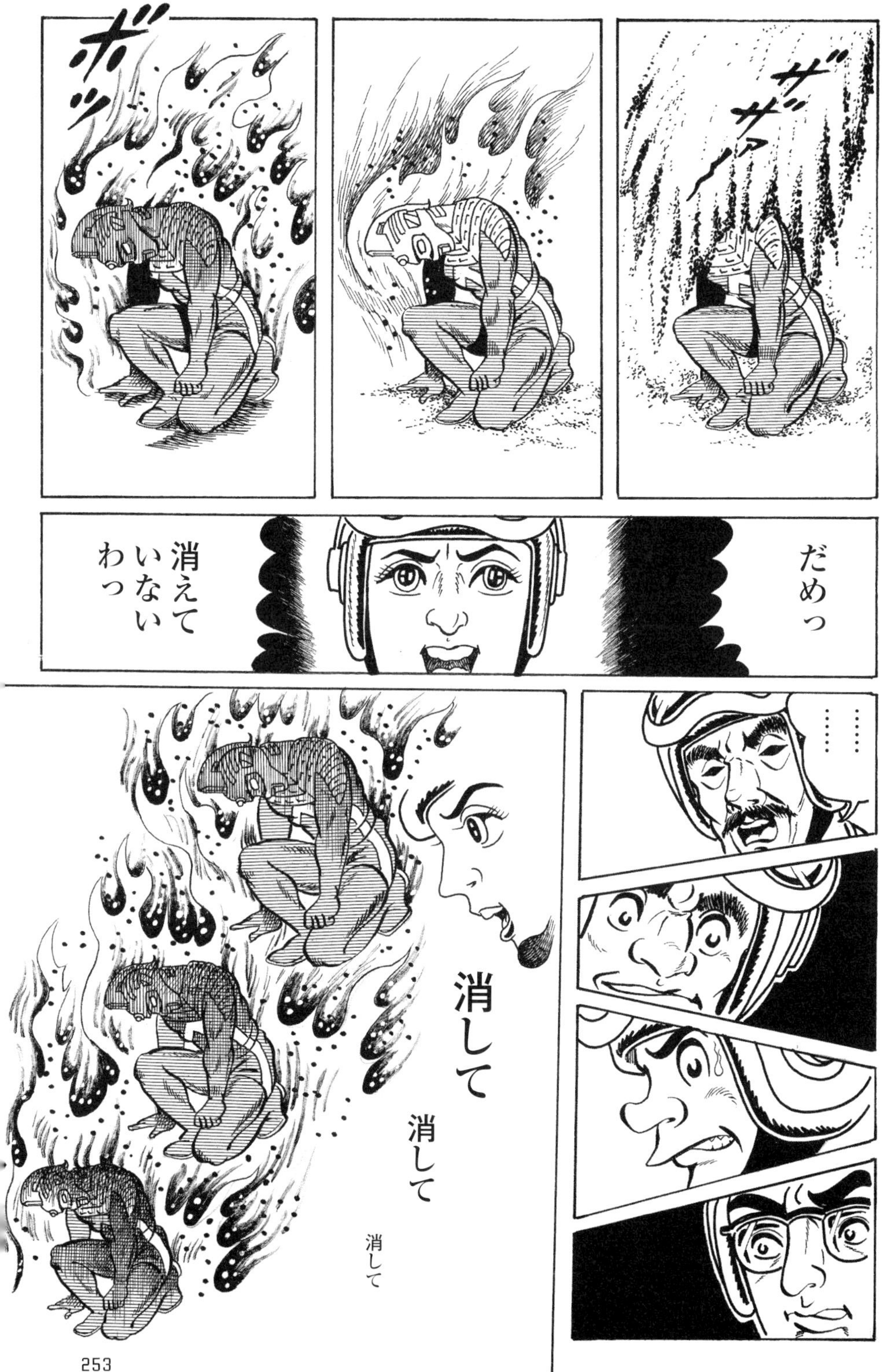

ボッ
ザザアー
だめっ
消えていないわっ
……
消して
消して
消して

くそー
セブンを倒すのに
あと一息だった
のにしくじったな
なーにまた
怪獣達を
造り変え
地球を襲って
やるまでだ
ピカァ
ウッ
な
何だ
あれは

わっ あれは 獣神 ゴードだ
わあっ
シュワーン

パアーッ
ふっ

消えた
ああ
あれは
ウルトラ
セブンよ
……
よくたたかった
ほんとうに
よくたたかった
宇宙平和の
ために
……
ごくろうだった

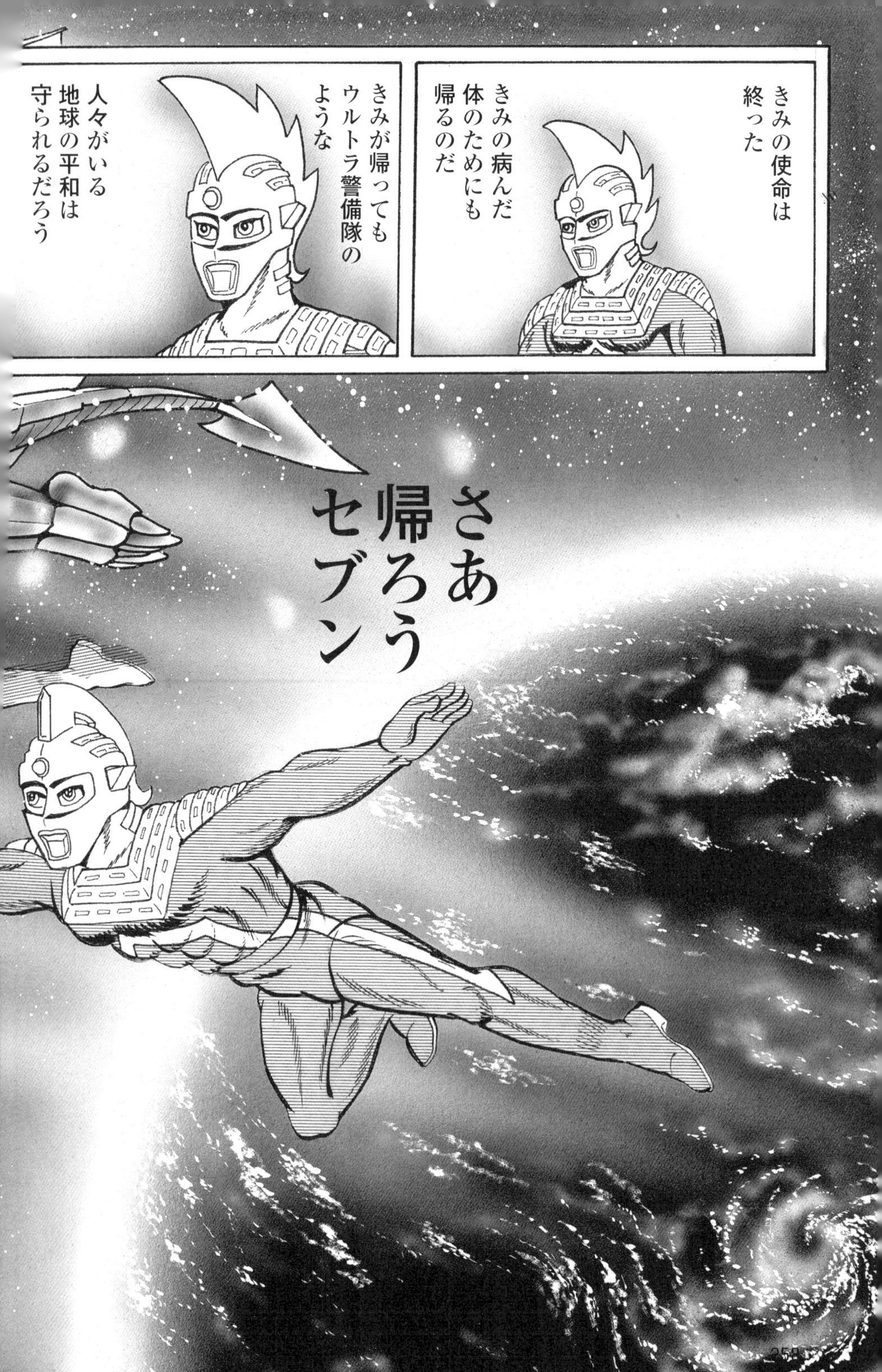
きみの使命は終った
きみの病んだ体のためにも帰るのだ
きみが帰ってもウルトラ警備隊のような
人々がいる地球の平和は守られるだろう
さあ帰ろうセブン

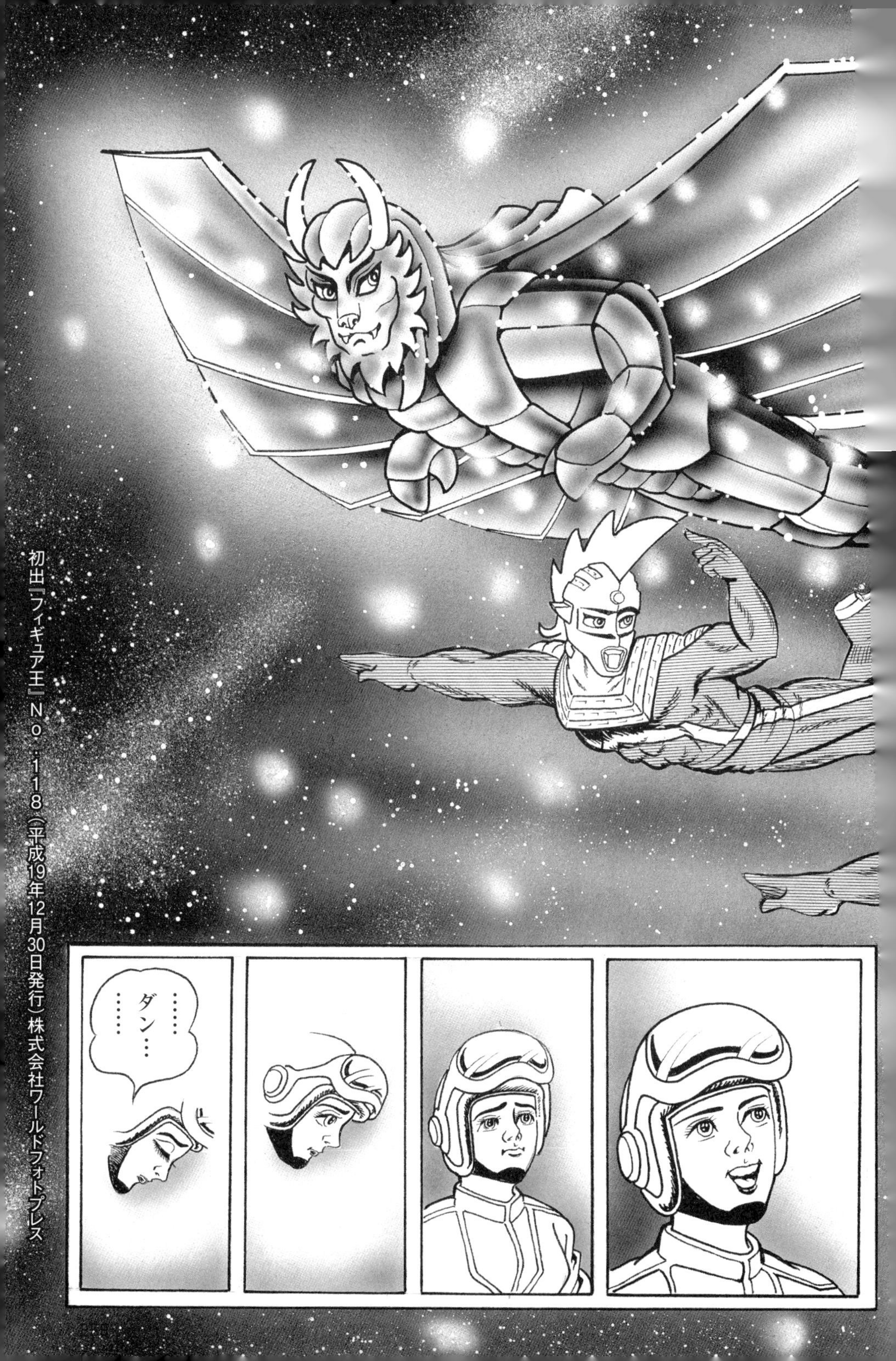

初出『フィギュア王』No.118（平成19年12月30日発行）株式会社ワールドフォトプレス

『劇場版 ウルトラマンオーブ 絆の力、おかりします!』

2017年3月11日に公開された『劇場版 ウルトラマンオーブ 絆の力、おかりします!』には、TV放送開始50年を記念してウルトラセブンが登場。主人公であるモロボシ・ダンを演じる森次晃嗣もゲスト出演し、映画を盛り上げている。ウルトラアイを構えるモロボシ・ダンの勇姿に往年のファンも心震え、ウルトラセブンとウルトラマンゼロの親子共演、惑星O－50からやってきたウルトラマンオーブの活躍と、ウルトラマンシリーズを愛する人たちが満足する1本となっている。その登場から半世紀を迎えたウルトラセブンのあらたな躍進を堪能せよ!